»Tochter des Südens«
Margaret Mitchell

DAS BUCH

Millionen Leserinnen und Leser in aller Welt liebten und litten mit Scarlett O'Hara und Melanie Wilkes, doch die Schöpferin dieser Frauengestalten ist vielen kaum bekannt. Kein Wunder, denn sie tat alles, um ihre Privatsphäre zu wahren und die Entstehungsgeschichte ihres Welterfolges zu verschleiern, indem sie Legenden und Märchen darum rankte. Der amerikanische Historiker Darden Asbury Pyron erzählt die wahre Geschichte des Romans und der Frau, die ihn schrieb.

DER AUTOR

Darden Asbury Pyron wurde 1942 in Süd-Carolina geboren. Nach seinem Studium verbrachte er ein »Wanderjahr« in Deutschland und arbeitete unter anderem in einer Maschinenfabrik in Iserlohn. 1975 promovierte er. Heute lehrt er an der Florida International University in Miami amerikanische Geschichte.

DARDEN ASBURY PYRON

»Tochter des Südens«

Margaret Mitchell

Aus dem Amerikanischen
von Leo G. Linder

LIST TASCHENBUCH VERLAG

List Taschenbuch Verlag 2000
Der List Taschenbuch Verlag ist ein Unternehmen der
Econ Ullstein List Verlag GmbH & Co. KG, München
Deutsche Erstausgabe
© 2000 für die deutsche Ausgabe by
Econ Ullstein List Verlag GmbH & Co. KG, München
© 1991 by Darden Asbury Pyron
Die amerikanische Originalausgabe erschien 1991 bei Oxford University Press,
Oxford/New York. Die deutsche Ausgabe erscheint mit freundlicher Zustimmung
von Oxford University Press Inc.
Titel der amerikanischen Originalausgabe: Southern Daughter.
The Life of Margaret Mitchell
Übersetzung: Leo G. Linder
Umschlagkonzept: HildenDesign, München – Stefan Hilden
Titelkonzept und Umschlaggestaltung: Büro Meyer & Schmidt, München –
Jorge Schmidt (Tabea Dietrich, Costanza Puglisi)
Titelabbildung: © G.W.T.W. Literary Rights/Stephens Mitchell; Margaret Mitchell
1921 in dem Kostüm, in dem sie ihren berüchtigten Apachentanz vorführte
Gesetzt aus der Meridien, Linotype
Satz: Josefine Urban – KompetenzCenter, Düsseldorf
Druck und Bindearbeiten: Clausen & Bosse, Leck
Printed in Germany
ISBN 3-612-65055-6

Für meine Lieben
Jane Worrall, Jo Scott und
John Mattison Geer sowie für ihre Mutter
Marguerite McGee Geer – um der alten Zeiten willen

In der Reihe »Rebellische Frauen« sind in gleicher Ausstattung bereits erschienen:

Annette Seemann
»Ich bin eine befreite Frau« – PEGGY GUGGENHEIM

Jochen Schmidt
»Tanzen gegen die Angst« – PINA BAUSCH

Leo Linder
»Ah, mein kleiner Herzog, du hast Angst?« – JEANNE D'ARC

Barbara Leisner
»Unabhängig sein ist mein heißester Wunsch« – MALWIDA VON MEYSENBUG

Matthias Henke
»Süchtig nach der Sehnsucht« – EDITH PIAF

Mariam Niroumand
»Westwärts, junger Mann!« – MAE WEST

Max Gallo
»Ich fürchte mich vor gar nichts mehr« – ROSA LUXEMBURG

Siegfried Obermeier
»Ein Weib mit ungeheurem Talent« – ANGELIKA KAUFFMANN

Katharina Zilkowski
»Le style c'est moi!« – COCO CHANEL

Verena Joos
»Mutter Courage des Theaters« – IDA EHRE

Ingeborg Drewitz
». . . darum muss man nichts als leben« – BETTINE VON ARNIM

Florence Hervé
»Salz der Freiheit« – BENOÎTE GROULT

Françoise Giroud
»Die Menschheit braucht auch Träumer« – MARIE CURIE

Barbara Leisner
»Ich würde es genauso wieder machen« – SOPHIE SCHOLL

Matthias Henke
»Mit zerrissenem Herzen« – CLARA SCHUMANN

Jochen Schmidt
»Ich sehe Amerika tanzen« – ISADORA DUNCAN

Steven Bach
»Die Wahrheit über mich gehört mir« – MARLENE DIETRICH

Claude Francis/Fernande Gontier
»Ich habe das Glück, nur zur Hälfte Frau zu sein« – COLETTE

INHALT

... hinter der euch angeborenen Natur nicht zurück-
zubleiben wird euer großer Ruhm sein, und wenn
von einer im Guten wie im Schlechten am wenigsten
unter Männern geredet wird.

Thukydides: *Leichenrede des Perikles*, II, 45
aus: »Der Peloponnesische Krieg«

Denn ich bin die Erste und die Letzte
Die, welche geehrt, und die, welche verachtet wird
Ich bin die Hure und die Heilige
Ich bin das Weib und die Jungfrau ...
Ich bin unfruchtbar, und ihrer Söhne sind viele ...
Ich bin das Murmeln meines Namens

Elaine Pagels: *Thunder, Perfect Mind*,
»The Gnostic Gospel« (1979)

TEIL I

Kindheit und Jugend

1. KAPITEL

Rebellen, Patriarchen und Ladys

Um Deinetwillen würde ich meinem Vater
den Gehorsam verweigern.
Eugene Mitchell an May Belle Stephens

Das große Haus oben auf der Anhöhe strahlte
hell in der kühlen Novembernacht. Hinter allen Fenstern flak-
kerten zahllose Kerzen in silbernen Kandelabern. Erregung
lag in der Luft, als die herrschaftlichen Kutschen der vornehmen Bürger Atlantas immer neue Gäste vor der Tür der
Stephens absetzten, wo sie vom Hauptmann und seiner kleinen, rundlichen Frau in Empfang genommen wurden. Es war
der 8. November 1892, und die Stephens feierten die Hochzeit
ihrer ältesten Tochter Mary Isabel mit Eugene Muse Mitchell,
einem jungen, vielversprechenden Anwalt aus Atlanta.
Die *Atlanta Constitution* sprach hinterher von »einer der schönsten und glanzvollsten Hochzeiten, die Atlanta je erlebt hat«.
Tatsächlich hatten die Stephens keine Kosten gescheut. Japanischer Bambus und Palmen, eigens aus Florida herbeige-
schafft, ergänzten die Dekoration des Hauses aus einheimi-

schen weißen Chrysanthemen. Die geladenen Gäste waren so zahlreich, daß der Salon sie gar nicht alle aufnehmen konnte – viele mußten in den geräumigen Innenhof ausweichen, der »mit silbergrauem Moos und Herbstlaub von glühenden Farben in ein verzaubertes Märchenreich verwandelt worden war«. Besonderes Aufsehen erregte die Braut, die zu ihrem viktorianischen Kleid nach der neusten Mode dieselbe Perlenkette trug, die ihre Mutter schon zu ihrer eigenen Hochzeit 29 Jahre zuvor angelegt hatte. Atlanta war damals noch eine Kleinstadt auf dem Territorium der Südstaaten-Konföderation gewesen.

Obschon es hoch herging, stand das Brautpaar an diesem Abend nicht unangefochten im Mittelpunkt. Die Hochzeit fiel nämlich auf den Tag der Präsidentenwahl, und der Wahlkampf war in Georgia so hitzig geführt worden wie zuletzt in den turbulenten Zeiten unmittelbar nach dem Bürgerkrieg. Die populistische Kampagne des eifernden Tom Watson in den ländlichen Regionen Georgias und die drohende Gefahr eines Aufstands der Schwarzen hatten bei den Gutsbesitzern die schlimmsten Befürchtungen geweckt und auch die Schönen und Reichen verschreckt, die an diesem Abend bei den Stephens zu Gast waren. Eine hochpolitische Versammlung übrigens, denn mit den beiden Brautleuten gingen hier zwei der mächtigsten Familien der Stadt eine Verbindung ein. Als Ratsherren, Bürgermeister, Senatoren und Mitglieder in wichtigen Komitees und Ausschüssen hatten R. D. Mitchell und Frank Rice – der eine der Vater, der andere der Onkel des Bräutigams – zwanzig Jahre lang entscheidenden Einfluß auf die Geschicke Atlantas genommen. Und als sechsmaliger Polizeichef stand der Vater der Braut den beiden an politischem Gewicht nur wenig nach.

Seit etwa dreißig Jahren fielen politische und ökonomische Macht sowohl bei den Stephens als auch bei den Mitchells zusammen. Doch schon lange vorher hatten beide Familien durch viele Generationen hindurch eine Art Mikrokosmos der Gesellschaft von Atlanta, von Georgia, ja der gesamten Süd- staaten abgegeben. Selbst Produkte einer scharf ausgepräg- ten regionalen Kultur, nahmen sie ihrerseits entscheidenden Einfluß auf den Charakter und die Lebenseinstellung ihrer Kinder. Auch Margaret Mitchells Leben und Vorstellungswelt wurden von der Familie beherrscht – sei es in Gestalt einzelner Persönlichkeiten, sei es durch das verpflichtende Vorbild tradi- tioneller Verhaltensweisen. Ihre Wertskala und ihre Denkwei- se erschließen sich nur dem, der verstanden hat, wer und was diese Stephens und Mitchells waren – und wer und was sie nicht waren.

Eugene Muse Mitchell war durch und durch in der Kultur der Südstaaten verwurzelt. Als Farmer, Landbesitzer, Prediger, Patrioten und Politiker hatten die Mitchells und ihr Clan seit den Gründungstagen im 17. Jahrhundert an der Ausprägung dieser Kultur mitgewirkt. Ihre Spuren ziehen sich von den Ufern des Chesapeake bis zu den fruchtbaren Ebenen Nord- floridas, von den Reisfeldern Süd-Carolinas bis zu den Baum- wollplantagen von Texas. Und keine andere Familie hatte so enge Beziehungen zu Atlanta wie sie. Die Mitchells lebten schon hier, bevor Atlanta überhaupt Atlanta hieß. Damals, als die Siedlung noch den Namen Marthasville führte, soll Euge- ne Mitchells Großvater Isaac Green Mitchell, der als Methodi- stenprediger die Dörfer der Umgegend abritt, dort die erste Eheschließung vorgenommen haben.

1856 gab I. G. Mitchell seine Rundritte auf, um die Kanzel der Methodistenkirche an der Kreuzung von Garnett Street und Forsyth Street im Zentrum von Atlanta zu seinem ständigen Aufenthaltsort zu machen. Auf Photographien sieht Eugene Mitchells Großvater aus wie der Prophet Jeremias im Geh- rock. Er predigte einen Feuer-und-Schwefel-Puritanismus und war, nach Aussage seiner Familie, in politischen Dingen »konservativ, um nicht zu sagen reaktionär«. Der Sklaverei genauso abhold wie einer Abtrennung der Südstaaten vom Norden, stellte er seine grimmigen Glaubensüberzeugungen nach dem Austritt Georgias aus der Union gleichwohl in den Dienst der Konföderierten. Selbst nach der Einnahme der Stadt durch die Truppen der Nordstaaten im September 1864 wetterte er von seiner Kanzel herab weiterhin gegen die Yankees. Seiner militanten Unbeugsamkeit wegen, so heißt es, hätten die Besatzer seine Kirche, sein Wohnhaus nebenan und sein übriges Eigentum zur Zerstörung freigegeben. Er gehörte auch zu jener Schar von Unseligen, die von General Sherman kurz nach dem Fall der Stadt aus Atlanta in die Wälder bei Rough and Ready vertrieben wurde.

Dieser methodistische Gottesmann wurde zum Stammvater einer weitverzweigten und bekannten Familie, deren bemerkenswertestes und berühmtestes Mitglied Eugene Mitchells eigener Vater war. Russell Crawford Mitchell verkörperte die romanhafte Generation derer, die im Krieg gekämpft und sich nach der Kapitulation von Appomattox 1865 an den Wiederaufbau des Südens gemacht hatten. 1837 geboren, besuchte er das methodistische Bowdon College in Carrol County, rebellierte jedoch bald gegen den Glauben seines Vaters und lehnte hinfort jegliche Art von Religion kategorisch ab. Sein Enkel entsinnt sich seiner als eines »waschechten Heiden«. Ein Jahr nach seinem Abgang vom College machte er sich nach Texas auf, um dort Jura zu studieren. Als radikaler Anhänger der Sezession, noch bevor der erste Schuß auf Fort Sumter gefallen war, fieberte er dem Kampf entgegen, nachdem der Krieg erst einmal ausgebrochen war. Zusammen mit First Manassas stellte er seine eigene Infanterietruppe auf. Er diente als Partisan, als Spion und Guerillakämpfer und nahm darüber hinaus an elf Schlachten teil – und zwar den blutigsten in der ersten Phase des Kriegs. In der furchtbarsten von allen, der bei Antietam, erlitt er schwere Kopfverletzungen. In dem Glauben, er sei tot, ließen ihn seine Kameraden auf dem Schlachtfeld liegen. Er überlebte nur dank seines eisernen Willens – und die Geschichte seiner Rettung wurde der Stoff von Legenden. Als alter Mann gab er sie oft vor seinen Enkelkindern zum besten, wobei er sich mit der Hand über die tiefen Narben fuhr, die die Gewehrkugeln auf seinem Kopf hinterlassen hatten. »Großvater liebte es, deine widerstrebenden Finger zu dieser Stelle zu führen. ›Da, fühl mal. Fühlst du es?‹« – so zitiert sein Enkel Stephens Mitchell den betagten Veteranen. »Ich möchte das Kind sehen, das sich diese Geschichten anhört, gleichzeitig die Furchen ertastet, die die Kugeln in den Schädel dieses alten Herrn gezogen haben, und das dann nicht zu der Überzeugung kommt, die Mitchells seien zähe Burschen.« Stephens' Schwester Margaret kam zu derselben Schlußfolgerung: Mit den Mitchells ist nicht gut Kirschen essen – in ihrer Nähe tritt man besser leise auf.

Während er sich im Süden von Georgia von seiner Verwundung erholte, lernte Russell Mitchell ein Mädchen von jenseits der Grenze kennen – Deborah Margaret Sweet, die bildhübsche Tochter einer der reichsten Familien von Quincy County, Florida. Als der Krieg aus war, kehrte er dorthin zurück und hielt um ihre Hand an. Was ihn nach Nordflorida zog, war allerdings nicht allein die Liebe. Der Krieg hatte die reichen Plantagen in dieser Gegend verschont, die Nachfrage nach Waren aller Art war enorm, und die Baumwollpreise waren so hoch wie nie. Russell Mitchell witterte seine Chance.

Genauso zielstrebig allerdings, wie er dem Mammon nachjagte, brachte sich dieser hitzköpfige ehemalige Rebell auch immer wieder in Schwierigkeiten. Sein Enkel erinnerte sich:

Nach ein paar Monaten im Baumwollgeschäft kam es zum Streit zwischen meinem Großvater und einem gewissen Mr. Gibson, der über beste Beziehungen zum Kommandanten der Besatzungsarmee verfügte. Das Wortgefecht artete in eine

17

Schlägerei aus, bei der Mr. Gibson übel zugerichtet wurde. Er meldete den Vorfall den Behörden der Besatzungsarmee, und Großvater mußte fliehen.

Er entkam nach Atlanta, von wo aus er seinen Bruder losschickte, seine Braut nachzuholen. Kaum war sie eingetroffen, überlegten beide, wie es weitergehen sollte: War es klüger, die Geschäfte von Atlanta aus weiterzubetreiben – oder nach Texas und zum Jurastudium zurückzukehren? Mrs. Mitchell gelang eine krasse Untertreibung, als sie bemerkte, ihr Gatte habe »doch wohl eher ein Händchen fürs Geldverdienen«, weshalb sie dafür plädierte, in Atlanta zu bleiben. So geschah es – und die Zukunft bestätigte das Urteil seiner Frau.

1865 baute Russell Mitchell auf dem Jackson Hill genau oberhalb der Straße, in die die Stephens ziehen sollten. Sein ältester Sohn Eugene wurde hier geboren. Da sein Vermögen unaufhaltsam wuchs, zog er 1870 in ein pompöses Haus an der Ivy Street im vornehmsten Bezirk der Innenstadt um – gleich um die Ecke hatte sein Schwager seine palastartige Residenz. Er trennte sich jedoch nie von seinem Besitz auf dem Jackson Hill, und 1904 errichtete er ein luxuriöses Wohnhaus am Ort seines ersten Wohnsitzes – ein anschaulicher Beweis für die gesellschaftliche Geltung und die wirtschaftliche Macht, zu der er es inzwischen gebracht hatte.

Stephens Mitchell beschreibt seinen Großvater als verwegen und unbekümmert – ein »hochgewachsener, muskulöser, athletischer Mann«, über 1,80 Meter groß und fast 100 Kilo schwer, mit pechschwarzem Haar und ebenso schwarzen Augen. »Er hielt sich stets kerzengerade und hatte eine sehr direkte Art.« Ein Schnäuzer, so groß wie zwei Lammkoteletts, trug zu dieser Aura der Überlegenheit bei, während die beiden langen Narben auf seinem Schädel seine Heldentaten auf dem Schlachtfeld bezeugten. Er gab das perfekte Bild eines Patriarchen des 19. Jahrhunderts ab. Obendrein war er ausgesprochen vermehrungsfreudig. Zwischen 1866 und 1894 gingen aus seinen zwei Ehen zwölf Kinder hervor, von denen bis auf eines alle die frühe Kindheit überlebten. Er selbst starb 1905 als einer der angesehensten Bürger Atlantas in seinem neuen Haus auf dem Jackson Hill. Sinnigerweise bildete dieses Haus den Mittelpunkt eines Areals, das während der Belagerung durch Shermans Truppen mit starken Schanzen umgeben worden war. Das Gelände warf noch jahrelang eine reiche Ernte an Kanonenkugeln und Gewehrpatronen ab – handfeste Erinnerungen an jenen leidvollen Abschnitt der Geschichte, den diese Generation zu verantworten hatte.

Eine ganze Generation von Südstaatlern mußte es sich gefallen lassen, an jenen großartigen Männern gemessen zu werden, die im Bürgerkrieg gekämpft hatten, aber Eugene Mitchell hatte besonders darunter zu leiden. Und nicht einmal bei seiner Mutter fand er Zuspruch, denn die kränkelte – gleich zu Beginn ihrer Ehe hatte sie sich Tuberkulose zugezogen – und war außerdem zwischen seiner Geburt im Oktober 1866 und ihrem eigenen Tod mit vierzig Jahren fast ununterbrochen schwanger. In neunzehn Jahren hatte sie zehn Kinder zur Welt gebracht. Ihr Ältester war gerade zwanzig, als sie auf dem Oakland-Friedhof zu Grabe getragen wurde. Distanziert, streng und gefühlsarm, wie sie war, hatte sie für ihre Kinder wenig übrig gehabt.

Mit einem derart monumentalen Vater und einer Mutter, die ständig andere Sorgen hatte, blieb Eugene Mitchell nichts anderes übrig, als unentwegt um Aufmerksamkeit und Anerkennung zu buhlen. Was die Sache noch problematischer machte, war seine übertriebene Empfindlichkeit, die mit seiner Körpergröße zusammenhing: Klein mußte er sich in jeder Gesellschaft vorkommen, aber sein eigener Vater überragte ihn um Haupteslänge. Das Gefühl, buchstäblich und nachmeßbar zu kurz gekommen zu sein, beherrschte ihn sein

19

Leben lang, mit allen Nebeneffekten, die der Eindruck, körperlich benachteiligt zu sein, mit sich bringt. Stets wirkte er ressentimentgeladen und meinte, sich wie ein kleiner Junge durchboxen zu müssen. Auf dem gesellschaftlichen Parkett mangelte es ihm an gewinnenden Umgangsformen – er war, wie sich sein Sohn ausdrückte, »kein großer Diplomat«.

So überempfindlich er auf alle Angriffe auf seine eigene Person reagierte, so vehement verweigerte er sich den Ansprüchen jeglicher Autorität. Als junger Mensch richtete sich seine Abneigung hauptsächlich gegen die Religion, aber sein Widerwille traf auch seine Lehrer – was schließlich dazu führte, daß er der Schule verwiesen wurde. Jahrelang konnte er diese Kränkung nicht verwinden. Bei allem Mißtrauen, aller Ungeschliffenheit war er hochintelligent und fleißig. Er liebte die Literatur, verschlang Bücher und glänzte in modernen und klassischen Sprachen. Auf dem College nannten seine Kommilitonen ihn das »langhaarige, kurzbeinige Genie«, und er erzielte die bis dahin besten Prüfungsnoten an der Universität von Georgia. Er galt als Dichter und durfte die Abschlußrede für seinen Jahrgang halten. Die Verhaltensweisen seiner frühen Jugend jedoch legte er nie ab; er blieb so reizbar und ehrpusselig, so verklemmt und verschlossen wie eh und je. Diese Eigenschaften verdarben ihm selbst die Freude an seinen Erfolgen. In seiner nüchternen Art schrieb er nach Hause: »Ich habe jetzt Quartier in einer guten, ruhigen Pension bezogen, wo nur wenige Jungen wohnen – alle fleißig und keiner rüpelhaft. Wenn ich Gesellschaft brauche, suche ich sie mir anderswo.« Was er nur selten tat. Allen Ehrungen zum Trotz erschien ihm seine Studienzeit als Fehlschlag.

In seiner Familie erzählt man sich, Eugene Mitchell habe belletristische Ambitionen gehabt. Sein Vater bestand jedoch darauf, daß er Jura studierte, und er hörte auf das Wort des Patriarchen. Nicht ganz zwanzig, eröffnete er 1886 bereits eine Anwaltskanzlei in Atlanta, gemeinsam mit seinem Cousin

Wellborn M. Bray, einem ehemaligen Artillerieoffizier der Konföderierten.

Für einen jungen, ehrgeizigen Anwalt waren die Zeiten im Süden zwischen 1886 und der schweren Wirtschaftskrise der neunziger Jahre allerdings extrem hart – eine weitere Erschwernis für die Söhne der Südstaaten-Helden. Nicht nur, daß ihre Väter das Feld des militärischen und politischen Heldentums für sich in Beschlag genommen hatten – jetzt schränkte die Wirtschaftslage auch noch ihre Möglichkeiten ein, zu Geld zu kommen. Und wie sein Großvater – anders jedoch als die meisten seiner übrigen Vorfahren – beteuerte Eugene Mitchell, »kein Talent fürs Geldverdienen« zu besitzen. Sein Vater hatte mit einem Achselzucken Vermögen gewonnen und Vermögen verloren – Eugene Mitchell hingegen lamentierte unablässig über seine finanziellen Verhältnisse, schätzte sein Kapital zu niedrig ein und übertrieb seine Schulden. Gebetsmühlenartig kam er auf seine Vorfahren zu sprechen, die alle »Geschäftsleute von Format« gewesen seien – gemessen an ihnen war er ein Versager.

Knauserig und zänkisch in seiner Jugend, galt er in späteren Jahren als verknöchert, mißtrauisch und publikumsscheu. Bei allen, die ihn als Erwachsenen erlebten, hinterließ er denselben Eindruck: verbissen konservativ, grundanständig, in gesellschaftlichen Fragen reaktionär und stocknüchtern. Das Bild des engstirnigen Paragraphenreiters bestimmte jede Meinung über ihn. In seinen Familienerinnerungen beschreibt Stephens Mitchell seinen Vater als »außerordentlich reserviert«, furchtbar schüchtern, humorlos und bar jeder Phantasie. Genugtuung fand er in der gewissenhaften Ausübung seines Berufs und in der Einsamkeit seines Studierzimmers, sicher fühlte er sich in den steifen Konventionen der Südstaatengesellschaft mit ihrem Ideal viktorianischer Häuslichkeit. Sein größter Trost jedoch hieß Mary Isabel Stephens, die seit ihren Kindertagen nur May Belle genannt wurde – die Frau,

die an jenem glanzvollen Abend im Herbst 1892 seine Gattin
wurde.

Die Familiengeschichte der Stephens liefert beinahe noch mehr
Stoff für Legenden als die der Mitchells. Sie waren Außenseiter
von Anfang an – schon ihre Religion brachte sie in Widerspruch
zu ihren Landsleuten im Süden. Als verfolgte Katholiken waren
sie im 17. Jahrhundert nach Maryland ausgewandert und
ihrem Glauben auch in den nächsten Generationen treu geblieben. Die McGhanns zum Beispiel zogen zusammen mit ihren
protestantischen Nachbarn vom Chesapeake nach Süden, heirateten unterwegs aber nur Katholiken und blieben auch als
Siedler unter sich. Anfang des 19. Jahrhunderts ließen sie sich
in einer kleinen Gemeinde mitten im Baumwolland des Talia-
ferro County, Georgia, nieder. Zuweilen wurden sie von wan-
dernden Priestern besucht, im wesentlichen aber gaben sie ihre
Glaubensüberzeugungen durch den Unterricht an einer Schule
weiter, die sie an ihrem neuen Wohnort gegründet hatten.
Abgesehen von ihrer Konfession unterschieden sie sich vor
allem durch diese Schule von ihren Nachbarn, mit der sie eine
in dieser Gegend seltene Hochachtung vor Bildung und Wissen
unter Beweis stellten.

Abgesehen davon unterschieden sich Margaret Mitchells
Vorfahren mütterlicherseits aber auch durch ihre Herkunft.
Zweimal im Verlauf des 19. Jahrhunderts hatten in zwei
aufeinanderfolgenden Generationen irische Auswanderer in
die anglo-amerikanische Linie der katholischen Stephens
eingeheiratet – Phillip Fitzgerald und John Stephens. Diese
Verbindungen belebten nicht nur die Anhänglichkeit der
Familie an ihre Kirche und ihren alten Glauben, sie berei-
cherten die Familientradition auch um ein neues, markantes
Element: eine lebhaft empfundene irische Identität. Damit
standen sie außerhalb aller im Süden geltenden Normen –
was ihr clanartiges Zusammengehörigkeitsgefühl, ihr Gespür
für die eigene Sonderrolle und ihre Überzeugung, die ganze

Welt habe sich gegen sie verschworen, noch weiter verstärkte. Diese beiden Iren leisteten einen entscheidenden Beitrag zu Margaret Mitchells Vorstellungswelt.

Phillip Fitzgerald wurde 1798 in Tipperary geboren. Schon kurz nach seiner Geburt aber setzte sich seine Familie am Vorabend des gescheiterten Aufstands von 1798 von der Insel ab. Der Knabe wuchs in Frankreich auf und zeigte später keinerlei Sehnsucht nach der alten Heimat. »Er war froh, damit nichts zu tun zu haben, und basta«, erinnerte sich eine seiner Töchter. Als er etwas über zwanzig war, wanderte er nach Amerika aus. Bei seinen Irrfahrten durch den Süden entdeckte er in Georgia eine Siedlung, wo Katholiken abgeschnitten von der Außenwelt lebten. 1837, fast vierzigjährig, nahm er sich eine ihrer Töchter zur Frau, Eleanor McGhann. Sie war zwanzig Jahre jünger als er. Die bemerkenswerte Nachkommenschaft des Paars bestand aus sieben Töchtern – von den Jungen starben alle im frühen Kindesalter. Um 1854 besaßen die beiden 3000 Hektar Land, und 35 Sklaven arbeiteten auf ihrer ansehnlichen Farm, die im Sprachgebrauch der Familie nur »das Landhaus« genannt wurde.

Phillip Fitzgerald überlebte wirtschaftlich das Ende der Sklaverei. Nach der Kapitulation von Appomattox gelang es ihm, ein neues Vermögen zu erwerben. Als die Baumwolle, die Eisenbahn und all die anderen Wegbereiter einer international verflochtenen Wirtschaft schließlich die Lebensbedingungen der kleinen Farmer zerstörten, machte er sich trotz seine hohen Alters zum Fürsprecher der neuen Ära. Die Familiensaga weiß von einer Episode aus dieser konfliktreichen Zeit zu berichten – sie zeugt von den Beziehungen zwischen Mitchells Familie und einem der wichtigsten Vertreter der politischen Erneuerungsbewegung in den Südstaaten, Hoke Smith aus Atlanta. Dieser Hoke Smith trat in Clayton vor einem unverhohlen feindseligen Publikum auf, das ihn mit gezückten Pistolen empfing, doch der alte Phillip Fitzgerald rettete die Veranstaltung. Obwohl an die Achtzig, schwang sich der schmächtige alte Mann »wie ein Affe auf die Rednertribüne, zog sein Bowie-Messer aus dem Stiefel und sagte trocken: ›Jedem, der sich an diesem jungen Mann vergreift, schneide ich das Herz aus dem Leib.‹ Darauf wollte es dann doch niemand ankommen lassen, und während der nervöse Hoke Smith in seiner Ansprache fortfuhr, blieb Phillip auf der Tribüne sitzen, ließ die Beine baumeln und spielte mit seinem Messer.«

Mit seinem Ehrgeiz, seinem Unternehmungsgeist, seinem irischen Temperament, seinem katholischen Glaubenseifer und seiner Verwurzelung in der Kultur des Südens stellt Phillip Fitzgerald einen Sonderfall in der regionalen Tradition dar. Doch einer seiner Töchter gelang es, einen Ehemann aufzutreiben, der ihn in allen Punkten noch weit in den Schatten stellte: John Stephens. Der übte schon durch seine Persönlichkeit einen starken Einfluß auf seine Familie aus, aber vor allem bekräftigte er das geistige und kulturelle Erbe seines Schwiegervaters.

Er wurde als Sohn katholischer Landadliger 1833 in Parsonstown geboren, wuchs in Irland auf, verließ Europa – genau wie Phillip Fitzgerald – als junger Mann und tat sich in Georgia mit einem älteren Bruder zusammen, der ein Geschäft in Augusta betrieb. Kurze Zeit später ging er nach Tennessee, studierte dort und schloß sich bei Kriegsanbruch der neunten Georgia Infanterie an. Er brachte es bis zum Hauptmann und erlebte die Kriegsjahre als Quartiermeister überwiegend in oder in der Umgebung von Altanta. Nach der Kapitulation blieb er dort.

Nicht anders als R. C. Mitchell machte auch er in der Zeit des Wiederaufbaus sein Glück. Wie viele unternehmungslustige Einwanderer ging er Geschäftspartnerschaften mit anderen Landsleuten ein und engagierte sich unter anderem im Haushaltswaren- und Lebensmittelhandel. Nachdem seine Existenz gesichert war, stieg er in dasjenige Geschäft ein, mit dem im Atlanta der Nachkriegszeit das meiste Geld zu scheffeln war: Bauwirtschaft, Bodenspekulation und Grundstücksentwicklung. Um 1880 war er richtig reich, und wie sein Schwiegervater zuvor stellte er seinen Reichtum in den Dienst der öffentlichen Sache: In Anbetracht des hohen Anteils an Iren bei den Polizeikräften ließ er sich sechsmal als Polizeichef aufstellen.

John Stephens war ebenso streng katholisch und humorlos wie sein Schwiegervater, aber noch reizbarer und noch schneller eingeschnappt. Darin ähnelte er ebenfalls seinem künftigen Schwiegersohn, wie er ihm auch von der Körpergröße her glich. Und genau wie dieser zeigte er sich selbst im engsten Familienkreis verbohrt und halsstarrig. Einer seiner Neffen, Clarence Stephens Durham, hielt seinen Onkel John für »einen ausgesprochen unverträglichen Menschen, der nicht lange fackelte. Meine Großmutter pflegte zu sagen: der größte Dickschädel, dem ich je begegnet bin« – so äußerte er sich ein halbes Jahrhundert später in einem Brief an Margaret Mitchell.

Clarence Durhams Bemerkung über seinen Onkel liefert eine schöne Überleitung zu dessen noch weit bemerkenswerterer Ehefrau. Annie Fitzgerald Stephens kannte keine Hemmungen, wenn es darum ging, sich über ihren Mann zu beschweren – ja, sie kannte überhaupt keine Hemmungen, gleichgültig, worum es ging. Als Tochter eigensinnig, als Ehefrau überwältigend und als Mutter furchteinflößend, drückte sie ihrer Familie den Stempel ihres Charakters und ihrer Wertvorstellungen genauso unauslöschlich auf wie ihr Mann. Da sie bis zu ihrem Tod 1934 viele Jahre im Haushalt der Mitchells lebte, wirkte Annie Stephens auf das Leben ihrer Enkelin sowohl direkt als auch mittelbar ein, durch ihren Einfluß auf Margarets Mutter May Belle. Sie war ein Biest, von Anfang an.

In der Reihenfolge der Fitzgerald-Töchter nahm die 1844 geborene Annie den Mittelplatz ein, aber an Willenstärke und trotziger Entschlossenheit war sie allen überlegen. Sie weigerte sich als einzige, die Klosterschule zu besuchen, und später nahm sie es sogar allein mit den Yankees der Nordstaaten-Armee auf. Nachdem sie beschlossen hatte, daß ihr ein besonderer Schutz vor betrunkenen Yankees, freigelassenen Sklaven und umherstreunenden Konföderierten zustehe, »marschierte sie quer durch das ganze Feldlager der Yankee-Armee bis zum Zelt des Generals« und setzte tatsächlich durch, daß ihr ein ständiger Wachtposten vor ihrem Haus zugeteilt wurde.

Im Gegensatz zu ihrem Mann las und schrieb sie wenig – ein einziger Brief von ihrer Hand ist überliefert. An Energie und Durchsetzungsvermögen indes übertraf sie ihn womöglich noch. Sie war streitbar, angriffslustig, herrisch und unverblümt. Die Familiengeschichte liefert zahllose Anschauungsbeispiele für ihr ungezügeltes Temperament und ihren eisernen Willen. In den Zeiten, als ihr Mann Großaktionär der Straßenbahngesellschaft von Atlanta war, schickte sie jedesmal, wenn sie mit ihrer Toilette noch nicht fertig war, eins ihrer Kinder los, das die Straßenbahn aufhalten sollte. »Der Straßenbahnwagen wartete tatsächlich, und die Fahrgäste brachten alle Geduld der Welt auf, bis Großmutter endlich den Weg heruntergeschnauft kam und ihre gestriegelte Brut an Bord bugsierte.« Selbst nachdem ihr Mann seine Aktien verkauft hatte, weigerte sie sich, ihre Gewohnheiten zu ändern. »Ich erinnere mich noch, wie sie den Koch losschickte, um den Wagen aufzuhalten, bis sie angekleidet war, und wie fuchsteufelswild sie wurde, als der Fahrer ihren Befehl ignorierte und hohnlächelnd vorüberrasselte ...« Das Haus habe von ihren Flüchen und Racheschwüren widergehallt, erzählt Stephens Mitchell.

Sie legte sich mit jedem an. Und sie liebte Rechtshändel. Die Gerichtsakten von Fulton County bewahren noch die Erinnerung an ihre zahlreichen Prozesse – nicht wenige davon gegen ihre eigenen Kinder. Einer ihrer Enkel entsinnt sich noch weit spektakulärerer Verfahren, die sie bis vor die Bundesgerichte durchfocht, um ihre Ansprüche auf Entschädigung für erlittene Kriegsschäden durchzusetzen. Auch ihre eigene Familie suchte sie gnadenlos heim. Die Geschichte mag apokryph sein, aber es heißt, daß sie nach dem Tod ihrer unverheirateten Schwester Männer anheuerte, die die Familienerbstücke aus dem Landhaus abtransportierten, während alle anderen auf dem Friedhof waren. Ihr Enkel Stephen Crockett berichtet, sie habe sogar das Testament ihres Vaters zu ihren Gunsten gefälscht. Vermutlich hatte dieser verfügt, daß seine Plantage allen bedrängten Familienmitgliedern zu allen Zeiten als Zufluchtsort offenstehen sollte. Nach dem Tod ihres Mannes entschied sie, daß Bedrängnis das richtige Wort für ihre Lage sei, und erstritt vor Gericht einen beträchtlichen Anteil an Phillip Fitzgeralds Besitztümern. All dies führte zu erbittertem Streit und gipfelte in Enterbungen und Exhumierungen.

Der puritanische John Stephens heiratete seine Xanthippe 1863 in Atlanta. Nach dem Krieg bezogen die beiden eine große, von hohen Bäumen überschattete Backsteinresidenz, die die nordwestliche Ecke der Kreuzung von Jackson Street und Forrest Street im Osten der Stadt beherrschte. Der Besitz der Mitchells lag nur zwei Straßen weiter. Als sich das Vermögen der Stephens in der Zeit des Wiederaufbaus mehrte, schauten sie sich nach einer neuen Bleibe um. 1879 wurde die Jackson Street bis hinauf zur Kuppe des nahegelegenen Hügels verlängert, und um diese Zeit kauften die Stephens das riesige alte Haus, das die Anhöhe krönte. Sie statteten es mit all dem raffinierten Luxus aus, den der viktorianische Stil zu bieten hatte, und zogen 1882 ein.

In jenen beiden Häusern wurden dem Paar zwölf Kinder geboren, von denen sechs das Erwachsenenalter erreichten. Das erste kam 1864 zur Welt, als die Stadt gerade die schlimmsten Bürgerkriegsverwüstungen über sich ergehen lassen mußte.

Doch anders als der Beau Wilkes des Romans überlebte Phillip Stephens, benannt nach seinem Großvater mütterlicherseits, sein erstes Lebensjahr nicht. Auch sein 1865 geborener Bruder starb frühzeitig. Vier Töchter folgten, bevor Mary Isabel, die Mutter der Schriftstellerin, 1872 das Licht der Welt erblickte – auch diese vier starben in jungen Jahren. Fünf weitere Sprößlinge folgten: John, Eugenia, Edythe, Alexander und Ruth.

Zwar produzierte Annie Stephens Nachkommenschaft mit der Leichtigkeit einer Zuchtstute, kümmerte sich dann jedoch nicht weiter um sie. Ihr Ruf, eine Rabenmutter zu sein, war redlich erworben. Nicht bei einem der vielen Kinder, die an ihrem Rockzipfel hingen, machte sie von der Möglichkeit Gebrauch, ihm auch nur die Grundregeln gesellschaftlichen Umgangs einzuschärfen, schrieb ihre Enkelin viele Jahre später. Regelmäßig zitierte sie ihre beiden unverheirateten Schwestern vom Land nach Atlanta, damit sie auf ihre Kinder aufpaßten, und wenn »Mamie« und »Sis« schließlich wieder ins Landhaus zurückkehrten, verfrachtete sie genauso regelmäßig ihre Nachkommenschaft zu ihnen hinaus aufs Land.

Diese Besuche im Landhaus zogen sich wochen- und bisweilen monatelang hin. Aber Annie Stephens dachte über noch längere Trennungen nach. Zwar war sie selbst alles andere als eine begeisterte Schülerin gewesen, doch nun bestand sie, wie einst ihr eigener Vater, zumindest für ihre älteren Töchter auf einer Klostererziehung, und kaum hatten sie das zehnte Lebensjahr erreicht, wurden sie in eine Klosterschule nach Kanada abgeschoben. Mit 13 Jahren folgte May Belle ihren Schwestern ins Villa-Maria-Seminar in Bellevue, Quebec. Während dieses zweijährigen Zwischenspiels korrespondierte May Belle regelmäßig mit ihrer Familie daheim, und ihre Briefe eröffnen einen seltenen Zugang zu ihrem Charakter und aufschlußreiche Einblicke in die Dynamik der Familienbeziehungen, die die wichtigste Persönlichkeit in Margaret Mitchells Leben geprägt haben.

Schon die Briefe der Dreizehnjährigen tragen den Stempel einer ausgeprägten Individualität. Was in erster Linie aus ihnen spricht, ist Intelligenz – eine Eigenschaft, die bereits ihrem Vater auffiel und die auch später bei der Beurteilung der Erwachsenen im Vordergrund stand. »Du hast großartige Geistesgaben mitbekommen«, betonte ihr Vater bei vielen Gelegenheiten. »Du bist interessant, weil du klug bist.« Er lobte ihre scharfe, analytische Intelligenz, ihre Fähigkeit, sogleich den Kern einer Auseinandersetzung zu erfassen, und die Geschicklichkeit, mit der sie Gedanken in Worte kleidete. »Die kann reden«, pflegte er zu sagen. Tatsächlich lebte sie in einer Welt von Ideen, und in ihren Briefen wimmelte es von literarischen und historischen Anspielungen.

John Stephens behandelte dieses Kind als intellektuell vollkommen ebenbürtig. Er tauschte sich mit ihr über Literatur, Poesie und Musik aus und legte ihr nahe, sich zur Erweiterung ihres Horizonts in Betriebswirtschaft und Naturwissenschaften fortzubilden. »Ich möchte, daß du die Regeln des Geschäftslebens durchschaust«, sagte er. Offen sprach er mit ihr über seine politischen Ansichten und nahm ihre gründlich durchdachten Antworten ernst. Kurz vor ihrer Rückkehr nach Atlanta äußerte er die Sorge, die snobistischen Ideen ihrer französischen Freundinnen könnten ihr den Kopf verdrehen, und er erinnerte die Fünfzehnjährige an »unsere einfache republikanische Lebensart. Als Kind hast du doch die Anschauungen von Thomas Jefferson bewundert. Du weißt, daß er gesagt hat, alle Menschen seien frei und gleich . . . Du solltest also alles tun, um als gute Demokratin zurückzukommen.« Auch auf andere politische Ideale verpflichtete er sie. Später sollte sie von ihrer eigenen Tochter fordern, was er von ihr selbst erwartet hatte, nämlich furchtlos, couragiert, unerschrocken und aufrichtig zu sein. Unermüdlich ermahnte er sie, »niemals zu Unrecht zu

29

schweigen«. Nur »Sklaven und Speichellecker kriechen zu Kreuz«. Kämpfe, schrieb er, »mit aller Kraft – alles andere wäre ein Frevel gegen Anstand und Gewissen«.

John Stephens' Ratschläge stürzten sowohl seine Tochter als auch ihn selbst in ein Dilemma. Bei all seinen Ermahnungen zu Mut, Widerstand und persönlicher Integrität spielte es für ihn überhaupt keine Rolle, daß sie eine Frau war – im Gegenteil: Was er ihr nahezubringen versuchte, waren ausgesprochen männliche Tugenden. Doch gleichzeitig widersprachen diese Lebensweisheiten seinen eigenen Vorstellungen von Geschlechterrollen und wahrer Weiblichkeit, die ganz im Einklang mit der viktorianischen Kultur der Südstaaten und seinem eigenen Katholizismus standen. Er wollte, daß sie beides beherzigte. Dieser Widerspruch trat kurz vor ihrer Rückkehr deutlich zu Tage. Er freue sich, teilte er ihr mit, sie intellektuell gereift zurückzubekommen, hoffe aber, daß »sie in ihrem Gefühlsleben ein kleines Mädchen« geblieben sei.

Das verhieß nichts Gutes. Die Unvereinbarkeit dieser Ideale kam in einem anderen Brief, in dem es um das Verhältnis von Frauen und Politik ging, ganz ungeschminkt zur Sprache. Seinen Aufrufen, sich nichts gefallen zu lassen, zum Trotz lehnte er das Frauenwahlrecht rundheraus ab und bestritt Frauen das Recht, am politischen Leben teilzunehmen. Zwar sollten sie die Tagespolitik nachvollziehen können und das Regierungssystem kennen, ja, sie sollten sogar indirekt darauf Einfluß nehmen dürfen. Doch niemals sollte ihnen erlaubt sein, sich die Hände zu beschmutzen, indem sie selbst wählen gingen oder sich bei Wahlkämpfen engagierten oder sich gar als Kandidatinnen aufstellen ließen. Nur die Reinheit der Frau könne die Gesellschaft vor Verirrungen bewahren. Die unumstößliche Regel in einer chaotischen Welt laute: Die Frau gehört an den heimischen Herd! »Frauen sind die Schutzengel ihrer Familien«, ließ er sie wissen, sie seien wie »der Polarstern« des Seemanns. Wenn dieser Stern »von seiner Bahn abkäme – wie könnte der Seemann dann noch Kurs halten?« Die Unvereinbarkeit reichte jedoch noch weiter. Männer und Frauen, so schrieb er, lebten in verschiedenen Sphären und hätten im Leben ganz unterschiedliche Rollen zu spielen. Und er zitierte die Bibel zum Beweis dafür, daß diese Ordnung gottgewollt sei, »zum Glück des einzelnen und zum Besten des Ganzen«. Nicht genug damit, erwartet er auch von ihr, daß sie sich freiwillig und aus Einsicht in ihre weibliche Rolle schicken möge. »Ich möchte, daß du so aufgeschlossen bist, die Stellung anzuerkennen, die beide Geschlechter im Leben einnehmen sollten, können und müssen, um dann aus eigener Überzeugung zur wahren Sphäre des Weiblichen zu finden.« In aller Unschuld stürzte er sein liebstes Kind damit in das denkbar größte Dilemma.

1887 kehrte sie nach Georgia zurück und setzte ihre Ausbildung am Atlanta Female Institute mit bestem Erfolg fort. Aus dieser Zeit gibt es keine schriftlichen Zeugnisse mehr von ihr. Ein weiteres Mal taucht sie dann schemenhaft zwischen 1890 und 1892 auf, und zwar in den Briefen ihres Verehrers und künftigen Ehemanns Eugene Mitchell. Seine Briefe sind erhalten, die ihren nicht.

Bei aller Wertschätzung für sie gibt seine glühende Korrespondenz wenig Aufschluß über seine Geliebte, denn Eugene Mitchell äußert sich selten konkret zu Fragen, die sie in ihren Briefen angeschnitten haben mochte. Einmal geht er auf ihre Selbstvorwürfe ein, sie sei zu intellektuell, zu vernünftig, »zu gefühlskalt«. Ihrer divergierenden Ansicht über die Länge ihrer Verlobungszeit und Eugenes Hoffnung auf eine »etwas romantischere Beziehung« nach zu urteilen, scheint sie auf ihn eher unbeteiligt gewirkt zu haben. Andere Antworten lassen ahnen, daß sie ihre Verschiedenheit im Hinblick auf Religion und Temperament sehr viel nüchterner registrierte als ihr Geliebter und daß sie womöglich bezweifelt, diese Gegensätze seien durch Liebe zu überwinden. Wenn solche Briefstellen ein schwer zu beeindruckendes und nüchternes Naturell erkennen lassen, dann bestätigen sie nur jene Eigenschaften, die sie bereits im Briefwechsel mit ihrem Vater unter Beweis gestellt hatte.

In Eugene Mitchells Korrespondenz mit seiner achtzehnjährigen Verlobten zeichnet sich noch ein weiterer Zug ab, der weitreichende Folgen für ihn, für sie und für das Bild haben sollte, das beide ihren Kindern boten: Er vergötterte sie regelrecht, machte eine Ikone aus ihr, hob sie auf ein Podest. Da seine eigene Mutter unfähig gewesen war, ihm ein Gefühl der Geborgenheit zu vermitteln oder ihn vor seinem übermächtigen Vater in Schutz zu nehmen, konzentrierte er jetzt alle seine Bedürfnisse, Hoffnungen und Wünsche auf seine eigene Frau. Und sie erlöste ihn tatsächlich. Die Pforte seines Herzens sei verschlossen gewesen, schrieb er ihr, doch »Du hast den Schlüssel gefunden«.

Sie trug allerdings noch auf eine sehr viel direktere Weise zu seiner Befreiung bei – May Belle Stephens war für ihn Mittel und Zweck im Hinblick auf seinen Versuch, sich von dieser Vaterfigur zu lösen und seine Unabhängigkeit innerhalb des patriarchalischen Systems zu erlangen. Sein Vater sei »ganz entschieden gegen diese Heirat«, teilte er ihr mit:

Seiner Meinung nach sollte ich Junggeselle bleiben und mich um meine jüngeren Geschwister kümmern. Er ist so weit gegangen, mir mit dem Entzug jeglicher Unterstützung zu drohen, sollte ich tatsächlich heiraten. Nach den Maßstäben dieser Stadt ist mein Vater mit Sicherheit reich, und eigentlich müßte sich keines seiner Kinder Sorgen machen, auch wenn die Familie recht groß ist. Aber ich habe das deutliche Gefühl, daß ich von meinem Anteil am Erbe erst dann etwas sehen werde, wenn er tot ist. Ich muß mich also allein durchschlagen und vor allem meinen Vorteil im Auge haben.

Er schließt: »Um Deinetwillen würde ich meinem Vater den Gehorsam verweigern.« Und so geschah es an jenem glanzvollen Novemberabend des Jahres 1892.

Eugene Mitchells anfängliche Verehrung verblaßte nie – auch in späteren Briefen kommt immer wieder dieselbe Zuneigung zum Ausdruck. Noch deutlicher bezeugt sein weiteres Leben seine Abhängigkeit von der vergötterten Frau. Als er 53 und sie 47 war, raubte ihm eine Grippe-Epidemie seinen Engel. Von diesem Verlust hat er sich nie erholt, und viele Jahre später noch trübte der Gedanke an ihren Tod sein Lebensglück: »Ich bin heute, wie schon seit langem, mit allem gesegnet, was sich ein Mann nur wünschen kann – mit Ausnahme der Gesellschaft von May Belle, die vor 22 Jahren starb«, schrieb er an einen Vetter. »Aber Margaret ist ihr so ähnlich«, fuhr er fort, »daß der Verlust halbwegs aufgewogen wird.«

Dieser Vergleich bedeutete für seine einzige Tochter beides: Bedrohung und Herausforderung.

2. KAPITEL

Jimmy

Es verging kaum ein Tag, an dem die junge Dame
in unserer Begleitung nicht ihr Pferd herumriß
und im Galopp nach Hause ritt. Auch wenn ich
es nicht wahrhaben wollte – ihr war klar, daß
hartgesottene, alte Männer kein Umgang für
eine Dame waren ... Mit sechs Jahren lag mir
allerdings auch nichts daran, eine Dame zu sein.
Margaret Mitchell

Als sie von ihrer Hochzeitsreise in den Westen
zurückkamen, war die Braut zwanzig und der Bräutigam
sechsundzwanzig. Im nächsten Jahr kam ihr Kind zur Welt. Es
wurde nach seinem Großvater väterlicherseits genannt und
lebte nur wenige Monate. Der Tod dieses Kindes fiel mit der
schweren Wirtschaftskrise von 1893 zusammen. Drei Jahre
später verstarb John Stephens. Es waren harte Zeiten, und nur
ganz allmählich wurden die Aussichten günstiger. 1896, im
Jahr von Hauptmann Stephens' Tod, wurde May Belle und
Eugene Mitchell ein gesundes Baby geschenkt, Alexander Stephens Mitchell. Sein Name war eine Verbeugung vor der
Familie von Mrs. Mitchell und einem aus Georgia stammenden Denkmal der Konföderation, Alexander H. Stephens,
dem Lieblingshelden der Familie Mitchell. Vier Jahre später
bekamen sie ihr letztes Kind, Margaret Munnerlyn. Mit die-

sem Namen wurde ihrer Großmutter väterlicherseits sowie einer Ururgroßmutter gedacht. Margaret erblickte das Licht der Welt genau am achten Hochzeitstag ihrer Eltern, am 8. November 1900. Das junge Paar verbrachte das erste Jahrzehnt seiner Ehe in einem geräumigen Cottage in der Cain Street, das praktisch an den Hinterhof der Stephens grenzte. 1902 zogen die Mitchells dann in ein anderes der zahlreichen Häuser um, die Hauptmann Stephens um 1890 herum gebaut hatte. Im folgenden Jahr erwarben sie das Haus nebenan, und im Sommer 1893 bezog die Familie endlich ihr eigenes Heim auf der Jackson Street. Hier wuchs Margaret Mitchell auf.

Das große Haus thronte hoch über der Straße auf einer ummauerten Aufschüttung. Obwohl um einiges bescheidener und kleiner als die meisten anderen Villen an dieser Straße, präsentierte sich auch das Haus der Mitchells üppig verziert im überladenen viktorianischen Stil. Seine 13 Zimmer verteilten sich über drei Stockwerke, und sein steiler Dachgiebel wurde von einem viereckigen Aussichtstürmchen gekrönt. Es war lang und schmal und hatte zur Straße hin sowie an der Südseite eine großzügige Veranda. Zur Freude seiner Frau ließ Eugene Mitchell das ganze Gebäude leuchtend rot streichen, Simse und Rahmen setzten sich gelb davon ab, und May Belle legte einen ähnlich farbenprächtigen Garten an. Sie sorgte dafür, daß Geißblatt die ganze Veranda in eine natürliche Grotte verwandelte, zog Rosen und Lilien hinterm Haus und säumte die akkurat gepflasterten Gartenwege mit Veilchen und anderen Sommerblumen.

Das jüngste Kind der Mitchells war gerade zweieinhalb, als sie sich hier niederließen. Sie wohnten noch nicht lange dort, als sich der erste aus jener Serie von Unglücksfällen ereignete, die sie im Leben heimsuchen sollten. Mrs. Mitchell hatte die Kinder alleingelassen. Margaret spielte mit ihrer Katze Piedy, kam dabei dem Kamin zu nahe und fing Feuer. Auf ihr Geschrei hin stürzte ihr Bruder herbei und erstickte mit einiger Mühe die

Flammen. Beide kamen mit dem Schrecken davon – der, wie Stephens berichtet, allerdings harmlos war im Vergleich zu dem »Schock, den unsere Mutter bei ihrer Rückkehr bekam«. Nachdem sie sich jedoch von der Aufregung über den versengten Petticoat erholt und ihre Fassung wiedergewonnen hatte, reagierte May Belle Mitchell in der für sie charakteristischen, unkonventionellen Art. »An diesem Tag«, schrieb der ältere Bruder später, »wurden Margarets hübsche Mädchenkleider samt und sonders eingeschlossen, um nur noch zu besonderen Gelegenheiten wieder hervorgeholt zu werden, und Margaret lief von da an wie ein Junge herum, in Hemd und Hose.« Und um das Bild perfekt zu machen, wurde ihr blondes Haar jedesmal, bevor sie auf die Straße ging, unter einer Mütze versteckt. In diesem Aufzug machte sie auf sämtliche Nachbarn großen Eindruck, denn einmal wie ein Junge angezogen, benahm sie sich auch wie ein Junge. Die Nachbarn gingen dazu über, sie »Jimmy« zu nennen, in Anspielung auf eine Comicstrip-Figur in der Tageszeitung. »Sie war zwar klein und zierlich«, erinnert sich Stephens, »dabei aber recht wild und unternehmungslustig, und die Jungenkleidung stand ihr gut.«

Dieses Kostüm war nicht nur praktisch, es war auch für jenen Lebensabschnitt der Margaret Mitchell bezeichnend, denn als kleines Mädchen liebte sie Wettkämpfe, und ihre Jimmy-Rolle stand ganz im Einklang mit ihrer Vorliebe für rauhe Spiele, die sie in jenen frühen Jahren immer wieder unter Beweis stellte. Der Jackson Hill bot diesem energiegeladenen Kind ein ideales Betätigungsfeld.

Bei ihrem Einzug trennte zunächst nichts den Hinterhof der Mitchells von dem eichenbestandenen Anwesen der Stephens. Gegen 1906 ließ Annie Stephens ein weiteres Haus auf der Grenze zwischen beiden Grundstücken errichten, in das ihre Tochter Ruth mit Ehemann und Kindern einzog, doch auch dieses Gebäude änderte nichts an der Weitläufigkeit des Geländes. Im übrigen war die ganze Gegend ohnehin nur spärlich bebaut, so daß sich die Kinder überall ungehindert austoben konnten. Vierzig Jahre zuvor hatten sich die städtischen Verteidigungsanlagen hier entlanggezogen, und die Kinder aus der Nachbarschaft inszenierten nun an diesem Ort ihre eigenen Kriegsspiele. Sie stellten, wie sich Stephens erinnert, ein »pavillonartiges Zelt« auf, das sich »hervorragend als Hauptquartier für einen General« eignete, und verwandelten einen Haufen herumliegender Fichtenholzbalken in eine uneinnehmbare Festung. Sie buddelten mit Begeisterung in dem Gelände herum, und wenn ihre »Großmutter nicht dazwischenkam, legten die Kinder unterirdische Gänge an, bauten sich Schlösser aus Erdhaufen oder hoben sogar Schützengräben« für ihre fingierten Scharmützel aus. Die Crockett-Jungen wollen auch von Gegenständen wissen, die ihre Cousine auf dem Gelände vergrub, und von Schatzsucherkarten, die sie zeichnete.

Auf diesem weitläufigen Grundstück war natürlich auch Platz genug für Ballspiele, und Mitchell erntete hier ihren ersten Lorbeer als Baseballspielerin. Ihre Familie besaß großartige Fotos, die sie in Aktion zeigten: Auf einem spielt sie in ihrem kurzen Rock, das lange Haar in Zöpfen um den Kopf gewunden, mit ihren beiden jüngeren Cousins David und Stephens Crockett, auf einem anderen sieht man sie, wie sie gerade einen der Jungen beim ersten Mal zu fassen bekommt. Später wurde hier ein Tennisplatz angelegt, und sie entdeckte ihre Liebe zu einer neuen Sportart.

In jener Zeit erwarb sich Margaret ebenfalls einen bemerkenswerten Ruf als Reiterin. Mrs. Mitchell hatte bei beiden Kindern darauf bestanden, daß sie reiten lernten, und kurz nach ihrem Einzug in die Jackson Street bekamen sie »ein kleines, braun-weiß gescheckts Präriepony« geschenkt, das jahrelang für immer neue Aufregung sorgte. Mit sechs ritt Margaret jeden Nachmittag allein aus und versammelte unterwegs eine bunte Schar anderer Reiter um sich. Zu ihrer Gruppe gehörten zum Beispiel eine junge Dame und mehrere Bürgerkriegsveteranen. Einer davon führte sich wie der typische Konföderierte im Schmierentheater auf – perfekt mit grauem Umhang, grauem Spitzbart und »dieser Küß-die-Hand-Manier, die er sogar an meiner kleinen Kinderhand ausprobierte«, erzählte Margaret Mitchell später. »Meiner Mutter war es ganz lieb, daß wir gemeinsam ausritten, weil so einer auf den anderen aufpassen konnte.« Dies allerdings war ein Trugschluß. Denn nach und nach steigerten sich die alten Knaben immer mehr in ihre Schlachtenphantasien hinein, und ihre Ausdrucksweise wurde immer gepfefferter – womit sie zwar die Südstaaten-Schönheit, nicht aber die sechsjährige Margaret in die Flucht schlagen konnten. Die trabte wacker mit, genoß jede Anekdote und fand auch an ihren Flüchen und Zoten Geschmack. Zeit ihres Lebens fluchte sie selbst hemmungslos.

Sie hatte noch weitere Vorlieben. Sie war verrückt nach Tieren und hielt sich ihren eigenen kleinen Zoo. Außer einem Pferd und einem Pony im Stall hinterm Haus und einer Kuh draußen im Gelände gehörten dazu Hunde, Enten, Schildkröten und zeitweilig sogar zwei Alligatoren. Es ist unklar, ob sie jemals mit Puppen gespielt hat – in jedem Fall gab es eine »Unmenge von Katzen«, die sie bemuttern konnte.

Diese unbeschwerte Kinderwelt war indes nicht frei von Schrecken: 1906 erlebte die Stadt eine der heftigsten Rassenunruhen in ihrer Geschichte. Auf dem Höhepunkt des Aufruhrs brachte der weiße Pöbel Atlanta drei Tage lang unter seine Kontrolle und durchstreifte die überwiegend von Schwarzen bewohnten östlichen Stadtteile auf der Suche nach Opfern. Da ihre Mutter für einen Monat in einem Sanatorium im Norden weilte, war Margaret mit ihrem Vater allein zu Haus. Eugene Mitchell hat später berichtet, was sich damals ereignete. Als sie das Gerücht erreichte, »Negerpöbel habe sich zusammengerottet, um die Stadt in Schutt und Asche zu legen, die Wasserleitungen zu zerstören usw.«, ging ihr Nachbar John Slaton von

Haus zu Haus und forderte jeden auf, sein Gewehr zu nehmen und sich bereitzuhalten. Da er kein Gewehr besaß, bezog Eugene Mitchell mit der einzigen Waffe Posten, die er auftreiben konnte: einer Axt. Während er seine Familie mit diesem sonderbaren Mordwerkzeug bewachte, kam seine fünfjährige Tochter auf ihn zu und gab ihm den Tip, »Mr. Daleys Schwert wäre vielleicht auch nicht schlecht. Ich ging auf ihren Vorschlag ein«, berichtete er nicht ohne Stolz. Noch zwanzig Jahre später erinnerte sich Margaret Mitchell lebhaft des Schreckens, der sie angesichts der nächtlichen Schüsse befiel. »Nur einen Häuserblock weiter wurde gekämpft«, schrieb sie. »In meinem ganzen Leben habe ich nicht mehr etwas so Herrliches gesehen wie jenes Bild, das sich mir bot, als ich unter meinem Bett hervorgekrochen kam, wo ich sicherheitshalber Zuflucht gesucht hatte: Da kam die Miliz die Jackson Street hoch und schlug ihr Lager unmittelbar vor unserem Haus auf.«

Schon mit sechs Jahren ging ihr Erfahrungshorizont allerdings weit über den Jackson Hill hinaus. In jedem Sommer entflohen Mutter und Kinder der schwülen Hitze von Atlanta, um sich in der angenehm kühlen Bergwelt von Nord-Georgia zu erholen oder am Wrightsville Beach in Nord-Carolina Seeluft zu atmen. Außerdem begleitete Margaret ihre Eltern auf Ferienreisen nach New York und in den Norden der Vereinigten Staaten.

Die schönsten Kindheitserinnerungen, die nicht mit Atlanta in Zusammenhang stehen, verband sie allerdings mit ihren Besuchen auf dem Gut der Fitzgeralds, dem Landhaus draußen im Clayton County. Bis zu deren Tod in den zwanziger Jahren führten dort ihre beiden unverheirateten Tanten Mamie und Sadie den Haushalt. Diese Ausflüge waren unvergeßlich. »Wir liefen barfuß herum, ritten auf den Pferden und Maultieren, die zur Farm gehörten, und halfen bei der Obsternte und gelegentlich sogar bei der Baumwollernte mit«, erinnerte sich Stephens Mitchell.

Nach dem Mittagessen ruhte man in einem Zimmer auf der Schattenseite des Hauses und las ein Buch, wenn man nicht schlafen konnte. Dann wurde gebadet, und anschließend zog man sich fürs Abendessen um. Hinterher spielte man noch ein Weilchen, saß dann auf der Veranda, lauschte den Schreien der Eulen und wartete auf die kühle Abendbrise, die endlich aus dem kleinen Wäldchen herüberwehte. Irgendwann war es Zeit, mit einer Pfanne zum Brunnen hinunterzugehen und sie mit frischem Quellwasser zu füllen, um sich vor dem Zubettgehen noch die Füße zu waschen.

Auch Margaret fühlte sich hier ausgesprochen wohl.

Vor allem erinnere ich mich an den Geruch, der dem sumpfigen Bett des Warrior Rivers entströmte, und wie der heiße Schweiß auf meiner Haut und der der jungen Schwarzen roch, wenn wir auf der Jagd nach Wildschweinen zusammen durchs Unterholz pirschten, oder an den Duft des Herbstlaubs und die scharfen Ausdünstungen eines Ebers, dem wir zu nahe gekommen waren.

Wildschweinjagd mit schwarzen Jungen vom Land – das war etwas für sie!
Im Landhaus waren die Kinder auf Schritt und Tritt von Geschichte und Tradition umgeben. Hier war die Vergangenheit noch lebendig, ihre Tanten sprudelten vor alten Geschichten über, und das Land selbst verströmte Legenden. Jeder Besuch brachte sie mit Verwandten und alten Bekannten der Familie zusammen. Aber nicht nur im Landhaus war die Familientradition mit Händen zu greifen – auch daheim, in der Stadt, pflegten Heerscharen von Verwandten aufzutauchen. Die Familie war praktisch allgegenwärtig. »Auf dem Jackson Hill lebten wir umzingelt von Großeltern, Tanten, Onkeln, Cousins und Cousinen jeden Grades und jeden Alters und

Scharen entferntester Verwandter, die gerade zu Besuch weilten«, erinnerte sich Stephens Mitchell. Die argusäugige Großmutter Stephens wohnte all die Zeit entweder eine Straße weiter oder gleich um die Ecke. 1904 kehrten auch die Eltern von Eugene Mitchell auf den Jackson Hill zurück und brachten ihre jüngsten Kinder mit, die, obschon Tanten, kaum älter als Margaret und Stephens waren. 1908 zog May Belles Schwester mit ihrer Familie ins Nachbarhaus und sorgte so für weiteren Nachschub an Spielgefährten aus der eigenen Sippe. Und dann kam auch noch Mitchells Großtante Isie, eine Schwester von Annie Stephens, und ließ sich mit ihrer vielköpfigen Nachkommenschaft auf dem Jackson Hill nieder.

Doch all dies war nur die Spitze des Eisbergs, denn der Mitchell-Stephens-Clan war noch viel größer. Sowohl Eugene Mitchell als auch seine Frau hatten je elf Geschwister, von denen wiederum jeweils fünf inzwischen eigene Kinder hatten. Und als typische Südstaatler ihrer Generation machte die Familie keinen großen Unterschied zwischen Onkeln und Tanten einerseits und Großonkeln und Großtanten andererseits oder zwischen Cousins ersten oder dritten oder fünften Grads. Ihre Neigung, auch die Sippschaft angeheirateter Verwandter in die eigene Familie aufzunehmen, führte endgültig zu einem schier unüberschaubaren Geflecht familiärer Beziehungen.

In seinem Roman »Absalom, Absalom!« hat William Faulkner diesen umfassenden Familiensinn treffend geschildert. Rosa Coldfields Bericht darüber, wie Sutpen als Fremder erstmals in Jefferson auftaucht, enthält auch eine Darstellung der Gesellschaftsordnung in den Südstaaten: »...unser Vater wußte darüber Bescheid, wer sein Vater in Tennessee gewesen war und wer sein Großvater in Virginia gewesen war, und unsere Nachbarn und alle, mit denen wir zu tun hatten, wußten, daß wir es wußten, und wir wußten, daß sie es wußten, und wir konnten davon ausgehen, daß sie uns alles über seine

Herkunft abkaufen würden, selbst wenn wir gelogen hätten ...«

Niedergeschrieben war Familiengeschichte eine trockene Angelegenheit, wie die kraftlosen Genealogien aus Eugenes und Stephens Mitchells Federn beweisen. Wenn man sich dieselben Geschichten jedoch im größeren Kreis erzählte, wirkten sie frisch und saftig.

Bis weit ins zwanzigste Jahrhundert hinein beruhte die Kultur des Südens weitgehend auf mündlicher Überlieferung. Da die Analphabetenquote – wie in jeder vormodernen Gesellschaft – hoch war, war das gesprochene Wort das wichtigste Kommunikationsmittel. Vor allem die Predigt und die Ansprachen der Politiker befriedigten das Informationsbedürfnis der Leute. Die rhetorischen Formen der freien Rede schlugen sich aber auch in der Schriftsprache nieder. Südstaatler neigten in ihren Texten instinktiv zu Assonanzen und Alliterationen, ihre Worte flossen in einem natürlichen Rhythmus über die Seiten, und ihre Sprache zielte mehr auf das Gefühl als auf den Verstand. Diese Tradition der mündlichen Überlieferung war gleichzeitig Ursache und Wirkung einer ganzen Reihe weiterer südlicher Eigenarten. Von Natur aus konservativ, legte sie der Form, der Darstellungsart und dem Erzählgestus größeres Gewicht bei als dem Inhalt – wie jemand sprach, wie jemand eine Geschichte erzählte war genauso wichtig wie das, was er zu sagen hatte. Erzählungen und Geschichten stellen allerdings nicht unbedingt die geeignetsten Formen der Wahrheitsübermittlung dar – die einfachsten Tatsachen wurden häufig in üppig ausgeschmückte Erzählungen verpackt, in denen auch ausführliche Dialoge nicht fehlen durften.

In einer solchen Gesellschaft kam einem genauen Gedächtnis höchste Bedeutung zu. Wer über das beste Gedächtnis und die meisten Erinnerungen verfügte, besaß die größte Macht. Insofern ist es kein Zufall, daß Margaret Mitchell und ihre

Familie ein gutes Gedächtnis immer als besonderes Kennzeichen ihres Clans hervorhoben. Vor allem Margaret Mitchell selbst rühmte sich ihres phänomenalen Gedächtnisses. Alte Leute mit ihrem Reichtum an Erinnerungen spielten in dieser Gesellschaft eine besondere Rolle. »An was die sich alles erinnerten!« staunte Stephens Mitchell.

> Kaum saßen zwei oder drei von ihnen abends auf der Veranda zusammen, schon wurden zum Knarren der Schaukelstühle und dem Rascheln der Fächer Erinnerungen ausgetauscht. Es brauchte nur einer zu fragen: »Sag mal, was ist eigentlich aus meiner Cousine Lula May geworden?«, und schon legte jemand anders los: »Erinnerst du dich noch, wie sie damals...« Und dann folgte eine lange Geschichte. Und eine Erzählung zog die andere nach sich.

Geschichten lagen also buchstäblich in der Luft. Diese Lust am Erzählen hatte es sicherlich schon vor 1861 gegeben, aber nach dem Bürgerkrieg blühte diese Kultur der erzählten Wirklichkeit, der wahren Legenden erst richtig auf. Nicht anders als der Trojanische Krieg war auch der Unabhängigkeitskampf der Südstaaten eine unerschöpfliche Quelle dichterischer Produktion und Kristallisationspunkt aller erzählerischen Kräfte des Südens. Margaret Mitchell deutete einmal selber an, welche Wirkung von dieser alternativen, durch Erzählungen vermittelten Wirklichkeit ausging, als sie halb im Scherz bemerkte, sie habe erst im Alter von zehn Jahren begriffen, daß die Südstaaten den Krieg verloren hätten, und sei lange in dem Glauben gewesen, das alles habe sich kurz vor ihrer Geburt abgespielt. Die mündliche Überlieferung setzte sich über die Zeit hinweg. Bereits in der Wiege habe sie Bekanntschaft mit dem Bürgerkrieg gemacht, schrieb sie. »Als Kind habe ich so viel über die Kämpfe und die schlimmen Zeiten danach zu hören bekommen, daß ich fest davon überzeugt war, meine

Mutter und mein Vater hätten alles miterlebt. In Wirklichkeit wurden sie lange nach dem Krieg geboren ...«
Und dann gab es noch die Sonntagsbesuche.

> Wenn wir die älteren Leute aus unserer Verwandtschaft besuchten, die die sechziger Jahre miterlebt hatten, dann fand ich mich auf dem knochigen Knie eines Veteranen oder dem fetten Schenkel einer Großtante wieder und durfte mir Geschichten aus der Zeit anhören, als Little Alex (der konföderierte Vizepräsident Stephens) sie besuchen kam, oder wie viele Brathähnchen Pater Ryan verputzen konnte und wie sich dicke Lagen von Packpapier anfühlen, wenn man sie zwischen seine Haut und sein Korsett stopft, so wie man es an den kalten Tagen während der Blockade gemacht hatte, als es keine Wollsachen mehr gab, und wie Großvater Mitchell nach der Schlacht von Sharpsburg mit seinem aufgerissenen Schädel fast fünfzig Meilen zu Fuß gelaufen ist. Sie redeten darüber nicht wie über historische Ereignisse oder außergewöhnliche Vorfälle, sondern wie über beinahe alltägliche Begebenheiten aus ihrem Leben. Und allmählich wurden diese Geschichten auch zu einem Bestandteil meines eigenen Lebens.

Die mündlich überlieferte Geschichte verwandelte Tradition in etwas Unmittelbares, Heroisches, Zeitloses. Und die handfeste, materielle Präsenz der Vergangenheit hauchte dieser Tradition Leben ein. Der Krieg war so real wie die Gewehrpatronen, die die Kinder auf dem Grundstück von Großvater Stephens ausgruben oder in den Gräben der südlichen Schanzen fanden. Er war so greifbar wie die langen Reihen weißer Kreuze auf dem Oakland-Friedhof, so majestätisch wie der steinerne Löwe, der sie bewachte, und so nah wie die Erdlöcher und Schützengräben am Osthang des Jackson Hill, wo Shermans Truppen schließlich den Bahndamm erobert und damit das Schicksal von Atlanta besiegelt hatten. Was damals geschehen war, war immer noch lebendig. In der Erinnerungskultur der Stadt offenbarte sich die Macht dieser Vergangenheit. An jedem 26. April, dem Jahrestag der endgültigen Kapitulation sämtlicher Südstaaten-Armeen, bekräftigte Atlanta seine Verbindung mit der Vergangenheit durch Paraden und Ansprachen. Jeder nahm daran teil, und jeder kannte jeden, als gehörte er zur Familie. Angesichts dieser von einem starken Zusammengehörigkeitsgefühl bewegten Menschenmenge sprach Stephens Mitchell von »einer altertümlichen Stammeszusammenkunft«. Der Höhepunkt dabei war der Vorbeimarsch der ergrauten Veteranen mit ihren zerschlissenen Regimentsfahnen:

> Plötzlich ... breitete sich Stille aus. Und wenn man aufschaute, sah man dieses Meer blutroter Flaggen, mit weißen Sternen gesprenkelt, alle hoch über die Köpfe gehalten, und darunter den langen Zug schlurfender alter Männer. Niemand sprach ein Wort, aber über alle Gesichter rannen Tränen. Was da beweint wurde, war das Schicksal der eigenen Nation – jedem war das klar. Und jeder fühlte sich, als würde er nach wie vor unter einer Besatzungsmacht leben. Dieses Gefühl war unausrottbar.

»Diese Stadt war eine Stadt der Konföderation«, stellte er sehr richtig fest, »und das war ihre ganze Geschichte.«
Als Erwachsene bemerkte Margaret Mitchell, »die alten Zeiten« seien ihr realer vorgekommen als ihre eigene Zeit. Und ähnlich wie im Fall von Faulkners Quentin – und eigentlich fast aller ihrer Zeitgenossen in den Südstaaten – rangen in ihr die Kräfte der Moderne und der Tradition um ihre Seele. Es gab zwei Margarets, die in ihrer Persönlichkeit die Oberhand zu gewinnen suchten. Die Traditionen ihres Landes, der Bürgerkrieg und das Vermächtnis von Appomattox enthielten bereits genug Konfliktpotential. Noch zerrissener jedoch

mußte sie sich angesichts heimischer Konflikte während ihrer Kindheit fühlen.

Stephens Mitchell sagte einmal, er und seine Schwester hätten zu Hause ein völlig normales Familienleben geführt. Das stimmt – aber diese Beobachtung enthält andere Wahrheiten, die von den Eigentümlichkeiten eines viktorianischen Südstaaten-Haushalts verdeckt werden. Familientradition, Geschlechterrollen und eine ungewöhnliche Mutter-Tochter-Beziehung schufen besondere Lebensumstände für das jüngste Kind der Mitchells.

In den Kindheitserinnerungen der Margaret Mitchell kommt ihr Vater praktisch nicht vor. Als typischer spätviktorianischer Gentleman, Vater und Ehemann sah er sich in erster Linie als Ernährer seiner Familie. In dieser Haltung wurde er durch seine wirtschaftlichen Schwierigkeiten noch bestärkt. Er lebte für seine Arbeit und verbrachte viel Zeit im Büro. Weitere Stunden opferte er seinen kulturellen Aktivitäten. Obwohl Eugene Mitchell die Öffentlichkeit scheute, nahm er die Verpflichtungen eines Mannes seines Namens, seiner Klasse und seiner Stellung doch ernst. Außerdem reiste er viel. War er dann aber einmal zu Hause, schloß er sich gewöhnlich in seiner Bibliothek ein. Nicht, daß er seine Kinder nicht liebte – seiner Tochter war er besonders zugetan –, aber seine Gefühle zeigte er ihnen gegenüber selten oder nie. In der Erinnerung seiner Kinder war er dieselbe blasse Figur wie in den Erinnerungen seiner Kollegen und Geschäftspartner. Sein Sohn hielt ihn für »völlig verschlossen« und fast krankhaft mißtrauisch, seine Tochter beschreibt ihn durchweg als schulmeisterlich, pflichtbesessen, förmlich und geistesabwesend, als »reserviert und unfähig zur Begeisterung«. Einmal bezeichnete sie ihn als »den klügsten Mann, den ich je getroffen habe«, aber damit spielte sie eher auf seine akribische Genauigkeit und seine Begabung an, wasserdichte Verträge aufzusetzen. Sie mag ihn tatsächlich bewundert haben – wahrgenommen hat sie ihn jedenfalls nur ganz am Rande ihrer Kindheitswelt, und in ihrer Phantasie spielte er überhaupt keine Rolle. In dieser Hinsicht unterschied er sich radikal von seiner Frau.

Im Gegensatz zu ihrem Mann hatte May Belle Stephens ihre Ausbildung nach der High School nicht fortgesetzt, nichtsdestoweniger konnte sie ihm in puncto Wissen, Bildung und Intelligenz das Wasser reichen. Nach allgemeinem Urteil war sie »eine hochgebildete und äußerst kluge Frau«. Sie las viel, einschließlich der anspruchvollsten amerikanischen und europäischen Zeitschriften, sie sprach Französisch so fließend wie ihre Muttersprache, besaß eine natürliche Begabung für naturwissenschaftliche Fächer und glänzte vor allem in Mathematik. Mit ihrer Geradlinigkeit erwarb sie sich genausoviel Bewunderung wie mit ihrer Intelligenz. Lange nach ihrem Tod erinnerte sich einer ihrer Verwandten an ihre kompromißlose Aufrichtigkeit. »Weißt du«, wird sie von einem Cousin zitiert, »mir ist ziemlich egal, was Stephens und Margaret tun, wenn sie nur ehrlich sind – Ehrlichkeit bedeutet mir alles.«

Eugene Mitchell sah in seiner Frau einen Ausbund aller Tugenden, und tatsächlich kannten ihr Mitgefühl und ihre Selbstlosigkeit fast keine Grenzen. Jede Nachricht von einer Krankheit, einem Mißgeschick, wie vage auch immer, konnte ihr Mitleid erregen. Und wenn wirklich Unheil hereinbrach – wie 1917, als Atlanta in Flammen aufging –, spendete sie Hilfe, Trost und Ermunterung, als hätte sie keinerlei eigene Interessen. Beim Ausbruch des Ersten Weltkriegs verhielt sie sich ähnlich und verwandelte ihr Heim in ein Haus der offenen Türen für Soldaten. Und ihre Tochter entsann sich zahlreicher weiterer Beweise für ihr »unersättliches Bedürfnis, sich der Sorgen anderer anzunehmen«.

In der Straßenbahn oder auf Zugfahrten ließ sie sich ständig auf Gespräche mit wildfremden Menschen ein und diskutierte mit ihnen angeregt oder hitzig. Wenn nötig, hielt sie die Straßenbahn bei Five Points an, um alte Neger zu besuchen, die für sie oder ihre Familie gearbeitet hatten, und sich mit ihnen ausführlich und in aller Öffentlichkeit über ihr Liebesleben oder ihre Krankheiten zu unterhalten. Niemals wies sie einem Bedürftigen die Tür, und ich habe erlebt, wie sie bei eisiger Kälte ihre Handschuhe abzog, um sie den blaugefrorenen Händen armer Kinder überzuziehen – und nur meine Proteste konnten sie davon abhalten, auch noch ihren Muff herzugeben. Und immer wieder mußten wir zu Fuß nach Hause laufen, weil sie irgendeinem Bettler ihren letzten Cent gegeben und deshalb kein Geld mehr für den Fahrschein hatte.

Der Familienlegende zufolge hat sie diese Großherzigkeit am Ende das Leben gekostet: Bei der Grippeepidemie von 1918 rieb sie sich förmlich für die Erkrankten auf, und erschöpft, wie sie war, hatte sie keine Widerstandskraft mehr, als sie sich selbst angesteckt hatte.

Ein Großteil ihrer Energien floß in religiöse Aktivitäten. Als selbstbewußte Katholikin eilte sie sogleich zu den Fahnen, als der Katholizismus in Georgia am Vorabend des Ersten Weltkrieg unter Beschuß geriet. Um 1905 hatte ein gewisser Thomas Watson innerhalb der Demokratischen Partei von Georgia die Rolle eines rassistischen Demagogen übernommen. Nicht nur, daß er in Rassenfragen eindeutige Positionen bezog, als Loyalitätsbeweis verlangte er auch eine klare Ablehnung von Juden und Katholiken. Das von Watson inspirierte »Klosteruntersuchungsgesetz« löste schließlich den offenen Widerstand der Katholiken von Georgia aus. Ihr Gegenangriff ging im August 1915 von May Belles Pfarrkirche aus, und im folgenden Jahr organisierten sie sich in der »Katholischen Laienvereinigung«. Mrs. Mitchell unterstützte diese Gruppe, obwohl sie zunächst wegen ihres Geschlechts gar nicht Mitglied werden konnte. Man weiß nicht, wie sie reagierte, als diese Organisation im August 1918, drei Jahre nach ihrer Gründungsversammlung, beschloß, auch Frauen zuzulassen, aber es ist undenkbar, daß sie an dieser Entscheidung nicht mitgewirkt haben könnte. In jedem Fall muß ihr dieser Beschluß als Frau und streitbare Katholikin Genugtuung bereitet haben.

Ihr politisches Engagement innerhalb und zugunsten der Kirche wirft Licht auf einen anderen, noch weit wichtigeren Aspekt ihres öffentlichen Wirkens. Ihre Beförderung zur politischen Protagonistin hatte sie nämlich schon längst hinter sich, als sie sich der Kampagne gegen Tom Watsons primitiven antikatholischen Kurs anschloß. Damals blickte sie bereits auf fünfzehn kämpferische Jahre in den Schützengräben der Befürworter des Frauenwahlrechts zurück. Etwa zu der Zeit, als ihre Tochter geboren wurde, hatte Mrs. Mitchell die Frauenemanzipation als Lebensaufgabe entdeckt. Stephens Mitchell berichtet, eine seiner frühesten Erinnerungen sei der Anblick seiner Schwester gewesen, wie sie »auf den Rücken ihrer Mutter geschnallt wurde, damit diese ihre frauenrechtlerischen Versammlungen besuchen konnte«. Von 1900 bis zu ihrem Tod im Jahr 1919 investierte sie in keine andere Arbeit so viel Energie wie in diese.

Der Auslöser für ihr Engagement bei der Frauenbewegung war ein juristisches Problem gewesen. Indem man ihr bestimmte politische Rechte vorenthielt, so sagte sie, hindere man sie daran, uneingeschränkt über ihr Eigentum zu verfügen. Dieses Argument hat sie später oft genug auf Versammlungen der Fauenrechtlerinnen wiederholt, wie sich ihr Sohn erinnerte:

Alles, was ich sagen möchte, und alles, was es überhaupt dazu zu sagen gibt, ist: Jede Frau, deren Name sich auf der Liste meiner Organisation befindet, bezahlt Grundstücksteuer – in Atlanta, in Fulton County und im Staat Georgia. Und wenn

Sie jetzt ein wenig Ihre Hälse recken und die Decatur Street hinunterschauen, dann können Sie die Besoffenen sehen, die gerade aus dem Saloon hinausgeworfen werden und auf dem Bürgersteig landen. So – und diese Kerle, die keinen Pfennig Steuern bezahlen und sich ihr Leben lang von der Stadt oder dem Staat aushalten lassen, dürfen wählen, aus dem einzigen Grund, weil sie Männer sind – und wir dürfen das nicht. Ist das gerecht?

Mrs. Mitchells Anliegen traf sich mit dem der Frauenrechtsbewegung in Georgia. Um 1899 – also etwa zu der Zeit, als sie der Bewegung beitrat – rechtfertigte die Vereinigung der Frauenrechtlerinnen von Georgia ihre Forderung nach Gewährung des Wahlrechts im wesentlichen mit ökonomischen Ansprüchen. 1902 und 1909, als der Stadtrat von Atlanta eine Revision der kommunalen Verfassung erwog, fertigten die Anwälte der Frauenrechtlerinnen eine Aufstellung des gesamten Eigentums an, das sich in Atlanta in den Händen von Frauen befand, um ihre Ansprüche zu untermauern. Auch wenn Mrs. Mitchell bei dieser Kampagne im Hintergrund blieb, läßt sich ihre Beteiligung an diesen Vorstößen bei anderen Gelegenheiten anhand von Dokumenten nachweisen. Die *Atlanta Constitution* vom Januar 1915 erwähnt sie anläßlich eines Empfangs der Liga der Frauenrechtlerinnen von Georgia, dem Höhepunkt einer ganzen Woche voller politischer Aktivitäten, bei denen May Belle eine Hauptrolle gespielt hatte. Und wie die lokale Presse weiter berichtete, hielt Mrs. Mitchell auf der Jahresversammlung ihrer Organisation »eine aufsehenerregende Rede über das Thema ›Warum ich Frauenrechtlerin bin‹«.
Ihre Kinder erinnern sich, daß sie bei ihrem Kampf gegen die männliche Vorherrschaft gern zu militärischen Vergleichen griff. Sie mißtraute liberalen Lösungen und glaubte auch nicht an eine simple Gleichheit der Geschlechter. Vielmehr vertrat sie einen aggressiven, aristokratischen Standpunkt mit An-

klängen an mittelalterliche Vorstellungen einer weiblichen Ritterschaft. Erst die industrielle Revolution habe die Frauen versklavt, glaubte sie, weil Frauen dadurch »zu billigen Arbeitskräften geworden sind, noch billiger als Männer… Erzählt mir nichts von den befreienden Kräften der modernen Gesellschaft«, empörte sie sich. »Wir sollten drei-, vierhundert Jahre zurückgehen und dafür sorgen, daß Frauen wieder so behandelt werden, wie sie damals behandelt wurden. Wie groß wären denn wohl heute die Chancen einer Jeanne d'Arc, die Führung einer Armee übertragen zu bekommen?«

Ihre Kinder bestätigten ihre eigenen Metaphern, wenn sie zur Beschreibung ihrer Mutter ihrerseits zu militärischen Bildern griffen. Ihr Sohn war der Ansicht, sie sei ihr Leben lang wie ein »Soldat immer auf ihrem Posten« gewesen, erfüllt von einem untrüglichen Gefühl für Anstand und einer rigorosen Pflichterfüllung. Steif wie ein Ladestock habe sie gesessen, ohne daß ihr Rücken die Stuhllehne berührt hätte. Auch im Hinblick auf ihre Haltung angesichts einer chronisch angegriffenen Gesundheit kam ihrem Sohn der Vergleich mit soldatischer Tapferkeit. Und ihre unerschütterliche Furchtlosigkeit klingt in einem Ausspruch von Stephens an: »Wir wurden im Geist einer stoischen Philosophie erzogen. Was dich nicht umbringt, macht dich stark – so lautete ihre Zusammenfassung der Lehren von Marc Aurel und anderer Stoiker.« Das, was er für das Familienmotto hielt, entnahm er dann auch dem fatalistischsten Buch der Bibel, dem Prediger Salomos: »Zum Laufen hilft nicht schnell sein, zum Kampf hilft nicht stark sein, zur Nahrung hilft nicht geschickt sein, zum Reichtum hilft nicht klug sein; daß einer angenehm sei, dazu hilft nicht, daß er etwas gut kann, sondern alles liegt an Zeit und Glück.«

Zweifellos – May Belle Mitchell stellte im öffentlichen Leben etwas dar. Aber ihre Autorität innerhalb der Familie war noch weitaus größer. Auch wenn Stephens Mitchell in seinen zahlreichen Essays, Interviews und Memoiren immer wieder einmal auf seinen Vater zu sprechen kam, stand die Erinnerung an seine Mutter doch eindeutig im Vordergrund. Er stellte ihre Macht niemals in Abrede, und in einer Bemerkung deutete er das Wesen ihrer Autorität an: »Sie beschwor uns, für unser Recht zu kämpfen, auch wenn es so aussähe, als wären wir weit unterlegen. Sie wurde nicht müde, uns einzuschärfen, daß Tapferkeit die größte Tugend sei, weil sie alle anderen einschließe. Ihr Einfluß war enorm, auf mich wie auf meine Schwester.«

Die größte Wirkung übte diese außergewöhnliche Frau allerdings auf ihre Tochter aus. Noch lange nach ihrem Tod war May Belle Mitchell in Margarets Phantasie nicht nur immer noch lebendig – sie nahm ihre Vorstellungskraft mit der Zeit sogar mehr und mehr in Besitz, und ihre Briefe waren auch nach vielen Jahren noch mit Anspielungen auf ihre Mutter durchsetzt. Nicht anders als ihr Bruder hob auch sie deren Intelligenz, Selbstsicherheit, Aufrichtigkeit und einnehmendes Wesen hervor. Doch für sie bedeuteten diese Erinnerungen etwas anderes als für ihren Bruder. Da ihre Mutter nun einmal die Maßstäbe für weibliche Vollkommenheit gesetzt hatte, mußte sie nicht nur ihre Fehlschläge, sondern auch ihre Erfolge an diesem Ideal messen. Immer wieder kam sie auf diese doppelte Funktion ihrer Mutter zu sprechen, etwa wenn sie von ihrer »übertriebenen« Bewunderung sprach oder feststellte, ihre Mutter habe »die Meßlatte für sie unerreichbar hoch gelegt«. Als sie ihre Mutter in den zwanziger Jahren einer Freundin beschrieb, begann und beschloß sie den Katalog der mütterlichen Tugenden mit einem Vergleich mit sich selbst: Wenn du mich siehst, siehst du meine Mutter, behauptete sie, nur um im nächsten Moment darauf hinzuweisen, ihre Mutter sei in Wirklichkeit viel klüger, freundlicher und attraktiver gewesen als sie. Und im Anschluß an ihre Aufzählung von May Belles Verdiensten wiederholte sie diese Selbsteinschätzung, als hätte sie sich nicht bereits korrigiert: »Nachdem ich diese Aufstellung noch einmal durchgelesen habe, fällt mir auf, daß ich mit der Behauptung, ich sei ihr ähnlich, einen Fehler begangen habe. Ich bin ihr keineswegs ähnlich. Ich habe es versucht, aber nicht geschafft ...«

Dieses zwiespältige Verhältnis zur eigenen Mutter kommt mit seltener Deutlichkeit in den Erinnerungen einer anderen Schriftstellerin zur Sprache. 1945 veröffentlichte Gretchen Finletter (die Schwägerin von Sidney Howard, der das Drehbuch für »Vom Winde verweht« verfaßte) einen Artikel im *Atlantic Monthly* mit dem Titel »Eltern und Paraden«, in dem die Gewissensqualen beschrieben werden, welche die Tochter einer militanten Feministin aus der Zeit der Jahrhundertwende peinigen. Dieser Essay beschreibt Finletters gespaltenes Verhältnis zu einer übermächtigen Mutter, die keine andere Meinung gelten läßt, und die unschuldige Skepsis ihrer Tochter gegenüber Feminismus im allgemeinen und Frauenrechtlerinnen im besonderen. »In der Schule ermahnte man uns einigermaßen vage, ein nützliches Leben zu führen. Aber in der Welt der Frauenrechtlerinnen wurde nicht drumherumgeredet – da hieß es unmißverständlich, daß wir Karriere machen sollten und dafür kämpfen müßten und daß wir besser als die Männer zu sein hätten.« Das Kind litt unter diesen Forderungen. »Ich war damals noch klein, aber ich hatte das Gefühl, daß es ein Glück sein müßte, die Schule irgendwann endlich hinter sich zu haben – und statt dessen sollte es damit immer weitergehen? Wollte ich denn wirklich eine berühmte Anwältin werden? Sollte mein Glück wirklich darin bestehen, Blinddärme zu entfernen? Ich fing an, mich schuldig und elend zu fühlen.« Diese Ambitionen waren darüber hinaus nicht mit ihren eigenen Wunschvorstellungen in Einklang zu bringen. Wie andere kleine Mädchen spielte sie mit Puppen und träumte davon, eines Tages Kinder zu haben. »Und jetzt sollte daraus nichts werden? Ich wünschte, meine Mutter würde sich nicht so eingehend mit meiner Zukunft beschäftigen. Den meisten anderen Müttern schien das, was meine Mutter umtrieb, ziemlich gleichgültig zu sein, und obwohl ich den deutlichen Eindruck hatte, daß sie nicht halb so geistreich wie meine Mutter waren, fand ich, daß ihre Kinder unter der Last ihrer künftigen Aufgaben weit weniger stöhnten.«

In den Lebensumständen von Gretchen Finletter erkannte Margaret Mitchell ihre eigenen wieder und antwortete auf diesen Essay mit einem bemerkenswerten Brief an deren Schwester:

Meine Mutter war eine kleine und freundliche Person, aber hitzköpfig, und nichts erzürnte sie mehr als die selbstzufriedene Haltung anderer Frauen, die der Ansicht waren, das Wählen könne man beruhigt den Herren der Schöpfung überlassen... Die erste Gelegenheit, bei der ich länger als bis sechs aufbleiben durfte, war eine große Veranstaltung von Frauenrechtlerinnen unter der Leitung von Carrie Chapman Catt (oder war es Miss Susan B. Anthony oder Miss Amelia Bloomer? Ich weiß es nicht mehr, es ist schon so lange her). Unser Koch war nach Hause gegangen, weil er sich unwohl gefühlt hatte, und die anderen Familienmitglieder waren ausgegangen – mithin wäre niemand dagewesen, der auf mich aufgepaßt hätte. Mutter wickelte mir also eine Fahne mit der Aufschrift ›Wahlrecht für Frauen!‹ um den Bauch, nahm mich unter den Arm und schleppte mich zu dieser Veranstaltung, wobei sie unentwegt die wüstesten Drohungen ausstieß für den Fall, daß ich mich danebenbenehmen sollte. Dann setzte sie mich auf dem Rednerpult zwischen Kupferkanne und Wasserglas ab und hielt eine feurige Rede. Ich war so von meiner eigenen Wichtigkeit durchdrungen, daß ich brav sitzenblieb und den Herren in der ersten Reihe sogar Kußhände zuwarf. Zum Schluß wurde ich selbst von Mrs. Catt (oder vielleicht auch von Miss Susan B. Anthony) geküßt und als die jüngste Frauenrechtlerin von Georgia bezeichnet und als die

Hoffnung der ganzen Bewegung gefeiert. Danach war ich tagelang unausstehlich und bezog erst einmal eine Tracht Prügel, bevor ich mir eine jener Paraden anschauen durfte, die Ihre Schwester beschreibt. Bitte sagen Sie ihr, wie sehr ich ihren Artikel genossen habe und wie viele glückliche Kindheitserinnerungen er bei mir geweckt hat.

Eine vielsagende Geschichte. Ihre Mutter nimmt darin nach und nach die Züge einer Harpye an. Erinnerungen an Gewalt und Konfrontation schlummern in dieser Erzählung. Konflikt und mütterliche Vorhaltungen kennzeichnen auch eine andere, noch aufschlußreichere Episode – die womöglich entscheidende Erfahrung ihrer Kindheit; später hat sie diesen Vorfall sogar als den wichtigsten in ihrem ganzen Leben bezeichnet. Im Herbst 1907 meldete May Belle Mitchell ihre Tochter in der Forrest Avenue Elementary School an. Margaret sträubte sich dagegen mitzukommen, was zur schärfsten Auseinandersetzung zwischen beiden führte. Margaret Mitchell hat im Lauf der Zeit unterschiedliche Versionen dieser Angelegenheit geliefert, aber in den wesentlichen Punkten stimmen sie alle überein. Wie bei ihren frühesten Erinnerungen stößt man auch hier wieder auf das Muster des gehorsamen Kinds und der aufbrausenden Mutter.

In »Eltern und Paraden« hatte Gretchen Finletter Bildung als das große Anliegen der frühen Feministinnen beschrieben und dargestellt, wie sehr ihre Ambitionen ein kleines Mädchen einschüchtern konnten, doch das war harmlos gegen May Belle Mitchells Auftritt, so wie ihre Tochter ihn beschreibt. Bildung ging ihr über alles, und sie war entschlossen, ihrer Tochter diese Lektion mit allen Mitteln einzuschärfen. Sie ließ also anspannen, dirigierte die Kutsche die Straße nach Jonesboro hinunter und zeigte ihrer Tochter die Ruinen der einstmals stolzen Herrensitze am Wegesrand, in denen vor Zeiten hochvornehme Leute gewohnt hatten. In einer Version

55

der Geschichte heißt es, ihre Mutter habe diese halbverfallenen Villen mit verlotterten, alten Jungfern bevölkert, »ehemals ganz bezaubernden, stickenden oder porzellantäßchenbemalenden Südstaaten-Schönheiten, mit denen es steil bergab gegangen war, nachdem der Krieg sie um ihr Vermögen gebracht hatte«. Alle diese Leute hatten einst herrlich und in Freuden gelebt, bis ihre Welt in Stücke gegangen war. »Und sie erklärte mir, auch meine Welt würde eines Tages vor meinen Augen in Stücke springen, und dann gnade mir Gott, wenn ich nicht über das Rüstzeug verfüge, um mich auch in der neuen Welt durchzuschlagen.« Und dieses Rüstzeug war selbstverständlich eine solide Bildung.

Margaret Mitchell versetzt diese Lektion in eine danteske Szenerie aus explodierenden Welten, zerstörten Landschaften und höllischer Hitze. Ihre Mutter hatte sich für den Tag ihrer Großoffensive den »heißesten Septembertag, den ich je erlebt habe«, ausgesucht, und ihre Rhetorik stand im Einklang mit dem Wetter. Die finsteren Ruinen, die bröckelnden Kamine, die überwucherten Felder und die unkrautübersäten Gärten sollten dem Kind seine eigene Zukunft vor Augen führen. Hatte May Belle Mitchell mit ihren Tiraden nicht schon bei den Feministinnen Erfolg gehabt? Jetzt richtete sie dieselbe Sprachgewalt gegen ihre Tochter. Die Mutter mag ihre Inszenierung als Prüfung verstanden haben – die Tochter hat sie ganz gewiß so aufgefaßt und später als ihre erste Lebenskrise interpretiert. Die mütterliche Strafpredigt hinterließ jedenfalls unauslöschliche Spuren in Margarets Bewußtsein, und zwanzig Jahre später arbeitete sie diesen Vorfall in den Roman ein, an dem sie gerade schrieb. Im 43. Kapitel von »Vom Winde verweht« läßt Rhett Butler seiner Verachtung für Ashley Wilkes freien Lauf und wirft ihm vor, ein Schwächling und Angsthase zu sein. Mitchell hat darauf hingewiesen, daß dieser Monolog fast unverfälscht die mütterliche Philippika an jenem heißen Septembertag des Jahres 1907 wiedergibt.

Die grimmige Botschaft Rhett Butlers beginnt mit dem Hinweis darauf, daß die Welt von Zeit zu Zeit immer wieder einmal auf den Kopf gestellt wird und daß nur Kämpfernaturen in dem dann ausbrechenden Chaos überleben. Die Zögernden, die Schwächlinge und Feiglinge hingegen würden unweigerlich von ihrem Schicksal ereilt und hinweggefegt. »Sie verdienen auch gar nicht zu überleben – weil sie nicht kämpfen wollen und überhaupt nicht wissen, wie man kämpft« – so hatte die Mutter geredet, und so sprach nun Rhett Buttler:

> Dies ist nicht das erste Mal, daß in der Welt alles auf den Kopf gestellt wird, und es wird auch nicht das letzte Mal sein. Es ist schon oft vorgekommen und wird noch oft vorkommen. Und jedesmal verlieren alle Leute alles, und alle sind gleich. Und dann geht das Spiel von neuem los, ohne jeden anderen Einsatz als den gescheiten Kopf und die starke Hand.

Während der Roman den feministischen Zusammenhang verschweigt, ist für May Belle Mitchell der Geschlechterkampf der Ansatzpunkt ihrer Überzeugungen. Wenn in dem Augenblick, in dem die Welt auseinanderfliegt, ausschließlich noch Kraft und Klugheit zählen, dann können Frauen in Anbetracht ihrer körperlichen Schwäche nur auf ihre Klugheit zurückgreifen, und um zu überleben, bleibt ihnen also nichts anderes übrig, als ihre Intelligenz zu schulen. Allein Bildung, so die Botschaft der Mutter, könne das sechsjährige Kind vor jenen Katastrophen bewahren, von denen die ganze Landschaft um sie herum gezeichnet war. »Also geh um Gottes willen zur Schule«, schloß sie beschwörend, »und lerne etwas, das dir niemand nehmen kann. Zu harter Arbeit taugen Frauen nicht, aber mit dem, was sie in ihren Köpfen haben, kommen sie, so weit sie wollen.«
Bildung war also der Kernpunkt von May Belle Mitchells

Feminismus – die Form, in der ihre Tochter von dieser Bege-
benheit berichtet, enthält allerdings noch eine andere Wahrheit, denn sie enthüllt einen eher allgemeinen Konflikt: Die
Mutter will ihren Willen durchsetzen, das Kind widersetzt
sich, und die Mutter muß ihre Autorität wiederherstellen –
diese Entwicklung verweist in jedem Fall auf einen kritischen
Aspekt der Mutter-Tochter-Beziehung. »Margaret wurde
stets wütend, wenn sie erklären sollte, was sie gerade tat oder
eben getan hatte oder im nächsten Augenblick zu tun beab-
sichtigte«, erinnerte sich Stephens Mitchell. »Das konnte sie
schon als kleines Kind nicht leiden.« Ihr Bruder glaubte, ihre
Mutter »habe immer das Recht ihrer Tochter auf ihr Privatleben respektiert«, gab aber auch zu, die Mutter habe »sie jederzeit scharf im Auge behalten«. Stephens unterschätzte hier
jedoch sowohl die Toleranz seiner Mutter als auch die Widerspenstigkeit seiner Schwester. May Belle Mitchell mochte so
freundlich und verständnisvoll sein, wie sie wollte – die Stur-
heit und die Geheimniskrämerei ihrer Tochter konnten sie zur
Weißglut bringen. Ein Freund aus Kindertagen war überzeugt, Margaret habe ihr Verhalten genau kalkuliert, um
»ihre ach so untadelige viktorianische Mutter auf die Palme
zu bringen«. Und sie selbst hat nie geleugnet, daß sie ihre
Mutter verschiedentlich mutwillig zu Tobsuchtsanfällen gereizt hat.

Margarets Unbotsamkeit läßt sich aber auch noch anders deuten. Sie selbst gab an, ihre Mutter habe sich vor allem über ihre
Bemerkung erregt, daß sie nichts zu lernen brauche, weil sie
später »ohnehin einen reichen Mann heiraten« werde. Die
Mutter mag dieses Argument ernstgenommen haben – in
Wirklichkeit hatte die Sechsjährige aber einen anderen Grund
für ihren Widerstand: May Belle Mitchell war für Margaret die
einzige Person, die ihr ein Gefühl von Sicherheit und Geborgenheit geben konnte, und mit ihrer Auflehnung gegen die
mütterliche Autorität bettelte sie gleichzeitig um deren

Schutz. Denn im Grunde verängstigte sie die Vorstellung, alleingelassen zu werden.

Dennoch – trotz ihrer wilden Spiele, trotz ihrer Aufmüpfigkeit war sie als Kind in Wirklichkeit »schüchtern und grüblerisch«, wie Stephens Mitchell sich ausdrückte. Sie »war in den ersten Jahren verträumt, zurückhaltend und still – ein versponnenes, schüchternes Kind«. Er erinnerte sich auch, daß »sie sich oft hinter dem Rücken ihrer Mutter versteckte und sich standhaft weigerte, mit Fremden zu sprechen«.

May Belle Mitchell dachte nicht daran, sich mit dieser Eigenart ihrer Tochter abzufinden. Jedes Anzeichen von Ängstlichkeit erboste sie. Stephens Mitchell berichtete, seine Schwester habe häufig über ihre Schüchternheit als Kind gesprochen und die Strafaktionen erwähnt, die sie deswegen über sich ergehen lassen mußte. »Unsere Mutter nahm sie dann mit hinauf, zog ihr eins mit dem Pantoffel über und sagte ihr, sie solle gefälligst mit Leuten reden, die so höflich seien, sie zur Kenntnis zu nehmen und das Wort an sie zu richten. Das nächste Mal solle sie antworten – nichts zu sagen sei rüpelhaft. Und in den Augen meiner Mutter war Rüpelhaftigkeit eine Sünde, die zum Himmel schrie.« Tatsächlich hatte May Belle Mitchell einen ganzen Katalog von Verhaltensregeln über ihr Haus verhängt, und jeder Verstoß hatte, zumindest für ihre Kinder, unangenehme Folgen. Ihre Introvertiertheit brachte Margaret mithin genauso in Konflikt mit ihrer Muter wie ihre mangelnde Begeisterung für die Schule.

Ja, May Belle Mitchell ließ ihrer Tochter keine Ruhe. Aber sie trieb sie in zwei unterschiedliche Richtungen gleichzeitig. Zum einen setzte sie durch, daß sie die verhaßten Benimmkurse bei Mrs. Hudson und den schrecklichen Tanzunterricht bei Professor Seaglo besuchte – die gesellschaftlichen Spielregeln sollte sie schon kennen, damit sie ihre Rolle als vorbildliche Lady spielen konnte –, zum anderen verlangte sie von ihrer Tochter, daß sie alles tat, »was Jungen auch tun«. Reiten gehörte dazu und schießen. Stephens zufolge »nahm Mutter sie mit ins Gelände und ließ sie mit dem Gewehr herumballern. Sie war der Meinung, jeder müsse mit einem Gewehr umgehen können.« Und selbstverständlich brachte sie ihr Verhaltensweisen nahe, die ganz allgemein als »männlich« bezeichnet werden können, wenn sie darauf bestand, sie müsse lernen »auf ihren eigenen Füßen zu stehen«. Dieser Teil ihrer Erziehung hat sich unter anderem in einem halben Dutzend Fotos niedergeschlagen. Über einen Zeitraum von fünfzehn Jahren verteilt, zeigen sie Margaret jeweils in derselben Pose: breitbeinig und das Gewehr in die Seite gestemmt, schaut sie mit trotzigem Gesichtsausdruck in die Kamera.

Kanonen und Rosen lassen sich nicht immer miteinander vereinbaren, aber ihre Mutter war unerbittlich, und die Lektionen fruchteten. Die Tochter lernte, ihre Schüchternheit zu überwinden – vielleicht nur aus Respekt vor dem mütterlichen Pantoffel –, doch ein lebhaftes Gefühl persönlicher Verletzlichkeit blieb zurück. Ihr ganzes Leben über brach diese Verletzlichkeit immer wieder und oft in den merkwürdigsten Situationen hervor, und auch in späteren Jahren hielten ihre besten Freunde sie für schüchtern.

In der Schule überspielte sie ihre Scheu, wenn überhaupt, durch vorwitziges Verhalten – und damit wären wir wieder bei dem Auftritt auf der Straße nach Jonesboro im Jahr 1907. Natürlich blieb ihre Mutter an diesem Tage Siegerin. Ihre apokalyptischen Visionen an jenem heißen Septembertag hatten die Sechsjährige »eingeschüchtert und beeindruckt«, und sie gab ihren Widerstand auf. Aber Mrs. Mitchell trug nur einen halben Sieg davon. Denn ihre Tochter war weiterhin aufsässig, und die Schule blieb ein Stein des Anstoßes. Eine ihrer Klassenkameradinnen nannte sie »ein vorlautes Ding«, das ständig Ärger bekam und oft genug nach Hause geschickt wurde. Von allen Strafmaßnahmen unbeeindruckt schnippste sie jedoch weiterhin jahraus, jahrein Papierkügelchen durchs

Klassenzimmer, und eine ihrer Freundinnen war davon überzeugt, daß sie damit vor allem ihre Mutter ärgern wollte.

Wie auch immer, sie ging nicht gern zur Schule. Aber gleichzeitig veränderte die Schule ihr Leben. Sie lernte lesen und entdeckte ihre Liebe zu Büchern. Später bezeichnete Margaret Mitchell ihr sechstes Lebensjahr immer wieder als das entscheidende – im Hinblick auf ihre Leidenschaft für Literatur ist es das ganz gewiß. Stephens Mitchell erzählte, Bücher seien damals ihr Erkennungszeichen gewesen.

> Wenn ich an Margaret denke, damals, in den alten Tagen auf dem Jackson Hill, dann sehe ich sie vor mir, wie sie mit ihrem gestärkten Kleid auf der obersten Treppenstufe der Veranda sitzt, das kurze blonde Haar aus dem Gesicht gekämmt, und Grimms Märchen liest. Später, mit zehn, als sie ihr Haar in Zöpfen um den Kopf gewunden trug, saß sie immer noch an derselben Stelle und las – nun vielleicht einen Roman von Waverly oder Dickens in der Hand. Mit zwölf muß sie sämtliche englischen Klassiker gelesen haben.

Nichts tat sie lieber als lesen, und nichts machte es ihr leichter, der Wirklichkeit zu entfliehen. Sie verbrachte zahllose Stunden in Bücher vertieft. Doch selbst das Lesen führte zu neuen Zusammenstößen mit ihrer Mutter. Nach deren Ansicht hätte sie »gute Bücher« lesen sollen – sie aber wollte lesen, was sie wollte. Seinerzeit hatte sich May Belle Stephens dem Wunsch ihres Vaters gebeugt, nur erbauliche Literatur zu lesen, dasselbe verlangte sie jetzt auch von ihrer eigenen Tochter. Die fälligen Auseinandersetzungen liefen nach dem altbekannten Muster ab – bockiges Kind gegen wohlmeinende Eltern – und liefen auf das bekannte Resultat hinaus: die strafende Mutter. Margaret hat diese Geschichte in verschiedenen Fassungen erzählt. »Die Klassiker hatte ich bis zu meinem zwölften Lebensjahr praktisch durch«, vertraute sie später einem Interviewer an, »von meinem Vater mit dem nötigen Kleingeld für die Bücher unterstützt und von meiner Mutter mit einer Haarbürste oder ihrem Pantoffel ermuntert. Dafür, daß ich nicht Tolstoi oder Thackeray oder Jane Austen las, schlug sie mich windelweich, aber ich ließ mich lieber verprügeln.« Als sie sich gegen den Vorwurf, die Figur der Scarlett aus »Vanity Fair« von Thackeray geklaut zu haben, zur Wehr setzen mußte, lieferte sie eine andere Version: »Ich bekam von meiner Mutter 5 Cents, wenn ich ein Shakespeare-Drama las, für Bulwer-Lytton oder Dickens gab es 10 Cents und für Nietzsche, Kant oder Darwin 15. ›Vanity Fair‹ gehörte in die 15-Cents-Kategorie, aber ich habe es trotzdem nicht gelesen... Ich kam nie weiter als bis zu der Stelle, wo Becky ihr Buch wegwirft. Da half auch keine Abreibung – ich kam einfach nicht weiter...«

Außerdem lernte sie schreiben. Und anders als beim Lesen ließ man sie beim Schreiben in Ruhe, so daß es hierbei nicht zu Konflikten mit dem Racheengel viktorianischer Tugendhaftigkeit kam. Schon als Kind machte sie sich daran, Erzählungen zu verfassen.

Stephens Mitchell berichtete, daß seine Schwester in ihrer Kindheit Hunderte von Geschichten geschrieben habe. Nur wenige davon sind bis heute erhalten – in den Archiven finden sich ganze vier, die sie vor ihrem zwölften Lebensjahr verfaßt hat, doch diese Auswahl läßt bereits ihr Talent ahnen. Ganz offenbar hatte sie von jeher eine kraftvolle, ungekünstelte Art zu erzählen; sie war die geborene Geschichtenerzählerin, und sie erfand Geschichten von dem Augenblick an, als sie einen Bleistift halten konnte. Als Kind einer Gesellschaft, die keinen großen Unterschied zwischen erzählten Geschichten und erlebter Wirklichkeit machte, blieb sie ihr Leben lang in erster Linie eine Erzählerin, eine, die ihr Garn zu spinnen verstand.

In ihren ersten Geschichten greift sie die einfache, unverschnörkelte Vortragsweise der mündlichen Erzähltradition auf. Sie baut ihre Geschichten klar auf, mit Anfang, Mittelteil und Schluß, und jeder Teil hat seinen eigenen Rhythmus, sein eigenes Tempo. In »Zwei kleine Kerle« von 1907 oder 1908, ihrer frühesten Erzählung, sind die Protagonisten zu Beginn gewöhnliche Menschen, die sich im Mittelteil sehr merkwürdig benehmen, und zum Schluß erfährt man, daß sie in Wirklichkeit von Anfang an Enten waren. In »Ritter«, das sie mit vielleicht acht oder neun geschrieben hat, erzählt sie ganz geradlinig von einer schönen und »sehr reichen« Dame, die in einem Tal zwischen zwei hohen Bergen lebt. Jeder mag sie, und ein »wilder, rauhbeiniger Ritter« verehrt sie sogar, aber sie erwidert seine Liebe nicht. Da beschließt er, sie sich mit Gewalt zu holen. Ganz in der Nähe lebt ein »guter, aber armer Ritter«, der von dem Plan erfährt und der Dame beisteht, und die Geschichte endet: »Beide Ritter zogen ihre Schwerter und stürzten aufeinander los. Der gute Ritter verpaßte dem bösen einen solchen Schlag, daß er tot umfiel. Die Dame verliebte sich in ihren Retter und heiratete ihn.«

Verben wie »ziehen« und »stürzen« beweisen ein weiteres Talent: Ihre Sprachkraft ist auf der Höhe der turbulenten Handlung. Und ihre Dialoge sind ausgesprochen lebendig. Daß sie direkte Rede benutzt, ist außergewöhnlich für ein Kind ihres Alters – noch ungewöhnlicher ist, daß sie die direkte Rede einsetzt, um die Geschichte voranzutreiben und ihre Charaktere zu entwickeln. Diese Begabung kommt am besten in der unvollendeten Erzählung »Die kleinen Pioniere« von 1910 zur Geltung, in der sich auch ihr Sinn für Dramatik bemerkbar macht. Die Hauptperson wird indirekt als draufgängerischer, kühner Held vorgestellt – und zwar in einem Wortwechsel, bei dem eine zweite Person dem Protagonisten die ersten Zeilen des Textes zuruft: »Nicht so schnell, Margaret, nicht so schnell. Wir müssen auf jemanden warten!« Die Heldin mit Namen Margaret Mitchell ist also ihren Kameraden vorausgeeilt, die auf der Suche nach einer vermißten Person namens Eugene über eine Prärie im Westen galoppieren. Daß ein Indianerüberfall droht, macht ihre Suche noch dringlicher. Der Vermißte taucht zwar nicht wieder auf, aber der Indianerüberfall gibt der jungen Autorin Gelegenheit, einige packende Szenen mit lebhafter Phantasie zu schildern.

In diese Erzählung ist manches von dem eingeflossen, was Mitchell in jenen Tagen beschäftigte und bewegte. So trägt die Hauptperson nicht bloß den Namen ihrer Schöpferin, sie verkörpert auch deren Begeisterung für Pferde und Reiten, ihr Draufgängertum und ihre Vorliebe für Wettkämpfe. Und in der genauso verzweifelten wie vergeblichen Suche nach Eugene spricht sich ihre Erfahrung aus, daß sich ihr Vater nur selten zu Hause blicken ließ. Genauso aufschlußreich wie das, was zur Sprache kommt, ist hier das, was fehlt. So schließt sie beispielsweise, von der Hauptfigur abgesehen, jede andere weibliche Person aus ihrer Geschichte aus – ihre Phantasiewelt ist eine reine Männerwelt, und eine sehr gewalttätige dazu. Wie sie den Indianerüberfall, den Pfeilhagel und die Rauchwolken beschreibt, malt sie ein veritables Bild des Kriegs, das sie selbst als erregend empfunden haben muß.

Margaret Mitchell berichtete, daß sie mit sechs Jahren täglich in Gesellschaft ungehobelter Bürgerkriegsveteranen ausritt, und wie sehr sie die Ungezwungenheit bewundert hat, mit der diese redeten und sich bewegten. Seither verband sie mit Männern Freiheit und übertrug die Unverkrampftheit, die Ungeschliffenheit und Unbeirrbarkeit dieser alten Knaben von der konföderierten Kavallerie in ihrer Vorstellung gern auf Mitglieder ihrer eigenen Familie. Frauen allerdings hatten in dieser Welt nichts zu suchen. Als die Gespräche der Veteranen mit der Zeit immer deftiger wurden, nahm die einzige Dame in dieser Gesellschaft schließlich Reißaus. »Auch wenn ich es nicht wahrhaben wollte – ihr war klar, daß hartgesottene, alte Männer kein Umgang für eine Dame waren ... Mit sechs Jahren lag mir allerdings auch nichts daran, eine Dame zu sein.«

Das änderte sich, als sie in die Schule kam. Mit einem Mal tauchten Petticoats und Schärpen wieder auf – Jimmy war entlassen. Aber auch, wenn sie jetzt die unvermeidlichen Kompromisse mit der Welt der feinen Damen eingehen mußte, kämpfte sie weiterhin um ihre alte Identität. Je mehr sie gezwungen war, weibliche Selbstzucht und Selbstverleugnung zu üben, desto klarer sah sie im Schreiben eine Möglichkeit, ihre persönliche Freiheit zu wahren – als Schriftsteller konnte Jimmy überleben. Worte für eine nur in ihrer Einbildung existierende Welt zu erfinden oder zu verwerfen, erlaubte ihr, weiterhin die Freiheiten ihrer »Veteranenjahre« als Jimmy zu genießen, und die Literatur wurde zu ihrer Bühne, auf der sie in wechselnde Rollen schlüpfen konnte, auch in männliche.

Das letzte Werk aus Mitchells Kindheitstagen – 1911 oder Anfang 1912 entstanden – markiert eine neue Phase ihres literarischen Schaffens. Diese Erzählung ohne Titel ist länger als die vorhergegangenen – ursprünglich muß sie 18 000 Wörter umfaßt haben, von denen etwa ein Drittel in fünf Kapiteln überliefert ist. Von ihrem Aufbau und der Erzählweise her ist sie komplexer als die ersten. Und selbst in ihrem beschädigten Zustand noch zeugt sie von Mitchells literarischen Ambitionen.

Ihr Thema ist eine Liebesgeschichte während des Bürgerkriegs; erzählt werden die zahlreichen Abenteuer eines Yankee-Offiziers hinter den konföderierten Linien. Über weite Strecken gibt Mitchell die gängigen Klischees vom Bürgerkrieg wieder, wie die heldenhafte Bewährung im Kampf Mann gegen Mann etwa, die tragische Dimension dieses Bruderkriegs oder die Überwindung der nationalen Zerrissenheit durch die Liebe. Wie es sich gehört, verliebt sich der Held in eine Südstaaten-Schönheit, doch gibt Mitchell dem Klischee

65

eine neue Wendung, wenn sie ihre Hauptperson ursprünglich selbst aus dem Süden kommen läßt, was dieser indes gar nicht bewußt ist.

Fragen der Identität und Loyalitätskonflikte durchziehen diese Erzählung. Gleich zu Anfang wird der Held in einen erbitterten Nahkampf mit einem Rebellen verstrickt, der sich kurz darauf als sein alter Freund und Klassenkamerad entpuppt. Der Entdeckung durch eine feindliche Patrouille entgeht der Held nur, weil er sich die Uniform seines sterbenden Freundes anlegt und damit dessen Identität annimmt. Dasselbe wiederholt sich in einer späteren Episode noch einmal. Und beide Vorfälle stürzen den Helden in eine tiefe Krise, in der er sich fragt, was er da macht und wer er selbst eigentlich ist. Als Spion der Nordstaaten wird er im übrigen laufend mit ähnlichen Fragen konfrontiert: der im Süden geborene Held durchstreift die Südstaaten als Yankee in einer gestohlenen Rebellenuniform – und hat selbst keine Ahnung, wer er ist.

Da das Manuskript beschädigt ist, läßt sich schwer sagen, welche Bedeutung diese Erzählung für Mitchell persönlich hatte. Aber bestimmte Themen, die einen unverkennbaren Bezug zu ihrem Leben haben, tauchen auch in dieser Geschichte auf. Zwar ist ihr Held ein Mann, aber erstmals tritt jetzt ein Interesse an Frauen, Weiblichkeit und Häuslichkeit in Konkurrenz zu ihrer alten Voreingenommenheit für Männer und die Welt männlichen Wagemuts. Sie hatte also eine neue Sphäre für sich entdeckt – für die Heranwachsende werden solche Themen dann eine immer größere Rolle spielen. Auch die ausgiebige Beschäftigung mit Identitätsproblemen und der Frage gespaltener Loyalität beweist, daß sie in ihre Geschichten einfließen ließ, was sie im wirklichen Leben beschäftigte. Und schließlich zeigt sich in dem ehrgeizigen Projekt einer derart komplexen Erzählung ihr wachsendes Selbstbewußtsein als Autorin. Wie selbstbewußt sie inzwischen war, ersieht man nicht zuletzt aus der Tatsache, daß sie eine ihrer späteren

Geschichten einem alten Spielgefährten vom Jackson Hill zueignete: »Meine erste lange Geschichte ist meinem lieben Freund Frances Noyes gewidmet.«

Diese Bürgerkriegsromanze beweist, daß sie mit neuem Elan an ihre literarische Produktion heranging. Überraschend ist das nicht. Auch ihr Leben nahm in dieser Zeit eine neue Wendung. Sie war eine junge Dame geworden und sah sich neuen Herausforderungen gegenüber.

3. KAPITEL

Held oder Heldin?

Ich erinnere mich an etwas, das Deine Mutter einmal gesagt hat. Sie war ins Seminar gekommen,
weil sie eine andere Lehrerin sprechen wollte,
sah mich, und wir kamen ins Gespräch. »Ich weiß
nicht, was ich von Margaret halten soll – ob sie
Erfolg haben wird, wenn sie so weitermacht,
oder scheitern wird. Aber wie auch immer –
ich bin überzeugt davon, daß sie sich selbst treu
bleiben wird.«

Mrs. Eva Wilson Paisley an Margaret Mitchell

Kurz nach den Rassenunruhen von 1906
beschlossen Eugene und May Belle Mitchell, vom Jackson Hill
fortzuziehen. Sie kauften ein Grundstück im aufstrebenden
Norden der Stadt und begannen fünf Jahre später mit dem
Bau eines neuen Hauses. 1912 tauschten sie den Jackson Hill
gegen Peachtree Street Nr. 1149. Obwohl nur fünf Kilometer
zwischen der alten und der neuen Wohnung lagen, bedeutete
der Umzug den endgültigen Abschied von dem Viertel, in dem
Margaret großgeworden war, von ihrem Geburtshaus und
den Straßen und Gassen, die sie ebenso gut kannte wie ihr
Kinderzimmer. Darüber hinaus brachte der Umzug den
Abschied von ihren Ponys und Kühen, ihren Baumhäusern
und Geländespielen mit sich.
Es war nicht die einzige Veränderung im Leben der Familie –
auch Eugene Mitchells Karriere nahm eine neue Wendung.

Unter dem – möglicherweise eingebildeten – Druck schwieriger finanzieller Verhältnisse gab er 1911 seine langjährige Stellung am Schulamt auf und widmete sich ausschließlich noch der eigenen Anwaltspraxis. Im Herbst desselben Jahres zog Stephens aus der elterlichen Wohnung aus, um sein Studium an der Universität von Georgia in Athens aufzunehmen. Damit kam seine Schwester in den Genuß der ungeteilten Aufmerksamkeit ihrer Eltern, nicht immer zu ihrer Freude. Peachtree Street bedeutete jedenfalls das Ende der Kindheit, wie Stephens Mitchell schrieb.

Das roch nach Krise, und wie so oft in ihrem Leben kam es in der Folgezeit zu Unfällen und körperlichen Reaktionen. Das erste Mißgeschick, bei dem ihr Rock in Flammen aufging, fiel mit ihrem Umzug in die Jackson Street im Jahre 1903 zusammen. Kurz vor dem nächsten Umzug erlitt sie einen weiteren schweren Unfall, als sie auf dem großen, schnellen Pferd der Familie ausritt. Der Sattel löste sich, sie fiel herunter und zog sich schwere Verletzungen an einem Bein zu. Der Vater verkaufte das Pferd und schaffte sich nie mehr ein anderes an. Da sie Pferde liebte und Reiten ihr Lieblingssport war, bestärkte dieser Unfall sie in dem Glauben, ihr zwölftes Lebensjahr markiere einen weiteren Wendepunkt in ihrem Leben.

Das neue Haus konnte als sichtbarer Ausdruck all dieser Veränderungen gelten. Es hatte keinerlei Ähnlichkeit mit dem alten. Es lag nur leicht von der Straße zurückgesetzt, seine 17 Meter lange Fassade nahm fast die gesamte Breite des Grundstücks ein, die Einfahrt wurde von zwei schlanken Pappeln flankiert, und vier mächtige dorische Säulen trugen den flachen, mit einer Balustrade versehenen Dachgiebel. Statt rot und gelb war es leuchtend weiß gestrichen, und Zierat gab es lediglich an dem großen, teilweise verglasten Portal à la Palladio. Mrs. Mitchell war begeistert: Dieses weiße, säulengeschmückte Haus im klassizistischen Kolonialstil »war genau das, wovon Mutter immer geträumt hatte. Es entsprach ihren Vorstellungen in allen Einzelheiten«, erzählte ihr Sohn.

Auf Jackson Hill hatte es von Kindern gewimmelt, in der Peachtree Street war es nicht anders, und mit jedem Jahr zogen weitere Bekannte hierher: die Crocketts, mit denen sie verwandt war, dann ihr nachmaliger Trauzeuge Dot Bates und ihre spätere Freundin Courtenay Ross. Sie alle sollten Margaret bald kennenlernen, denn kaum waren die Mitchells eingezogen, machte sie es sich zur Gewohnheit, Scharen von Kindern im ungelüfteten Erdgeschoß ihres Hauses zu versammeln und ihnen Geschichten zu erzählen, die manchem nach 25 Jahren noch im Kopf herumspukten. Einer, der 1913 dabei gewesen war, erinnerte sich, wie ihnen die Schauer kalt den Rücken hinunterliefen, wenn Margaret ihre »haarsträubenden Geistergeschichten« zum besten gab. Und der bekannte New Yorker Investment-Banker DeWitt Alexander berichtete: »Hinterher, auf dem Heimweg, habe ich mich in der Mitte der Straße gehalten und bin schneller als der Blitz von der Peachtree zur Prado Street gerannt.«

Mitchell beließ es aber nicht bei dramatischen Geschichten, mit denen sie die Nachbarskinder in Angst und Schrecken versetzte – kurz nach dem Umzug fing sie an, regelrechte Dramen zu schreiben, und von 1912 bis 1917 verfaßte sie kaum etwas anderes. Sie schrieb Sketche, Festspiele und längere Stücke, inszenierte sie selbst und trat auch selbst darin auf. Noch ausgeprägter als in ihren Erzählungen aus der Zeit auf dem Jackson Hill bot sich ihr hierbei die Möglichkeit, die Welt umzumodeln, ihrer Umgebung ihre eigenen Gesetze aufzuzwingen und neue Identitäten auszuprobieren. In ihrem Stück »Der Detektiv Phil Kelly« trat sie selbst als »Zara, der weibliche Gauner und Mitglied der Bande« auf – eine Rolle, in der alle möglichen Gegensätze zum Ausbruch kamen, wie der zwischen männlich und weiblich, gut und böse oder Individuum und Gesellschaft. Gewöhnlich löste sie alle diese Konflikte dadurch aus, daß sie selbst in die männliche Hauptrolle schlüpfte. So erinnerte sich einer aus der Peachtree-Nachbarschaft bezeichnenderweise an eine

> durchkomponierte und überzeugende Bühnenversion von »Geburt einer Nation«, die im Hinterhaus von Erskine Jarnegin aufgeführt wurde (und bei der wir jedesmal Strohhalme zogen, um denjenigen zu bestimmen, der sich diesmal kühn den zwei Meter hohen Felsen herunterstürzen durfte, um, wie ich mich entsinne, anschließend von einer gewissen Margaret Mitchell in der Rolle des Kleinen Oberst verführt zu werden) . . .

Mitchell erinnert sich ihrerseits an eine ähnliche Rolle in dem Stück, das als die bemerkenswerteste Produktion jener Jahre gelten darf – ihre Bühnenfassung von »The Traitor: a Story of the Fall of the Invisible Empire« (Der Verräter – eine Geschichte vom Untergang des unsichtbaren Reichs) nach Thomas Dixon. Dixons Belle-Epoque-Romane »The Leopard's Spots« und »The Clansman« markierten den Höhepunkt der schwarzenfeindlichen Plantagenherrlichkeit in der Literatur, und diese beiden Werke wiederum hatten D. W. Griffith zu seinem Monumentalfilm »Geburt einer Nation« von 1915 angeregt. Von dem Bild, das diese beiden von den Südstaaten entwarfen, hatte sich Margaret Mitchell zu ihrer eigenen Bühnenfassung von »The Traitor«, einem Spätwerk Dixons, inspirieren lassen. Es gibt eine ganze Reihe von Fotos, die sie im Kostüm der Hauptperson zeigen: Das Haar zurückgekämmt, den Filzhut ihres Vaters in der Hand, lehnt sie am Portal ihres Elternhauses, und jeder würde sie für einen großspurigen Halbwüchsigen halten.
Nachdem Mitchell berühmt geworden war, verfaßte Dixon eine wohlwollende Rezension über ihren Roman, und sie bedankte sich bei ihm mit einer Reminiszenz an diese Auffüh-

rungen. Sie habe den Steve spielen müssen, beteuert sie, weil sich »keiner der kleinen Jungs aus der Nachbarschaft jemals dazu herabgelassen hätte, eine Rolle zu übernehmen, in der er blöde kleine Mädchen küssen mußte«. Wie sie sich erinnerte, sorgten dieselben Knaben gleichzeitig für eine ganze Reihe unfreiwillig komischer Zwischenfälle. So brachten sie zum Beispiel den Helden/die Heldin auf dem Höhepunkt des Stücks in arge Verlegenheit: »Genau in dem Augenblick, in dem ich aufgeknüpft werden sollte, mußten zwei der Bandenmitglieder aufs Klo, weshalb alle wie versteinert innehielten. Das Publikum hat Tränen gelacht, aber ich wäre fast vor Scham vergangen.«

In anderen Stücken besetzte sie alle männlichen Rollen ausschließlich mit Mädchen. Das war kein Zufall, denn die Mädchen aus der Nachbarschaft hatten inzwischen eine regelrechte Schwesternschaft gebildet, die sich der Produktion neuer Stücke verschrieben hatte. Dieser Verein nannte sich »Das Nähkörbchen« und hängte bei jeder Zusammenkunft ein Schild außen an die Tür »Für Jungen Zutritt verboten«. Eine der Teilnehmerinnen erinnerte sich: »Es wurde wenig genäht und viel gekichert. Gelegentlich bereiteten wir ein neues Stück vor, und dann wurde es richtig lustig.«

Zu diesen Nähkörbchen-Mädchen zählte auch Courtenay Ross. Sie war 1899 geboren, mithin die älteste der Gruppe und nebst Margaret Mitchell die, die das meiste zu sagen hatte. Für Mitchells sollte sie zu einem der wichtigsten Menschen in ihrem Leben werden.

Courtenays Familie repräsentierte bis ins 20. Jahrhundert hinein die aristokratische Vorkriegskultur der Südstaaten in Perfektion. 1912 waren sie nach Atlanta gezogen und hatten sich wie selbstverständlich sogleich in den vornehmsten Zirkeln der Stadt etabliert. Trotzdem fühlte sich Courtenay in Atlanta unwohl. »Ich war schüchtern und von Atlanta überhaupt nicht begeistert«, erinnert sie sich. »Margaret war genauso schüchtern wie ich, und wahrscheinlich haben wir uns deshalb vom ersten Moment an zueinander hingezogen gefühlt. Auch sie war ja kürzlich erst in diese Gegend gezogen.« Beide waren sie das zweite Kind, beide gehörten sie der feinsten Gesellschaft an, beide waren sie neu in ihrem Viertel – und in kürzester Zeit waren sie so unzertrennlich wie die Schalen einer Muschel.

Und beide hatten sie es auf den Seelenfrieden ihrer Mütter abgesehen. In der Pubertät verstießen sie mit Begeisterung gegen die Regeln gesitteter Weiblichkeit und traten mit dreizehn sogar einem Baseballteam bei, das ansonsten nur aus Jungen bestand – Courtenay warf und Margaret fing. Als wäre es damit nicht genug, taten sie sich mit einem im ganzen Viertel verrufenen Rabauken zusammen und traten als »die dreckigen Drei« auf.

Gelegentlich gaben die beiden Freundinnen Privatvorstellungen, die ihre Aufsässigkeit noch einmal in einem anderen Licht zeigen. Oft waren es Stegreifstücke, die sie zum besten gaben, aber nicht immer – eines dieser Stücke immerhin ist als dreiseitiges Manuskript überliefert, und es vermittelt einen Eindruck von der blühenden Phantasie derjenigen, die sich als Nähkörbchenklub abends reihum in den verschiedenen Elternhäusern der Mädchen versammelten.

Mitchell hat diesem Stück den Titel »Szenen einer Soiree« gegeben. Es ist ein Stück über ein Stück. Seine Handlung besteht aus den Vorbereitungen, die hinter der Bühne für eine Aufführung des Nähkörbchenklubs getroffen werden – das eigentliche Stück beginnt erst am Ende von »Soiree«, aber dann ist es auch schon vorbei. Es gibt nur drei Rollen, und die Schauspieler tragen die Namen von realen Personen: Courtenay Ross, Margaret Mitchell und Dorothy McCullough. Darüber hinaus entsprechen die Bühnencharaktere den wahren Charakteren der Beteiligten. Folglich dominieren die beiden Stars des Nähkörbchenklubs, Ross und Mitchell, während die zwei Jahre jüngere Dorothy McCullough eine passive Rolle spielt – sie galt auch im wirklichen Leben als ein wenig einfältig. Courtenay und Margaret spielen im übrigen Männer – die eine den Guten, die andere den Bösen –, und Dorothy ist die tragische Heldin des Stücks.

Mitchell nimmt in » Soiree « Geschlechterrollen aufs Korn. Vor allem der Böse stellt eine Karikatur typisch männlicher Eigenschaften dar: Er bringt die Handlung ins Rollen, er beherrscht den Dialog, er greift zum Mittel der Gewalt. Im selben Stil persifliert die Heldin die gängigen Vorstellungen von Weiblichkeit. Zu Beginn des Stücks existiert die einzige Frau überhaupt nur als Gesprächsgegenstand in der Unterhaltung der beiden männlichen Protagonisten; im weiteren Verlauf erweckt sie dann den Eindruck, leicht beschränkt zu sein – sie spricht selten, und wenn, dann hat es weder Hand noch Fuß. Ihre Passivität prädestiniert sie darüber hinaus zur Opferrolle: Mitten im Stück stellt sie plötzlich fest, daß sie schwanger ist.

Kostüme und Requisiten sind in diesem Stück von großer Bedeutung. Die Gespräche drehen sich um das Problem, wer was anziehen soll – abgesehen von der Kleiderfrage ist alles übrige bedeutungslos. Erst die Kleidung – so die Botschaft des Stücks – verleiht Substanz. Wickelgamaschen machen aus dem einen den Bösewicht, weiße Stoffhosen aus dem anderen den Guten. Ohne Kleidung hingegen ist man ein Niemand, und kaum hat sich die arglose Heldin ihrer Kleider entledigt, wird sie auch schon zum Opfer sexueller Gewalt. Im Grunde scheint es in diesem Stück also um das »image«, um Selbstdarstellung und Erscheinungsformen zu gehen. Offenbar hatte die Autorin mit fünfzehn Jahren schon verstanden, daß man – als Frau zumindest – auf eine bestimmte Aufmachung nicht verzichten kann, wenn man Macht ausüben oder verhindern will, in die Opferrolle gedrängt zu werden. Ihre paradoxe Erkenntnis lautet also: Mit einer Verkleidung legt man sich eine Identität zu.

Mitchell beschäftigt das Paradoxe, Zweideutige, Widersprüchliche, die verdrehte oder frisierte Wahrheit. Sie übertreibt die Sprache, verstößt gegen Konventionen und stellt die Ordnung der Welt auf den Kopf. Sie spielt mit dem Wesen der Wirklichkeit. Schlüsse werden zu Anfängen, Mädchen zu Männern und Tatsachen zu Phantasiegebilden – wobei sich jedoch auch in diesen eine grundlegende Wahrheit aussprechen kann.

»Soiree« ist in mancher Hinsicht aufschlußreich. Hier zeigt sich, daß in der heranwachsenden Margaret Mitchell die unterschiedlichsten Kräfte am Werk waren, und man ahnt, welche Einflüsse ihr späteres Leben bestimmen werden. Kostüme und Verkleidungen haben zeit ihres Lebens eine wichtige Rolle für sie gespielt, und oft hat sie ihre ernsthaftesten Absichten mit witzigen Bemerkungen überspielt. Das Stück läßt aber auch erkennen, wie sie die Spannungen ihrer Kindheit künstlerisch verarbeitete. Wer war sie denn nun eigentlich – May Belle oder Jimmy? Ein schüchternes kleines Mädchen oder ein hartgesottener Veteran? Das hilflose Geschöpf einer allmächtigen Mutter oder eine Künstlerin von eigenen Gnaden? War sie der Held, der Bösewicht oder das unbedarfte Weibchen? Als Schriftstellerin konnte sie sich zwischen diesen Möglichkeiten frei entscheiden, die Wirklichkeit hingegen entzog sich weitgehend ihrer künstlerischen Einflußnahme. Und die Pubertät machte ihr schwer zu schaffen.

Das Verhältnis zu ihrer Mutter blieb gespannt, der Kampf ging lediglich in die nächste Runde. Mit sechs hatte sie ihre erste Krise gehabt, mit zwölf kam die zweite. Ihre Widerspenstigkeit steigerte sich bis zur Unversöhnlichkeit. An der Schwelle zum Erwachsenenalter entzog sie sich dem Einfluß ihrer Mutter und rebellierte immer offener gegen ihre Autorität. Sie selbst schildert diesen Konflikt mit humorvoller Übertreibung: Sie hatte, erzählte sie, einen nicht allzu entfernten Verwandten, der nur einen einzigen Fehler hatte: »Er vertrug es nicht, wenn man ihn fragte, was er so trieb – egal ob beruflich oder privat. Über nichts, was er tat, wollte er Auskunft geben.« Diese exzentrische Laune hatte »große, wenn auch mühsam unterdrückte Verärgerung« unter den weiblichen Mitgliedern seiner Familie zur Folge.

Wie man sich denken kann, gehörte dieser Exzentriker nicht zu den Leuten, über die man in meiner Gegenwart gesprochen hätte. Einmal jedoch, als ich zwölf war und meiner Mutter mit irgend etwas auf die Nerven gegangen war, platzte sie mit der Bemerkung heraus, daß ich höchstens mit einem Menschen aus der ganzen Familie eine gewisse Ähnlichkeit habe, und das sei dieser schnurrbärtige, alte Trottel, der niemanden in seine Karten gucken läßt und dem die Vorstellung, die Weiber seines Hauses würden sich die Mäuler über seine Geschäfte zerreißen, unerträglich erschien.

In diesem Fall verrät sie den Grund für den Streit mit ihrer Mutter nicht – in einem anderen Fall erfahren wir ihn. Wie sie berichtete, war sie zwölf, als sie gegen den literarischen Geschmack ihrer Mutter aufbegehrte, und von da an las sie hauptsächlich Liebesromane, Abenteuergeschichten, Groschenhefte und billige Kriminalromane – eine Leidenschaft, die sie nie wieder losgelassen hat. Selbstverständlich war diese Lektüre das letzte, was ihre Eltern empfehlenswert gefunden hätten – folglich las sie mit schlechtem Gewissen, und vermutlich traf sie den Nagel auf den Kopf, als sie später einmal einem Priester gegenüber bemerkte, ihre Mutter hätte ihr sicher verboten, »Vom Winde verweht« vor ihrem achtzehnten Lebensjahr zu lesen. »Sie hat mir nicht einmal erlaubt, ›Tom Jones‹, ›Moll Flanders‹ oder andere Bücher dieser Art zu lesen, bevor ich achtzehn war.« Wovon sie sich jedoch nicht beeindrucken ließ. Im Gespräch mit einem Priester mochte sie es mißbilligen, daß Halbwüchsige ihren Roman verschlangen – dem sehr viel weltlicheren Stephen Vincent Bénet gegenüber aber zeigte sie sich hoch erfreut darüber, daß Kinder an ihrer verbotenen Frucht knabberten. Als Bénet ihr Buch mit Kinderbüchern verglich, war sie begeistert. »Was für eine bezaubernde Vorstellung, daß irgendein kleines Mädchen mein Buch unter der Bettdecke im Schein einer Taschenlampe lesen könnte!«

Nicht nur die Mutter, auch die Schule blieb ein Problem. Stephens Mitchell zufolge hatten die Eltern – genauer: Mrs. Mitchell – eine weltliche Erziehung für ihre Kinder ins Auge gefaßt: öffentliche Grundschule, College-Vorbereitung und dann irgendein College im Norden. Da ihr keine Wahl blieb, ließ Margaret nach der Krise von 1907 dieses Programm über sich ergehen. 1913 und 1914 besuchte sie die private Woodbury School in der Nähe ihres Elternhauses, und im Herbst 1914 meldeten ihre Eltern sie im Washington Seminary an, wie sie es von jeher vorgehabt hatten. Und dann wurde es ernst, denn jetzt mußte sie an zwei Fronten kämpfen: zum Kampf um gute Noten gesellte sich der um gesellschaftliche Anerkennung.

Das Washington Seminary war eine alte, prestigeträchtige Mädchenschule, deren Gründer zur weiteren Verwandtschaft des ersten Präsidenten gehört hatte, daher sein Name. Es sah nicht nur nach altem Süden aus, es ließ sich auch in seinem Programm von den Traditionen dieses Südens leiten, und noch in den dreißiger Jahren des 20. Jahrhunderts fühlte es sich den konservativen, puritanisch-baptistischen Moralvorstellungen seines Gründers verpflichtet. Im übrigen lag seiner Schülerschaft an snobistischen gesellschaftlichen Werten mindestens ebensoviel wie an Bildung. Doch auch wenn sich hier niemand zu überanstrengen brauchte, wurde ernsthaft Interessierten immerhin ein anspruchsvolles intellektuelles Programm geboten.

Ernsthaft interessiert war Mitchell jedoch nach wie vor nicht.

Ihre Abneigung gegen Mathematik nahm beinahe mystische Dimensionen an, was ihr vor allem deshalb zu schaffen machte, weil sie ihre Unbegabtheit wie üblich mit dem überragenden Talent ihrer Mutter auf diesem Gebiet verglich. In Französisch war sie mittelmäßig, und in Latein kam sie so gerade eben mit. Faszinierend hingegen fand sie die klassische Mythologie, und in dem ausnahmsweise ordentlich geführten Heft, in das sie während ihrer Zeit am Washington Seminary römische und griechische Götter und Helden sowie klassische Sagen eintrug, kündigte sich bereits ihre spätere Verehrung für Frazers Buch »Golden Bough« an. Obgleich sie sich für Geschichte begeistern konnte, ließ sie es auch in diesem Fach bisweilen an Lerneifer fehlen. Einmal reichte sie eine historische Abhandlung beim alljährlichen Wettbewerb der Vereinigten Schwestern der Konföderation ein und erhielt eine Auszeichnung. Nur daß sie sich nicht genügend Zeit dafür genommen und deshalb über weite Strecken abgeschrieben hatte. Ihre »gedemütigte Familie« entdeckte das Plagiat, und ihr Betrug brachte ihr »die letzte von vielen Abreibungen« ein, die sie in ihrer Jugend einstecken mußte.

Ihre Leistungen in Englisch verdienen eine gesonderte Betrachtung. Lesen und Schreiben, die Beschäftigung mit Literatur – das alles machte ihr Spaß. Für Grammatik, Rechtschreibung und Satzbau hingegen hatte sie wenig übrig. Das gab wiederholt zu Ärger Anlaß, und eine bemerkenswerte Lehrerin, Eva Wilson Paisley, mußte zuweilen eingreifen, um ihr aus der Klemme zu helfen.

Diese Mrs. Paisley war eine unkonventionelle, ausgesprochen starke Persönlichkeit; für Mitchell verkörperte sie »das Selbstbewußtsein des Individuums, die Kraft des menschlichen Geistes und die grenzenlosen Ressourcen des Intellekts«. Mitchell bewunderte diese Lehrerin von ganzem Herzen, und Mrs. Paisley mochte Margaret ebenfalls. Eine von Mitchells Arbeiten mit dem Titel »Ein amerikanischer Patriot« etwa gefiel ihr so gut, daß sie sie zur Veröffentlichung freigab – »eine amüsante Satire« hieß es hinterher in der Zeitung. Auch bei anderen Gelegenheiten ergriff sie für Mitchell Partei. Als die Herausgeberin der Schülerzeitung einen ihrer Artikel ablehnte, machte sich Mrs. Paisley für sie stark, und wahrscheinlich hatte sie auch ihre Finger im Spiel, als Mitchell im letzten Jahr selbst zur Herausgeberin der Schülerzeitung ernannt wurde – auf jeden Fall geschah es mit ihrer Billigung. Dieser schwierigen Schülerin dürfte jede Art von Unterstützung hoch willkommen gewesen sein, denn mit ihren Mitschülerinnen auszukommen fiel ihr noch schwerer, als gute Noten zu erzielen.

Obwohl sie selbst einer der vornehmsten Familien angehörte, »vertrug sie sich an der Schule mit niemandem«, wie sich ihr Bruder erinnerte. Gewiß, in Stephens Mitchells Bemerkung mag auch die fatalistische Neigung seiner Familie, den eigenen Erfolg kleinzureden, zum Ausdruck kommen, aber seine Schwester fühlte sich, nicht anders als ihr Vater, in Gesellschaft tatsächlich ausgesprochen unwohl und besonders unter ihren Mitschülerinnen fehl am Platz. Die perfekte Schülerin, das war – zumindest in den Augen ihrer Freundin Courtenay – Mary Lamar Ross, eine »liebreizende, junge Dame mit goldbraunen Locken und gepflegten Umgangsformen« ohne Ecken und Kanten. Die makellose Anmut und das gewandte Auftreten solcher Mädchen brachte Mitchell zur Raserei. Ihr größtes Vergnügen bestand darin, solchen vollkommenen Wesen die Schau zu stehlen, und sie provozierte sie, wo sie nur konnte. Die Mitgliedschaft im Gesellschaftsklub der Schülerinnen blieb ihr zwar verwehrt, aber dafür machten sie und Ross Politik, übernahmen kleinere Ämter, führten in einer der literarischen Gesellschaften das große Wort und organisierten eine Theatergruppe.

Und mit dieser Theatergruppe stahlen sie den anderen dann buchstäblich die Schau. In einer Schulaufführung des »Kaufmanns von Venedig« mußten sie die Hauptrollen zwar anderen überlassen, spielten als Gratiano und Gobbo aber alle an die Wand. Jahre später noch frohlockte Lucille Little, eine ehemalige Klassenkameradin, über dieses »klassische Stück, in dem Courtenay Ross und M. M. als Gobbo und dessen Kumpan selbst die unnahbare und stolze Maikönigin blaß aussehen ließen (Hurra).« Die erste Erinnerung, die Elinor Hillyer – später eine gute Freundin – zu Mitchell einfällt, ist ihr Auftritt als Bottom bei einer Freiluftvorstellung von »Mittsommernachtstraum« – die ideale Rolle für einen Schmierenkomödianten. In »Der Klassensprecher«, einem Stück, das möglicherweise aus Mitchells eigener Feder stammte, trat sie als die Stubenkameradin der Hauptperson »in einem College an der Ostküste« auf, welche die »Snobs der Klasse« ärgerte. Das Stück beschrieb treffend die blasierten Wünsche der Mädchen vom Washington Seminary, und die Handlung war ihr auf den Leib geschneidert: die Hunnen gegen die Burgfräuleins.

Austragungsort der Rivalitäten zwischen Mitchell und den Snobs waren die literarischen Gesellschaften. Mitchell und Ross hatten in der Washington Literary Society das Sagen, ihre Gegnerinnen zogen daraufhin ihren eigenen Klub auf, der sich The Alice Chandlers nannte, geleitet von Anne Hart, die wie eine giftige Spinne immer wieder im Leben der Schriftstellerin auftauchen sollte. Man traf sich zu öffentlichen Debatten, und vor allem kämpfte man um die Kontrolle über die Schülerzeitung. Dabei ging es nicht nur um die Ehre, denn die Herausgeberinnen entschieden, wessen literarische Ergüsse abgedruckt wurden und wessen Arbeiten unberücksichtigt blieben. Mitchell verfolgte ihr Ziel, Herausgeberin zu werden, mit großem Ehrgeiz. »Was habe ich nicht alles für Tricks angewandt«, erinnerte sie sich. »Ich war ganz versessen darauf, eine Geschichte von mir in der Schülerzeitung abgedruckt zu sehen.« Im ersten Jahr jedoch blieb ihre Konkurrentin Anne Hart Siegerin. Sie lehnte den nächsten Beitrag von Mitchell selbstredend ab, und nur dem Eingreifen der Lehrervertreterin in der Redaktion, Mrs. Paisley, war es zu verdanken, daß ihr Werk, eine Erzählung mit dem Titel »Kleine Schwester«, dennoch in der Ausgabe der Schülerzeitung von 1917 erschien.

In ihrem Sketch »Soiree« hatten die Schauspieler verschiedene Schauplätze für ihr Stück diskutiert, unter anderem die Hölle und Mexiko. In »Kleine Schwester« kombiniert Mitchell diese beiden. Die mexikanische Revolution erschütterte das Land bereits seit 1910, aber erst 1917, nach dem Gemetzel Pancho Villas in Sonora und den Grenzregionen, bezog die amerikanische Presse eindeutig gegen die Revolutionäre Stellung, und in den literarischen Gesellschaften am Washington Seminary stritt man sich über die Frage, ob die USA die unruhige Nachbarrepublik nicht besser annektieren sollten. Die Gewaltausbrüche jenseits der Grenze faszinierten Margaret Mitchell – zwei ihrer früheren Stücke hatten bereits in Mexiko gespielt, jetzt machte sie die Revolution selbst zum Thema.

»Kleine Schwester« ist sicher keine große Literatur, darf aber als die vielversprechende Arbeit einer Heranwachsenden gelten. Zusammen mit der ein Jahr später veröffentlichten Erzählung »Sergeant Terry« bietet sie neue Einblicke in Mitchells Vorstellungswelt und gibt Aufschluß über ihre literarischen Absichten.

Diesmal geht es um einen Überfall mexikanischer Rebellen auf eine nordamerikanische Familie, die auf einem abgelegenen Bauernhof in Nordmexiko lebt. Sie wird aus der Perspektive der einzigen Überlebenden erzählt, eines blauäugigen, sommersprossigen zehnjährigen Mädchens, das eigentlich Peggy heißt, im Text aber meist nur »kleine Schwester« genannt wird. Die Geschichte setzt nach dem Überfall ein. Das Kind hat sich die ganze Nacht über im hohen Büffelgras versteckt, »die große Flinte ihres Vaters an die Brust gedrückt«. Während das Kind zum Haus hinüberstarrt, wird die

Geschichte des Überfalls nachgeliefert: Die Familie hatte aus dem Vater, der Mutter, der großen Schwester, deren Verlobten Bob und ihr bestanden. Ohne jede Vorwarnung stürmten die Banditen diese Insel häuslichen Friedens. Als erstes wird der Vater erschossen, als er seine Frau zu beschützen versucht, die zweite Kugel trifft die Mutter. Bob, der seiner Verlobten zu Hilfe eilt, stirbt als nächster, und allen männlichen Beistands beraubt, wird die große Schwester nun zur leichten Beute von Alvaro und seiner Bande. »Süß und hübsch, wie sie ist, ein Inbegriff von Anmut und Tugendhaftigkeit«, wird diese klassische Jungfrau zum Opfer wüstester Leidenschaften. Der ungezügelten Lust dieser Barbaren aber verdankt die kleine Schwester ihr Leben, denn während die große Schwester vergewaltigt wird, gelingt es der kleinen zu entkommen. Auf ihrer kopflosen Flucht stolpert sie über das Gewehr ihres Vaters und nimmt es mit. Die Nacht verbringt sie im Gebüsch auf einer Anhöhe in der Nähe des Hauses, von wo aus sie noch lange die Schreie ihrer Schwester hört. Dann tritt die Wendung ein. »Plötzlich verstummte die Stimme ihrer großen Schwester, und das Kind war mit der Stille und der Dunkelheit allein.« Alle Angst, alle Gefühle fallen von ihr ab – sie wird zum Racheengel, sie verwandelt sich buchstäblich in das Gewehr. Unempfänglich für alle äußeren Eindrücke, lebt sie nur noch für den Mord. An diesem Punkt holt die Nacherzählung der Ereignisse die Geschichte ein. Es dämmert. Alvaro kommt aus dem Haus. Er hebt die Hand, um seine Kumpane drinnen zum Schweigen zu bringen. Er hat etwas gehört, das der Protagonistin entgangen ist. Die Geschichte endet mit ihrem Schuß. Daß er auch für sie das Ende bedeuten muß, ist ihr gleichgültig.

Unendlich vorsichtig legte Peggy an und suchte den Mann mit der Spitze des Laufs. Kalt, leidenschaftlos faßte sie ihn ins Auge. Der kühle Stahl des Gewehrs flößte ihr Vertrauen ein.

Sie durfte ihn nicht verfehlen. Sie würde ihn nicht verfehlen. Und sie verfehlte ihn nicht.

Diese Erzählung ist einfach, aber nicht kunstlos. Mitchell erlaubt dem Leser nicht bloß, die Geschichte selbst zu Ende zu denken – sie führt ihn auch auf zwei verschiedene Fährten. Der Schuß der kleinen Schwester ist Mord und Selbstmord zugleich, denn zweifellos werden die anderen jetzt das Feuer auf sie eröffnen. Aber Mitchell bietet noch ein anderes Ende an. Vor Erregung wie betäubt, überhört die Kleine, was die anderen gehört haben und aus dem Haus gelockt hat: das Geräusch entfernter Pferdehufe. Ohne es zu sagen, deutet Mitchell hier also zumindest die Möglichkeit ihrer Rettung an. Ähnlich sparsam, mit Andeutungen und Auslassungen, verfährt Mitchell, wenn sie Szenen und Handlungen lediglich in der Vorstellung des Lesers heraufbeschwört, ohne sie wirklich zu beschreiben – wie zum Beispiel die Vergewaltigung der großen Schwester. Was in der Erzählung gewissermaßen nur in Kurzschrift erscheint, muß vom Leser ergänzt und ausgeführt werden. So erzeugt sie Spannung im Rahmen einer einfachen Geschichte mit konventioneller Handlung. Es gelingt ihr, ungewöhnlich viel Action auf weniger als zwei Druckseiten zu komprimieren – sie beweist damit ein erstaunliches Gespür für Dramatik.

Im Hinblick auf das Geschlechterverhältnis ist die Moral von »Soiree« und die von »Kleine Schwester« in etwa dieselbe. In beiden Fällen ist die Frau – einfach weil sie eine Frau ist – passiv und hilflos und deshalb zur Opferrolle verurteilt. Der Mann hingegen ist gewalttätig und wird darüber hinaus mit der mechanischen, gefühllosen Gewalt von Waffen oder Maschinen identifiziert. Um zu überleben und erst recht, um sich behaupten, muß eine Frau sich in den Besitz solcher Mordwerkzeuge bringen – was sie jedoch in Konflikt mit ihrer sexuellen Identität bringt. Die Waffe in »Kleine Schwester«

markiert genauso unweigerlich das Ende von Peggys weiblicher Identität, wie sie das Leben der anderen Frauen auslöscht. Weder in »Soiree« noch in »Kleine Schwester« gibt es einen guten männlichen Helden, der als Retter auftreten würde. Einzig die kleine Schwester kann diese Aufgabe erfüllen – vielleicht, weil sie in ihrem kindlichen, asexuellen Stadium das Paradox aufzuheben vermag. Das Kind der Erzählung ist klein und daher für die Mörder bedeutungslos, aber weil es die nötige Entschlossenheit aufbringt, ist es den Schurken in puncto Gewalt ebenbürtig.

So gesehen besteht eine direkte Beziehung zwischen der erfundenen Peggy und dem Jimmy aus Mitchells eigener Kindheit, der in der Kunstfigur Peggy noch einmal zu neuem Leben erweckt wird. Eine zweite Geschichte, 1918 veröffentlicht, bietet eine Alternative zur Jimmy-Peggy-Figur.

Nachdem sie Herausgeberin der Schülerzeitung geworden war, nahm sie selbst ihre zweite Erzählung darin auf, »Sergeant Terry«. Wieder geht es um das Geschlecht, um Geschlechterrollen und Themen, die mit Familie zusammenhängen, diesmal jedoch in einer formal wie inhaltlich sehr viel konventionelleren Geschichte, die vor dem Hintergrund des Ersten Weltkriegs spielt. Anders als in »Kleine Schwester« ist hier von Gewalt nichts zu spüren, die Geschichte spielt an der Heimatfront: In einer mit Soldaten vollbesetzten Straßenbahn fällt der Blick einer jungen Frau auf die Schlagzeile einer weggeworfene Zeitung – sie meldet einen Torpedoangriff auf jenen Truppentransporter, der ihren Geliebten nach Hause bringen sollte. In Wirklichkeit jedoch hat er ein früheres Schiff genommen und sitzt nun – zunächst unbemerkt – mit ihr in derselben Bahn. Die Erzählung geht natürlich gut aus: Am Ende entdeckt sie ihn unter den Fahrgästen.

Hier spielt sich unter der Oberfläche der Geschichte keine dramatische Veränderung eines Charakters ab. Die erste Erzählung führte eine Orgie der Zerstörung vor Augen und berichtete vom Eintauchen der Heldin in eine amoralische Welt männlicher Gewalt, die als Befreiung erlebt wird – Rettung deutete sie höchstens an. Ganz anders »Sergeant Terry«. Hier wird mit der Möglichkeit der Zerstörung lediglich gespielt und zum Schluß ein zuckersüßes Ideal häuslichen Glücks entworfen: Für die junge Frau in der Straßenbahn besteht die Rettung allein darin, einen Mann zu bekommen und einen »hübschen, kleinen Bungalow« mit einem heimeligen Kaminfeuer, freundlichen Chintzvorhängen und »einem Kanarienvogel, der den ganzen Tag singt«. Außerhalb dieser Wunschwelt existiert sie überhaupt nicht. Und genau um diese Abwesenheit von Individualität, Initiative und Kreativität geht es in dieser Geschichte.

Mitchell macht aus dieser Figur den Prototyp der Gattung Frau. Außer einem mechanischen »Danke schön« bringt ihre Protagonistin kein einziges Wort heraus. Und in ihrem Kopf geht es ähnlich konfus zu wie in dem der Hauptdarstellerin von »Soiree«. Kaum befindet sie sich außerhalb ihrer eigenen vier Wände, fühlt sie sich hilflos und verwundbar – um so mehr, als sie jetzt auch noch den männlichen Schutz durch ihren Geliebten entbehren muß. Wiederholt benutzt Mitchell das Bild des Kanarienvogels in seinem Käfig. Die Autorin verweigert dem Mädchen also nicht nur eine eigene Stimme im Konzert der Männerstimmen, sie gesteht ihr nicht einmal einen vernünftigen Gedanken zu. Und wie die ermordete Mutter und die vergewaltigte Schwester der ersten Geschichte bleibt auch sie namenlos, sie ist nichts weiter als »das Mädchen« – arm, schwach und hilflos. Alles dreht sich für sie um Sergeant Terry McGovern – er gibt der Geschichte ihre Bedeutung und ihre Moral, seine Autorität hebt die Schwäche des Mädchens bei jeder neuen Wendung der Geschichte hervor.

Im scharfen Kontrast zu ihrer Verlorenheit geben die Soldaten in der Straßenbahn ein Bild der Kraft, mehr noch, ein Bild des

Lebens und tatendurstigen Selbstbewußtseins ab. Sie meinen, was sie sagen, sie lächeln, sie reißen Witze, sie lachen, grölen und befehlen – jeder Mann ein Ausrufungszeichen. Vor allem Sergeant Terry strotzt vor Todesverachtung. »Ob der Kerl jetzt so oder so gestorben ist«, tönt er, »die Hauptsache ist doch, daß er tot ist.« Zur stummen Zuhörerin verdammt, zuckt das Mädchen bei jedem Ausbruch von Vitalität zusammen.

Sicherlich übertrifft die erste Erzählung die zweite an Phantasiereichtum und literarischer Qualität. Aber sie sind sich insoweit ähnlich, als Mitchell sich in beiden Geschichten dieselben Fragen stellt. Sie betreffen in erster Linie den Gegensatz von privater Weiblichkeit und öffentlicher Männlichkeit. Was die Welt der Frauen ausmacht, ist in beiden Werken Häuslichkeit, Passivität, Selbstlosigkeit und Ausgeliefertsein – die Welt der Männer ist durch Tatkraft, Selbstbewußtsein, Körperstärke und Willenskraft gekennzeichnet. Außerhalb ihres heimischen Bereichs sind Frauen so lange hilflos und verletzbar, wie sie sich nicht unter den Schutz eines Mannes stellen (wie in »Sergeant Terry«) oder sich männliche Attribute zulegen (wie in »Kleine Schwester« und »Soiree«). Nach diesem Schema können Männer auch weibliche Eigenschaften wie etwa Einfühlsamkeit entwickeln – umgekehrt bleibt Frauen jedoch die Möglichkeit, wie Männer aufzutreten, verwehrt.

Solche Vorstellungen betreffen unmittelbar das Wesen der Sprache. Mitchell wußte bereits als Kind, daß Reden in der Öffentlichkeit, ja, jede Art publizierter Sprache in die Domäne der Männer fällt, da Öffentlichkeit generell männlich ist. Es gibt keinen Unterschied zwischen Feder und Pistole. Wie kann eine Frau dann überhaupt schreiben, ohne ihr Geschlecht zu verraten? Wie müßte ihre legitime Stimme klingen? In keiner dieser drei Arbeiten finden Frauen wirklich eigene Worte. Was bedeutet es für eine Frau, Geschichten über stumme Heldinnen zu schreiben?

Wie jeden Heranwachsenden beunruhigte Margaret Mitchell

die Frage, wer und was sie war. Im Unterschied zu den meisten anderen indes verwandelte sie ihre bohrenden Selbstzweifel unablässig in Literatur. Ihr künstlerisches Selbstbewußtsein wuchs in diesen Jahren, bis es ein Eigenleben angenommen hatte. Ständig war sie dabei, Aufzeichnungen zu machen und Skizzen anzufertigen, auch wenn es dann bei Notizen und Entwürfen blieb. Sie ließ sich erste Sätze einfallen, knüpfte Handlungsstränge, überlegte sich Handlungsorte und stellte Listen von Szenen oder Wörtern auf, die aus irgendeinem Grund Anziehungskraft auf sie ausübten. Und sie verstand sich selbst in den Momenten noch als Schriftstellerin, in denen sie das Gefühl hatte, ihr Talent reiche dazu nicht aus. So kritzelte sie zum Beispiel unter eine ihrer Erzählungen aus dieser Zeit: »Es gibt unter den Autoren solche und solche, aber ein wahrer Schriftsteller wird geboren, nicht gemacht. Geborene Schriftsteller machen aus ihren Gestalten reale, lebende Menschen, während die gelernten Schriftsteller nur ausgestopfte Figuren liefern, die auf Kommando tanzen. Weil das so ist, deswegen bin ich nur eine gemachte Schriftstellerin.« Kurzum – sie hielt sich selbst für eine Schriftstellerin, auch wenn sie an ihrem Talent zweifelte.

Ihre Kunst vermochte zwar nicht, sie von den Spannungen zu befreien, unter denen sie litt, aber sie stellte eine Möglichkeit dar, diese Spannungen umzuwandeln. Jetzt, wo es für sie darum ging, das machtvolle Vorbild ihrer Mutter entweder zu bekämpfen oder nachzuahmen, wurde ihre weibliche Identität für sie zum vorrangigen Problem. In ihren Mitschülerinnen trat ihr dieses Vorbild in Gestalt der idealen Südstaaten-Schönheit entgegen. Selbstbewußt probierte sie die verschiedenen Möglichkeiten aus, die sich einer Frau ihrer Gesellschaftsschicht eröffneten. Zwar bewunderte sie die Bewegungsfreiheit, die Entscheidungsfreiheit, auch die Gewalttätigkeit, die die Männerwelt charakterisierten, aber sie nahm nun auch Gelegenheiten wahr, sich anderen Strömungen zu überlassen. Held oder Heldin, das war die Frage. Unter dem Eindruck des Ersten Weltkriegs überteibt sie in »Sergeant Terry« die traditionell weiblichen Züge ihrer »Heldin«, aber auch in der Wirklichkeit ging der Weltkrieg nicht spurlos an ihr vorüber. Kein Wunder, daß Mrs. Mitchell nicht wußte, was sie von einer Tochter halten sollte, die solchen Wechselbädern der Gefühle und Erfahrungen ausgesetzt war. Das Mädchen kämpfte mit sich selbst und gegen sich selbst.

4. KAPITEL

»Und wohin gehen wir jetzt?«

Ich werde nie vergessen, wie ich mich damals
gefühlt habe, als Mutter mich aus ihrer Obhut entließ und ich ganz allein ins Yankeeland zog...
Irgend etwas in meinem Innersten entfaltete sich,
reckte und streckte sich, als wäre es eben aufgewacht, ein Bewußtsein meiner selbst, meiner
Kraft, meiner eigenen erwachenden Persönlichkeit, das mich ganz erfüllte – es hat nicht viel
gefehlt, und ich hätte mich jauchzend im weichen
Gras des Universitätsgeländes gewälzt...

Margaret Mitchell an Harvey Smith

Das Feuer dehnte sich tosend und krachend
nach Norden aus – schneller, als ein Mensch laufen konnte.
Ausgebrochen war es um ein Uhr morgens, nachdem ein Haufen ausrangierter Matratzen beim »Negerpesthaus« nördlich
der Eisenbahnlinie in Flammen aufgegangen war. Kurz darauf
brannten die Holzschindeln und dünnen Bretterwände der
Baracken von Buttermilk Bottom lichterloh. Es war der 21.
Mai 1917.
Eine halbe Stunde nachdem Alarm gegeben worden war, fra-
ßen sich die Flammen den Jackson Hill hoch. Das Haus der
Witwe Stephens hatte die Schlacht um Atlanta, den Rückzug
der Konföderierten und die Verwüstungen durch Shermans
Armee unbeschädigt überstanden – würde es jetzt in Schutt
und Asche sinken? Oder das hohe Haus mit der Nummer 179,

in dem Margaret Mitchell ihre ganze Kindheit verbracht hatte? Gegen drei Uhr morgens waren von dem gesamten Viertel nur noch verkohlte Baumgerippe und gemauerte Kamine übrig, die gespenstisch aus den schwelenden Trümmern eingestürzter Villen ragten. Die Mitchells und die Stephens' verloren nicht weniger als zwölf Häuser, darunter alle aus der Frühzeit beider Familien auf dem Jackson Hill.

Als die letzten Flammen verlöschten, war die Stadt ruiniert. Das Feuer hatte sich eine fünf Häuserblocks breite und mehr als eineinhalb Kilometer lange Schneise von der Decatur Street im Süden bis zur Ponce de Leon Street im Norden gebahnt, Eigentum im Wert von 5,5 Millionen Dollar in Rauch aufgehen lassen und 10 000 Einwohner, darunter den Großteil der armen schwarzen Bevölkerung von Atlanta, obdachlos gemacht.

Mit dem anschließenden Chaos fertig zu werden erschien ebenso aussichtslos, wie es zuvor unmöglich gewesen war, der Flammen Herr zu werden. Im Piedmont Park wurde eine Zeltstadt errichtet, und die Veranstaltungshalle der Stadt nahm weitere Obdachlose auf. Selbstverständlich hatte sich May Belle Mitchell schon kurz nach dem Ausbruch des Feuers den Hilfsmannschaften zur Verfügung gestellt. Ihre sechzehnjährige Tochter hatte sie mitgenommen. Bis Mitternacht half Mrs. Mitchell, »Hungrige zu speisen und Verzweifelte zu trösten«, und ihre Tochter machte es ihr nach. Sie wurde jenen Leuten zugeteilt, die herrenloses Eigentum sicherstellen sollten, arbeitete die halbe Nacht durch und war am nächsten Morgen schon wieder auf ihrem Posten. An dem herrschenden Chaos änderte das wenig.

Zum dritten Mal in seiner Geschichte wurde Atlanta unter Kriegsrecht gestellt – wie 1864 nach der Eroberung der Stadt durch General Sherman und anläßlich der Rassenunruhen von 1906. Am Nachmittag des Brandtags hatten die Straßenbahnen der Strom- und Eisenbahngesellschaft von Georgia

Hunderte von Soldaten aus dem McPherson Fort am Stadt-
rand in die Innenstadt gefahren. Sie halfen zunächst bei den
Löscharbeiten und blieben dann in der Stadt, um Plünderun-
gen zu verhindern. Rund um die Uhr patrouillierten Männer in
khakifarbenen Uniformen durch die Straßen. Während des
Ausnahmezustands 1906 hattte die Anwesenheit des Militärs
noch Unmut geweckt – inzwischen jedoch hatte sich die
Bevölkerung an den Anblick von Soldaten gewöhnt. Im Zuge
der Kriegsvorbereitungen, ausgelöst durch den Krieg in Europa, waren etliche Einheiten nach Atlanta verlegt worden, das
McPherson Fort hatte sich zu einem der größten Ausbildungs-
lager im Südwesten der USA entwickelt, und eben jetzt, einen
Monat nach der Kriegserklärung der Vereinigten Staaten an
Deutschland, waren weitere Truppen in der Stadt eingetroffen.

Das Großfeuer, die Anwesenheit der Soldaten und der Kriegseintritt – alles zusammen bewirkte die größten Veränderungen
in der Geschichte Atlantas. Der Einfluß des Militärs war überall
zu spüren. Das Feuer hatte den Soldaten einen ersten, vagen
Vorgeschmack auf das gegeben, was sie jenseits des Atlantiks
erwartete. Auch im Leben der Margaret Mitchell blieb nichts,
wie es war. Männer, erste Liebe, die Begegnung mit dem Norden, College und Tod – die Zeit vom Sommer 1917 bis zum Tod
ihrer Mutter im Januar 1919 hinterließ in ihrem Leben Spuren, die genauso tief und einschneidend waren wie der Brand,
der die Orte ihrer Jugend ausgetilgt hatte.

Die dunklen Wolken, die sich über der Nation zusammen-
brauten, schienen die Lebenslust erst richtig anzufachen. In
den Jahren 1917 und 1918 wimmelte die Gegend der Peachtree Street von Männern wie eine Blumenwiese im Sommer
von Bienen. Kein Ball in diesem herrlichen Jahr, bei dem auch
nur ein Mädchen sitzen geblieben wäre. Die Männer der Fliegerschule überschlugen sich vor Liebenswürdigkeit, und den
ganzen Winter über veranstalteten Margaret und Courtenay

rauschende Partys für die angehenden Piloten. »Das waren meist improvisierte Bälle – ein bißchen Tanzen, um die Jungs bei Laune zu halten. Aber – Mannomann! Haben wir Spaß bekommen!« erinnert sich Courtenay Ross. Besonders eine dieser Partys ist ihr im Gedächtnis geblieben – sie fand gerade einmal eine Woche nach dem Feuer statt. Neben den alten, vertrauten Namen fanden sich jede Menge neuer auf der Gästeliste, darunter Berrien K. Upshaw, der sich seit kurzem zum inneren Kreis ihrer glühendsten Verehrer zählte. Der grobknochige, hoch aufgeschossene Sechzehnjährige war an jenem Abend indes der Konkurrenz nicht gewachsen. Was Benehmen anging, konnte er mit den wohlerzogenen Collegestudenten nicht mithalten, und gegen die Soldaten hatte er ohnehin keine Chance.

In diesem verrückten Jahr 1918 standen die jungen Offiziere unangefochten im Mittelpunkt. Patriotismus und Flirten vertrugen sich in den Augen der Mädchen ganz wunderbar miteinander. »Die Pflicht der Soldaten war es, in den Krieg zu gehen«, erinnerte sich Stephens Mitchell etwas wehmütig, »und die Pflicht der jungen Damen war es, dafür zu sorgen, daß es die Soldaten bis dahin so angenehm wie möglich hatten.« Das fiel nicht schwer: Die Soldaten genossen überall Sympathie, und die Mädchen verstanden sich ausgezeichnet darauf, Gefallen zu erregen. »Die meisten der jungen Offiziere im McPherson Fort waren Studenten oder frischgebackene Akademiker«, erzählte Stephens Mitchell:

> Margaret kam bei diesen jungen Männern ungeheuer gut an. Ihr standen ein großes Haus zur Verfügung und Bedienstete und ein Auto, in dem sieben Personen – oder, wenn man zusammenrückte, auch noch ein paar mehr – Platz hatten. Sie war eine gute Tänzerin, sie konnte, was genauso wichtig war, hervorragend Konversation machen, und vor allem hatte sie die Gabe, anderen Leuten zuzuhören.

Auch wenn Courtenays Verehrer anderer Meinung gewesen sein mögen – es war wohl nicht übertrieben, wenn Stephens Mitchell von seiner Schwester behauptete: »In ganz Atlanta gab es kein Mädchen, das bei den jungen Offizieren beliebter gewesen wäre.«

»Wenn meine Mutter es erlaubt hätte, hätte ich Verabredungen für jeweils zwei Wochen im voraus haben können«, schrieb Mitchell später, nur um ihr Licht gleich wieder unter den Scheffel zu stellen: »Das einzig Gewinnende an mir war, daß ich reden konnte.« Aber das reichte offenbar. Im Gespräch konnte sie tatsächlich jeden für sich einnehmen. Sie interessierte sich für alles, und es gab praktisch kein Gesprächsthema, zu dem sie nichts zu sagen gewußt hätte. Manches kannte sie aus eigener Erfahrung – für eine Siebzehnjährige hatte sie viel gesehen, weil sie als Kind herumgekommen war –, das meiste allerdings wußte sie aus Büchern. Ihr größtes Talent aber bestand vielleicht darin, Anknüpfungspunkte mit wildfremden Menschen zu finden. Mit »reden können« hatte sie ihre Begabung also nur sehr unvollkommen beschrieben. Wenn sie sich auf eine Unterhaltung einließ, war sie faszinierend! Harvey Smith, ihr alter Freund aus den zwanziger Jahren, entsinnt sich lächelnd der witzigen und liebevollen Art, »in der sie den banalsten Vorfall zum besten geben konnte«. Und er fuhr fort:

Im Gegensatz zu den meisten anderen Leuten, die gut reden können, neigte sie nicht zum Monologisieren, vielmehr ließ sie auch ihre Gesprächspartner ausführlich zu Wort kommen ... Sie war an vielen Dingen so aufrichtig und an manchen so brennend interessiert, daß sie bei Leuten, die sie nicht langweilig fand, alles daransetzte, damit sie sich in ihrer Gegenwart wohl fühlten und wichtig vorkamen – nur, um soviel wie möglich von ihnen zu erfahren ... Sobald sie witterte, welches Geheimnis jemand haben oder wonach er sich im stillen sehnen könnte, ging sie ganz ungeniert darauf ein und schmeichelte ihm schamlos.

In jenem herrlichen Frühling des Jahres 1918 verliebten sich viele Soldaten in Margaret Mitchell, aber nur einer hatte bei ihr Erfolg: ein junger Mann aus einer wohlhabenden New Yorker Familie, Leutnant Clifford Henry. Viele Jahre später bekannte sie, niemals über diese Liebe hinweggekommen zu sein. Zeitlebens bewahrte sie das Foto dieses Jungen auf und schickte seinen Eltern bis zu ihrem eigenen Lebensende am Jahrestag seines Todes regelmäßig Blumen. Sie sah in ihm eine Art Heiligen Geist, der sie leitend und beschützend auf ihrem Lebensweg begleitete. Wer war dieser junge Mann, von dem sie derartig besessen war?

Auf vergilbten Gruppenfotos unterscheidet er sich äußerlich in nichts von den anderen Soldaten an seiner Seite. Immerhin hat er eine eigene Ausstrahlung. Während die anderen für die Kamera den Clown spielen, bleibt er unerschütterlich ernst. Seine Reserviertheit mag mit seiner Herkunft zu tun gehabt haben, denn Clifford Henry war der Inbegriff des »Seiden-strumpf-Aristokraten«. Wie die Roosevelts gehörte seine Familie zum ältesten New Yorker Geldadel – Theodor Roose-velt sollte später den Nachruf auf ihn verfassen. Im Herbst 1917 ging Clifford von der Harvard-Universität ab und wurde nach einem dreimonatigen Lehrgang in Fort Leavenworth zum Leutnant ernannt. Mitte Mai kam er nach Atlanta, wo er Infanteristen im Umgang mit dem Bajonett unterrichtete. Zwei Monate später schiffte er sich in New York nach Europa ein.

Wo und wann genau sind sie sich begegnet? Mitchell hat nichts darüber verlauten lassen. Was machte seine Attraktion aus? Schon als Mädchen war sie für gesellschaftliches Prestige empfänglich, und der junge Mann konnte damit dienen. Außerdem war er bis zur Schüchternheit zurückhaltend, und davon fühlte sie sich mindestens ebenso angezogen wie von seiner poetischen Ader. Außerdem sah er in seiner schicken Uniform sehr gut aus – Grund genug, sich in ihn zu verlieben. Er war zweiundzwanzig, sie siebzehn und voller Träume – und der Krieg warf seinen Schatten über ihre Begegnung: Am 17. Juli sollte sein Schiff ablegen. »Carpe diem«, sangen die Vögel von den Dächern. Irgendwann im Juli, möglicherweise kurz vor seiner Abfahrt, beschenkte er sie mit einem schweren alten Ring aus Familienbesitz, und sie versprachen sich die Ehe. Es war ein idyllischer Frühling. Courtenay traf die Stimmung, die damals herrschte, als sie einen Schnappschuß von ihrem besten Freund im Jahr darauf – als er längst unter französischer Erde lag – mit der Unterschrift versah: »Der letzte Sommer – ach, die gute, alte Zeit!«

Eugene Mitchell sorgte für die einzige Dissonanz in dieser romantischen Melodie. Noch zwei Monate nachdem Clifford Henry abgereist war, stänkerte er gegen seinen zukünftigen Schwiegersohn und überschüttete seine Frau mit Anfällen von Übellaunigkeit und Mißtrauen. Wer ist dieser Mann überhaupt? grollte er. Aus welcher Familie kommt er? Welche Aussichten hat er, über welche Mittel verfügt er? Wird er sie ernähren können? Setzt Margaret mit diesem Verhältnis nicht ihre Ehre aufs Spiel?

May Belle Mitchells Reaktion fiel völlig anders aus. In einem langen Brief an ihren Ehemann griff sie alle seine Bedenken auf – um sie der Reihe nach zu entkräften: »Mein Lieber«, schrieb sie, »entweder bist Du nie jung gewesen, oder Du hast vergessen, wie das ist,

wenn Du der Verliebtheit einer Siebzehnjährigen solche Bedeutung beimißt. Soweit ich weiß, sind die Henrys anständige, weitgereiste und gebildete Leute – wieviel Geld sie nun genau haben, das kann ich Dir nicht sagen. Der Junge ist in Europa – und wenn er Pech hat, für den Rest seines Lebens.

Warum sich also über etwa aufregen, das in vier oder fünf Jahren geschehen könnte und in 99 von 100 Fällen überhaupt nie eintrifft? Kannst Du Dich daran erinnern, in wie viele Mädchen Stephens seit seinem siebzehnten Lebensjahr verschossen war? Auch junge Leute werden klüger, man muß sie nur gewähren lassen. Wenn ich die Henrys sehe, werde ich ihnen sagen, daß sie keinem von Margaret erzählen sollen, so daß sich beide frei entscheiden können, sollten sie anderen Sinnes werden. Margaret selbst macht sich ja nichts vor, was die Wankelmütigkeit von Siebzehnjährigen angeht. Also beruhige Dich, alles wird gut werden.«

Es ist typisch für sie, daß sie zwischen den Liebesabenteuern ihres Sohnes und dem ihrer Tochter keinen Unterschied machte. Ihr Vater versuchte, aus seiner Tochter einen Sonderfall zu machen, sie redete ihm das aus. Den Henrys gegenüber äußerte sie sich ähnlich – und warnt sie gleich: »Ich habe meiner Tochter beigebracht, auf eigenen Füßen zu stehen.«
Dieser Brief beweist aber auch, daß May Belle Mitchell trotz aller gelegentlichen Zerwürfnisse mit ihrer Tochter zu ihr hält. In dieser Hinsicht wird 1918 für beide zu einem besonderen Jahr werden. Denn im August brachen Mutter und Tochter zu einer längeren Vergnügungsreise durch Neuengland auf, in deren Verlauf sich ihr Verhältnis merklich entspannte. Mit dem Zug ging es zunächst nach Savannah und dann mit dem Schiff weiter nach New York. Schon die Fotos, die der Bordfotograf gemacht hat, beweisen, daß sie guter Dinge waren – da stehen sie nebeneinander auf Deck und strahlen in die Kamera. New York gefiel ihnen dann noch besser. Sie besuchten Museen, sie machten Einkäufe, sie speisten im Waldorf, sie sahen sich Stücke auf dem Broadway an, sie genossen lange Spaziergänge auf den Boulevards von Manhattan. Vier Monate später, als sie, schon auf dem Sterbebett, das gespannte Verhältnis zu ihrer Tochter in einem Brief zu analysieren versuch-

te, fielen ihr diese schönen Tage wieder ein. »Leb wohl, mein Liebling«, schrieb sie, »und wenn Du mich nicht wiedersehen solltest, dann behalte mich so in Erinnerung, wie ich in New York gewesen bin.«

Abgesehen von den Freuden, die New York zu bieten hatte, erlebten die zwei im Sommer 1918 etwas, das die Mutter vor allem mit großer Befriedigung erfüllte. Im Grunde war die Reise nach Norden ja unternommen worden, um Margaret im College anzumelden, und da Universitätsbildung das höchste war, was sie sich für ihre Tochter erträumte, fiel der Mutter nun ein Stein vom Herzen. Seit der Geburt ihrer Tochter hatte sie diesen Augenblick herbeigesehnt. Ihr Enthusiasmus wurde allerdings von niemandem sonst in der Familie geteilt. Ihre »neumodischen Ansichten über Erziehung« liefen der Familientradition der Fitzgeralds im allgemeinen und Annie Stephens' Vorurteilen gegen Bildung im besonderen zuwider. Das Unternehmen stieß aber auch im engsten Familienkreis auf Widerstand. Von der etwas hochmütigen Warte seiner zweiundzwanzig Jahre und seiner drei Semester in Cambridge, Massachusetts, herab wetterte Stephens Mitchell gegen den Plan, ein echtes Südstaaten-Mädchen wie seine Schwester auf eine Yankee-Universität zu schicken. Universitäten seien »das Verderben jeden Mädchens«, warnte er seine Familie – und Universitäten im Norden erst recht. Über Eugene Mitchells Einstellung ist zwar nichts bekannt, aber später setzte er alles daran, seiner Tochter eine Rückkehr an die Universität auszureden. Und die Tochter selbst? Es mag sein, daß sie von der Universität nicht viel mehr angetan war als von der Schule, aber angesichts der Begeisterung ihrer Mutter wagte sie nicht aufzubegehren. Abgesehen davon ließ sich May Belle Mitchell in ihren Plänen ohnehin nicht beirren. Im Sommer hatte sie ihre endgültige Wahl getroffen: Margaret sollte am Smith College in Northampton, Massachusetts, studieren. Margaret fand ihre Bedenken gegen jede Art schulischer oder akademischer Bildung allerdings bald bestätigt. Um ihre Mutter nicht zu kränken, hielt sie sich im Herbst 1918 gleichwohl mit ihrem Unmut noch zurück. Über die Universität verlor sie zunächst kein böses Wort, wohl aber über den Norden. Die Yankees und ihr Lebensstil brachten sie zur Raserei – und ihre Yankee-Verwandtschaft machte sie krank. Die Erfahrungen, die sie mit einigen aus der Sippe ihrer Mutter machten, bestätigten ihre Vorurteile und verstärkten ihre Aversionen. Im September hatte sie mit ihrer Mutter bereits einige Wochen in Greenwich bei ihrer Tante Edythe und deren schwerreichem Mann Edward Ney Morris verbracht. Das waren Leute, wie Scott Fitzgerald sie in »Der große Gatsby« beschreibt, und das Mädchen aus Atlanta hatte sich unter ihnen ausgesprochen fremd und unwohl gefühlt. »Das ist ein barbarisches Land«, schrieb sie wutentbrannt an ihren Vater. »Alles dreht sich hier um Geld, Geld und nochmals Geld.«

Sie hatte ihre schlimmsten Befürchtungen also bestätigt gefunden. Würde es an der Universität anders sein? »Ich werde mein Bestes tun, um den Ort, an dem ich die nächsten neun Monate ausharren muß, schön zu finden«, hieß es in diesem Brief an den Vater weiter. »Aber das wird nicht leicht sein. Vielleicht ist Northampton ja etwas anderes als Greenwich. Das wäre jedenfalls zu hoffen, denn ich möchte nirgendwo zu leben gezwungen sein, wo Millionen mehr zählen als der Mensch.« Sie sollte bald herausfinden, worauf sie sich eingelassen hatte. Eine Woche nachdem sie diesen Brief geschrieben hatte, packte sie ihre Koffer im Studentenwohnheim des Smith College in Northampton aus – jetzt war sie ein »Frischling«.

Wie sie vorhergesagt hatte, blieb sie ganze neun Monate dort – aber keinen Tag länger. Und wie sie geahnt hatte, lief in dieser Zeit fast alles schief. Die Grippe-Epidemie von 1918, der weltweit 20 Millionen Menschen zum Opfer fallen sollten, erreichte Northampton im Herbst. Genau zwei Wochen nach Semesterbeginn wurde die Universität unter Quarantäne gestellt, und die Verwaltung sagte alle Lehrveranstaltungen ab. Als die Quarantäne nach den Weihnachtsferien wieder aufgehoben wurde, drehte sich in Northampton alles nur noch um den Waffenstillstand in Europa, und Siegesfeiern und Paraden führten zu erneutem Unterrichtsausfall. Doch selbst als sie vorüber waren, war an geregelten Lehrbetrieb immer noch nicht zu denken. Die Studentinnen strickten Strümpfe, sammelten für die Armenienhilfe, stellten sich dem Roten Kreuz zur Verfügung, sangen Soldatenlieder und hatten vor allem ihre Verwandten, Freunde und Verehrer jenseits des Atlantiks im Kopf. In dieser aus den Fugen geratenen Welt war Studieren nebensächlich.

Allen Turbulenzen zum Trotz versuchte Margaret, die üblichen Vorlesungen und Seminare zu besuchen und hatte, wenn überhaupt, nur ein einziges Ziel, nämlich so schnell wie möglich fertig zu werden. Nachdem sie in den dreißiger Jahren berühmt geworden war, streute sie die Information, sie habe seinerzeit Psychologie studiert, und mit der Zeit spann sie diese Geschichte immer weiter aus. Sie habe Psychiaterin oder Neurologin werden wollen, ließ sie wissen, und hätte gern in Europa studiert – am liebsten in Wien. Irgendwann wurden diese Informationen für bare Münze genommen – aber nichts davon stimmte.

Immerhin enthält dieses Märchen einen wahren Kern. Denn sie war tatsächlich an Psychologie brennend interessiert, las zahlreiche Bücher über dieses Thema zu ihrem eigenen Vergnügen und psychologisierte leidenschaftlich gern. Als Amateurpsychologin war sie auch gar nicht schlecht, und meist fand sie intuitiv und im Handumdrehen Zugang zu den geheimen Antriebskräften eines Menschen. Mit ihrer Phantasiegeschichte verrät sie also höchstwahrscheinlich, was sie gern geworden wäre, wenn sie jemand anders gewesen wäre und in einem anderen Teil der Welt und zu einer anderen Zeit gelebt hätte oder vielleicht auch ein anderes Geschlecht gehabt hätte. Für ein Südstaaten-Mädchen des Jahres 1918 jedoch war dies keine realistische Option.

Ihre Studentenzeit jedenfalls liefert keinen Anhaltspunkt dafür, daß sie wirklich ernsthaft an ein Pychologiestudium gedacht hat. Statt dessen finden sich jede Menge Hinweise darauf, daß sie Schriftstellerin werden wollte. Schon die Seminare, die sie belegte, lassen keine andere Schlußfolgerung zu – um sämtliche naturwissenschaftliche Fächer machte sie einen großen Bogen, Chemie war ihr verhaßt, und mit Mathematik konnte man sie jagen. Hingegen war sie in allen Seminaren zu finden, in denen es um Literatur ging, und ihre Texte fanden, vor allem ihrer Komposition wegen, bei ihren Professoren Anklang. In ihrer Freizeit zeigte sie sich nicht weniger versessen auf Bücher. Ihre Stubenkameradin Madeleine »Red« Baxter erinnerte sich daran, wie sie beide stundenlang die einzigen zwei Badewannen auf ihrer Etage blockierten und sich gegenseitig Gedichte vorlasen, »während ständig heißes Wasser nachlief und wir allmählich krebsrot anliefen«. In späteren Jahren fiel Mitchell zu ihrer Studienzeit wenig Erfreuliches ein. Die Studentenzeitungen hätten ihre Arbeiten abgelehnt, und von den Lehrveranstaltungen habe sie für ihre Karriere als Schriftstellerin in keiner Weise profitiert. Selbst das Lob ihrer Professoren fand sie im nachhinein unausgewogen und wenig hilfreich.

Das Mädchen aus den Südstaaten hatte aber auch noch andere Probleme. Allem, was mit Geschichte zu tun hatte, begegnete sie mit dem größten Interesse – trotzdem ließ sie ihr Geschichtsstudium schleifen, nachdem sie mit ihrer Professorin für Geschichte heftig aneinandergeraten war. Der Grund für diesen Eklat waren gegensätzliche Ansichten zur Rassenfrage. Das Smith College war zwar nicht gerade eine Bastion der Gleichberechtigung von Schwarzen und Weißen, aber immerhin wurden alljährlich ein paar schwarze Frauen angenommen – »alles hervorragende Schülerinnen und ruhige, nette Mädchen«, wie eine Studentin sich ausdrückte. Eine dieser schwarzen Studentinnen nun war der Auslöser für diese Auseinandersetzung. Zu Beginn des zweiten Semesters mußte Mitchell feststellen, daß eine Schwarze mit ihr im Geschichtsseminar saß. Wie sich ihre Stubenkameradin Florence Grandin erinnert, bekam Mitchell einen Wutanfall, stürmte hinaus, knallte ihrer Professorin ihre Bücher auf den Schreibtisch und verwünschte sie lauthals.

> Hinterher sprach sie mit Miss Ware und verlangte, einem anderen Kurs zugeteilt zu werden. Miss Ware weigerte sich. Margaret beschimpfte sie und erklärte, sie würde notfalls bis zum Dekan oder dem Rektor gehen, aber auf keinen Fall mehr zurück in dieses Seminar. Ich weiß gar nicht mehr, zu wem sie dann wirklich gegangen ist, aber irgendwie bekam sie ihren Willen. Sie muß dabei ziemlich raffiniert vorgegangen sein, denn es war ja seit geraumer Zeit die erklärte Politik dieses College, ein oder mehrere Negermädchen anzunehmen.

Und wie kam sie mit den Yankee-Mädchen im allgemeinen aus? »Wenn ich an Margaret Mitchell denke, dann sehe sich sie immer vor mir, wie sie herzhaft und ausgelassen lacht«, berichtete die eine ihrer beiden einzigen Freundinnen. »Sie war stets gutgelaunt, hatte einen ausgeprägten Sinn für Humor und konnte es gleich gut mit jungen wie mit alten Leuten.« Andere fanden sie verschlossen und rätselhaft. Sie war »eine kleine, eingeschüchterte Person«, die »immer wie ein Kind in Erwachsenenkleidern aussah«, meinte eine andere Kommilitonin, die sich auch daran zu erinnern glaubte, daß Mitchell sich jedesmal für einen ganzen Tag einschloß, wenn sie irgendeine unangenehme Nachricht erhalten hatte, und daß sie »etwas niedergeschlagen aussah, wenn sie später wieder herauskam, und weitermachte, als wäre nichts gesche-

101

hen«. Und während die eine Freundin sich hauptsächlich an ihre Fröhlichkeit erinnerte, glaubte die andere, Florence Grandin, »daß sie unfähig war, über etwas zu sprechen, das sie verletzte oder betroffen machte«. Damit traf sie den Nagel auf den Kopf. Allerdings passierte auch allerhand, das sie betroffen machte und worüber sie nicht sprechen konnte.

Mitchell war in Northampton tatsächlich nicht glücklich. In ihrem Tagebuch bezeichnet sie sich selbst als »ein einsames, waidwundes kleines Mädchen«. Aus dem Kreis der anderen Mädchen fühlte sie sich ausgeschlossen. »Ich habe niemanden getroffen, der auf meiner Wellenlänge gewesen wäre«, grübelte sie zwei Jahre später. »Ich fühlte mich fehl am Platz. Ich war viel zu jung fürs College. Sollte ich je eine Tochter haben, würde ich sie frühstens mit neunzehn oder zwanzig studieren lassen – jedenfalls nicht, bevor sie nicht sehr viel mehr Erfahrung mit der Welt und dem Fleisch und dem Teufel gemacht hätte, als ihre Mutter mit siebzehn besaß.« Kurzum, sie fühlte sich elend. Jahre später kam es ihr so vor, als hätte sie kurz vor einem Nervenzusammenbruch gestanden.

Vor allem in den ersten Wochen am Smith College schwankte sie beständig zwischen Aufatmen und Ersticken, Erleichterung und Befremden, Euphorie und Depression. Ihr selbst gelang es auch später nie, eine befriedigende Erklärung für diese widersprüchlichen Gefühle zu finden. Aber in einem ihrer Briefe hat sie zumindest den Schlüssel zum Verständnis der Ursachen und der Bedeutung ihrer Verwirrung geliefert. Da bringt sie ihr orgiastisches Unabhängigkeitsgefühl zu Beginn ihres Studiums mit der Befreiung von ihrer Mutter in Verbindung: Erst als sie ihre Mutter los war, habe sie gespürt, wie »etwas in meinem Innersten sich entfaltete, sich reckte und streckte, als wäre es eben aufgewacht«, habe sie »ein Bewußtsein meiner selbst, meiner Kraft, meiner eigenen erwachenden Persönlichkeit« empfunden. Doch auf die Befreiung, die sich nach der Trennung von der Mutter einstellte, folgte prompt Ernüchterung und Angst. Selbst ein knappes Jahrzehnt nach dieser Krise fiel es ihr immer noch schwer, ihre Mutter in einen sinnvollen Zusammenhang mit dieser Gefühlsverwirrung zu bringen. Es sieht aber so aus, als sei sie sich zumindest dunkel bewußt gewesen, daß das spannungsgeladene Mutter-Tochter-Verhältnis der Grund für ihr Dilemma im Herbst 1918 war, als sie über den nächtlichen Campus stapfte und sich fragte, ob sie nicht vielleicht geisteskrank sei. Als sie sich 1927 noch einmal mit ihrer Krise befaßte, gestand sie, daß ihr die Ursache ihrer Verzweiflung nach wie vor rätselhaft sei – ließ dann aber eine kryptische Bemerkung fallen, die sehr wohl auf ein tieferes Verständnis schließen läßt: »Wenn ich aber nicht verrückt war, warum erschienen mir Ehrlichkeit und Aufrichtigkeit plötzlich als das Wichtigste in der Welt, obwohl sie von Durchschnittsfrauen nur auf allegorische Figuren verschwendet werden?« In welche sonderbare Beziehung bringt sie hier bestimmte Tugenden mit »allegorischen Figuren« und »Durchschnittsfrauen«? Wenn man diesen Satz aufschlüsselt, stößt man auf einen Gedanken, den Mitchell nicht offen auszusprechen wagte. Offenbar will sie sagen: Tugend und Verdienst sind reale Werte, keine abstrakten Ideale, die für den einzelnen Menschen unerreichbar wären. Bezeichnenderweise kleidet sie diesen Gedanken in eine geschlechtsspezifische Form. Für eine Frau, heißt das aus diesem Blickwinkel betrachtet, existieren Tugend und Verdienst nur außerhalb der Beschränkungen, die ihr durch das Ideal der sogenannten wahren Weiblichkeit auferlegt werden – ja, dieses Weiblichkeitsideal setzt besagte Tugenden für die Frau im wirklichen Leben außer Kraft.

Auch wenn sie nur verschlüsselt darüber redet, trifft sie mit dieser Überlegung ins Zentrum ihrer Wertvorstellungen. Als Kind der Südstaaten ist sie mit dem verklärten Frauenbild ihrer Gesellschaft aufgewachsen – jetzt zeigte sich, daß ihre kulturelle Identität auf dem Spiel stand. Denn die regionale

Mythologie der Südstaaten basierte ganz wesentlich auf der Verknüpfung allegorischer Tugenden mit wahrer Weiblichkeit, um dieses Frauenideal dann zum Wesen und Kriterium der südlichen Kultur überhaupt zu deklarieren. Dieses Frauenbild anzutasten hätte für die einzelne Frau bedeutet, die gesamte Sozialstruktur des Südens in Frage zu stellen. Erschwerend kommt hinzu, daß die eigene Mutter in den Augen der Tochter dieses Idealbild verkörperte. Das Befreiungserlebnis der Margaret Mitchell löste also eine Kettenreaktion persönlicher, psychologischer, sozialer und kultureller Probleme aus, die zusammengenommen ihre Identität als Ganzes bedrohten. Kein Wunder, daß sie um ihre geistige Gesundheit fürchtete.

Weitere Katastrophen schärften ihr Krisenbewußtsein. Im Herbst erfuhr sie von Clifford Henrys Verwundung, kurz darauf kam die Nachricht von seinem Tod. Man weiß nicht, wie sie reagierte – mit Sicherheit gehörte dies zu den einschneidenden Erlebnissen, über die sie mit niemandem reden konnte. Zu einer andere Krise während des ersten Semesters hat sie sich hingegen ausführlich geäußert. Damals verbrachte sie zum ersten Mal in ihrem Leben die Weihnachtstage nicht daheim, sondern bei ihrer reichen Tante Edythe, und dieser Besuch endete in einem Desaster, das sie noch jahrelang beschäftigen sollte.

In der hochfahrenden Art, die für die Frauen der Fitzgeralds und Stephens typisch war, befand diese Tante, daß Margaret alles falsch machte, und beschloß, sie auf den rechten Weg zu bringen. »Meine Kleidung fand sie unmöglich, meine Manieren ungehobelt, meine Offenheit im Gespräch verwerflich«, schrieb Mitchell verärgert. Was sie jedoch am meisten verbitterte, waren die gesellschaftlichen Alpträume, die sie ihrer Nichte bereitete. Ihre Tante habe sie gnadenlos dazu mißbraucht, ihre eigene soziale Stellung aufzuwerten, klagte sie. Das schlimmste war die Silvesternacht, in der Tante Edythe sie mit der aufgekratzten Jungschickeria von Greenwich zusammenbrachte – und unversehens fand sie sich in den wüstesten Kneipen von New York wieder. »Sie hatte mir diese Leute aufgezwungen – und selbst wenn ich eine Million Jahre alt werden sollte, werde ich niemals vergessen, wie todunglücklich ich mich in dieser Gesellschaft gefühlt habe. Heute ist mir klar, daß sie an mir genauso wenig interessiert waren wie an meiner Tante und sauer waren, daß ich ihnen aufgezwungen worden war. Aber so jung und verwirrt, wie ich damals war, glaubte ich nur, alles falsch zu machen und häßlich und unhöflich und überhaupt eine Schande für die ganze Familie zu sein . . .«

In dieser Geschichte nimmt sie den Schatten, den ihre Mutter auf sie wirft, sehr viel deutlicher wahr als in ihrer Beschreibung der College-Krise. Zwar macht sie für diesen Reinfall in der Silvesternacht niemanden anders als ihre Tante verantwortlich, läßt in diesem Zusammenhang aber auch Kritik an ihrer vergötterten Mutter durchblicken. Dreizehn Jahre später sah sie diesen Vorfall so, daß das schäbige Verhalten ihrer Tante

mich dazu gebracht [hatte], den Blick auf mich selbst zu richten und meine Erziehung vage in Zweifel zu ziehen. Aber ich war ja erst sechzehn und in dem Glauben aufgewachsen, die Erwachsenen wüßten schon, was sie tun. Ich hatte vor der Meinung meiner Mutter den größten Respekt, und die hatte mir gesagt, ich solle meiner Tante gehorchen. Die Erinnerung daran, wie dumm und unhöflich ich mich verhalten hatte und welche Schande ich meiner Mutter gemacht hatte, raubte mir den Schlaf, und ich hoffte nur, daß sie nie davon erfahren würde. Ich selbst habe meiner Mutter jedenfalls nie davon erzählt. Ich hatte nicht den Mut dazu, und es gab auch sonst niemanden, mit dem ich darüber sprechen konnte, und alle Verhaltensregeln, an die ich bis dahin unerschütterlich ge-

105

glaubt hatte, gerieten plötzlich ins Wanken, und ich wußte nicht mehr, welchem Impuls ich jetzt nachgeben sollte und welchem nicht . . .

Hatte ihre Mutter sie also richtig erzogen oder nicht? Hatte die Heilige vielleicht in Wirklichkeit schmutzige Hände? Oder hatte sie die Vorhaltungen ihrer Tante – und ihrer Mutter – doch verdient? Diese verwirrenden Fragen lauerten unter der Oberfläche ihrer Silvestergeschichte und ließen sie nicht zur Ruhe kommen. Eben dieses Problem machte sie zum Kern des Romans, an dem sie damals gerade arbeitete, und sie benutzte sogar dieselbe ambivalente Sprache, um das Dilemma ihrer Heldin darzustellen. »Nichts, was ihre Mutter sie gelehrt hatte, war für sie jetzt noch von irgendwelchem Nutzen, und Scarlett war zutiefst verbittert und verwirrt«, schrieb sie. »In ihrer Verzweiflung dachte Scarlett: »Nichts, aber auch gar nichts, was sie mir beigebracht hat, hilft mir jetzt weiter! . . . Ach, Mutter, du hattest unrecht!«

Mitchells literarisches Geschöpf befindet sich hier in eben der Verfassung, in der sie selbst einst gewesen war, und zwar ausgerechnet in dem kritischen Augenblick kurz nach dem Tod dieser Mutter. Und auch dieses Zusammentreffen hat eine Parallele in Mitchells Leben. Denn drei Wochen nach der Katastrophe von Greenwich, auf dem Höhepunkt ihrer College-Krise, starb May Belle Mitchell.

Ein erneuter Ausbruch der Grippe-Epidemie hatte den Wiederbeginn der Lehrveranstaltungen nach den Weihnachtsferien verzögert, und Mitchell war noch zwei Wochen länger bei ihrer Tante geblieben. Am 22. Januar erhielt sie von ihrem Vater die Nachricht, ihre Mutter sei krank – am 18. Januar habe sie sich angesteckt, und ihr Zustand verschlimmere sich zusehends. Margaret packte ihre Sachen und fuhr auf dem schnellsten Weg nach Hause, wo sie am 26. eintraf. Sie kam zu spät – ihre Mutter war tags zuvor gestorben.

Drei Tage vor ihrem Tod, der letzten Schlacht ihres Lebens, hatte sie einen langen Brief an ihre Tochter verfaßt, der sowohl ihren eigenen Charakter als auch die Beziehung zu dieser Tochter im denkbar klarsten Licht zeigt. »Liebe Margaret«, diktierte sie ihrem Sohn,

ich habe den ganzen Tag über an Dich gedacht. Gestern wirst Du den Brief mit der Nachricht von meiner Krankheit erhalten haben. Ich nehme an, Dein Vater hat die Situation in den düstersten Farben geschildert, und ich hoffe, daß ich nicht wirklich so krank bin, wie er glaubt. Doch wenn ich jetzt gehen sollte, dann sollst Du wissen, mein Liebes, daß es für mich die beste Zeit zu gehen ist. Sicher würde ich gerne noch ein paar Jahre leben, aber wenn es dazu kommen sollte, würde sich vielleicht herausstellen, daß ich zu lange gelebt hätte. Trauere mir nicht nach. Vielleicht erscheint es Dir, daß ich nicht viel vom Leben gehabt habe. Aber ich versichere Dir, daß ich alles in meinen Händen gehalten habe, was die Welt einem Menschen geben kann. Ich habe eine glückliche Kindheit gehabt und den Mann bekommen, den ich wollte. Ich habe Kinder, die mich lieben, und weil ich sie ebenfalls liebe, bin ich fähig gewesen, ihnen all das zu geben, was sie brauchen, um den Weg geistigen, moralischen und vielleicht auch finanziellen Erfolgs zu beschreiten, wenn schon nichts sonst. Ich gehe davon aus, daß wir uns wiedersehen – sollte das aber nicht geschehen, muß ich Dich vor einem Fehler warnen, den eine Frau Deines Temperaments nur zu leicht begeht. Gib, was Du zu geben hast, mit beiden Händen und überströmendem Herzen, aber gib nur das, was übrigbleibt, nachdem Du konsequent Dein eigenes Leben gelebt hast. Das ist nicht richtig ausgedrückt. Was ich sagen will, ist: Dein Leben und Deine Kräfte gehören zuallererst Dir und Deinem Ehemann und Deinen Kindern. Alles, was dann noch übrigbleibt, verschenke bedenkenlos. Aber achte darauf, daß Du es zu Hause niemals

an Liebe und Aufmerksamkeit fehlen läßt. Dein Vater liebt Dich aufrichtig. Aber die Vorstellung, daß Du für ihn sorgen müßtest, darf Dich auf keinen Fall davon abhalten zu heiraten, sobald Du das möchtest. Er hat sein Leben gelebt – lebe Du jetzt Deines, so gut Du kannst. Meine beiden Kinder haben mich so sehr geliebt, daß ich es nicht eigens zu erwähnen brauche. Du hast für mich getan, was Du konntest; Du hast mir die größte Liebe entgegengebracht, die Kinder ihren Eltern schenken können. Kümmere Dich um Deinen Vater, wenn er alt ist, so wie ich mich um meine Mutter gekümmert habe, aber lasse niemals zu, daß er oder irgend jemand sonst Einfluß auf Dein Leben nimmt. Lebe wohl, mein Liebes, und wenn Du mich nicht wiedersehen solltest, dann behalte mich so in Erinnerung, wie ich in New York gewesen bin.
Deine Dich liebende Mutter.

Ein letztes Mal versucht sie, die Dinge zurechtzurücken. Im Bewußtsein ihrer eigenen Rolle als Mutter und Frau und im Gefühl einer besonderen Verpflichtung gegenüber ihrer Tochter und nicht zuletzt im Hinblick auf ihr lebenslanges Engagement in der Frauenbewegung wendet sie sich an ihre Tochter als ihr letztes Publikum, ihre letzte Instanz. Sie spricht in den Spiegel, den sie ihrem Kind hinhält.
Weil sie ihrer Tochter eine kritische Haltung unterstellt, versucht die sterbende Frau von sich aus, die Frage nach ihrem Erfolg oder Scheitern zu beantworten, und kommt zu einem positiven Ergebnis. Ein glückliches Heim, einen Ehemann und liebende Kinder – mehr kann die Welt einem nicht geben, und mehr hat sie sich auch nie gewünscht. Aber irgend etwas stimmte daran nicht, das merkt sie, denn sie muß zugeben, daß sie sich für ihr Kind mehr erwartet hat. Wie sie selbst sagt, sollte sich ihre Erziehung gerade nicht darin erschöpfen, Kinder großzuziehen, die sich »mit dem, was die Welt einem Menschen geben kann«, begnügen – ganz im Gegenteil. Sie wollte

ihnen das Tor zum Erfolg öffnen, sie befähigen, energisch ihren eigenen Weg zu gehen. Also relativiert sie ihre – ganz im Einklang mit der traditionellen Rolle der Frau stehende – Aufforderung, sich mit beiden Händen und aus überströmendem Herzen zu verschenken, indem sie im nächsten Moment Selbstbewußtsein und Leistung in den Vordergrund rückt: »... aber nur das, was übrigbleibt, nachdem Du konsequent Dein eigenes Leben gelebt hast.«

Wie May Belle Mitchell selbst am besten wußte, war dieser Rat leichter zu erteilen als zu befolgen. Ihre Frömmigkeit hatte sie davor bewahrt, den Konflikt zwischen eigenen und fremden Interessen bis zur letzten Konsequenz auskosten zu müssen. Diese Möglichkeit der Selbstdisziplinierung stand ihrer Tochter jedoch nicht zu Gebote – an keiner Stelle ihres Briefs bezieht sich Mrs. Mitchell daher auf Gott oder die Religion oder den Trost der Kirche. Außerdem mußte Margaret – allen Ermahnungen, ein selbstbestimmtes Leben zu führen, zum Trotz – mit Weiblichkeit immer das Bild der selbstlosen Hausfrau und Mutter verbinden, das ihre eigene Mutter abgegeben hatte. Der unauflösliche Widerspruch dieser Doppelmoral, die von Frauen gleichzeitig Aufopferung und Verweigerung forderte, holt May Belle Mitchell also selbst auf dem Sterbebett noch ein. Auch die Tochter hatte diesen Widerspruch bereits am eigenen Leib erlebt – nicht zuletzt er lag ihrer Krise in Northampton zugrunde.

Mitchells Kampf um Autonomie zielte in erster Linie auf Unabhängigkeit von ihrer Mutter; ihr Tod brachte sie um die Möglichkeit, diesen Konflikt mit ihr direkt auszutragen. Eine Auflehnungsgeste aber gestattete sie sich: Da sie ihre Mutter nicht mehr selbst zurückweisen konnte, lehnte sie von nun an den Glauben ab, an dem Mrs. Mitchell ihr Leben lang so unerschütterlich festgehalten hatte.

Weiter allerdings wollte und konnte sie mit ihrer bewußten Zurückweisung des mütterlichen Vorbilds nicht gehen; jeder weitere Versuch erwies sich als zu schmerzvoll. Tatsächlich gab sie alle derartigen Versuche bald ganz auf. Sie setzte »allem Analysieren ein Ende«, wie sie schrieb, und beschloß, hinfort ihre Launen zu nehmen, »wie ein Surfer die Wellenkämme nimmt«.

Mitchell verstand sich zeitlebens als emotional verwaist – der Tod ihrer Mutter besiegelte diesen Status, und wie sie selbst glaubte, erstarrte sie nun in einem Zustand permanenter Kindheit. Oder, in ihren eigenen Worten: »Ich kannte sie nur als Kind und wie ein Heranwachsender einen Erwachsenen kennt. Ich kannte sie nie, wie eine erwachsene Frau eine andere kennt. Ich hätte sie gern erlebt, nachdem ich selbst erwachsen geworden war.« Derselben Gesprächspartnerin gegenüber, ihrer geliebten und gefürchteten Mrs. Paisley, wies sie auch darauf hin, daß alle Menschen im Grunde für alle Zeiten Kinder bleiben und niemals wirklich erwachsen werden. »Das Komische am Erwachsenwerden ist, daß man niemals erwachsen wird. Man glaubt das nur wegen der körperlichen Veränderungen.« Es liegt jedoch eine eigene Kraft darin, ein kleines Mädchen zu bleiben – schließlich waren es kleine und mutterlose Mädchen wie die Peggy ihrer ersten veröffentlichten Erzählung, denen das Gefängnis wahrer Weiblichkeit erspart blieb. Und tatsächlich war ihr dieses mörderische, mutterlose Kind aus »Kleine Schwester« in jenem Jahr am College sehr nahe, vielleicht schwebte ihr diese stumme kleine Mörderin gerade in jenen Augenblicken vor, in denen sie glaubte, verrückt zu werden. Wenn ja, gelang es ihr, sie unter Kontrolle zu bringen. In diesem Jahr fern von zu Haus jedenfalls nahm sie einen neuen Namen an. Von nun an nannte sie sich Peggy Mitchell.

Nie zuvor hatte sie jemand so genannt. Ihre Mutter verabscheute derlei Vertraulichkeiten; ihr Vater und ihr Bruder ließen sich niemals auf diesen Phantasienamen ein. Um so mehr gehörte dieser Name ganz ihr. Sie – und vor allem ihr schreibendes Ich – identifizierte sich damit. In Zukunft sollte sie sich anderen unter diesem Namen vorstellen, sollten alle Freunde sie so nennen. So stark die Verkleinerungsform auch die Vorstellung von Kindlichkeit heraufbeschwor – Mitchell verband mit diesem Namen noch eine andere Assoziation: In ihrem Vokabular war er die Kurzfassung von Pegasus, jenes geflügelte Pferd, durch dessen Kraft Bellerophon die Chimäre besiegt hatte. Sie erkor sich dieses Pferd, allerdings ohne den Reiter, zum Wappentier, und schmückte ihre Exlibris damit. Die kleine Peggy und der starke Pegasus – in diesem Gegensatzpaar lassen sich ihre Probleme am Smith College zusammenfassen, genauso wie die Beziehung zu ihrer Mutter, die Quelle ihrer kreativen Impulse und die Schwierigkeiten der kommenden Jahre.

Wohin würde sie jetzt gehen? Würde sie fliehen? Eins war sicher – Chimären würde sie zuhauf bekämpfen müssen.

TEIL II

Die junge Frau

5. KAPITEL

Die Erste oder gar nichts

Eines weiß ich: Es gibt nur wenig Ärger auf dieser
Welt, an dem nicht eine Frau – direkt oder indirekt
– beteiligt wäre. Das französische Sprichwort
stimmt: »Cherchez la femme.«
Margaret Mitchell an Allen Edee

Als sie am Sonntag, dem 26. Januar, aus dem
Zug stieg, wurde sie von Stephens mit der Todesnachricht
empfangen. Zu Hause wimmelte es von Menschen. Margaret
kam ihrer Pflicht nach und begrüßte sie alle. May Belle Mitchells
Tod zog Schwärme von Trauergästen an. Nicht nur Verwandte
und Nachbarn und Freundinnen aus der Frauenbewegung,
auch arme Weiße aus den ländlichen Außenbezirken
und Fabrikarbeiter aus den Stadtteilen im Süden und Westen,
die ein paar Kleinigkeiten mitgebracht hatten und die »darauf
bestanden, mich zu sehen, weil sie mir unbedingt erzählen
mußten, was Mutter für sie getan hatte, daß sie ihnen Medizin
gebracht hatte, als sie krank waren, und Schuhe, damit ihre
Kinder zur Schule gehen konnten, und daß sie Ratschläge
geben konnte, wenn ihre Töchter auf Abwege geraten
waren.« Aber es kamen noch andere.

Die Küche war der Tummelplatz von Negern, die irgendein kleines Geschenk abgeben wollten, einen gerösteten Maiskolben, ein Stück Kuchen oder einen Teller mit Gemüse, auf dem das Fett weiße Klumpen bildete. Und alle sagten, wie zuvor schon die Weißen, »deine Ma war weiß Gott eine Dame, eine richtig große Dame ...«

Nach der Messe in Sacred Heart wand sich der Trauerzug die Peachtree Street hinunter bis zum Oakland-Friedhof. Und dort, im tiefsten Winter, wurde sie neben ihrem geliebten Vater und ihren älteren Schwestern beerdigt. »Mir blieb gar keine Zeit zum Weinen«, erinnerte sich die Tochter.

Nach alter Südstaatensitte kamen anschließend alle mit zum Haus der Mitchells. Als der letzte schließlich gegangen war, saß Margaret da und dachte über ihre Zukunft nach. Zunächst wollte sie in Atlanta bleiben, entschied sich dann aber doch dafür, nach Northampton zurückzugehen. Anfang Februar tauchte sie wieder im College auf. Sie ließ sich nichts anmerken. Sie nahm ihr Studium wieder auf und machte weiter wie bisher. In Wirklichkeit aber war nichts mehr beim alten.

Später brachte Mitchell den Tod ihrer Mutter in einen zwingenden Zusammenhang mit ihrem Abgang vom College und diesen wiederum mit ihrer Verpflichtung gegenüber Vater und Bruder. Sie habe gar keine Wahl gehabt, beteuerte sie, die Umstände hätten sie gezwungen. Ihre Rechtfertigungsversuche enthalten allerdings nur die halbe Wahrheit. Denn der Tod ihrer Mutter wirkte wie eine Befreiung auf sie und stellte sie gleichzeitig vor neue Aufgaben.

Zunächst einmal lieferte er ihr einen triftigen Grund, das College zu verlassen. Bildung war die Leidenschaft ihrer Mutter gewesen, nicht ihre – Margaret konnte sich im Jahr 1918 genausowenig dafür erwärmen wie im Jahr 1907. Sie fühlte sich im Kreis ihrer Kommilitonen unwohl, und Yankees brachten sie nach wie vor zur Raserei. Das College selbst konnte sie nicht darüber hinwegtrösten – ihre Studienzeit hatte sie schon vor der traurigen Nachricht im Januar als Reinfall empfunden. Der Tod ihrer Mutter war nur einer unter vielen Schicksalsschlägen. So sah sie selbst es jedenfalls: »Manchmal bin ich dermaßen entmutigt, daß ich keinen Sinn mehr darin sehe, hier weiterzumachen«, schrieb sie ihrem Bruder im März.

> Ich bin eine mittelmäßige Studentin, und ich bin hier oben keinen Schritt weiter gekommen. Nichts, was ich anfange, führt zu nennenswerten Erfolgen – ob das jetzt Geschichte oder Leichtathletik oder Literatur oder Musik ist. Natürlich ist im letzten Jahr viel dazwischengekommen wie die Grippe-Epidemie oder der Tod von Clifford und Mutter. Aber unter den 2 500 Studentinnen hier sind so viele, die klüger und begabter sind als ich. Wenn ich nicht die Erste sein kann, möchte ich lieber gar nichts sein.

Noch Jahre später spielte sie mit der Idee, ihr Studium zu beenden. Doch irgend etwas kam immer dazwischen. Sie nahm ihr abgebrochenes Studium niemals wieder auf, machte sich aber unentwegt Vorwürfe deswegen. Sie empfand es auch dann noch als Versagen, als sie in den Augen der Welt bereits Erfolg hatte. Die Hoffnungen ihrer Mutter verfolgten sie wie ein Fluch.

Und ähnliche Kräfte waren auch im Spiel, als sie 1919 beschloß, nach Hause zurückzukehren und ihrem Vater den Haushalt zu führen – gegen den ausdrücklichen Wunsch und Rat ihrer Mutter. Die Vorstellung, ihre Tochter könnte dafür leben, diesen – wenn auch geliebten – Patriarchen zu bemuttern, war ihr unerträglich gewesen, und sie hatte alles getan, um ihre Tochter gegen die Ansprüche ihres Vaters immun zu machen. Margaret setzte sich also über den erklärten Willen ihrer Mutter hinweg, als sie sich für Atlanta entschied. Gleichzeitig aber eroberte sie sich einen Teil der mütterlichen Autorität, als sie deren Platz im Haushalt der Mitchells einnahm. Allen Beschwörungen von Karriere und beruflichem Erfolg zum Trotz hatte May Belles Macht über ihre Kinder ja in ihrer Herrschaft über Heim und Herd bestanden. Da Margaret Einfluß nehmen und ausüben wollte, bot sich diese Strategie also an. »Die Erste oder gar nichts« wollte sie sein. Am Smith College war sie gar nichts gewesen – oder sich zumindest so vorgekommen. Zu Hause konnte sie ihre Ambitionen vielleicht eher verwirklichen.

Als Thronerbin stand sie indes vor erheblichen Problemen. Das große, weiße Haus in der Peachtree Street selbst schien sich gegen sie verschworen zu haben. Jedes Detail hier erinnerte an ihre Mutter. Der Umzug vom Jackson Hill in die Peachtree Street war May Belle Mitchells Idee gewesen. Die kühle, neoklassizistische Fassade entsprach ihrem Geschmack, sie hatte das Haus eingerichtet, sie hatte jedes Zimmer mit Familienerbstücken ausgestattet, und selbstverständlich war es auch noch in einem viel umfassenderen Sinne ihr Reich gewesen. Sie hatte bei Tisch den Vorsitz geführt, sie hatte die Speisekammern gefüllt, sie hatte das Personal beaufsichtigt, sie hatte, als Ehefrau und Mutter, aus diesem Haus erst ein Zuhause gemacht. Jetzt war sie nicht mehr da – aber ihr Geist, den sie allem eingehaucht hatte, erwies sich als nicht weniger beherrschend als ihre körperliche Anwesenheit. Er lauerte in den Winkeln, er lag in der Luft, und damit fertig zu werden war viel schwieriger, als sie im ersten Moment geglaubt hatte. Kaum etwas lief nach Wunsch. Die einfachsten Erfordernisse der Haushaltsführung stellten ihre achtzehnjährige Nachfolgerin vor unlösbare Probleme. Ihre Mutter hatte diese Welt doch mit einer einzigen Kopfbewegung zum Tanzen gebracht! Aber die neue Hausherrin konnte brüllen, ohne daß sie sich merklich bewegt hätte.

Obschon Eugene Mitchell seine Tochter anbetete, trug er das

Seine dazu bei, ihr Leben noch schwieriger zu machen. Heikel, wie er in allem war, erwartete er von ihr olympische Leistungen im Hinblick auf Sauberkeit und Ordnung. Später schrieb sie einmal einen Artikel über Haushaltführung, in dem ein »typischer Mann« mit den Zügen ihres Vaters auftrat: Er droht damit auszuziehen, sollte ein Mop oder ein Besen auch nur in sein Blickfeld geraten – sobald er aber »in der entferntesten Ecke einer Spinnwebe ansichtig wird oder auf einem Fenster eine Staubschicht entdeckt, beschwert er sich lauthals, daß man ihn zwinge, im Chaos zu leben«. Im selben Aufsatz beschreibt sie weitere männliche Eigenarten, die genauso leicht mit ihrem Vater in Verbindung gebracht werden können. Wenn eine Frau etwas verliert, ärgert sie sich vielleicht darüber – aber damit hat sich die Sache dann auch. Nicht so der Mann. »Eine Frau würde doch niemals das ganze Haus zusammentrommeln und den Himmel zum Zeugen dafür anrufen, daß ihre Familie sich hinter ihrem Rücken gegen sie verschworen habe, zu dem einzigen Zweck, ihre Unterwäsche zu verstecken – wie Männer das in solchen Fällen tun.« Obendrein verlangte ihr Vater von ihr, noch weitere Aufgaben zu übernehmen. »Weihnachten steht vor der Tür«, stöhnte sie 1921, »und ich wünschte, es wäre schon vorbei. Vater verlangt von mir, daß ich zwanzig Geschenke für die Verwandtschaft kaufe – mit dem Ergebnis, daß ich nur noch 101 Pfund wiege.« All diese Verpflichtungen zerstückelten ihre Tage, quälten ihre Nerven und zehrten an ihren Kräften. Und dabei war es mit dem Haushalt nicht einmal getan.

Obwohl sie in tiefer Trauer war, stürzte sie sich sogleich in gesellschaftliche Aktivitäten, als sie im Juni 1919 in Atlanta eintraf. Im Sommer unterzog sie sich einer Blinddarmoperation, die sie aber nur kurzzeitig außer Gefecht setzte. Im Herbst strebte der gesellschaftliche Veranstaltungsmarathon seinem Höhepunkt zu, und Mitchell setzte alle Segel. Vom 7. bis zum 9. Oktober trat sie auf der Jahresversammlung der konföderierten Veteranen als Ehrendame auf, und zwei Wochen später richtete sie einen großen Empfang für Dr. William Allan Nielson, den ehemaligen Rektor ihres College, aus. Wie sie beiläufig in einem Brief an ihren Freund Allan Edee bemerkte, nahm sie danach am ersten großen Ball teil, mit dem die Debütantinnensaison eröffnet wurde, und des weiteren organisierte sie »im Auftrag eines Wohltätigkeitsvereins eine Bridge-Party für 400 Leute«. In diesem Tempo ging es bis zum Ende der Saison weiter. Und im nächsten Jahr mußte sie die Schlagzahl noch erhöhen, weil neue Verpflichtungen hinzukamen. Jetzt debütierte sie selbst.

Debütieren war eine wichtige, wenngleich relativ junge Errungenschaft im Gesellschaftsleben dieser Region. In Atlanta hatten die reichsten und prominentesten Familien etwa zwanzig Jahre nach der Kapitulation von Appomattox damit begonnen, ihre Töchter auf Dinnerpartys und Bällen offiziell in die Gesellschaft einzuführen. Das Debütieren bestätigte jedem Teilnehmer seine Zugehörigkeit zur Elite, erfüllte aber natürlich in erster Linie den Zweck, Eheschließungen innerhalb der aristokratischen Kreise zu fördern. Darüber hinaus demonstrierten die großen Familien mit diesen Zeremonien ihre Macht einer breiten Öffentlichkeit.

Am 26. September 1920 veröffentlichte die *Atlanta Constitution* die ersten Fotos der diesjährigen Debütantinnen. Sie zeigten Margaret Mitchell und ihre Freundin Courtenay Ross, außerdem Dorothy Bates, Lethea und Helen Turman, Virginia Walker, Frances Ellis und Dolly Hart, die Schwester ihrer langjährigen Gegenspielerin Anne Hart. Diese Achtergruppe wuchs oder schrumpfte leicht im Verlauf des nächsten halben Jahres. In derselben Woche, in der dieses Foto erschien, eröffnete Courtenay Ross zum Beispiel ihrer Mutter, daß sie heiraten werde – mit oder gegen deren Willen. Mit ihrer Hochzeit vom 21. Oktober – der Bräutigam war ein gewisser Leutnant Bernice McFedyen – wurde Courtenay automatisch von der Liste der Debütantinnen gestrichen. Rosylyn Amorous stieß später hinzu und schied auf dieselbe Art aus der Gruppe auch wieder aus. Am 10. April waren von der ursprünglichen Gruppe nur noch Frances Ellis, die Turmans, Mitchell und Virginia Walker übrig. Inzwischen war sie allerdings um die lebhaften Schwestern Tye und zwei andere Mädchen erweitert worden. Ungeachtet dieser Änderungen in der Besetzung brachten die Zeitungen von Atlanta praktisch täglich Reportagen über das Treiben dieses Häufchens.

Die Debütantinnen selbst betrachteten das Unternehmen gelassener. Für sie war es eher ein Witz. »Debütieren – au weia!« winkte Mitchell gegenüber ihrem Freund Edee ab. Nach solchen Partys kam sie nachts oft nach Hause, schleuderte ihre Schuhe in die Ecke und erging sich mit ihrem Bruder in zynischen Kommentaren über die Gesellschaft, die sie soeben verlassen hatte. »Zuerst heißt es: Alle Reichen sind gute Menschen«, stellte sie fest. »Und dann, nachdem man das einmal akzeptiert hat, dürfen sie machen, was sie wollen.« Stephens machte darauf aufmerksam, daß in Atlanta jeder seinen Platz in der Gesellschaft genau kannte, als habe er eine Nummer zugeteilt bekommen, die seinen wirtschaftlichen Verhältnissen exakt entsprach. Und seine Schwester stöhnte: »Bist du jemals in deinem Leben derartig vielen Schafsköpfen und derartig vielen Einfaltspinseln begegnet?«

War sie zynisch? War sie immer noch schüchtern? Haßte sie Verstellung? Wie auch immer, sie führte sich auf wie seinerzeit in der Schule. Rechnete sie mit Kritik? Sie würde den Leuten einen guten Grund dafür liefern. Nachdem sie sich erst einmal entschlossen hatte, die feine Dame zu spielen, machte sie ernst. Alles oder nichts – das Motto der Glücksspieler. Debütieren? Weiß Gott, sie würde ihnen zeigen, was sie unter Debütieren versteht!

Die Zeitungen dokumentierten die Veränderung, die mit ihr geschehen war. Auf den Tiefdruckseiten des *Journal* war sie,

auf einer Lokomotive reitend, im Blaumann eines Streckenarbeiters zu sehen. Auf den offiziellen Debütantinnenfotos trug
sie ein gemustertes und ziemlich kurzes Kleid, und ihre Posen
waren noch provozierender als ihre Kostümierungen. Auf
einem Foto steht sie an der Eingangstür ihres Elternhauses,
blickt mit großen Augen von unten in die Kamera und
schenkt dem Fotografen ein eindeutiges Lächeln – das selbstverständlich auch den hunderttausend Lesern des *Atlanta
Journal* galt. Desgleichen berichteten die Zeitungen von ihrem
Debüt als Politikerin. Mitchell hatte den Kreis rebellischer
Debütantinnen gegründet, der im wesentlichen aus ihr und
den aus irgendeinem Grund enttäuschten Turman-Schwestern bestand, und arrangierte Zeitungsinterviews, in denen
sie das große Wort führte und sich zu einer ganzen Reihe von
Fragen äußerte, zu denen sich feine Damen eigentlich nicht zu
äußern hatten. So lehnte sie zum Beispiel die Ehe ab – »nicht
heilsentscheidend« – und wagte sich noch weiter auf vermintes Gelände vor, als sie das Thema »Geld und Karriere« ansprach. »Wir machen bei dieser Auktion nicht mehr mit!«
erklärte sie. »Wir drei haben unsere Preisschilder abgerissen –
5 000 Dollar im Jahr – und werden uns demnächst Arbeit
suchen!« Als was sie denn arbeiten wolle? wurde sie gefragt.
Darauf Mitchell: »Ach, ich werde wohl Komödien und Kurzgeschichten schreiben.« Diese etwas ausgefallene junge
Dame, bemerkte einer der Reporter, »ist offensichtlich für
alles zu haben, was nach Revolution riecht«.

Den aufsehenerregendsten Coup ihres Debütantinnenjahrs
landete sie gelegentlich des letzten großen Ereignisses der Saison. In Anerkennung ihrer sozialen Verantwortung planten
die Debütantinnen für den 1. März einen Wohltätigkeitsball;
das Thema sollte »Frankreich« sein. Mitchell wurde mit der
Ausgestaltung des Unterhaltungsprogramms betraut. Sie beschloß, das zum besten zu geben, was sie für den letzten Schrei
des Pariser Nachtlebens hielt: den Apachentanz. Jeder Ju

gendliche, der »Dancing Fool« oder »The Four Horsemen of the Apocalypse« im Kino gesehen hatte, kannte diesen Tanz. Mitchell tanzte nicht nur für ihr Leben gern, sie war auch eine exzellente Tänzerin. Sie witterte ihre Chance.

Eigentlich war es getanzte Frauenverachtung, was sich die Franzosen da ausgedacht hatten: Die Zigarette lässig zwischen den Lippen, wirft ein Indianer seine Squaw mal hierhin und mal dahin, und jedesmal kommt sie unterwürfig zu ihm zurückgekrochen. Schläge und andere Demütigungen wechseln mit theatralischen Einlagen ab. Mitchell war begeistert – das lag ihr, genauso wollte sie es, und sie und ihr Partner Sigmund Weil von der Fliegerschule nahmen sofort die Proben auf. Bei einer dieser Proben war die Herausgeberin eines Klatschmagazins zugegen und registrierte mit einigem Befremden: »Sie schleuderten sich gegenseitig wie Stoffpuppen durch die Luft, und einmal landete Margaret krachend auf dem Boden.« Demselben Artikel war zu entnehmen, daß ihr Vater entsetzt gewesen sein soll – er habe diesen Tanz »ein wenig zu – nun, sagen wir: zu anstrengend gefunden«. Aber Eugene Mitchell hatte schon lange nichts mehr zu sagen.

Die Aufführung war eine Sensation, traf allerdings nicht jedermanns Geschmack. Als die letzten Töne der Musik verklangen und Weil seine Partnerin von der Bühne geleitete, runzelte mancher im Saal die Stirn. »Das soll ein Indianertanz gewesen sein?« jammerte eine schockierte Matrone. »Hast du gesehen, wie er sie geküßt hat?« »Was denkt sich Eugene Mitchell eigentlich dabei, so etwas durchgehen zu lassen?« kam es aus einer anderen Ecke des Saals – als ob Eugene Mitchell sich nicht selbst in Krämpfen gewunden hätte. Bald zerriß sich ganz Atlanta das Maul über die wilden Streiche und Ausfälle der rebellischen Debütantin, und ein Reporter faßte die Affäre mit den lakonischen Worten zusammen: »Eine andere Debütantin, die sich auf dem Altar der Wohltätigkeit opferte, hatte sich bei einem Tanz überanstrengt und war anschließend vor-

123

übergehend außer Gefecht – Sie wissen schon, wen ich meine: Margaret Mitchell.«

Für die Zeitungen war es ein gefundenes Fressen, zumal Miss Mitchell ständig für Nachschub sorgte. Etliche Wochen nach diesem Wohltätigkeitsball sprach Medora Field, die Gesellschaftsredakteurin des *Atlanta Journal*, immer noch von jener Debütantin, die »mit ihrem Apachentanz bei den Viktorianern für erhebliches Aufsehen gesorgt hat«. Und auch zwei Monate danach war das Interesse an dieser Affäre noch nicht erloschen, so daß Mitchell und Weil für den Fotografen des *Journal* eine Neuauflage ihrer Vorstellung vor dem Haus Nr. 1149 in der Peachtree Street inszenieren mußten.

Seit ihrer Rückkehr nach Atlanta hat Margaret Mitchell mithin unentwegt gekämpft. Sie lag sich mit den Bediensteten in den Haaren, sie stritt sich mit ihrem Vater und ihrem Bruder, sie hatte Ärger mit ihrer Großmutter, sie machte sich Feinde in der Gesellschaft. Alle diese Konflikte offenbaren ein Niemandsland innerer Probleme. Und nun wurde auch noch ihr eigener Körper zum Austragungsort dieser Kämpfe.

1903 hatte sie sich den Petticoat versengt, acht Jahre später kam es zu dem Reitunfall – bis 1919 war das an Mißgeschicken alles gewesen. Danach jedoch wurden Krankheiten, Unfälle und Perioden anhaltenden Leidens zu einem bestimmenden Element ihres Lebens. Die Häufigkeit und Schwere ihrer Beschwerden bestimmte auch ihre Selbstwahrnehmung – in fast jedem Brief, den sie seither schrieb, finden sich Anspielungen auf irgendein altes oder neues Leiden. So bemerkenswert wie die Anspielungen selbst ist allerdings auch die Darstellungsweise, die Mitchell wählte.

Die Probleme begannen unmittelbar nach ihrer Rückkehr. Sie war keine zwei Monate zu Hause, als sie eine Blinddarmentzündung bekam – übrigens gleichzeitig mit ihrer Freundin Courtenay Ross. Im Winter lag sie sechs Wochen mit Grippe darnieder. In der ersten Maiwoche des Jahres 1920 klagte sie über eine »Bänderzerrung und ein – weiß der Himmel weshalb – schmerzendes Hüftgelenk«. Der Arzt verschrieb ihr Bettruhe. »Wenn ich Glück habe, bekomme ich einen Gipsverband, und das bedeutet sechs Wochen Pause.« Acht Wochen später sprang sie beim Baden in flaches Wasser, stieß gegen einen Ziegelstein und brach sich den Fuß. »Ich Idiotin bin nicht zum Arzt gegangen, sondern habe damit weiter getanzt und geschwommen und bin fahrradgefahren, was die Sache natürlich nicht besser gemacht hat.«

Diese Serie setzte sich auch 1921 fort. Im Sommer konnte sie auf »ungefähr vier schwere Unfälle« zurückblicken, die sie jeweils für zwei bis drei Wochen ans Bett fesselten. Der spektakulärste davon war ein weiterer Reitunfall. Bei einem Wochenendabstecher zur Universität von Georgia im Herbst 1920 ging ihr Pferd mit ihr zu Boden, und sie verletzte sich an Bein und Fuß. Danach hat sie sich nie mehr aufs Pferd gesetzt.

Merkwürdigerweise ist der Ton, in dem sie in ihren Briefen über ihre Unfälle und Leiden berichtet, niemals verbittert oder klagend – ganz im Gegenteil. Sie scheint gern darüber zu reden und bedient sich dabei der deftigen Sprache, in der sich Footballspieler oder Jockeys ausdrücken würden. Später sollte sie der Vorwurf, hypochondrisch veranlagt zu sein, in Rage bringen. Zunächst jedoch, bevor sie selbst Freud entdeckt hatte und Ausdrücke wie »das Mißgeschick anziehen« in den Sprachgebrauch eingesickert waren, fand sie es keineswegs anstößig, wenn ihre körperlichen Beschwerden mit ihren seelischen Problemen in Verbindung gebracht wurden – sie selbst tat dies häufig genug. Ihre Psyche, vermutete sie, begehe an ihrem eigentlich kerngesunden Körper Verrat. »Unter starker Nervenbelastung zerbreche ich regelrecht. Und glaube mir, Al, seit einem Monat stehe ich unter furchtbarer Spannung, da mußte einfach etwas kaputtgehen«, schrieb sie ihrem alten Freund Edee im März 1920.

Etwas mußte kaputtgehen? Richtiger wäre gewesen: Alles mußte kaputtgehen. Es wurde immer schlimmer, und zwei Jahre später wiederholte Mitchell ihre Analyse in noch deutlicheren Worten. Damals, Ende 1921, stand sie im Begriff, den Kampf gegen ihre, wie sie sich ausdrückte, »schwarze Depression« zu verlieren. Sie gab sogar das Briefschreiben auf. »Ich werde niemanden mit ausufernden Berichten über Unglück und Verbitterung belästigen«, erklärte sie. »Wenn ich keine fröhlichen Briefe mehr schreiben kann, warte ich eben ab, bis das wieder möglich ist.« Nebenbei erwähnte sie, daß sie sich kurz hintereinander zweimal dieselben Rippen gebrochen hatte. Viel stärker als körperliche Schmerzen beschäftigte sie allerdings das, was sie als »moralische Probleme« bezeichnete.

Solange ich seelisch völlig ausgeglichen bin, ist alles in Butter. Aber kaum rege ich mich auf, werde wütend, weine oder freue mich – schon knallt's! Jeder Muskel scheint zu erschlaffen, der gute alte Pep ist weg, und ich bin zu erschöpft, um mich um irgend etwas noch zu kümmern... Vater braucht nur an diesem oder jenem herumzumäkeln, schon bekomme ich einen meiner Wutanfälle – und für die nächste Zeit kann ich mich dann verabschieden. Als ich aus dem St.-Joseph-Krankenhaus entlassen wurde, riet mir der Arzt, meine Gefühle ein Jahr lang gut in Watte verpackt irgendwo zu verstauen. Nun, Al, ich hatte nie ein sanftes Temperament, und es fällt mir schwer, mich zu beherrschen. Wenn ich erst mal ›emotional einen draufmache‹, wie Dr. Leslie sich ausdrückt, und jemanden zwei wunderbare Stunden lang hasse, dann kommt der Rückschlag, und es ist, als ob eine andere Margaret die Oberhand gewänne. Dann ist mir alles egal. Da kann sich mein Verstand lange bei meinem lethargischen zweiten Ich darüber beschweren, was für ein verdammter Narr ich sei – wo es mir doch eigentlich an nichts fehlt... Aber weißt Du, mein Bester, wenn der Trübsinn einsetzt, ist das alles kein Trost.

Und der Trübsinn hing über ihr wie die schweren Wolken an einem bleiernen, südlichen Winterhimmel. »Ich bin so unglücklich, wie es nur menschenmöglich ist, ohne verrückt zu werden«, hatte sie bereits an ihrem neunzehnten Geburtstag geschrieben. Warum? Das wußte sie nicht. Aber Frieden fand sie nie.

> Ich packe mein Leben so voll und lebe so schnell, daß ich mir einbilden kann, glücklich und zufrieden zu sein. Aber nichts da, Al! Nachts, wenn ich im Bett liege und das Licht ausmache, dann liege ich da in der Dunkelheit und weiß, daß alle Versuche, mir selbst etwas vorzumachen, sinnlos sind ... Irgend etwas fehlt in meinem Leben. Seit einem Jahr versuche ich herauszufinden, was das sein könnte, weil es die Voraussetzung für mein Glück zu sein scheint – aber ich finde nichts.

Sie nahm es mit der Welt und mit dem Teufel persönlich auf, aber inmitten des ewigen Familienstreits, der gesellschaftlichen Auseinandersetzungen und all ihrer namenlosen Leiden kam sie immer noch dazu, ihrer Muse zu dienen – sie hörte nicht auf zu schreiben. Nicht nur, daß Schreiben ihre Schmerzen linderte, es bot ihr auch die Möglichkeit, ihnen Ausdruck und Form zu verleihen. Bis tief in die Nacht profitierte sie von ihrer Schlaflosigkeit, indem sie voluminöse Briefe an ihre Freunde verfaßte, Tagebucheintragungen vornahm oder an Kurzgeschichten herumbastelte. Kaum etwas davon ist uns erhalten geblieben – nur einer ihrer Briefpartner hat Briefe aus dieser Zeit aufbewahrt, und bis auf Fragmente ist auch ihr Tagebuch verlorengegangen. Ihre literarischen Versuche könnte sie selbst vernichtet haben – eines ihrer Projekte immerhin ist als Skizze überliefert, weil sie es in diversen Briefen an Allan Edee erwähnt hat. Der Kontext dieser Beschreibung ist für ihr Denken genauso aufschlußreich wie die Geschichte selbst – beide vermitteln eine Ahnung davon, wie die Konflikte in den Jahren nach dem Tod ihrer Mutter Eingang in ihre literarische Arbeit fanden.

Oberflächlich geht es in dieser Erzählung um eine traditionelle ménage à trois. Ein Mädchen verliebt sich in einen bettelarmen Jungen, heiratet aber materieller Sicherheit wegen einen anderen. Der Kuß, den der zurückgewiesene Liebhaber ihr auf ihrer Hochzeit gibt, öffnet ihr die Augen für die Dummheit, die sie begangen hat. Dieser Kuß zerstört alle ihre Hoffnungen, und ein Gefühl grenzenloser Verlorenheit überkommt sie. An dieser Stelle nun wußte Mitchell nicht weiter, und das war der Grund, weshalb sie diese Arbeit in ihrer Korrespondenz überhaupt erwähnte. Wie die Geschichte ausgehen sollte, war ihr schon klar – mit der Frustration ihrer Heldin –, aber wie sollte sie diesen Kuß, der die plötzliche Erkenntnis nie wiedergutzumachenden Unglücks auslöst, beschreiben? Sie wandte sich mit diesem Problem an ihren alten Freund Edee.

In ihrer Nacherzählung dieser Geschichte steht der zurückgewiesene Liebhaber im Vordergrund; in dessen Hochzeitskuß vor aller Augen kulminiert die dramatische Spannung der ganzen Erzählung. Mit seinem Kuß will er die Braut als »körperliches Wesen« vernichten, sie bei »lebendigem Leibe töten«. Die Braut ist ihm hilflos ausgeliefert. Sie hat die wahre Liebe kennengelernt, und sie hat sie für materielle Sicherheit verraten. Ihr Fehler wird ihr heimgezahlt.

Auf Mitchells Fragen hin macht sich Allen Edee Gedanken darüber, wie der zurückgewiesene Verehrer wohl auf die Treulosigkeit seiner Geliebten reagieren könnte. Daraufhin teilt Mitchell ihm mit, daß das Verhalten des Mannes nicht das Problem sei. »Aus der männlichen Perspektive würde ich das schon großartig hinkriegen«, antwortet sie ihm. Was dann ist das Problem? Was meint sie mit »etwas schreiben, das man nie selbst gefühlt hat und gar nicht nachvollziehbar ist«? Es geht nicht um den Kuß selbst – den hätte sie noch beschreiben können –, es geht auch nicht um das Verhalten des Mannes. Es

geht um das, was in diesem Augenblick in dem Mädchen vor-
geht.

Ich kann einen solchen Kuß nicht aus der weiblichen Perspektive beschreiben. Sieh mal, Al, die Erzählung besteht ausschließlich aus den Tagebucheintragungen dieses Mädchens,
und daher resultieren die Schwierigkeiten mit dem Kuß. Ich
glaube, daß das, was sich während einer Liebesszene im
Bewußtsein einer Frau abspielt, noch nie wahrheitsgetreu
beschrieben worden ist – also was genau sie bei einem Kuß
denkt und fühlt. Dergleichen zu beschreiben erscheint mir
wie ein Verrat am eigenen Geschlecht.

Es geht mithin um die Perspektive. Da es sich um Tagebucheintragungen handelt, nehmen alle Charaktere und Vorkommnisse dieser Erzählung nur in der Vorstellung der Heldin
Gestalt an und sind insofern doppelt fiktional: Mitchell versucht sich vorzustellen, was ihre Heldin sich vorstellt. Die
Wirklichkeit wird hier zweimal durch weibliches Bewußtsein
gefiltert. Trotz des unübersehbaren Interesses der Autorin am
»männlichen Blickwinkel« und der konventionellen Kon-
struktion einer romantischen Dreierbeziehung erschafft sie
auf diese Weise eine Art weiblicher Geometrie. Da gibt es die
Wahrnehmungsperspektive der Braut; dann, stellvertretend
für den im Hintergrund bleibenden Bräutigam, ihr ausgeprägtes Sicherheitsbedürfnis, und schließlich den Mann, der für
die »wahre Liebe« steht – nach Mitchells Verständnis die Verkörperung der Kreativität ihrer Heldin, ihre spirituelle Dimension.
So wie Mitchell diese Geschichte wiedergibt, hat diese Heldin
zwei Interessen, die sich gegenseitig ausschließen – die materielle Welt liegt mit der geistigen im Widerstreit. Allerdings hat
sie sich bereits gegen ihre spirituelle Natur entschieden, und
diese »Fehlentscheidung« hat die Strafaktion des zurückge-

wiesenen Liebhabers zur Folge. Die Strafe aber vergrößert das Dilemma, in dem die Heldin von Anfang an steckt, denn die Vergeltung besteht darin, daß sie sich ihres gespaltenen Wesens, also des Auslösers dieses Dilemmas, noch deutlicher bewußt wird. Gleichgültig, wie sie sich nun entscheidet – sie sitzt in der Klemme, und aus dieser »Situation gibt es keinen logischen Ausweg«. Die Frustration der Heldin ist mithin das eigentliche Thema der Erzählung. Und das Problem, das Mitchell mit dem Kuß hat, liegt weniger in der Beschreibung des Vorgangs selbst als in der Verlegenheit, in die sie gerät, als sie die Ursache für die Frustration der Heldin benennen muß.

Die geschilderte Verstrickung hat unmittelbar mit Margaret Mitchells Lebenserfahrung zu tun; sie erhellt eine der stärksten Antriebskräfte für ihr literarisches Schaffen: dazu verdammt zu sein, unentrinnbar dunklen, unaussprechlichen Begierden und Wünschen ausgeliefert zu sein. Hier wird wieder der Schatten sichtbar, den ihre Mutter auf sie wirft. Bereits in ihrer Erinnerung an den Abend bei den Frauenrechtlerinnen hatte sie dieses weibliche Problemdreieck aus der Perspektive eines unbekümmerten Kindes beschrieben, das mit dem Doppelgesicht seiner Mutter konfrontiert wird: hier die zischende Hexe, dort die liebevolle Frau und Mutter. Aus einem anderen Blickwinkel bietet die Mutter ein einheitliches Bild, während sich die Tochter in einen widerspenstigen Balg einerseits und ein unschuldiges, hilfloses Ding andererseits aufspaltet.

Mitchell ist mit ihrer Heldin nicht identisch, aber sie haben viel gemeinsam. Beide sind sie Menschen, die schreiben – die Frau aus der Geschichte schreibt, gewissermaßen spontan,· an ihrem Tagebuch, Mitchell versteht sich als professionelle Schriftstellerin. Worauf es ankommt, ist, daß auch die schreibende Heldin der Erzählung eine Frau ist. Und im Grunde geht es ihr genau wie ihrer Schöpferin: Nach dem Kuß sieht sie sich nicht mehr in der Lage weiterzuschreiben, und das bedeutet ihr Ende – tödliche Frustration. Damit beginnt und damit endet die Geschichte dieser beiden Frauen. Noch kämpft Mitchell mit ihrer kleinen Erzählung, aber sie hat sich schon zu sehr in ihrem Leben verheddert. »Ich schwöre, daß ich noch nie derartige Schwierigkeiten mit einer Geschichte gehabt habe wie mit dieser. Ich habe zigmal neu angefangen, aber es will nichts daraus werden ... Nichts stimmt. Ich bin verzweifelt.«

In den Problemen ihrer entnervten, ratlosen Heldin spiegeln sich all die Schwierigkeiten, mit denen Mitchell daheim zu kämpfen hat. Sie verschwendet ihre Zeit darauf, den Haushalt zu führen, Verpflichtungen reißen sie immer wieder aus der Arbeit an ihren Manuskripten heraus, und ihre »Männer« beanspruchen unentwegt Aufmerksamkeit. »Ich komme kaum noch zum Schreiben«, klagt sie. »Ständig klingelt das Telefon oder es kommt jemand zu Besuch oder es müssen Anweisungen erteilt und irgendwelche Arbeiten überwacht oder Erledigungen für Vater und Steve gemacht werden, weil sie zu beschäftigt sind, um sich um irgend etwas außerhalb des Büros zu kümmern.« Zwei Wochen später erwähnte sie ihr Projekt zum letzten Mal, jetzt vollends entmutigt. »Die arme Geschichte«, stöhnt sie. »Seit meinem letzten Brief ist sie um keine Zeile vorangekommen. Erst war ich ein bißchen an der See, und dann wollte ich zunächst eine andere Geschichte abschließen. Und überhaupt finde ich kaum noch Zeit, konzentriert zu schreiben.«

Als würde sich nie etwas ändern. Vielleicht war ohnehin alles vergeblich. Vielleicht sollte sie anderswohin gehen, wo sie sich besser entfalten könnte. Vielleicht gab es andere Betätigungsfelder für ihren Ehrgeiz. Vielleicht konnte ein Mann sie glücklich machen – wenn sie es selbst schon nicht schaffte. Und noch während sie mit ihrer Geschichte kämpfte, spielte sie schon mit dieser Möglichkeit.

6. KAPITEL

Der Vamp mit dem Kindergesicht

Wahrhaftig – es gibt nichts in der Welt, was ein
Mädchen so erhebend findet wie zu wissen, da gibt
es einen Kerl, der dich sofort verführen würde,
sobald du sekundenlang durchblicken läßt, daß du
nichts dagegen hättest. Dieses Wissen hat mich
viele Male davor bewahrt aufzugeben ... Es lief
immer darauf hinaus, daß sie sich indigniert
zurückzogen, wenn sie sich an meiner Tugend die
Zähne ausgebissen hatten, oder daß sie mich heiraten wollten – was noch schlimmer war ... Ich
glaube, daß ein Mann, der unehrenhafte Anträge
macht, eine angenehme Notwendigkeit im Leben
eines Mädchens darstellt – genauso notwendig
jedenfalls wie ein Mann, dessen Absichten ehren-
haft sind und der dich für die personifizierte
Ahnungslosigkeit und Unschuld hält.

Margaret Mitchell an Frances Marsh

1922 hatte sich ihr Charme überall herumge-
sprochen, und ihre romantischen Eroberungen waren Gegenstand öffentlichen Interesses. »Mit anderen Worten, sie hat in
ihrem kurzen Leben wahrscheinlich schon mehr Männer
dazu gebracht, sich Hals über Kopf sterblich in sie zu verlieben,
und mehr Verehrer gehabt, die es todernst meinten, als jedes
andere Mädchen in Atlanta«, schrieb die Klatschkolumnistin
Polly Peachtree in jenem Jahr. »Sie ist nämlich eine Schön-

heit. Außerdem ist sie geistreich, hat glänzende Umgangsformen und bezaubert durch Unerschrockenheit.« Die Männer
waren wild auf sie.

Sie war auf eine eigenartige Weise schön – ja, nach den üblichen Maßstäben hätte man sie wahrscheinlich überhaupt
nicht als schön bezeichnet. Sie war winzig, nur 1,49 m groß,
und hatte damit zu kämpfen, daß ihr Gewicht nicht unter 100
Pfund sank. Von einem eckigen Kiefer und einem spitzen
Kinn abgesehen, wirkte ihr Gesicht unbestimmt und geradezu
beliebig formbar. Tatsächlich ändert sich ihr Aussehen je nach
Stimmung oder Bekleidung von Foto zu Foto: In ihrer Matro-
senbluse würde sie als Schülerin durchgehen, in einem kurz-
geschnittenen Abendkleid ist sie der Prototyp des Vamps, in
einem schwarzen Seidenkleid wirkt sie sittenstreng und ält-
lich, und mit Motorradmütze, Gamaschen und Pistolenhalfter
erkennt man sie überhaupt nicht wieder.

Ihre Backenknochen standen weit auseinander, und wenn sie
die Augen zusammenkniff, sah sie asiatisch aus. Von ihrer
Mutter hatte sie diese helle, beinahe durchscheinende Haut
geerbt, aber ihr hervorstechendstes Merkmal waren ihre
unglaublich großen, von langgezogenen, dunklen Brauen
überwölbten Augen. Deren Farbe wechselte von Freund zu
Freund und von Stimmung zu Stimmung. Einige hielten sie
für grau, andere für violett, aber meist wurden sie für dunkel-
blau gehalten. Auch ihr Haar war, je nach Beobachter, von
unterschiedlicher Farbe. Einige bezeichneten sie als Rotschopf
– aber kastanienfarben oder dunkelbraun trifft es wohl eher.
Selbst in ihrer rebellischsten Zeit schnitt sie es nie kurz. Um
dramatische Effekte zu erzielen, ließ sie es bisweilen plötzlich
fallen.

Sie hatte eine gute Figur und war stolz darauf. Sie sah wie ein
kleingewachsenes Top-Modell aus, gleichzeitig hielt sie sich
für robust und sportlich. Sie konnte ganze Nächte durchtan-
zen und am nächsten Morgen wieder in aller Frühe aufstehen,

um schwimmen oder zelten zu gehen oder Opossums zu jagen. Ihre physische Anziehungskraft verblaßte allerdings gegenüber ihrer intellektuellen Ausstrahlung, wenn sie in Gesellschaft war. Was ihre Qualitäten als Unterhalterin angeht, konnte es niemand mit ihr aufnehmen. Sie war unendlich neugierig, klug und witzig. Sie fiel durch »Unverblümtheit«, durch »Offenheit« und eine ungeschminkte Ausdrucksweise auf, ohne jedoch jemals (oder höchst selten) jemanden durch ihre gewagten Bemerkungen zu verletzen, und sie verfügte über das ganze Repertoire von »bedeutungslosen Schmeicheleien und Schaumschlägereien, die jedes Südstaaten-Mädchen nur so aus dem Ärmel schüttelt«, ja, sie entwickelte diese Art von Small talk zu einer Kunstform. Die Männer fielen wie Wölfe über sie her.

Und sie ihrerseits brauchte Männer. Indes übten Männer eine sehr zwiespältige Anziehungskraft auf sie aus. Einerseits suchte sie die Gesellschaft von Männern und hegte gewissenhaft ihre Kollektion von Verehrern – andererseits wollte sie weder von Ehe noch von Sex etwas wissen. Männer und Sex, Sex und Männer – das brachte ihr Leben durcheinander, und vielen ihrer Bewunderer ging es nicht besser.

Da Clifford Henry in Europa war und bald darauf starb, spielte Sex für sie in ihrer Collegezeit ohnehin keine Rolle. Ihre Stubenkameradinnen staunten über ihre intensive transatlantische Korrespondenz und ihre Sammlung von Soldatenfotos, und ihre engste Freundin Red Baxter erinnerte sich, daß »alle Männer wie Wachs in ihren Händen waren«. Eine weitere Mitbewohnerin zeichnete jedoch höchstwahrscheinlich ein genaueres Bild, wenn sie sagte: »Peggy hatte bei den Männern einen Stein im Brett, aber sie verabredete sich selten mit einem.« Tatsächlich scheint sie den Herbst ganz ohne männliche Begleitung verbracht zu haben. Der Winter wurde vom Tod ihrer Mutter überschattet. Doch dann, im Frühjahr 1919, traf sie Allen Edee – die wichtigste Bekanntschaft jenes Jahres

134

fern von Atlanta. Als er in ihr Leben trat, kämpfte sie gerade mit ihren schwärzesten Depressionen. »Ich lehnte mich gegen etwas auf, das mir selbst nicht klar war, und stand kurz davor zu verzweifeln. Du bist genau im richtigen Moment aufgetaucht.« Auf dem Tiefpunkt angekommen, fand sie in Allen Edee genau den »Kerl«, der sie »bei Laune halten konnte«.

Edee war zwei Jahre älter als sie, kam aus Pawnee City in Nebraska und beendete gerade sein Studium in Amherst. Er war ein dunkler, lasziver und ziemlich selbstbezogener Typ, und er beeindruckte sie auf der Stelle. Ein sarkastischer Mensch, vertraute sie ihrem Tagebuch an, freundlich, eingebildet und empfindsam – eine Kombination, die sie ausgesprochen anziehend fand. Sie machte sich an ihn heran.

Mitchell bediente sich einer ausgeklügelten Strategie, um Männer zu fesseln. Sie »spielte die Unschuldige, die mit großen Augen staunend in die Welt schaut, und wartete ab, was passierte«. Bei Edee ging sie genauso vor. »Ich habe versucht, mir diesen lasziv lächelnden Kerl zu angeln, muß aber im Augenblick noch meine Niederlage eingestehen«, schrieb sie in ihr Tagebuch. »Meine einzige Chance ist, ihn davon zu überzeugen, daß ich nur ein harmloses, süßes Ding bin.« Er selbst hingegen erweckte den Eindruck eines erfahrenen Frauenbetörers. Eine ihrer Mitbewohnerinnen kommentierte die Affäre: »Früher oder später wird Al wohl vor diesem Vamp mit dem Kindergesicht in die Knie gehen.« Die Sache habe ihr teuflische Befriedigung bereitet, schrieb Mitchell später. Und natürlich kapitulierte Edee.

Sie spielte ihm gegenüber sowohl das hilflose Mädchen als auch die lebenserfahrene, abgeklärte Frau, schreckte aber vor jeder Art körperlicher Beziehung zurück. In ihrer Beziehung kam Sex nur als Gesprächsthema vor – doch selbst vage Anspielungen darauf quittierte sie bereits mit Empörung. Vor allem waren ihr Edees »bolschewistische« Vorstellungen von Liebe »à la Byron«, wie sie sich ausdrückte, zuwider. »Ich hatte immer irgendwie das Gefühl, vor ihm auf der Hut sein zu müssen«, sagte sie. Seine Theorien über das Leben und die Liebe »haben mir nie zugesagt, und ich habe sie auch oft nicht verstanden«, gestand sie ihm später.

Mitchell sah in ihm den »Kumpel, der sie beschützte«, oder den »Kameraden, der das Leben eines armen Würstchens wieder lebenswert macht«. Edee war indes auf eine weniger platonische Beziehung aus. Bei einem Ausflug zum Old Sugarloaf Mountain, einem beliebten Treffpunkt für Smith-Mädchen und Amherst-Jungen, kam es zum Austausch von Zärtlichkeiten, und lange nach dem Zapfenstreich erst kehrten sie ins Studentenwohnheim zurück. Wie wenig auch immer tatsächlich vorgefallen sein mochte – der Vorfall machte ihr zu schaffen. In ihrem Tagebuch redet sie von »einem Verlust des Selbstwertgefühls, der immer dann eintritt, wenn man gegen seine eigenen Prinzipien verstößt«. Noch Monate später quälten sie Gewissensbisse: »Wahrscheinlich glaubst Du, ich lasse es mit jedem, der mir gefällt, so weit kommen. Du glaubst das, weil ich Dich mag und weil ich habe durchblicken lassen, daß ich mit meinem Studium nicht weiterkomme.« Solche Freiheiten hat sie ihm nie wieder durchgehen lassen, auch nicht im Augenblick des endgültigen Abschieds. Ihrer Tagebucheintragung kann man entnehmen, daß sie dies als Triumph empfand: »Als er sich über meine Hand beugte, um sie zu küssen, da wußte ich, daß ich die Situation unter Kontrolle hatte – im Gegensatz zu mancher vorangegangenen.« Und bei dem Gedanken, daß auch ihr Opfer nicht anders konnte, als ihre Autorität anzuerkennen, mußte sie lächeln. »Und ich wußte, daß er nun wußte, was er bisher nur dunkel geahnt hatte. Ich werde daraus meine Lehren ziehen.«

Das unschuldige, süße Ding oder der kleine Vamp mit dem Kindergesicht gegen den »entschlossenen, erfahrenen Frauenbetörer« – das war ihre Rolle, da war sie in ihrem Element. In der aufgekratzten Welt des Nachkriegs-Atlanta konnte sie ihre Talente zur Geltung bringen. Was sie auch pausenlos tat. In den drei verrückten Jahren zwischen 1919 und 1921 ging ein Großteil der Männerwelt Atlantas dieser sinnenverwirrenden Mischung aus Unschuld und Weltläufigkeit auf den Leim. Sie leistete sich eine ganze Meute von Verehrern. Kurz nach ihrer Rückkehr vom College beschrieb sie einige von denen, die miteinander im Wettstreit um ihre Gunst lagen: »Einer ist dreißig, kommt aus dem Süden und hat fünfzehn Jahre Erfahrung darin, den verliebten Stier zu spielen. Dann ein unternehmungslustiger Vierundzwanzigjähriger, der ohne Umwege auf sein Ziel zugeht. Und schließlich ein überschwenglicher Höhlenmensch von gerade einmal neunzehn Sommern.« Im Lauf der Zeit ließ sie sich von allen dreien die Ehe versprechen.

Die wilde Debütantin Peggy Mitchell brauchte Männer, und sie hielt jedes männliche Herz, das sie demütigte, in Ehren. Sie spielte dieses Spiel allerdings nur zu ihrem eigenen Vergnügen, und in jeder Beschreibungen dieser *affaires de cœur* beteuerte sie ein ums andere Mal ihre Unschuld, ihre Tugendhaftigkeit und ihre Keuschheit. »Ich habe dir gesagt, daß ich in den Süden zurückgehe, um das konservativste Mädchen der ganzen Stadt zu werden – jene Art von Mädchen also, die alle unbedingt heiraten wollen. Nun, mein Lieber, ich habe mein Wort gehalten, und ich war sehr erfolgreich dabei«, teilte sie Al Edee mit. »Ich habe Dir gesagt, daß ich mich mit keinem Mann auf Gefühlsduseleien einlassen werde, bis ich dem begegne, den ich heiraten werde – und das habe ich auch nicht.« Es war alles bloß ein Spiel, nur daß die Männer es ernst nahmen. »Männer scheinen nicht zu kapieren, daß sich ein Mädchen mit einem Mann – oder auch mehreren – einlassen kann, mit ihm flirten und möglicherweise sogar schmusen kann, ohne daß sie mit ihren Gefühlen wirklich bei der Sache ist«, wunderte sie sich.

Ihre Unschuldsbeteuerungen verfingen bei Allen Edee jedoch

137

nicht. Er warf ihr vor, die Waffen der Frau sehr unfair zu gebrauchen. Dann war sie schnell mit einer etwas doppelbödigen Antwort zur Hand:

> Wenn ein Mädchen die männliche Seele so gut kennt wie ich, wenn sie die tausendundeinen kleinen Tricks beherrscht, mit denen sie einen Mann verrückt machen kann, ohne daß sie sich im geringsten kompromittiert – wenn sie also all dies kennt und obendrein noch klein und hilflos ist und diese obengenannten Tricks trotzdem nicht einsetzt – nun, ich würde sagen, dann spielt sie doch wohl fair.

Was Allen Edee nur mit einem unverschämtes Grinsen quittierte. Hatte sie dem neunzehnjährigen Höhlenmenschen nicht die Ehe versprochen? Es steigerte ihre Glaubwürdigkeit nicht, daß sie so tat, als wolle sie bloß »einmal sehen, wie er reagiert, nur um meine weibliche Neugier zu befriedigen«. Edee machte sich über sie lustig. Vier Monate später lieferte sie ihm eine andere Version der »Affäre Höhlenmensch«: »Ich hab's nicht aus Liebe getan, sondern weil ich mich damals so schwach und elend gefühlt habe und dachte, er ist der einzige, der mir da heraushelfen kann.«
In Wirklichkeit jedoch faszinierte sie Sex – allen Beteuerungen des Gegenteils zum Trotz. Immer wieder kam sie auf Themen wie Verführung und Vergewaltigung zu sprechen, was sie nicht daran hinderte, im selben Atemzug ihre Unberührtheit zu beschwören. Als Allen Edee ihr vorwarf, Männer am ausgestreckten Arm verhungern zu lassen, protestierte sie: »Alles, was ich tue, ist, eine Grenze zu ziehen, die Männer nur mit Gewalt überschreiten können!« Im selben Brief gab sie an, bisher nur Männer geküßt zu haben, die sich den Kuß mit Gewalt geholt hätten. »Seit ich das Smith College verlassen haben, ist es noch keinem Mann gelungen, die Mauer zu durchbrechen, die einen Flirt von den wahren Gefühlen trennt.«

Was sie nicht wahrhaben wollte – sie forderte die Männer geradezu heraus, diese Grenze zu überschreiten und diese Wand zu durchbrechen. Sie führte Männer an der Nase herum und gab es später auch freimütig zu:

> Ich habe mir in meiner Jugend eine schöne Zeit damit gemacht, ... die lebensechte Imitation einer modernen, jungen Frau abzugeben, deren überschäumende Leidenschaft nur durch eiserne Selbstbeherrschung im Zaum gehalten wird. Das funktionierte oft so gut, daß die Männer wohl weniger an Verführung als vielmehr an Vergewaltigung dachten.

Und hier haben wir die andere Seite der Medaille. Einerseits läßt sich Keuschheit, ein Horror vor Sex und eine Aversion gegen Männer als sexuelle Wesen in Mitchells Leben leicht nachweisen. Andererseits war sie von aggressiven Männern und sexueller Gewalt fasziniert. Sie träumte von Satyren, und ihr Freund Harvey Smith entsann sich langer Gespräche über dieses Thema, angeregt von ihrer gemeinsamen Lieblingslektüre – verbotenen pornografischen Schriften. »Ihren Idealmann hatte sie, wie sie sagte, in den Büchern von Havelock Ellis gefunden – einen verwegenen Offizier der Britischen Armee in Indien, der es mit allen – oder allem – auf jede erdenkliche Weise trieb.« Später bemerkte sie etwas spöttisch, daß von allen ihren Verehrern (ihr späterer Ehemann) John Marsh der einzige gewesen sei, der es bei ihr nie mit Gewalt versucht habe. »Das hat mich furchtbar beunruhigt«, scherzte sie, »und ich war zu Tode erschrocken darüber, daß ich meines Sex-Appeals verlustig gegangen sein könnte.« Das war allerdings nur zum Teil im Scherz gesprochen. In ihren Phantasien ließ sie sich sehr wohl vergewaltigen – im wahren Leben allerdings tauschte die finstere Gestalt des Vergewaltigers den Platz mit der milde lächelnden Figur eines asexuellen Sir Galahad. Aber sie traf genug Männer, die bereit waren, die

139

Rolle des Satyrs zu spielen – selbst solche aus den besten Kreisen der Südstaaten-Gesellschaft. Die »andere Peggy, deren Natur ruhelos und emotional und ... beinahe teuflisch war«, provozierte dieses Verhalten bei ihren Freunden geradezu.

Das Leben war ein einziges Chaos – auch die folgende Episode beweist das. Von ihren zahlreichen Verehrern in jenen wilden Jahren sind nur zwei involviert, Dan und A. B., wie sie die beiden in ihren Briefen nannte – der eine repräsentierte für sie den Heiligen, der andere den Vergewaltiger. Der Heilige, das war Dan, ein Yankee. Sie mochte ihn, aber »natürlich war meine Familie aus prinzipiellen Erwägungen gegen ihn, und so sahen wir uns zwangsläufig selten«. Es ergab sich, daß Dan irgendwann für ein anderes Mädchen schwärmte, das zu seinem großen Leidwesen jedoch »nicht den geringsten Wert auf ihn legte – es sei denn als Kamerad«. In dieser Situation wandte Dan sich an Mitchell um Rat. »Nun, Al, er offenbarte mir die süßesten, liebevollsten Gefühle, deren ein Mann nur fähig ist, und idealisierte sie nach Kräften.« Doch Mitchell reagierte anders als erwartet:

> Eigentlich hätte ich stolz darauf sein sollen, daß er mich so ins Vertrauen zog. Statt dessen goß ich kübelweise Hohn und Spott über ihm aus. Ich war in dieser »Was-soll-die-ganze-Scheiße«-Stimmung, die ich ja häufiger habe, und zertrümmerte mit wachsender Begeisterung alle seine Ideale. Also, ich habe noch in derselben Nacht einen Brief von ihm bekommen – und in meinem ganzen Leben möchte ich keinen ähnlichen mehr bekommen. Ich habe mich gefühlt, als würde ich bei lebendigem Leib verbrannt.

Dan brachte die fundamentalen Widersprüche in ihrem Leben schonungslos zur Sprache. Sonst lief sie mit einem Heiligenschein herum und schien sich für die reinste Verkörperung von Selbstlosigkeit und damenhaftem Stil zu halten – und in dieser Nacht hatte sie wie der Teufel gewütet, zynisch und rücksichtslos. Dan forderte sie auf, sich diese Spaltung ihrer Persönlichkeit endlich einmal bewußt zu machen. Das allerdings brachte sie nicht über sich, und sein Brief stürzte sie in die tiefste Verzweiflung. Sie fühlte sich buchstäblich physisch vernichtet. In diesem Augenblick, hart am Abgrund balancierend, trat A. B., der Vergewaltiger in spe, auf.

Dan wollte nichts anderes als Mitchells Freundschaft, A. B. wollte sie mit Haut und Haar. Dan war ein zerknirschter Heiliger, A. B. betrat die Bühne als Wolf im Schafspelz. »Ich habe ihm nie getraut«, erzählte sie Edee, »aber meine Familie mochte ihn, weil sie seine ganze Sippe kannte und weil – tja, weil ihn eine Aura von Erfolg und Weltläufigkeit umgab. Ich konnte meiner Familie doch nicht erklären, daß ich wußte, daß er es faustdick hinter den Ohren hatte.« A. B. machte ihr geradezu aufdringlich den Hof. Tatsächlich war sie in jener Nacht, in der Dans Brief eintraf, mit ihm noch auf eine Tanzveranstaltung gegangen, und dieses Zusammentreffen erschütterte sie besonders.

Als A. B. läutete, »loderte Dans Brief noch in meinem Kopf«, berichtete sie ihrer Freundin Courtenay. »Ich konnte an nichts anderes denken.« Der Tanz war um 3 Uhr zu Ende, und A. B. begleitete sie noch nach Hause. Er schürzte Trunkenheit vor und wollte mit ihr ins Haus. Beinahe wäre es zur Katastrophe gekommen.

> Er grinste nur (wie ich dieses Grinsen hasse), zog die Tür hinter sich zu und dirigierte mich, ungeachtet meiner zaghaften Proteste, in den Salon. Das Feuer war heruntergebrannt, und der warme Raum lag im Halbdunkel. Alles schien unwirklich. Ich war zu müde, um auch nur einen Gedanken zu fassen. Er nahm mir meinen Mantel ab, drückte mich ins Sofa und stand dann vor mir und sah mich an.

Schließlich versprach er zu gehen, wenn sie ihn zuvor küssen würde. »Küß dich selbst, hau ab«, explodierte sie. Er blieb stehen und sagte, er wolle sie heiraten. Sie bekam den nächsten Wutanfall: »Dich werde ich nicht heiraten, weil du verdammt noch mal zu wollüstig bist!« Er schien entzückt. »Ich liebe es, wenn du ungezogen bist«, grinste er. »Wenn du versuchst, grob zu werden, bist du so weiblich.« Dann fiel er über sie her. Das Objekt seiner Begierde reagierte angewidert. »Ich habe mich an jedem Körperteil, den er berührte, besudelt gefühlt.«

Als ich schließlich hoch in mein Zimmer kam und in den Spiegel schaute, wäre ich beinahe ohnmächtig geworden. Ein Träger hatte sich gelöst, mein Abendkleid war halb heruntergerutscht, und ich sah aus wie eine liederliche Schlampe. Mein Haar hing in Strähnen herunter, und ich dachte nur: Erster Akt, zweite Szene – Warum Mädchen von zu Hause weglaufen.

Sie kam zu dem Schluß: »Ich hasse Männer« – nur um sich im nächsten Moment zu verbessern: »Nein, das tue ich nicht. Es gibt ja ein paar nette, saubere Männer, die sich unter Kontrolle haben. Und was die starken Männer angeht . . . » – sie brach in einen Lobgesang auf Clifford Henry aus – »ach, Courtenay, Courtenay! Wenn ich ihn nur vergessen könnte! Wenn ich doch wieder frei sein könnte! Ich habe vor langer Zeit mein Wort gegeben, und es sieht so aus, als würde es in alle Ewigkeit dabei bleiben. Ich werde mich nie von ihm lösen können, es sei denn, ein anderer Mann . . .« Der Rest dieses Satzes steht auf der letzten Seite, die verloren gegangen ist, aber eine Auslassung paßt hier ohnehin besser.
Sie hatte einmal behauptet, nichts sei so erhebend für eine Frau wie »zu wissen, da gibt es einen Kerl, der dich sofort verführen würde, sobald du nur sekundenlang durchblicken läßt,

daß du nichts dagegen hättest... Ich glaube, daß ein Mann, der unehrenhafte Anträge macht, eine angenehme Notwendigkeit... darstellt.« Und wenn die Depressionen einsetzen, war sie fortgefahren, dann sei ein solcher Kerl das einzige, was sie noch aufrechterhalten könne. Je niedergeschlagener sie sich fühlte, desto mehr sehnte sie sich nach erotischer Aufmunterung, und ein Jahr nach dem Tod ihrer Mutter hatte sie das nötiger denn je. Sie brauchte einfach Männer.

Dan hatte in seinem Brief ihre geheimsten Ängste und ihre tiefe Verunsicherung offen zur Sprache gebracht. Ihr graute vor der Zukunft, und sie sehnte sich nach Ruhe, wollte wieder ein »Kind sein, das keine Sorgen, keine Verantwortung kennt«, wünschte sich »nur Frieden, tiefen, ewigen Frieden«. Wenn es sie allerdings nach der bedingungslosen Liebe einer Mutter verlangt haben sollte, mußte sie zwangsläufig enttäuscht werden. Denn zum einen war ihre Mutter nie sehr mütterlich gewesen. Und zum anderen war sie seit einem Jahr tot.

Allerdings gelang es ihr bisweilen, ihre Schwächeanwandlungen zu überwinden. Ihre »trübsten Stimmungen« wechselten, wie sie selbst sagte, häufig mit Phasen »rastloser Anspannung«. »Zuviel überschüssige Energie. Sollte ich jemals dieses Haus verlassen, werde ich vielleicht wegen besagter Energie völlig den Kopf verlieren. Meine Batterien sind randvoll.« Dann wiederum klagt sie: »Jede Nacht ein Rendezvous und jeden Tag meine häuslichen Verpflichtungen – ich kann überhaupt nicht mehr konzentriert arbeiten. Ich fühle mich wie ein Dynamo, der durchdreht. Wenn meine Energien nur in die richtige Richtung gelenkt würden, dann könnte aus mir schon noch was werden.« Sie drehte sich, wie wahnsinnig geworden, im Kreis. Kein Wunder, daß ihre Großmutter tobte und ihr Vater sich die Haare raufte.

Welche Lehren hat Mitchell selbst nun aus der Affäre mit Dan und A. B. gezogen? Warum Mädchen von zu Hause weglaufen – das traf die Sache genauer, als ihr bewußt war. Sie jedenfalls war bereit fortzulaufen. A. B. war derjenige, der ihr den letzten Anstoß gab. Wie lange würde sie dem Brautschleier noch aus dem Weg gehen können?

»Den einzigen Ausweg aus einer verfahrenen Situation« hatte sie das Heiratsangebot ihres Höhlenmenschen genannt. Niedergeschlagen und vom Dasein einer Haushälterin enttäuscht, zog sie die Ehe tatsächlich immer ernsthafter als Ausweg aus ihrer trübseligen Lage in Betracht, und regelmäßig benutzte sie Männer als Kompensation für das, was sie für die ungerechte Macht ihrer Familie – ihres Vaters, ihrer Großmutter, sogar ihres Bruders – hielt. Jedesmal, wenn ihr die Haushaltsführung über den Kopf zu wachsen drohte, kündigte sie an, heiraten zu wollen: »Als Vater und Großmutter mir wieder einmal Vorhaltungen wegen meiner zahlreichen Männerbekanntschaften machten, habe ich einen heiligen Eid geschworen, mit dem erstbesten Mann durchzubrennen, wenn sie mich nicht in Ruhe lassen.«

Noch allerdings widerstand sie der Versuchung. Da sie mit Sex nichts im Sinn hatte, betrachtete sie die Ehe als einen Alptraum, und selbst in den humorvollsten Stellen ihrer Prosa ist dieser Widerwille spürbar.

Ich bin seit meiner Rückkehr ein paarmal hart an der Ehe vorbeigeschrammt, war allerdings nie ernsthaft in Gefahr. Denn, wie Du sagst, Al, es ist eine ernsthafte Sache, für den Rest seines Lebens einem Mann zu gehören – oder wenigstens bis zu dem Tag, an dem man der Langeweile ein Ende setzt und ihm Arsen in die Suppe schüttet. Es ist etwas anderes, ob man einen Mann zweimal die Woche bei einer Modenschau sieht, wo man mit Bedacht an den Außenkanten eines geräumigen Sofas Platz nimmt, um über die Bedeutung der Nägel für die Faßindustrie oder den Käsepreis zu diskutieren – aber: dasselbe dreimal täglich an dreihundertsechsundfünfzig Tagen im Jahr – und jetzt stell Dir bloß noch vor, Al, er könnte länger als ein Jahr leben! Wie unaussprechlich furchtbar. Das kommt überhaupt nicht in Frage!

Dann wiederum forderte sie ihr Schicksal heraus. »Ich möchte heiraten und für meinen Mann sorgen und gesunde, nette Kinder großziehen«, versicherte sie. »Mein einziges Problem ist, daß ich keinen Mann genug lieben kann. Ich habe mich bemüht – ach, wirklich ernsthaft bemüht, aber es klappt nicht.« Sie versuchte, ihrem Dilemma auf den Grund zu gehen: »Ich habe erkannt, daß mein Glück in einem Ehemann und in Kindern besteht«, schrieb sie, nur um ohne Atempause fortzufahren: »Aber ich glaube nicht an Glück. Ich weiß, daß ich niemals wirklich glücklich werden kann. Die Liebe bietet immer noch die größte Chance, glücklich zu sein. Aber ich kann nicht lieben.« Sie ahnte, was Allen Edee darauf antworten würde, und kam ihm zuvor:

Vielleicht sagst Du jetzt, ich sei nur noch nicht dem Richtigen begegnet. Al, so etwas wie »den Richtigen« gibt es nicht. Unter den Tausenden, die alle unter denselben Umständen, in derselben Umgebung und in derselben Gesellschaftsschicht aufgewachsen sind, die alle dieselbe Erziehung genossen haben und alle auf dieselbe Weise verwöhnt worden sind, ist einer wie der andere. Ich bin nicht völlig unfähig zu lieben – ganz im Gegenteil, ich kann sehr heftig lieben. Ich könnte einen Mann lieben, und Kinder habe ich gern. Nun ja, ich habe eine Schwäche für das Bizarre und Wilde, und damit muß ich wohl die längste Zeit meines Lebens irgendwie fertig werden. Aber ich glaube, daß ich das in einer Ehe besser könnte. Also – ich frage mich, worauf das hinauslaufen soll. Nein, nein, mein Bester, ich bin mit niemandem verlobt, ich bin noch frei wie ein Vogel. Und mach bitte keine Anstalten, das zu ändern.

145

Sie appellierte hier aber weniger an Allen Edee als an etwelche namenlosen Gottheiten. Artemis, die Beschützerin der Jungfrauen, ließ sie jedoch im Stich. Mitchell selbst machte Anstalten, alles zu ändern. Wie sehr sie sich auch sträubte, alles stieß und drängte sie in Richtung Ehe. In ihrem letzten Brief hatte ihre Mutter sie beschworen, sich nur aus freien Stücken auf die Ehe einzulassen, und eigentlich hatte Margaret Mitchell ja auch eigene Ambitionen – nämlich zu schreiben, vielleicht Journalistin zu werden, eventuell auch Kleider zu entwerfen. Doch die Widerstände waren zu groß. Weder die Gesellschaft noch ihre Familie ermutigten sie dazu, und sie selbst wußte nicht, wie sie es anfangen sollte. Vorbilder für eine unabhängige Karriere außerhalb des häuslichen Rahmens gab es nicht. Ihre Mutter hatte zwar den Anstoß zu einem erfolgreichen Berufsleben geben wollen, war selbst jedoch ihr Leben lang Hausfrau gewesen. Und der Druck, unter dem ihre Tochter stand – Haushaltsführung und gesellschaftliche Verpflichtungen –, ließ ihr kaum Zeit, an etwas anderes zu denken. Schule und College hätten die Möglichkeit geboten, dieser engen Welt zu entfliehen, aber zahllose Widrigkeiten hatten diesen Weg versperrt. Selbst als sie noch die Hoffnung hegte, ihre Ausbildung fortzusetzen, prophezeite sie düster, daß »schon irgend etwas dazwischen kommen wird ... Gott weiß, was aus mir werden soll.«

Wie sie sich auch drehte und wendete, keine der Perspektiven, die sich ihr boten, war nach ihrem Geschmack. Als sie nicht mehr aus noch ein wußte, schien der Antrag eines draufgängerischen Mannes wieder einmal den einzigen Ausweg zu bieten. Im Sommer 1922 schickte sie sich ins Unvermeidliche und gab ihre Verlobung mit Berrien Kinnard Upshaw bekannt.

Sie kannte ihn seit 1917. Damals war er ein schlaksiger Siebzehnjähriger gewesen, der ihrer Freundin Courtenay Ross schöne Augen gemacht hatte. 1920 war er erneut auf der Bild-

fläche erschienen – er gehörte zu einer Gruppe von fünf Verehrern, die sie im St.-Joseph-Krankenhaus besuchen kamen.
Nach allem, was man weiß, rangierte er zu jener Zeit allerdings ganz unten auf der Liste.

Wer war dieser B. K. Upshaw, der den Paradiesvogel Margaret
Mitchell gegen die Konkurrenz eines ganzen Schwarms von
Verehrern einfing – und möglicherweise sogar gegen ihre
eigene bessere Einsicht?

»Red« Upshaw gehörte nicht zum Establishment von Atlanta.
Dieses Establishment behandelte ihn deswegen wie einen
exotischen Eindringling; er hätte genauso gut vom Mars oder
aus Nebraska kommen können. Dabei war er in Georgia geboren und in Atlanta aufgewachsen – ein waschechter Südstaatler also, dessen Familie im Norden von Georgia schon genauso
lange ansässig war wie die Mitchells, die Turmans, die Tyes
oder sonstwer aus den illustren Kreisen der lokalen Aristokratie. In Atlanta selbst hatte seine Familie indes nur ein relativ
kurzes Gastspiel gegeben. William F. Upshaw, ein erfolgreicher
Geschäftsmann, war um 1905 in die Hauptstadt von Georgia
gekommen. 1912 war die Familie dann in den vornehmen
East-Lake-Bezirk umgezogen, hatte Atlanta aber 1916 bereits
wieder verlassen und war, aus geschäftlichen Gründen, nach
Raleigh in Nord-Carolina gezogen.

Berrien war der älteste Sohn. Er trat erstmalig im Juni 1917 in
Erscheinung, und zwar auf einer Party von Courtenay Ross.
Sein damaliger Schwarm hielt ihn für einen merkwürdigen
Kerl – ständig suchte er ihre Nähe, konnte sie aber nie ausfüh-
ren, weil er permanent pleite war. Folglich bestanden ihre
Rendezvous aus langen Spaziergängen, die nichts als Zeit
kosteten. Ross entsann sich dieser Wanderungen gut, auch des
Inhalts mancher Gespräche. »Er jammerte und klagte pausenlos. An keiner Schule hielt er es lange aus, und immer war
jemand anders daran schuld.« Er machte auf sie den Eindruck
eines charakterschwachen Menschen. »Ich habe mich mit

147

ihm bloß aus christlicher Nächstenliebe verabredet«, erzählte sie später lachend. Aggie Dearborn sah es ähnlich: »Ich verstand genausowenig wie meine Schwester, wieso Margaret ihn heiraten wollte – von einer gewissen körperlichen Anziehungskraft seinerseits und mütterlichen Gefühlen auf ihrer Seite vielleicht abgesehen.« Die beiden lebhaften Turman-Schwestern fanden ihn »öde und verschlagen. Keiner, den wir kannten, hielt ihn für eine gute Partie.« Und Helen Turman erinnerte sich: »Für mich war er ein Herumstreuner, der zu nichts irgend etwas Sinnvolles beitragen konnte. Peggy war ja sehr quirlig, und ich habe nie verstanden, wie sie seine Langweiligkeit ertrug.« Bemerkenswert waren allenfalls seine sportlichen Meriten – Mitchell bezeichnete ihn als einen »Ex-Annapolis-, Ex-University-of-Georgia-Footballspieler«, aber Genaueres weiß man nicht. Wenn er je wirklich für einen dieser Vereine gespielt haben sollte, hat er in den Vereinsannalen keine Spuren hinterlassen.

Er besaß eine gewisse körperliche Ausstrahlung, ohne schön zu sein. Er war hoch aufgeschossen, hellhäutig und hatte karottenrotes Haar – daher sein Spitzname. Seine Gesichtszüge waren scharf geschnitten, seine Stirn über den tiefliegenden Augen hoch, seine Backenknochen ausgeprägt, sein Profil markant – alles in allem hatte es fatale Ähnlichkeit mit einem Schrumpfkopf. Zudem war er spindeldürr, und 1921 muß er die leichenhafte Ausstrahlung eines Tuberkulosekranken gehabt haben. Tatsächlich litt er an dieser Krankheit, und im Verein mit dem Alkohol brachte sie ihn schließlich auch um.

Und sein Charakter? Wie die Frau, die er heiraten sollte, hatte er zwei Seiten, nur daß er beide noch weniger auseinanderhalten konnte als sie. Ihn ziellos zu nennen wäre noch eine freundliche Beschreibung, psychotisch trifft es wohl eher. »Berriens Leben war für mich bislang eine einzige Enttäuschung«, schrieb sein Vater 1936 unverblümt. Dasselbe hätte er ab 1918 zu jedem beliebigen Zeitpunkt sagen können. Der Junge habe auf keinem Gebiet irgend etwas geleistet, bemerkte sein Vater, »wenn man davon absieht, daß es ihm immer wieder gelingt, die besten Mädchen der Welt abzuschleppen«. Er heiratete dreimal – alle seine Ehen endeten mit Scheidung. Von 1916 bis zu seinem Tod im Jahr 1949 war er eigentlich nirgendwo zu Hause. Er trieb sich im ganzen Land herum, tauchte mal in Atlanta, mal in Raleigh auf, war dann wieder in Asheville, Honolulu, Phoenix zu finden und setzte seinem Leben schließlich im Januar 1949 in Galveston mit einem Sprung aus dem Hotelfenster ein Ende.

Mag sein, daß dieser abenteuerliche, ziellos schweifende Zug seines Charakters Mitchell anzog – seine dunkleren Seiten stießen sie jedoch keineswegs ab. »Sie hatte Mitleid mit ihm«, resümierte Courtenay Ross. Aggie Dearborn war der Ansicht, Mitchell brauche jemanden, den sie bemuttern konnte. Das war sicher richtig, sagt aber noch nicht alles über ihre Beziehung. Gewiß fühlte sich Mitchell zu Männern hingezogen, die sie »versorgen, hätscheln und bemuttern« konnte. Sie war Krankenschwester und Mutter in einem. Schon 1922 war die Liste von Berriens Fehlschlägen endlos, und wahrscheinlich sah sie in ihm den Mann, den sie »auf den rechten Weg bringen« mußte. Ihre erste Erwähnung seiner Person untermauert diese Vermutung: Sie bezeichnete ihn als »nett« – ein Ausdruck, der sonst nicht zu ihrem Wortschatz gehört.

Ich bin meinem Auserwählten nur viermal begegnet. Die drei ersten Male waren vor dem Krieg. Das letzte Mal habe ich ihn bei Courtenay getroffen. Er ist schrecklich nett, aber ich habe keine Ahnung, was er von mir will. Vielleicht werde ich mit der Zeit aus ihm klug. Er ist einer von Courts besten Freunden, und ich habe das Gefühl, ihn seit Jahren zu kennen.

Sie verbrachten ein Wochenende in Athens, und es scheint ihr gefallen zu haben. Danach war er überzeugt, daß sie die richtige Frau für ihn wäre. Einen Monat später bot er ihr seinen Freundschaftsring an. Nach langem Zögern nahm sie schließlich unter einer Bedingung an: »Beim Abschied mußte er ihn zurücknehmen.« Das tat er nicht – es ging auch gar nicht mehr. Sie hatte ihn verloren. Und da sie den Ring nicht zurückgeben konnte, mußte sie bei ihm bleiben – das war eine Frage der Ehre. Wieder einmal hatten die Umstände ihr die Entscheidung abgenommen, und es stand nicht mehr in ihrer Macht, sie zu beeinflussen.

Ist Upshaws Ring je wieder aufgetaucht? Das hat sie nie verraten. Zwei Jahre lang hielt sie ihn hin. Abschütteln ließ er sich in dieser Zeit nicht, obschon auch keiner der übrigen Verehrer daran dachte aufzugeben und obwohl ihm 1922 in John Marsh sogar ein ernstzunehmender Konkurrent erwuchs. Mitchell hatte Marsh im Winter 1921 kennengelernt – sie bezauberte ihn auf der Stelle. »Ich habe so viele Stunden mit ihr verbracht, wie man nur kann, ohne gegen das Gesetz zu verstoßen«, schrieb er seiner Schwester im Januar 1922. »Für mich ist es eine völlig neue Erfahrung, in dieser Stadt der Neureichen ein Mädchen zu treffen, das mich interessiert, und ich habe eine Weile gebraucht, um diese Sensation zu verkraften.« Über Mitchell lernte John Marsh auch Upshaw kennen. Der war fünf Jahre jünger als Marsh, machte auf ihn aber beinahe ebenso großen Eindruck wie Mitchell. Die beiden Männer kamen überein, sich eine gemeinsame Wohnung zu nehmen.

Im April 1922 weilte seine Schwester Frances Marsh auf Besuch in Atlanta und fand wenig Gefallen an dem Verehrerduo Upshaw-Marsh. »Sie warfen Münzen, um zu entscheiden, wer die erste Hälfte des Abends und wer die zweite mit ihr verbringen durfte. Ich erinnere mich, daß John um zehn Uhr abends nach Hause kam, um Peggy dem wartenden Red zu übergeben. John verabschiedete sich bei ihr mit einem Handkuß und sagte dann: ›Red, ich überlasse dir jetzt die Frau, die wir beide lieben.‹« Solche zeremoniellen Gesten waren typisch für John Marsh. Seine Abende mit Mitchell bestanden, wie er sich ausdrückte, darin, »Lebensphilosophie zu betreiben und unter anhaltendem Geplauder Familienfotoalben durchzublättern«. Seine Annäherungsversuche gingen nie über »die Besprechung von Lieblingsbüchern und den Austausch von schönen Erinnerungen« hinaus. »John hat nie Anstalten gemacht, mich zu vergewaltigen«, schrieb Mitchell in einem Brief an seine Schwester. »Später hat er mir gestanden, daß er sich nur deshalb so zusammengenommen habe, weil er sich vorteilhaft von den anderen unterscheiden wollte.«

Im Frühjahr erregte das Verehrerpärchen Upshaw-Marsh die öffentliche Aufmerksamkeit. In den Klatschspalten der Zeitungen erschienen Fotos der drei. Und mindestens ein Journalist widmete diesem Thema einen Artikel.

> Sie sind seit langem unzertrennliche Freunde – und sie sind beide derselben charmanten Dame verfallen. Seit Monaten machen sie ihr den Hof, ohne daß es zu einer Verstimmung zwischen ihnen gekommen wäre. Mag sein, daß es jedem von ihnen bisweilen einen Stich versetzt, wenn sie zu häufig in die andere Richtung lächelt, aber anmerken läßt sich das keiner.

Derselbe Journalist machte sich auch über die erlesenen Qualen der betreffenden Dame Gedanken, »ihre entsetzliche Ungewißheit, welcher der beiden nun die tiefsten Gefühle für sie hege, sie am glühendsten verehre, für welchen sie sich letztlich entscheiden soll. Aber – muß sie sich überhaupt entscheiden?«

Sie mußte. Irgendwann im Frühsommer war es soweit. Der

151

Klatsch hörte damit nicht auf, und in Polly Peachtrees Artikel über ihre Verlobung heißt es: »Eine Bombenexplosion würde wahrscheinlich weniger Aufsehen erregen als das, was ich Ihnen jetzt verraten werde – nämlich welche Schönheit aus unserer Stadt mir das Geheimnis ihrer Verlobung anvertraut hat.« Die Kolumnistin machte »Cupido und seine undurchschaubaren Manöver« für diese Wahl verantwortlich.

Vielleicht wollte Mitchell Zelda und Scott spielen. In Wirklichkeit mißriet ihr Eheleben allerdings noch gründlicher als das der Fitzgeralds. Upshaw zeigte sich gegen alle Erziehungsversuche resistent. Leicht erregbar und störrisch, wie er war, wurde er für sie zu einer zusätzlichen Belastung. Sie lief von zu Hause fort – aber mit dem Lumpensammler aus Vater Mitchells Alpträumen.

7. KAPITEL

In der Löwengrube

Als Peggy damals zum *Atlanta Journal Magazine*
kam, um als Reporterin zu arbeiten, hatte es einige
Skepsis auf seiten des Mitarbeiterstabs gegeben. In
jenen Tagen schliefen Debütantinnen lang und
gingen nicht auf Arbeitssuche.

*Medora Field Perkerson über ihre Entscheidung, Margaret Mitchell
zu beschäftigen*

Erinnerte sie sich an ihre eigenen zynischen
Bemerkungen über die Ehe, als sie am Arm des Bräutigams
aus der Kirche trat? An ihre Vision von hysterischen Kindern,
die mit Blumen warfen, einem verschüchterten Bräutigam,
einer ach-so-entzückenden Braut, ungenießbarem Fraß und
so weiter? Derartige Vorstellungen muß sie jedenfalls im Kopf
gehabt haben, als sie daran ging, ihre eigene Hochzeit zu planen. »Das war nicht gerade eine Hochzeit wie jede andere«,
erinnerte sich ihre alte Freundin Caroline Tye:

> Alle waren außer sich. Das Haus war, wie das so Tradition ist,
> über und über mit Stechwinde dekoriert, alles weiß und grün,
> aber statt der üblichen weißen Lilien hatte Margaret einen rie-
> sigen Strauß langstieliger roter Rosen im Arm. So etwas hat
> Atlanta weder vorher noch nachher je gesehen.

Außerdem wurde das Paar nach protestantischem Ritus getraut. Pfarrer Douglas von der St. Luke's Episcopal Church hielt die Predigt. Damit besiegelte sie ihren Bruch mit dem Katholizismus. Die Stephens waren über diese Entscheidung entsetzt, und die Beziehungen zwischen ihnen wurden infolgedessen immer gespannter. Außerdem kam es am Rande der Zeremonie zu zahlreichen kleinen Kuriositäten. So waren etwa, von ihrem Bruder abgesehen, alle Freunde des Bräutigams, die bei der Ausrichtung der Hochzeit mitgewirkt hatten, verflossene Verehrer der Braut. Bis auf Margaret Mitchell dürften sie nichts gemeinsam gehabt haben, und auf den Hochzeitsfotos starren alle ziemlich entgeistert in die Kamera.

Auch die offizielle Bekanntmachung am 3. September 1922, dem Morgen nach der Hochzeit, war höchst merkwürdig. Erstens, weil der zurückgewiesene John Marsh sie verfaßt hatte, und zweitens ihres Inhalts wegen. Fast alle wichtigen Lebensdaten fehlten – kein Wort über ihre Familie, ihre Ausbildung, ihre literarischen Ambitionen, ihre aufsehenerregende Debütantinnenzeit und ihre ausgiebige Teilnahme am Gesellschaftsleben. Statt dessen handelte sie fast ausschließlich von ihrem »bewundernswerten Engagement während des Kriegs« – und das war frei erfunden. Da war von ihrem Einsatz für das Rote Kreuz in Atlanta die Rede und von ihrer Arbeit in Munitionsfabriken in New Hampshire und Massachusetts und von Greenwich, dem Wohnort ihrer Tante Edythe, wo sie »mehrere Monate lang im weiblichen Lazarettcorps diente, bevor sie sich als Erntehelferin bei einer Landkooperative im Connecticut Valley meldete«. Damit reduzierte Marsh ihr Collegejahr auf jene zwei Wochen im Herbst 1918, in denen die Mädchen ihren Beitrag zum Krieg in Form von Handarbeit geleistet hatten. Alles in allem der rätselhafte Auftakt zu einem glücklosen Spiel.

Trotz etlicher Absonderlichkeiten verlief die Hochzeitsfeier

reibungslos. Am nächsten Morgen machte sich das frischver-
mählte Paar in aller Frühe auf die Hochzeitsreise, und nach
ihrer Rückkehr quartierten sie sich in Margarets Elternhaus in
Atlanta ein, wo Mr. Mitchell und ihr Bruder Stephens ihrer
harrten. Und nun nahm das Unheil seinen Lauf.

Das Haus in der Peachtree Street 1149 erwies sich von Anfang
an als ungeheure Belastung ihrer Ehe. Verschlossen, verhärtet
und mißtrauisch, wie Eugene Mitchell war, hatte er an keinem von Margarets Verehrern der letzten Jahre ein gutes Haar
gelassen. Schon der reiche, aristokratische Harvard-Student
Clifford Henry hatte ihm mißfallen – man kann sich vorstellen, in welch eisiges Schweigen er im Herbst 1922 verfiel,
wenn er beim Mittagessen jenen Mann am anderen Tischende
fixierte, den seine Tochter ins Haus zu bringen gewagt hatte.
Berrien Upshaw war ja immer noch ein junger Mann von
nicht ganz zweiundzwanzig Jahren, und er ließ die weltmän-
nische Klasse schmerzlich vermissen, die im Hause Mitchell
über die Maßen geschätzt wurde. Außerdem war er aus zwei
Colleges geflogen – darunter auch aus jenem, an dem sein
Schwiegervater nach einem Studium von knapp drei Jahren
einen glänzenden Abschluß hingelegt hatte. Und während
Mr. Mitchell, ungeachtet seines ererbten Reichtums, gespart
und hart gearbeitet hatte, um seiner Frau jeden materiellen
Wunsch erfüllen zu können, schien sein Schwiegersohn
diesen Fragen nicht die geringste Beachtung beizumessen –
Upshaw hielt sich mit Gelegenheitsjobs über Wasser.

Im Verlauf des Frühjahrs 1923 wurde die Lage allmählich
unerträglich. Upshaw hielt es an keiner Arbeitsstelle lange aus
und war in ständiger Geldnot, wofür seine Gattin immer
weniger Verständnis aufbrachte. Mitchell hatte zeitlebens die
Sorge, mit ihrem Geld nicht auszukommen, und Reds obskure
Jobs und sein schwankendes Einkommen weckten ihre
schlimmsten Befürchtungen. Andererseits bot sich ihr dadurch, daß er seinen Verpflichtungen als Ehemann und Er-

nährer nicht nachkam, die Chance, selbst in die Bresche zu springen. Im Spätherbst, kurz nach ihrem zweiundzwanzigsten Geburtstag, stand ihr Entschluß, eigenes Geld zu verdienen, fest. Das führte indes zu neuen Komplikationen, weil Upshaw sich nun als Mann und Gatte gedemütigt fühlte – nach dem Verständnis der damaligen Zeit bedeutete eine arbeitende Frau einen Frontalangriff auf den männlichen Stolz. Zu allem Überfluß ließ sich die Schande nicht einmal verheimlichen, da sie für eine Zeitung arbeitete und ihre Artikel mit ihrem eigenen Namen unterzeichnete. Und schließlich folgte für Upshaw auf den Schaden auch noch der Spott, als sie sich für den Künstlernamen »Peggy Mitchell« entschied.

Mit einer solchen Frau an seiner Seite dürfte sich Berrien immer weniger als Mann gefühlt haben, was er dadurch zu kompensieren suchte, daß er ein betont männliches Verhalten an den Tag legte – zumindest wäre das eine Erklärung dafür, weshalb er sich nun unbedingt als Schmuggler und Schnapshändler versuchen wollte. So, wie John Marsh diese Episode beschreibt, ist jedenfalls nicht zu übersehen, daß Red diesmal als Mann auftrumpfen wollte.

Was Red bewog, ins Schnapsgeschäft einzusteigen, waren wohl seine Abenteuerlust und seine Vorliebe für den schnellen Dollar. Eine Woche lang hatte er schon Whiskey aus den Bergen von Georgia nach Atlanta geschafft, als Peggy dahinter kam. Sie fiel aus allen Wolken, er hatte ihr nämlich erzählt, er sei für seine Firma unterwegs. Ich war der einzige, der über seine neue Karriere Bescheid wußte, und ich hatte ihn nicht davon abhalten können. Wenn er sich erst einmal etwas Verrücktes in den Kopf gesetzt hat, ist er unglaublich dickköpfig.

Damit wurden die Spannungen daheim unerträglich. Aber das war noch nicht das Ende der Geschichte. Upshaws Unfähigkeit wurde von seinem Pech nämlich noch übertroffen. John Marsh beschreibt auf seine lakonische Art das ausweglose Desaster, in das sich sein Freund und ehemaliger Mitbewohner hineinmanövriert hatte. »Am selben Tag, als Peggy ihm erklärte, sie halte es nicht länger mit ihm aus, legte der professionelle Schmuggler, mit dem Red zusammenarbeitete, ihn dummerweise auch noch herein und machte sich mit seinem ganzen Kapital, das aus 200 Dollar bestand, aus dem Staub.« Und das war das glanzlose Ende – jetzt stand der arme Red Upshaw ohne Geld, ohne Frau und sogar ohne Bett da. Nach einer wüsten Auseinandersetzung gab das Paar am 10. Juli seine Trennung bekannt. Der verbannte Gatte kam für eine Weile bei seinem alten Wohnungsgenossen unter und bereitete sich darauf vor, »in die große, weite Welt hinauszuziehen«, wie John Marsh sich ausdrückte. Vier Monate später reichte Mrs. Upshaw die Scheidung ein.

Das Mitchell-Upshaw-Drama hatte noch ein Nachspiel, aber im wesentlichen war es vorüber. Als Mrs. Upshaw ihren Mann nach zehnmonatiger Ehe im Sommer 1923 vor die Tür setzte, hatte sie bereits ein neues Kapitel in ihrem Leben aufgeschlagen: Sie war Journalistin geworden.

In den Journalismus zu gehen war eine der beiden schwerwiegendsten Entscheidungen ihres Lebens. Es lag nahe, daß sie sich dafür entschied, aber sie mußte unglaubliche Hürden überwinden, denn ihre Familie lehnte die wirtschaftliche Unabhängigkeit der Frau rundweg ab – womit sie sich im Einklang mit allen Traditionen des Südens befand –, und die Arbeit bei einer Zeitung brachte noch einmal ganz eigene Probleme mit sich.

Frauenarbeit galt seinerzeit in den USA ganz allgemein als unschicklich, aber in den Südstaaten war sie geradezu ein Unding. Selbst die Organisation berufstätiger Frauen in Georgia ließ 1927 ihre eigene Rechtfertigungsschrift in einem furiosen Lobpreis auf Mutterschaft und Hausarbeit gipfeln.

157

Existenz und Fortbestand der Welt, hieß es in dieser Schrift, »hängen davon ab, daß Frauen gute Hausfrauen und Mütter sind . . . Unsere Bildungseinrichtungen sollten dafür Sorge tragen, daß alle Frauen heiraten und Kinder bekommen.« Wenn schon liberale Frauen in den Südstaaten solche Forderungen erhoben, wie werden da erst die Hüter der alten, patriarchalischen Ordnung gedacht haben?

Berufstätigkeit kam mithin für Frauen eigentlich gar nicht in Betracht. Allenfalls die sozialen Berufe standen ihnen offen, und viele junge Frauen, selbst aus den großen, alten Familien des Südens, engagierten sich auf diesem Gebiet. Auch Lehrerinnen waren gern gesehen – hier war der Prozentsatz der Frauen höher als in allen anderen Berufen zusammen, die für Frauen in Frage kamen. Peggy Mitchell selbst hat allerdings nie die leiseste Andeutung gemacht, daß der Lehrberuf sie reizen könnte, und man kann sich kaum vorstellen, daß sie sich in einem Klassenzimmer wohlgefühlt hätte. Außerdem lag ihr an Kindern wenig, auch wenn sie mit einzelnen Kindern gut auskam. Alle »weiblichen«, auf Mütterlichkeit abzielenden Berufe standen für sie gar nicht zur Debatte – dieser Sphäre wollte sie ja gerade entkommen. Der Journalismus eröffnete sicher die besten Fluchtmöglichkeiten. Aber er hatte auch seine Tücken.

Natürlich bot sich ihr damit endlich die Chance, ihren langgehegten Ehrgeiz zu befriedigen. Seit Jahren träumte sie davon, professionell zu schreiben. Sie hatte zahllose Kurzgeschichten verfaßt und sprach immer noch mit Begeisterung davon, eines Tages richtige Komödien oder Dramen zu schreiben. Spätestens seit ihrer Collegezeit erschien ihr der Journalismus als geeignetes Betätigungsfeld. Hinzu kam, daß Atlanta einer jungen Journalistin einiges zu bieten hatte, denn um 1920 war Atlanta eine Großstadt, nach regionalem Maßstab sogar eine Metropole, in der drei große Tageszeitungen in hartem Wettbewerb gegeneinander standen.

Sie hatte aber noch andere, nicht ganz so offensichtliche Motive. Mitchell wollte ja mehr als bloß die Klatschspalten zu füllen, und der Journalismus bot ihr die Möglichkeit, ernsthaft zu schreiben, ohne sich offen zu ihren noch sehr viel höhergesteckten Zielen bekennen zu müssen. Für die Zeitung zu schreiben war also ein sicherer und gangbarer Weg, ihrem alten Lebensziel näherzukommen. Hier gab es präzise Vorgaben und klar gezogene Grenzen, und wenn das Gehalt auch erbärmlich war, so kam es doch regelmäßig.

Und noch weitere Gründe mögen mitgespielt haben. Zeitungsartikel waren Bastard-Literatur, Reportagen schreiben durfte als die profanste literarische Beschäftigung überhaupt gelten, und der angehenden Schriftstellerin muß das sehr recht gewesen sein. Journalismus bedeutete, die Welt von unten zu betrachten – wer diese Arbeit machte, der mußte zum Beispiel zechen können wie der Teufel. Journalisten verkehrten in Spelunken und Bumslokalen und standen in dem verdienten Ruf, Hausgebrautes, Maisschnaps sowie andere verbotene Flüssigkeiten in großen Mengen besorgen und konsumieren zu können. Ein Reporter aus dieser Zeit erinnerte sich an den Anfang seiner Karriere und die Freundschaft mit einem älteren Kollegen, »der einmal pro Woche darauf bestand, vier Drinks in seinem Bauch zu versenken und dieselbe Anzahl in meinem, um mich anschließend ins Varieté zu verschleppen, wo wir in einer Loge saßen (immer in einer Loge) und uns vor Lachen ausschütteten, wenn die fettärschige Madame auf die Bühne gewatschelt kam«. Überquellende Aschenbecher, verräucherte Büros, schmutzige Kaffeetassen, Schreibtische, auf denen sich Papiere türmen, unflätiges Gelächter, obszöne Kommentare, eiskalter Zynismus, unverhohlener Ehrgeiz, wenig echtes Talent, Arbeitszeiten wie in den Steinbrüchen und dröhnende Kumpelhaftigkeit – alles, was die Vulgarität dieses Berufs ausmachte, mußte der draufgängerischen ehemaligen Debütantin verlockend erscheinen.

159

Doch so attraktiv ihr diese Arbeit erschien, so sehr schüchterte sie der Gedanke daran ein. Sie fühlte sich der Aufgabe nicht gewachsen, weil sie keinerlei Übung oder Berufserfahrung hatte, und daß sie ihr Studium abgebrochen hatte, verstärkte ihre Selbstzweifel. Später beschrieb sie ihre mißliche Ausgangssituation einmal dem Redakteur einer Schülerzeitung, der sie in treffenden Worten wiedergab: »Miss Mitchell wollte einen Beruf ergreifen, hatte aber von nichts eine Ahnung. Am liebsten hätte sie für eine Zeitung gearbeitet, aber sie hielt das für aussichtslos.« Ihre Familie ermutigte sie jedenfalls nicht, und vor allem ihr Vater war strikt gegen jede Berufstätigkeit seiner Tochter. Geraume Zeit zuvor hatte sie einen kaufmännischen Lehrgang besuchen wollen, um Schreibmaschine schreiben zu lernen, aber »Vater erlaubte es nicht. Das war in jener grauen Vorzeit, als anständige Mädchen noch nicht arbeiten gingen – und bevor ich aufhörte, ein anständiges Mädchen zu sein, um Journalistin zu werden.« Als sie in späteren Jahren einen Abriß ihres Lebens gab, kommentierte sie den Widerwillen ihres Vaters mit dem für sie typischen Understatement: »Ich machte mein Debüt und ging dann zur Magazinredaktion des *Journal*, was meinen Vater leicht irritierte.«

Da sie alle Vorurteile gegen sich hatten, mußten Frauen im Süden wohl oder übel auf ihre eigene Kraft und ihr eigenes Talent bauen. Die Gesellschaft entmutigte sie normalerweise auf eine mehr oder minder diskrete Art, doch wenn sanfter Druck nichts half, konnte die Männerwelt auch zu drastischeren Maßnahmen greifen. Jedenfalls fand sie sehr bald heraus, daß Männer es keineswegs schätzten, wenn Frauen schrieben. Sie betrachteten den Journalismus als eine rein männliche Domäne, und sie taten alles, damit es so blieb.

Die generell frauenfeindlichen Tendenzen im Journalismus der zwanziger Jahre erfuhren in Atlanta allerdings eine ungeahnte Steigerung. 1922 hatte Mitchells alter Verehrer John

May Belle Mitchell mit der dreijährigen Margaret, genannt Peggy, und dem achtjährigen Stephens. May Belles feministisches Engagement hatte für Margaret zwei Seiten: Einerseits profitierte sie von der damals keineswegs üblichen liberalen Erziehung, andererseits fühlte sie sich unter einen gewissen Druck gesetzt. (Foto: Hargrett Rare Book and Manuscript Library, University of Georgia)

*Für den jungen Anwalt Eugene Mitchell (hier ungefähr 1925) war die Zeit der
Wirtschaftskrise im amerikanischen Süden extrem schwierig. Verbissen konservativ,
grundanständig und stocknüchtern, hielt er sich sein Leben lang für einen Versager.*
(Foto: Hargrett Rare Book and Manuscript Library, University of Georgia)

Als Kind liebte Peggy die körperliche Herausforderung, rannte, kletterte und ging besonders gerne schwimmen. Hier die Freundinnen Erkie Jarnegin, Courtenay Ross, Margaret und ein unbekanntes Mädchen (v. r. n. l.). (Foto: Hargrett Rare Book and Manuscript Library, University of Georgia)

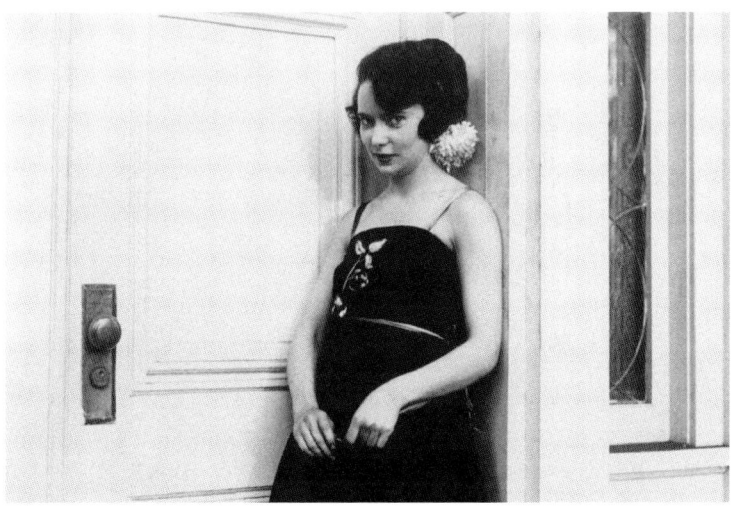

Bei ihrer Einführung in die Gesellschaft Atlantas bevorzugte Margaret herausfordernde Posen. Mit einigen Freundinnen gründete sie den Kreis rebellischer Debütantinnen und äußerte sich öffentlich zu Fragen, die feine Damen damals eigentlich nichts angingen. (Foto: Courtesy of the Atlanta History Center)

»Man konnte eine Menge Spaß mit ihr haben«, sollte ihr Ehemann John Marsh später feststellen. Hier albert Margaret vor dem Haus der Mitchells mit einer guten Freundin, Augusta Dearborn Edwards, herum. (Foto: Hargrett Rare Book and Manuscript Library, University of Georgia)

Ganz im Sinne der feministischen Erziehung ihrer Mutter lernte Margaret reiten und schießen »wie ein Junge«. Dies schlug sich auch auf vielen Bildern nieder, wo sie breitbeinig dasteht und mit trotzigem Gesichtsausdruck in die Kamera blickt.
(Foto: Hargrett Rare Book and Manuscript Library, University of Georgia)

Ein enger Vertrauter Margarets während ihres Studiums in Northampton war Allen Edee. Auch später noch weihte sie ihn in zahlreichen Briefen in alles ein, was sie bewegte. (Foto: Hargrett Rare Book and Manuscript Library, University of Georgia)

Im September 1922 heirateten Margaret und Berrien »Red« Upshaw, zehn unglückliche Monate später ließen sie sich wieder scheiden. Mit dabei: Margarets späterer Ehemann John Marsh (2. von links), an seinem Arm Augusta Daerborn. Ganz rechts: Margarets Bruder Stephens. (Foto: Courtesy of the Atlanta History Center)

Hartnäckig hatte Margaret um einen Job beim Atlanta Journal *gekämpft – mit Erfolg für beide Seiten. Sie war eine außerordentlich talentierte Reporterin und wußte aus jeder Geschichte etwas zu machen. Hier interviewt sie Studenten der Technischen Hochschule von Georgia.* (Foto: Hargrett Rare Book and Manuscript Library, University of Georgia)

Margaret hatte ihre Journalistenkarriere in der Redaktion des Journal's Sunday
Magazine *begonnen, der einzigen Abteilung, die Frauen als Reporterinnen akzeptierte.
Die Frau des Chefredakteurs, Medora Perkerson (sitzend), wurde eine gute Freundin.
Margaret steht rechts hinter ihr.* (Foto: Hargrett Rare Book and Manuscript
Library, University of Georgia)

Marsh seine ersten journalistischen Sporen bereits verdient, und er wußte, wie es in den Redaktionen von Atlanta zuging. In einem Brief an seine Schwester, die gern in einer Nachrichtenredaktion gearbeitet hätte, beschrieb er die Atmosphäre dort: »Alle drei Zeitungen von Atlanta sind gegen weibliche Reporter. Je mehr ich mit dieser Arbeit vertraut werde, desto fester bin ich davon überzeugt, daß begabte Mädchen sich dort sinnlos verausgaben.« Etliche junge, talentierte Autoren würden für die Magazinredaktion des *Atlanta Journal* arbeiten, setzte er hinzu, und er könne sich vorstellen, daß Features schreiben etwas für sie wäre. Möglich, daß er seiner alten Freundin Peggy Mitchell Upshaw Ähnliches empfahl. Wenn dem so war, setzte sie sich über seine Empfehlung hinweg. In den letzten November- oder den ersten Dezembertagen 1922, neun Monate, nachdem John Marsh seine Schwester vor den Vorurteilen gegen Frauen in der Branche gewarnt hatte, setzte Margaret Mitchell an, ihre eigenen Erfahrungen damit zu sammeln.

Peggy Mitchell war erst seit zwei Monaten Mrs. Berrien Upshaw, als sie die Straßenbahn in die Innenstadt nahm. In der Nähe des alten, halbverrotteten Gebäudes in der Forsyth Street, in dem sich die Redaktionsräume des *Journal* befanden, stieg sie aus. Einige ihrer alten Kurzgeschichten und Erzählungen in der schweißnassen Hand, arbeitete sie sich durch das lärmerfüllte Gebäude bis zu den Räumen der Nachrichtenredaktion vor, wo sie die Kostproben ihrer Kunst vor dem Chefredakteur Harllee Branch ausbreitete – einem im ganzen Haus berüchtigten, stimmgewaltigen und luchsäugigen Energiebündel. Branch konnte einen angetrunkenen Reporter ausfindig machen, egal, wo er sich versteckte, den Fehler in einer Geschichte wittern, egal, wovon sie handelte, und mit geradezu dämonischer Sicherheit einem Reporter einen Nachteinsatz aufhalsen, der sich gerade mit seinem Mädchen treffen wollte. Er hielt seine Jungs in Atem, indem er permanent die Kapazität seiner gewaltigen Lungen ausschöpfte. Sie war in einer Löwengrube gelandet.

Branch versetzte selbst seine altgedienten Mitarbeiter in Angst und Schrecken – man stelle sich vor, welchen Eindruck er auf einen Neuling machen mußte. Zwanzig Jahre später erinnerte sich Mitchell noch daran, wie einschüchternd dieser Redaktionstyrann auf sie gewirkt hatte: »Ich bin ein Produkt jener Epoche, in der Chefredakteure noch einen Poloschläger neben ihrem Schreibtisch liegen hatten, um Jobsuchenden den Schädel zu zertrümmern.« Allerdings war sie nicht irgendein beliebiger Jobsuchender. Der Poloschläger fand in ihr ein besonderes Opfer, nämlich Schädel und Würde einer Frau, die Arbeit suchte. Denn dieser Chefredakteur stellte grundsätzlich keine Frauen ein. Selbst in späteren Jahren sah Harllee Branch keine Veranlassung, sein Vorurteil zu korrigieren, geschweige denn zu bereuen – dabei mußte er zugeben, daß er ihre Texte gar nicht schlecht fand. Zudem war er von ihrer Kaltblütigkeit beeindruckt. Egal – dies war die Höhle des Löwen.

Das hat mir schon gefallen, wie unbeirrbar sie bei ihrer Jobsuche vorging. Wir haben darüber geredet, und ich war gar nicht abgeneigt, sie anzustellen. Aber damals gab es keine weiblichen Reporter in unserer Zeitung, abgesehen vom Sonntagsmagazin und der Gesellschaftsredaktion. Und wir waren der Meinung, daß die Zeit für festangestellte Journalistinnen beim *Journal* noch nicht reif war.

Kurzum, alles schien sich gegen sie verschworen zu haben – ihr Mann, ihre Familie, Harllee Branch und selbst das Wetter. Zwischen Erntedank und Weihnachten geht der klare, strahlende Herbst im Süden in düstere, graue Tage über mit bleischweren Himmeln, unaufhörlichem Nieselregen, kahlen Bäumen und einer schlammbraunen Landschaft. Eigentlich hätte sie völlig entmutigt sein müssen. Dennoch nahm sie noch einmal all ihren Mut zusammen, leckte ihre Wunden und machte sich Mitte Dezember ein zweites Mal auf den Weg zum Verlagsgebäude des *Journal*.

Diesmal ließ sie die Nachrichtenredaktion links liegen; vielleicht hatte sie inzwischen John Marshs Warnungen beherzigt. Jedenfalls suchte sie Angus Perkerson auf, den Gründer und Herausgeber des Sonntagsmagazins. Und jetzt war ihr Geschlecht endlich einmal von Vorteil. Eine von Perkersons Mitarbeiterinnen hatte gerade geheiratet und stand im Begriff, an den heimischen Herd zurückzukehren – wie es von ihr erwartet wurde. Mitchell bewarb sich um die freigewordene Stelle. Später lieferte sie ihre eigene, wie üblich komische Version dieser denkwürdigen Begegnung:

> Ich hatte keine Berufserfahrung, und meine Finger hatten noch nie eine Schreibmaschine berührt. Aber ich tischte dem armen Angus Perkerson haarsträubende Lügen auf wie die, daß ich beim *Springfield Republican* gearbeitet hätte (Wie konnte ich? In meiner ganzen Familie gab es nur wackere Demokraten!) und auf der Schreibmaschine ein wahrer Irrwisch sei – und ich bekam den Job tatsächlich.

Natürlich war Angus Perkerson von Frauen in der Redaktion genauso wenig begeistert wie Harllee Branch, aber wovor es ihm besonders graute, waren Mädchen aus guten Kreisen. Als ehemalige Debütantin hatte Mitchell also zwei Handicaps. Und noch siebenundzwanzig Jahre später dachte Perkerson nicht sehr viel anders darüber als in jenem Augenblick, als Mitchell vor ihm stand: »Ich war nicht gerade angetan von der Idee, sie in unsere Mannschaft aufzunehmen, weil sie so eine von den Vornehmen war, und ich sagte zu Medora, . . . ›Medora, ich befürchte, auf die werden wir jeden Morgen warten dürfen.‹« Seine Frau war ganz seiner Meinung. »Niemand

163

glaubte, daß eine Ex-Debütantin rechtzeitig um 8 Uhr morgens zur Arbeit erscheinen würde oder viel leistete, wenn sie dann endlich aufgetaucht wäre. Die Debütantinnengeneration von 1920/21 repräsentierte mehr oder weniger die Scott-Fitzgerald-Ära, also das Jazz-Zeitalter, und bei denen war es Mode, anderen Leuten auf der Nase herumzutanzen.«

Er überwand jedoch seine Skepsis und stellte sie ein. Da war sie also, ein reiches Mädchen aus den besten Kreisen, »das von nichts eine Ahnung hatte«, wie sie selbst glaubte, und mußte sich bewähren. Zwar hatte sie ihr Leben lang geschrieben, aber ein Zeitungsartikel war nicht darunter gewesen. Außerdem hatte sie keine blasse Vorstellung von dem komplizierten Herstellungsprozeß einer Zeitung, und das Insider-Kauderwelsch der Journalisten war für sie reines Suaheli. Überdies hatte sie falsche Behauptungen über ihre Berufserfahrung in die Welt gesetzt, Augenwischerei betrieben und viel heiße Luft abgelassen. Würde Angus Perkerson nun Tobsuchtsanfälle bekommen? Würden ihre Kollegen hinter ihrem Rücken über sie herziehen? Sie war entschlossen, es den anderen zu beweisen, indem sie doppelt so schwer wie jeder andere arbeiten würde. Zu spät kommen? Nie und nimmer. Wenn die Perkersons eintrafen, war sie schon längst da – jeden Morgen war sie die erste, und jede Nacht, sechs Tage die Woche, machte sie auch als letzte das Licht aus. Für die nächsten dreieinhalb Jahre war das Verlagsgebäude des *Journal* ihr zweites Zuhause, und die Redaktionsmannschaft ersetzte ihr die Familie. Was war das für ein Leben!

Zunächst das ehrwürdige Gebäude an sich. Es war geradezu berüchtigt. »Rußverschmiert, rattenverseucht und von Kakerlaken heimgesucht«, lag das finstere fünfstöckige Backsteingebäude wie ein gestrandetes Wrack gleich neben der Eisenbahnlinie in der Forsyth Street. Der Betriebshof der Eisenbahn drückte allem in dieser Gegend seinen Stempel auf. Die verrußten Dampflokomotiven rumpelten noch Jahrzehnte später durch die Erinnerung von William Howland, als er seine alte Freundin in einem Artikel würdigte:

In den zwanziger Jahren gab es noch keine Dieselmotoren oder Dieselloks. Damals gab es nur rauchspeiende, braunkohlefressende Dampflokomotiven. Die Südseite des Verlagsgebäudes war permanent in stinkende, schwarze Dampfwolken gehüllt, die aus schnaufenden Lokomotiven entwichen. Selbst im Winter, wenn die Fenster geschlossen waren, konnte man drinnen kaum atmen. Im Sommer, wenn man bei geschlossenen Fenstern erstickt wäre, bekam man überhaupt keine Luft mehr. Gelegentlich rieselte einem heiße, rote Asche auf den Schreibtisch. Und Nachrichten durchs Telefon aufzunehmen oder überhaupt nur zu formulieren erfordert eiserne Konzentration, wenn direkt vor deinem Fenster pausenlos Lokomotiven fauchen und Warnglocken bimmeln.

Die Büroräume der Magazinredaktion setzten dem Ganzen die Krone auf. Mitchell taufte diese Etablissements »das schwarze Loch von Kalkutta«. Perkersons Fünf-Mann-Team arbeitete auf engstem Raum auf der Rückseite des dritten Stocks. Die Aussicht war großartig – der Blick fiel auf eine schmale Gasse und ein heruntergekommenes Hotel, das zumindest den Laufburschen der Redaktion im Sommer einige Abwechslung bescherte, weil sie dann durch die geöffneten Fenster Papierkügelchen auf nichtsahnende Gäste abschießen konnten. Durch die dreckverschmierten Fenster fiel im Winter kein Lichtstrahl mehr in den düsteren Raum, und die Einrichtung unterstrich den Eindruck von Trostlosigkeit. Es gab nur ein Telefon, um das sich die Mitarbeiter prügeln mußten; der einzige Arbeitstisch versank unter einer Flut von Papierstapeln, Zeitungsausschnitten und Fotos; ähnlich chaotisch sah es auf jeder anderen Ablagefläche im Büro selbst, aber

165

auch auf dem Gang aus; die Schreibtische waren offenbar schon Shermans plündernden Soldaten keinen Blick wert gewesen, und die Schreibmaschinen hatten ein verehrungswürdiges Alter. Mitchell selbst benutzte eine uralte Underwood, die »hakte und rumpelte und vor Senilität zitterte«. Sie hatte nicht mal eine Rückschalttaste – was Peggy, die nach dem Such-und-Hack-System arbeitete, »nicht selten in die größte Verlegenheit brachte«, wie ihr Freund Howland schrieb. Und als Sitzgelegenheit bekam sie einen alten Küchenstuhl, den sie wie einen Hochsitz erklimmen mußte.

Primitiv – das wäre die treffende Beschreibung der Arbeitsbedingungen beim *Journal* gewesen. Und dann der Job selbst. Spätestens um acht Uhr morgens ging es los. Gearbeitet wurde bis tief in die Nacht, sechs Tage die Woche. Perkerson erwartete von jedem Mitarbeiter allwöchentlich einen größeren Beitrag von etwa 1 500 Wörtern. In ihren dreieinhalb Jahren bei der Zeitung schrieb Mitchell rund 120 solcher mit dem Namen des Verfassers versehenen Artikel. Dazu kam eine Unmenge anonymer Artikel. Die Nachfrage nach solchen Meldungen wurde mit der Zeit nicht geringer, aber Mitchell verlor bald die Lust daran, irgend etwas davon aufzubewahren – aus den letzten anderthalb Jahren hat sie so gut wie nichts aufgehoben. Nichtsdestoweniger weist ihre Akte etwa 50 unsignierte Artikel zwischen 1923 und 1924 auf. Darüber hinaus trug sie mit etwa 20 Buchrezensionen zur Herausgeberseite des Magazins bei. Und das war noch immer nicht alles. Bisweilen verfaßte sie die »Liebeskrank«-Kolumne unter dem adäquaten Pseudonym Marie Rose. Dann wieder lieferte sie Beiträge für die Klatschspalten. Und auch die Fortsetzungsromane enthielten Passagen aus ihrer Feder, nämlich immer dann, wenn in dem chaotischen Herstellungsprozeß Teile verlorengegangen waren. Bill Howland beschreibt, wie sie an diese Ghostwriterjobs kam – und was sie sonst noch machen mußte:

166

Außerdem gehörte es zu ihren Aufgaben, den Fortsetzungsroman zu zerlegen, aufzukleben und Korrektur zu lesen, den das Sonntagsmagazin seinerzeit unverzichtbar fand und der dann auf den Seiten der normalen Wochentagsausgaben fortgeführt wurde. Dieses komplizierte Verfahren führte häufiger zum Verlust ganzer Passagen. Peggy erzählte mir, daß einmal ein ganzes Kapitel eines rührseligen Liebesromans abhanden gekommen sei und sie einfach ein neues geschrieben habe.

In diesen harten Zeiten durfte das Sonntagsmagazin-Team nicht nur jede Woche 32 Seiten auf die Beine stellen, sondern auch eine mit zahlreichen Fotos versehene Tiefdruckbeilage herausgeben und produzieren. Peggy mußte, wie alle anderen auch, Fotos auswählen und Bildlegenden schreiben. Beliebt waren Kinderfotos, und auf den Schreibtischen des Magazins häuften sich gelegentlich Berge überzähliger Kinderfotos an. Zu Peggys Aufgaben gehörte es, diejenigen zu beruhigen, deren Nachwuchs es nicht bis in die Tiefdruckbeilage geschafft hatte, und das verlangte oft ein Höchstmaß an diplomatischem Einfühlungsvermögen.

Des weiteren gehörte es zu ihren Pflichten, die Beiträge anderer Mitarbeiter Korrektur zu lesen – eine Arbeit, die sie besonders verabscheute. Rechtschreibung und Interpunktion waren nie ihre Stärke. Sie entwickelte jedoch ihre eigene Methode, mit diesen Schwierigkeiten fertig zu werden: Sie war bereit, von jedem zu lernen. »Als sie hier auftauchte, hatte sie vom Korrekturlesen nicht mehr Ahnung als jeder australische Buschmann«, scherzte Medora Perkerson. »Sie wollte aber nicht, daß das jemand merkte – also wandte sie sich an einen der altgedienten Veteranen dieser Zunft mit der Bitte, es ihr beizubringen.« Sie war diesem Mann zeitlebens dankbar. Als er starb, bestand Mitchell darauf, zu seiner Beerdigung zu gehen, weil, wie Medora berichtet, »sie ihm viele freundliche Hinweise und wertvolle Ratschläge verdankte, vor allem in

167

jenen Anfangszeiten, als sie noch völlig unbeleckt war und niemand wissen sollte, wie wenig Ahnung sie hatte«.

Korrekturleser, Setzer, Journalisten und alle übrigen bildeten eine Art Familie. Ihre Kameradschaft entschädigte in gewisser Weise für die grauenhaften Arbeitsbedingungen beim *Journal*. Das Gebäude war furchtbar, die Arbeit laugte einen aus, und zur Ruhe kam man praktisch nie, aber die Solidarität der Kollegen machte dann doch wieder alles erträglich. Später würdigte Bill Howland den Elan dieser Leute:

Im *Journal* gab es damals »esprit de corps« – da liest man zwar viel drüber, aber in der Wirklichkeit trifft man ihn selten an. Du kanntest den Mann, der den Aufzug bediente, besser als Angestellte heute ihren Nebenmann kennen. Wenn du eine Verbindung haben wolltest, redetest du die Leute in der Telefonzentrale mit dem Vornamen an. Zur Mittagszeit drängten sich Reporter, Herausgeber, leitende Angestellte, Drucker in verschwitzten Overalls und überhaupt alle, die irgendwo in dem Gebäude arbeiteten, in der kleinen Cafeteria im ersten Stock. Sie saßen an wackligen Tischen oder hingen am Tresen und brüllten durch den Raum und erzählten sich lautstark Witze und schlangen dabei den greulichen Fraß herunter. Das war eine rebellische Bande, ziemlich unbekümmert und ziemlich hart im Nehmen, und deswegen hielten sie wohl alle zusammen. Sie verfluchten das *Journal,* weil man sie schlecht bezahlte, aber sie arbeiteten für das *Journal* mit einer Begeisterung, die nicht mit Gold aufzuwiegen war. Sie stöhnten über die langen Arbeitszeiten, und wenn sie alles hinter sich hatten, dann hatten sie immer noch genug Dampf, endlose Witze zu reißen, etwa über die ehebrecherischen Aktivitäten jeder einzelnen Abteilung.

Mitchell selbst erinnert sich an Beispiele für diese Kameradschaft, die der ganzen Zeit einen Glorienschein verlieh:

168

Erinnerst Du dich noch an jenen Tag, als die Perks Mumps hatten und die County-Polizei eine ganze Wagenladung Cedar-Brook-Roggenwhiskey hochgehen ließ und ich als stellvertretende Chefredakteurin die ganze Truppe in Marsch gesetzt habe, Dich und den Laufjungen und die Saufnase Snodgrass und den Praktikanten, damit wir nur ja diese Geschichte kriegten, und Ihr habt das so blendend hingekriegt, daß, wenn ich mich recht entsinne, fünf Liter dabei für uns abgefallen sind – auch wenn der Laufjunge beinahe erschossen worden wäre, als er sie Dir anreichte. Das waren Zeiten!

Es war schon eine besondere Zeit, selbst wenn man die nostalgischen Anwandlungen abrechnet. Die zwanziger Jahre waren das Goldene Zeitalter des amerikanischen Journalismus. Nicht ohne Grund hat Hemingway einen Auslandskorrespondenten zum Helden seines Romans »Fiesta« gemacht – das war Journalismus in seinem exotischsten und faszinierendsten Gewand. Im wirklichen Leben eroberten Gestalten wie H. L. Mencken, Ring Lardner, George Jean Nathan, Grantland Rice, Damon Runyon oder Don Marquis die Phantasie einer ganzen Generation. Die Reporter des *Journal* fühlten sich diesen Leuten verwandt, und mit einigen der bekanntesten Größen des amerikanischen Journalismus standen sie sogar in Kontakt. Der berühmte Sportjournalist Grantland Rice etwa hatte im Backsteinbau in der Forsyth Street ein Praktikum absolviert, und auch Don Marquis hatte dort gearbeitet, der eine ganze Generation mit seinen wunderbar poetischen Geschöpfen wie »Archie, die Kakerlake« oder »Mehitabel, die Gossenkatze« bezauberte. Ihm zu Ehren taufte Margaret Mitchell die trübe Cafeteria des Verlags in »Kakerlakeria« um.

Atlanta, die Stadt mit einer Morgen- und zwei Abendzeitungen, hielt Journalisten ständig auf Trab. Gleich gegenüber den Büros des *Journal* lagen die Verlagsräume der Hearst-Zeitung

Georgian. »Beide Zeitungen versuchten, ihre Ausgabe als erste auf die Straße zu bringen, und beide überboten sich mit dröhnenden Schlagzeilen«, erzählt der Journalist Erskine Caldwell. »In den Zwanzigern und Dreißigern war Atlanta ein wichtiger Eisenbahnknotenpunkt und möglicherweise die bedeutendste Konferenzstadt der Südstaaten. Hier trafen ständig bekannte Politiker, Geschäftsleute und Größen aus der Welt des Sports ein, die scharf darauf waren, einen Kommentar loszuwerden oder ein Interview zu geben. Also eine richtig gute Zeitungsstadt.« Selbst nach 50 Jahren noch erschien Atlanta dem altgedienten Journalisten Caldwell als Zeitungshimmel auf Erden.

Die ehemalige Debütantin liebte den Journalismus aber nicht zuletzt deshalb, weil sie bei ihrer Arbeit ständig mit den Rändern der Gesellschaft in Berührung kam. Ihre Schwäche für Schimpfwörter und Flüche war 1919 bereits allgemein bekannt gewesen – beim *Journal* fluchte sie noch hemmungsloser. »Sie war das Vulgärste, was ich je erlebt habe«, lachte ihre etwas konventionellere Freundin Willie Snow Ethridge. Ihre weniger konventionellen Freunde waren entzückt. Harvey Smith trifft ins Schwarze, wenn er sagte:

Wenn Peggy obszön wurde, war es eigentlich gar nicht obszön – es war entweder unglaublich komisch oder in einem gewissen Sinne erhellend. Es klang nie verdruckst oder angeberisch oder einschüchternd. Wie ihre kaum verhohlene Bewunderung für Leute, die ordentliche Mengen Alkohol vertragen konnten, war es einfach ein Ausdruck ihrer Zeit, der ausgelassenen Nachkriegs-Ära eines Scott Fitzgerald.

Die Zeitung förderte auch die ambivalente Faszination, die Sex auf sie ausübte. Seit ihrer Jugend liebäugelte Mitchell mit Erotik und Pornografie. Ihr Stück »Scene at a Soiree« spielte mit den Möglichkeiten, zu »zeigen, was man eigentlich nicht sehen, und zu sagen, was man eigentlich nicht hören durfte«. In den frühen zwanziger Jahren fand sie andere Ventile für diese Vorliebe. Sie sammelte Erotika, durchstöberte die von ihr so genannten schmutzigen Buchläden in New York, gehörte einer lockeren Gruppe von Bohemiens aus Atlanta an, die ihre Neigung teilten, und wurde nicht müde, sich mit ausgesuchten Freunden über diese Themen zu unterhalten. Daher auch ihre Bewunderung für den Südstaaten-Schriftsteller James Branch Cabell und seinen sehr sonderbaren und sehr skandalösen Klassiker von 1919, »Jurgen«. Es handelte sich dabei um die moderne Version eines Ritterromans mit deutlichen Anklängen an die Artussage, an Lewis Carolls »Alice im Wunderland«, Sir James Frazers »Golden Bough« und Frank Harris' »My Life and Loves« – dies wiederum alles Bücher, die nicht zufällig zu ihrer Lieblingslektüre gehörten. Weil er – unwissentlich – den Teufel verteidigt hatte, wird dem Helden in Cabells Roman Unsterblichkeit verliehen, und nun durchstreift er alle Zeitalter, vor und zurück, wobei er allen nur denkbaren legendären und mythischen Frauengestalten begegnet. Jede Seite quillt von Frauen, Sex, Wollust, Leben und Tod über – und oft treten diese Phänomene in den sonderbarsten und willkürlichsten Verquickungen auf. Hatte das einen tieferen Sinn? Betrieb Cabell mit »Jurgen« Sozialkritik – oder war alles nur ein großer Witz? War das Leben als solches bloß ein tragischer, kosmischer Scherz, oder gab es in diesem Roman neue Wahrheiten zu entdecken? Der Autor selbst bietet keinerlei Interpretationshilfe, und diese Unergründlichkeit gefiel Mitchell.

Abgesehen von Cabell fand sie weitere Nahrung für ihren Appetit auf Erotika. Sie schätzte andere Beispiele für hochklassige Pornografie wie »Fanny Hill«, »Aphrodite«, »The Perfumed Garden« und »Lysistrata«, vor allem in der »verbotenen Ausgabe, in der Aubrey Beardsley die große Not der sexuell ausgehungerten Spartaner in sehr anschauliche Graphiken umgesetzt hat«. Nach jedem Streifzug durch die New Yorker Pornobuchläden konnte sie sich neuer Erwerbungen rühmen – etwa des ersten (unzensierten) Bandes von Frank Harris' »My Life and Loves« oder Havelock Ellis' »Man and Woman«.

Der Ellis war eine besonders wertvolle Beute – nur Cabell selbst stand in ihrer Achtung noch höher als dieser englische Psychologe und Sexologe. Harvey Smith teilte ihre Vorliebe für den sonderbaren Engländer, und gemeinsam verbrachten beide lange Stunden mit der Lektüre seiner Bücher, wobei sie sich zuweilen gegenseitig daraus vorlasen. Smiths Erinnerung zufolge führten die wirklich interessanten Informationen ein verborgenes Dasein in Fußnoten und Anmerkungen. »Kleine Splitter saftigen Lebens, die uns beide ausgesprochen neugierig machten, lugten aus diesen Fußnoten hervor. Peggy konnte sich vor allem für eine sehr ausführliche Anmerkung im Anhang von Ellis' ›Sex in Society‹ erwärmen, wo die Geschichte eines britischen Armeeoffiziers in Indien wiedergegeben wurde.« Dieses war der Satyr, dessen sexuelles Verlangen so unbändig war, daß er weder aufs Geschlecht schaute noch auf die Art oder Gattung.

Sie praktizierte ihr Hobby, so gut es ging, und ließ selbst Freunde, die keine Aficionados waren, daran teilhaben. »Ja, ich weiß, sie hatte da diese Sammlung«, erinnert sich Elinor Hillyer von Hoffman,

> Bücher, die ihr vielleicht jemand vom *Journal* aus Paris mitgebracht hatte, oder womöglich Harvey selbst – aber ich habe sie nie gesehen. Eines Nachmittags allerdings zeigte sie mir eine Stelle in ›Fanny Hill‹, die sie für eine drollige Bearbeitung unseres Gesprächsthemas aus der Sicht des 18. oder 19. Jahrhunderts hielt. Das war alles. Sie besaß einige Postkarten aus Paris, die sie ebenfalls für amüsant hielt – weil die Modelle so komisch guckten.

»Sexanbeter« nannte Mitchell diejenigen, die ihre Vorliebe teilten.

Ihre Arbeit bei der Zeitung eröffnete weitere Möglichkeiten, sich der Faszination dieses Genres hinzugeben. 1926 setzte die Zeitung einen jungen Reporter auf die Geschichte einer Leichenverbrennung an. Dabei stellte sich heraus, daß die eingeäscherte Dame ein »übel beleumundetes Haus« geführt und ein Tagebuch hinterlassen hatte. An diesem Tagebuch entzündete sich Mitchells Phantasie – und sie schäumte, als sie von dem jungen Reporter erfuhr, die derzeitige Besitzerin dieses Dokuments, eine Methodistin, beabsichtige, es zu verbrennen. »Au weia, was geht nur in den Köpfen dieser Frommen vor«, stöhnte sie und setzte alles daran, Madames Tagebuch in ihre Gewalt zu bringen:

Ich gehe also zu ihr hin und erzähle ihr, was für eine heilsame moralische Wirkung es hätte, wenn dieses Tagebuch veröffentlicht würde – natürlich ohne Namen zu nennen –, und daß es strauchelnde Mädchen davor bewahren würde, der Länge nach hinzufallen etc., etc. Stimmt ja vielleicht sogar. Ich selbst bin, Gott sei Dank, nicht moralisch, aber ich glaube wirklich, daß ein paar Bücher über die Dumpfheit der Prostitution ein paar Verkäuferinnen davon überzeugen könnten, daß sie ihre Lage durch Prostitution nicht unbedingt verbessern. Also knete ich die Methodistin moralisch durch, und jetzt will sie mit ihrem Mann sprechen. Selbst wenn ich es nicht veröffentlichen darf, will ich es wenigstens für ein Wochenende geliehen haben. Ich könnte mir denken, daß praktisch jede bekannte Persönlichkeit von Atlanta darin vorkommt. John und ich, wir würden uns schon einen herrlichen, ruhigen Sonntag mit Blanche Betterouses Tagebuch machen!

Und dann kam sie als Zeitungsreporterin an Orte, wo Ladys niemals hinkamen, machte Sachen, die Ladys niemals taten,

173

und sprach mit Leuten, die Ladys niemals auch nur eines Blik-
kes würdigten. Das *Journal* entzündete und befriedigte vor
allem ihre Neugier auf gefallene Mädchen und Prostitution.
Auf einen Mord in einer schäbigen Pension angesetzt, brüstete
sie sich gegenüber einem anderen Reporter: »Ich war die erste
ehrbare Frau, die jemals ihren Fuß über die Schwelle dieses
Hotels gesetzt hat.«

In dem Maße, in dem sie mit allem brach, was es an Tabus für
eine Dame der Südstaaten gab, erwarb sie sich den Ruf einer
Reporterin, die selbst den Teufel nicht fürchtet. Sie rauchte
exzessiv, auch wenn sie es zeit seines Lebens vor ihrem Vater
geheimhielt. Auf Alkohol war sie zwar nie besonders scharf,
trank auch selten, galt aber dennoch als trinkfest. »Eines
Nachts, bei ihr zu Hause, goß sie sich ein und schüttete es hinunter, und ich dachte, da hältst du mit« erinnerte sich einer
ihrer Freunde. »Sie gab sich keine Blöße, aber ich hatte am
nächsten Morgen meinen ersten Kater.« Aus grundsätzlichen
und praktischen Erwägungen war sie eine Gegnerin der Pro-
hibition und ließ sich dadurch schon gar nicht vom Saufen
abhalten. Es hatte ja jeder seine Quellen für geschmuggelten
Whiskey – ihre Freunde von der Zeitung kannten immer
jemanden, der eine eigene Destillerie im Keller hatte, und sie
selbst erinnerte sich stets gerne daran, wie Herren aus der
besten Gesellschaft sich an sie heranmachten und ihr Ther-
mosflaschen mit Feuerwasser anboten. Ob sie sich jemals
anderer verbotener Rauschmittel bedient hat, ist nicht
bekannt – aber sie wußte, was Kokain ist, und machte sich einmal den Spaß, ihre Gäste weißen Puderzucker schnupfen zu
lassen.

Dieses Leben gefiel ihr. Berauscht von einem nicht alltägli-
chen Gemeinschaftsgefühl, inspiriert von nationalen Idolen,
überzeugt von der eigenen Vorreiterrolle innerhalb ihrer
Gesellschaft und beflügelt von sexueller Energie, empfand
sich die rebellische, junge Generation als die Verkörperung

einer neuen, fortschrittlichen Zeit – und nirgendwo war das so hautnah zu erleben wie beim *Journal*. Margaret Mitchell war glücklich, dieser Bruderschaft von Aufrührern angehören zu dürfen – gleichgültig, wie paradox sich diese Bezeichnung in ihrem Fall ausnimmt.

Eigentlich war die Kameraderie beim Journal eine rein männliche Angelegenheit – John Marsh hatte bereits darauf hingewiesen. In seinem Rückblick auf diese Zeit kommt ihr Mitarbeiter Bill Howland immer wieder auf dieses Thema zu sprechen – es bildet gewissermaßen den Grundstoff seiner Erinnerungen an den Journalismus der zwanziger Jahre. »Journalistinnen wurden allenfalls toleriert«, stellte er fest:

> Das waren durch und durch männliche Zeiten in der Redaktion. Da gab es keine vom Stamm der Betschwestern beim *Journal*. Das Team bestand zu hundert Prozent aus Männern, und die meisten von ihnen waren genauso stolz darauf, große Säufer wie gute Journalisten zu sein. Sie schrieben harte Sachen – da ging es um Nachrichten, um knallharte Fakten, nicht selten um Verbrechen, Strafvollzug oder Hinrichtungen –, und alle waren von einem fanatischen Eifer beseelt, hart an den Fakten zu bleiben. So war das damals, als es noch um die nackten Tatsachen ging, und nicht um Gefühlsduseleien oder die geschmackvolle Aufbereitung von Nachrichten wie heute.

Und diese zynischen, hartgesottenen und grobschlächtigen Männer akzeptierten Peggy Mitchell. Sie »erwarb sich den Respekt und sogar die Bewunderung ihrer männlichen wie weiblichen Kollegen, wegen ihrer Art, sich in einem harten Männergeschäft zu behaupten, ohne Rücksicht zu verlangen oder Pardon zu geben. Sie war hart im Nehmen und unermüdlich bei der Arbeit.« Und das größte Lob, das Angus Perkerson im Rückblick für sie fand, lautete: »Sie schrieb wie ein Mann.«

175

Doch die Bewunderung der Bruderschaft hatte ihre Grenzen. Später witzelte Mitchell über die kaum kaschierte Frauenfeindlichkeit, der auch sie begegnet war. Als sie durch den Welterfolg ihres Romans Berühmtheit erlangt hatte, erinnerte sie sich wieder daran, wie sie einst an ihrem alten Schreibtisch gesessen und zu schreiben versucht hatte – »mit den ewig gleichen Bemerkungen meines Chefredakteurs im Ohr, daß ich niemals an diesem Schreibtisch sitzen würde, wenn männliche Reporter sich nicht ständig betränken und dann der Arbeit fernblieben oder von morgens bis abends von Frauen angerufen würden, die um keinen Deut besser als diese Halunken seien . . .«

Mitchell mußte mit diesen Vorurteilen leben, denn natürlich war Angus Perkerson nicht der einzige Löwe in der Manege. Die »Brummbären« von der Setzerei waren strikt gegen jede weibliche Einmischung, und auch die »extrem eigenbrötlerischen Pressefotografen jener Tage, als es noch keine Kleinbildkameras gab«, machten weiblichen Reportern das Leben schwer. Howland beschrieb einen von ihnen, den »verbitterten William Sparks«, der mit Journalistinnen gnadenlos umsprang. Er war »ziemlich abweisend gegenüber den weiblichen Mitarbeitern des Sonntagsmagazins und wollte ihnen ständig vorschreiben, was sie bei der Arbeit zu tragen und wie sie sich zu verhalten hätten«. Ungeachtet seines Grolls wurde Mitchell schließlich jedoch seine »ganz besondere Favoritin« – sie hatte dazu ihren ganzen kumpelhaften Charme aufbieten müssen.

Die rein männliche Nachrichtenredaktion blieb jedoch ein dauerhaftes Wahrzeichen für die Vorherrschaft eines Geschlechts in diesem Beruf, und diese Vorherrschaft wirkte sich auch ganz konkret auf Mitchells Arbeitsalltag aus. So wurde ihr zum Beispiel ihres Geschlechts wegen die Benutzung des einzigen Lexikons verweigert, das in der Nachrichtenredaktion auslag. Howland fand das komisch:

Ein kleiner, rothaariger, funkensprühender Irrwisch vom Sonntagsmagazin kam von Zeit zu Zeit herein, um ein Wort in unserem dicken Lexikon nachzuschlagen. Sie war so klein, daß sie sich auf die Zehenspitzen stellen mußte, um etwas lesen zu können, wobei sie oft ein paar Zentimeter weißer Haut über ihren Strümpfen entblößte. Damals waren Beine noch kein optischer Allgemeinbesitz, und seitens der jungen Reporter kam es bei diesen Gelegenheiten zu beträchtlichen Tippfehlern und einer allgemeinen Verlangsamung des Arbeitstempos. Das konnte Mr. Branch nicht entgehen, und er unterband es alsbald, indem er unsere Besucherin an seinen Schreibtisch zitierte und in seinem väterlichsten Ton zu ihr sagte: ›Miss Peggy, ich muß Sie bitten, das Lexikon nicht mehr zu benutzen – Sie versetzen meine jungen Männer in Erregung‹.

Nicht einmal zu beruflichen Zwecken durfte sie diese Abteilung mehr aufsuchen, was für sie doppelt ernüchternd war. Natürlich hätte sie weiterhin gelegentlich die Schreibweise oder die Bedeutung eines Wortes nachschauen müssen – aber davon abgesehen hegte sie ja nach wie vor die Hoffnung, eines Tages in die Nachrichtenredaktion zu wechseln. Tatsächlich wurde sie einmal sogar von Chefredakteur Branch persönlich um einen Beitrag gebeten. »Sie war sehr nervös«, erinnerte sich Branch, »sie befürchtete, der Sache nicht gewachsen zu sein. Als sie dann sah, wie ich ihren Artikel einigen ihrer männlichen Kollegen zeigte und ihnen dabei sagte, sie sollten sich daran ein Beispiel nehmen, blühte sie sichtbar auf.« Branch bot ihr daraufhin an, regelmäßig für ihn zu arbeiten. Das scheint sie in größte Verlegenheit gebracht zu haben – jedenfalls konnte sie sich nicht dazu durchringen und lehnte ab.

Auch Mitchell erinnerte sich Jahre später noch an diese Geschichte. Als »Vom Winde verweht« erschien, schrieb Branch ihr einen herzlichen Glückwunschbrief. Mitchell antwortete hoch entzückt, doch scheinen sich bei ihr auch alte Befürchtungen und Frustrationen geregt zu haben. »Ich glaube, Sie haben nie bemerkt, wie sehr ich Sie damals bewundert habe, als ich noch für das *Atlanta Journal* arbeitete«, beginnt sie.

Wahrscheinlich hatten Sie nicht die geringste Ahnung, daß es für mich das Höchste der Gefühle gewesen wäre, wenn ich neben meiner Arbeit beim Magazin auch für die Nachrichtenredaktion hätte arbeiten dürfen. Und zweifellos haben Sie vergessen, daß Sie mir tatsächlich verschiedentlich Gelegenheit gaben, für Sie zu schreiben. Darüber war ich so glücklich, daß ich vor Aufregung beinahe nichts zu Papier gebracht hätte. Und dann, als Sie mich eines Tages zu dieser Axt-Mörderin schickten, die sich weigerte, ihr Herz vor rohen Männerohren auszuschütten, fanden Sie meine Geschichte hinterher so gut, daß Sie für alle vernehmlich sagten: ›Hätten Sie nicht Lust, zu uns zu kommen und für mich zu arbeiten?‹ Nichts hat mich jemals wieder derartig freudig erregt – ich wußte ja, daß Sie auf Frauen in der Nachrichtenredaktion keinen großen Wert legten. Ich habe Ihr Angebot dann abgelehnt, aber ihrer Worte habe ich mich immer dankbar erinnert.

Angus Perkerson bezeugte, sie habe wie ein Mann geschrieben. Diese Aussage ist jedoch irreführend. Denn Mitchells Reportagen weichen in der Form, im Inhalt und im Ton vom konventionellen Reportagemuster ab. In ihren Magazinbeiträgen jedenfalls ist das ihr eigene weibliche Einfühlungsvermögen deutlich zu spüren. Und womöglich wollte sie diese ganz persönliche Sichtweise, diese ganz besondere Art des Schreibens nicht auf Spiel setzen, als sie Harllee Branchs Angebot ablehnte. Beim Magazin konnte sie sich wenigstens treu bleiben – jeder ihrer Artikel beweist das. Sie schrieb wie eine Frau.

8. KAPITEL

Die ganze Wahrheit

Zunächst einmal war sie eine gute Journalistin
in dem Sinn, daß sie nie irgendwelche Ausflüchte
machte und nie eine Geschichte vermasselte. Sie
war mehr als nur eine gute Journalistin in dem
Sinn, daß sie mit außergewöhnlicher Kreativität
an ihre Arbeit heranging und ihre Artikel stets
jenes bestimmte Etwas hatten, das der banalsten
Geschichte Leben und Farbe verleiht.

Medora Field Perkerson über Margaret Mitchell

Die Nachrichtenredaktion trennte mehr als nur
ein paar Stockwerke von der Feature-Abteilung des Magazins
– schon eine Nebenbemerkung von Medora Perkerson über
ihre seinerzeitige Mitarbeiterin Margaret Mitchell macht deutlich, daß es sich um zwei verschiedene Welten handelte: »Man
merkte immer sofort, wenn sie mit einer Geschichte nicht wei-
terkam – dann holte sie nämlich ihren Lippenstift heraus und
zog sich die Lippen nach.« Ein hübsches Bild – wenn sie schon
mit der Geschichte in ihrem Kopf nicht zufrieden war, wollte sie
wenigstens mit ihrem Äußeren zufrieden sein. Dies war eindeutig nicht Harllee Branchs Revier. Auch die Zusammensetzung
der beiden Redaktionen beweist das: Das Magazin hatte fast nur
weibliche Mitarbeiter. Da konnte Angus Perkerson herumtö-
nen, soviel er wollte – seine Frau Medora hatte hier mindestens
ebensoviel zu sagen wie er. Dies war eine Welt der Frauen.

Ein Fotograf – war es der knorrige Frauenfresser William Sparks? – hat den Geist dieses Ortes in einer Aufnahme sehr gut eingefangen. Angus Perkerson ist darauf nicht zu sehen – an seiner Stelle sitzt seine Frau am Schreibtisch, schaut direkt in die Kamera und dominiert mit ihrem freundlichen Lächeln auf den ersten Blick das Bild. Neben dem Laufburschen auf der rechten Seite steht etwas großspurig der junge Artdirektor der Abteilung, die Hände fest um die Schultern zweier Mitarbeiterinnen gelegt. Die eine schaut darob leicht verdrossen, die andere, Peggy Mitchell, ignoriert ihn völlig. Sie ignoriert sogar ostentativ die Kamera – und zieht dennoch den Blick des Betrachters auf sich. Irgendwie scheint sie nicht dazuzugehören. Den Mund knallrot geschminkt, betrachtet sie – auffällig abwesend – die Druckfahnen in ihrer linken Hand, während ihre Rechte lässig mit einem Bleistift spielt. Mit dieser spöttischen Herablassung einer Diva des Journalismus schafft sie es, sich zum eigentlichen Bildmittelpunkt zu machen.

Mit ihrer Feenhand und ihren niedergeschlagenen Augen gibt Peggy Mitchell hier die Parodie des traditionellen Frauenbilds ab. Das paßt zu ihrer Arbeit beim Magazin. Features galten als Nebenprodukt des richtigen, harten Nachrichtenjournalismus. Für das Sonntagsmagazin zu schreiben konnte sie selbst kaum als die Erfüllung ihrer hochfliegenden Träume ansehen. Andererseits hantiert sie auf dem Foto so offensichtlich absichtlich mit Druckfahnen und Bleistift, daß kein Zweifel an ihrem ernsthaften Engagement erlaubt sein kann – Schreiben bedeutete für sie alles. Sie war, wieder einmal, hin- und hergerissen. William Howland stellte sie gern als »Peggy Mitchell, Zeitungsmann« vor, Angus Perkerson versicherte, sie schreibe wie ein Mann. Aber das war weniger als die halbe Wahrheit. Stil und Inhalt ihrer Artikel sprechen eine ganz andere Sprache.

Mitchell selbst war davon überzeugt, daß Frauen anders schreiben als Männer. »Erzähle es so, wie es eine Frau tun würde«, forderte sie einen Freund bei Gelegenheit auf. Wenn es ums Schreiben ging, konnte sie ihre intimsten, aber bisweilen sehr unklaren Vorstellungen von Weiblichkeit mit einem Mal präzisieren – auch ihrem Ehemann gegenüber. »Wenn ich Peggy irgendeinen interessanten Vorfall erzähle«, berichtete er, »sagt sie oft: ›Und jetzt erzähl die Sache noch einmal aus der weiblichen Perspektive – das heißt: Liefere die Details, vervollständige das Bild mit all den Einzelheiten, die es dem Zuhörer erlauben, das Ereignis nachzuerleben.‹« Im Hinblick auf ihre Freunde spielte das Geschlecht für Mitchell zwar nie eine Rolle, was jedoch das Schreiben angeht, nahm auch Medora Perkerson deutlich geschlechtsspezifische Eigentümlichkeiten an ihr wahr. »Sie konnte eine Person so beschreiben, daß der Leser sie leibhaftig vor sich sah. Sie vergaß nie, ein paar charakteristische Züge einzuflechten. Viele Autoren können eine Geschichte ziemlich genau wiedergeben, aber um sich die beteiligten Personen vorstellen zu können, muß man schon die dazugehörigen Fotos sehen. Peggy bildete die Leute, die sie interviewte, in Worten ab, und ihre Geschichten kamen ganz ohne Illustrationen aus.«

Medora Perkerson behauptete zwar nie, Mitchell habe wie eine Frau geschrieben, aber so, wie sie deren journalistische Fähigkeiten beschrieb, gab es einen himmelweiten Unterschied zwischen ihrem Stil und dem, der in der Nachrichtenredaktion gepflegt wurde. William Howland rühmte diesen klaren, faktenorientierten Nachrichtenstil, frei von allen Gefühlen und Schnörkeln, die er verachtete. Perkerson hingegen lobte Mitchells Blick für nebensächliche Details: Sie bereichere ihre Artikel stets um »jenes gewisse Etwas, das Leben und Farbe in eine Geschichte bringt« – eine Vorstellung, bei der es Howland geschüttelt hätte. Perkersons brachte Mitchells lebhaften literarischen Stil mit ihrer Bereitschaft in Zusammenhang, sich auch emotional auf andere Menschen einzulassen. Howards Maßstäbe für guten Stil und sauberen Inhalt lehnten sich dagegen an das traditionelle männliche Vorbild des hartgesottenen Reporterprofis an, der sich ein Thema vorknöpft und seine Geschichte runterhämmert und immer auf der Suche nach der ultimativen Story ist. Ganz anders Mitchell. In der bewährten Weise der Frauen befaßte sich Mitchell hauptsächlich mit kleinen Leuten und kleinen Geschichten. Sie mußte dafür nicht von einem hohen Roß heruntersteigen, denn ihr Interesse, ihre Zuneigung, ihr Mitgefühl waren echt, und die Leute, mit denen sie es zu tun hatte, faßten Vertrauen zu ihr. Sie entspannten sich, sie waren mit einem Mal versessen darauf, ihre Geschichten los zu werden – und Mitchell gab sie dann wieder, als habe sie sie selbst erlebt. Sie verwischte die Grenzen zwischen Subjekt und Objekt, Erzähler und Geschichte und selbst zwischen Geschichte und Publikum. Sie gab den Menschen in ihren Artikeln eine Stimme, sah sie aber mit den Augen des Lesers. Sie verfuhr also, wenn man so will, nach einer ganzheitlichen Methode.

Ob es nun damit zusammenhing oder nicht – jedenfalls schrieb Mitchell gut, auch wenn ihre Prosa leichte Mängel aufwies. Manche davon hatten mit dem Journalismus ganz allgemein zu tun, manche auch mit ihr selbst. Journalismus ist nun einmal ein schnelles Geschäft – da geht es nicht zuletzt um billige Effekte und künstliche Dramatisierung; schon die Menge der Artikel erlaubt es selten, in die Tiefe zu gehen, und Termine sind oft wichtiger als Qualität, auch wenn das Team von Angus Perkerson nicht im selben Maß unter Termindruck stand wie die Nachrichtenleute. Persönlich ist Mitchell vielleicht anzulasten, daß sie zu einem überschwenglichen, wortreichen Stil neigte – manchmal vergaloppierte sie sich regelrecht. In Anbetracht der Unzahl von Artikeln, die sie in dreieinhalb Jahren verfaßte, erscheint allerdings die Tatsache, daß sie nicht immer hohe Qualität ablieferte, weniger erstaunlich als die, daß ihr bisweilen ganz bemerkenswerte Prosa gelang. Vieles davon kann man heute noch lesen.

Sie schrieb lebhaft und paßte ihre Sprache dem jeweiligen Thema an. Sie hatte ein Gespür für Dramaturgie. Nicht immer gelang ihr ein überzeugendes Ende, dafür besaß sie ein besonderes Talent für phantasievolle Anfänge. Sie hatte ein gutes Ohr für Dialoge und die Nuancen der gesprochenen Sprache und traf mit ihren Zitaten oft sehr genau den Ton ganz unterschiedlicher Sprecher. Überdies waren ihre Charakterzeichnungen knapp und treffend – in der Regel pflückte sie sich ein bestimmtes Detail heraus, das für eine Szene oder einen Menschen bezeichnend war, und ließ es für sich sprechen. Kurzum – die Stärken des Romans kündigten sich bereits in ihrer Zeit als Journalistin an.

Ihr Artikel über das elende, alte Gefängnis von Atlanta beweist, in welch hohem Maß sie die Sprache beherrschte. Dieser Beitrag ist aus verschiedenen Gründen bemerkenswert. Normalerweise baute Mitchell ihre Artikel auf Dialogen und Zitaten auf und reduzierte damit weitgehend ihre eigene Sprecherrolle – in dieser Reportage jedoch kommt wörtliche Rede kaum vor. Und gerade weil sie nur nüchtern beobachtet und vieles unausgesprochen läßt, regt sie die Phantasie des Lesers an. Durch kunstvolle Untertreibung vermittelt sie ein Gefühl vom Grauen des Gefangenseins. Sie hatte das Gefängnis an einem der heißesten Tage des Jahres besucht, und ihr Artikel strömt geradezu die Verzweiflung der ermatteten Insassen aus – vor allem in ihrer Beschreibung des Traktes für schwarze Frauen, wo die unglücklichen Gefangenen

sich auf dem Boden wälzten oder auf Stühlen hingen und versuchten, sich etwas Kühlung zuzufächeln. Die Luft im Korridor war schon stickig genug, aber als die Schließerin eine der Türen im Eisengitter öffnete, um mir drei kleine Zellen zu zeigen, die an einen winzigen Innenhof angrenzten, wurde die Atmosphäre übelkeiterregend. Es war heiß an diesem Tag. Die

Fenster, die auf den Innenhof gingen, waren hoch und klein. Die Zellen selbst waren niedrig und düster wie ein Fuchsbau. Aus dem stickigen Dunkel zweier Zellen, wo die Insassen auf schmalen Pritschen lagen, kam unaufhörliches Stöhnen. »Wahnsinn«, sagte die Schließerin, eine Farbige, die einen tüchtigen und intelligenten Eindruck machte. Die anderen Gefangenen lagen auf dem Boden, zu erschöpft von der Hitze und der aufdringlichen Gegenwart ihrer Mitgefangenen, um irgend etwas mitzubekommen. Hätten sie die Energie oder die Kraft der männlichen Gefangenen gehabt, hätten sie sich vielleicht zum Fenster hochgehangelt, um ihre Lungen wenigstens einmal mit einer kühlen Brise zu füllen. Aber sie wälzten sich nur elend auf dem Boden.

Hier ist alles knapp, klar, schnörkellos. Das Gefängnis, die Hitze, die Hoffnungslosigkeit der Frauen – alles spricht für sich. Dazu paßt das einzige Zitat – »Wahnsinn«. In dieser Reportage funktioniert alles.

Einen völlig anderen Ton schlug Mitchell in ihrer Reportage über einen zweiundvierzigjährigen Obdachlosen an, der einen regelrechten Beruf daraus gemacht hatte, sich Zugang zu bedeutenden Sportereignissen zu verschaffen, ohne jemals Eintritt zu bezahlen. Sie führt diesen Menschen so ein, daß er in Fleisch und Blut vor uns steht.

Conelly ist ein kleiner, stämmiger Mann mit einem Kopf wie eine Kanonenkugel auf einem kurzen, dicken Hals. Ein Gittermuster von Narben zieht sich über seine Adlernase. Sein volles Gesicht wirkt friedfertig, und sein einziges, grünes Auge strahlt die Zuversicht desjenigen aus, der zutiefst von der Löblichkeit seines Lebenswerks überzeugt ist ... Um seine Stirn hat er eine goldene Uhrenkette so dick wie ein Starkstromkabel geschlungen, von der ein durchlöchertes Fünf-Cents-Stück herunterbaumelt, das John D. Rockefeller ihm vor

184

sechzehn Jahren für eine Zeitung gegeben hat – Zeitungen kosteten damals zwei Cents.

»Der kricht noch drei Cents von mir zurück«, sagte er stolz.

»Aber da kann er lang drauf warten.«

Nach dieser großartigen Eröffnung erzählt Mitchell in der Manier von Schelmenromanen, auf welche Weise Connelly zu seiner Berufung kam. Und dabei offenbart sie noch weitere Talente – wie erzählerische Qualitäten und ein feines Ohr für das gesprochene Wort.

»In meinem ganzen Leben hab ich nur einmal Eintritt bezahlt«, fügte Connelly hinzu, als er seine »ganz bewußte Ablehnung« (von Eintrittskarten nämlich) erklärte. »Und das war damals fürs Preisboxen. Ich hab für einen reservierten Platz bezahlt, und als ich reinkomm, da sitzt ein anderer Vogel in meinem Nest.« Die schmerzvolle Erinnerung zwang ihn zu einer Pause, und dann ließ er den Vorhang vor dem erschütternden Bild fallen. »Da gings los. Seitdem hab ich nie wieder irgendwem irgendwas bezahlt. Und das werd ich auch nicht mehr. Zum Beispiel ham se mich aus dem Kampf Dempsey gegen Carpentier dreizehnmal rausgeschmissen, aber ich bin immer wieder zurück, und am Ende ham se aufgegeben und mich drin gelassen . . .«

Der Artikel über den einäugigen Connelly zeigt, wo Mitchells große Stärken liegen. Seit ihrer Kindheit war sie eine blendende Geschichtenerzählerin, und dieses Talent brachte sie auch in ihre journalistische Arbeit ein. Manche Stoffe eigneten sich natürlich besser als andere dazu, Spannungsbögen einzuziehen oder Handlung zu dramatisieren, doch wo immer sich die Möglichkeit bot, machte sie aus ihren Fähigkeiten das Beste. Anfänge gelangen ihr fast immer – man denke nur an »Die kleinen Pioniere« aus ihrer Kindheit, wo die Handlung mittendrin einsetzt und die Heldin mit dem knappen Zuruf »Nicht so schnell, Margaret, nicht so schnell!« charakterisiert wird.

Und wie schon in dieser früheren Erzählungen begann sie auch ihre Reportagen gerne mit einem Zitat – ein unkonventionelles Verfahren, das sie sehr effektvoll handzuhaben verstand. Das war aber nur eines von mehreren Stilmitteln, mit denen sie die Aufmerksamkeit des Lesers zu erregen wußte. Oft fielen ihr kurze, schwungvolle Anfänge ein, die nicht einmal unbedingt aus einem vollständigen Satz zu bestehen brauchten. »Verliebt? Das war einmal«, beginnt sie einen Artikel über davongelaufene Ehemänner; »Pech für Charles Clement«, lautet der erste Satz eines Berichts über einen Mann, der das Gedächtnis verloren hatte und irgendwann feststellen mußte, daß er in seinem »früheren Leben« ein Gangster gewesen war.

Für ihre Reportage über Wunderheilungen fand sie einen Anfang, der die Geschichte wie ein Reißverschluß öffnet. »Ist die Zeit für Wunder abgelaufen?« fragt sie. Ein solcher Beginn bietet viele Möglichkeiten, seine Skepsis auszuspielen, aber der Artikel verblüfft durch Zurückhaltung. Sie hatte einem Heilungsgottesdienst beigewohnt und setzte ihren Text nun aus dem »Gelobt sei Gott!« der Geheilten, einem Gespräch mit dem Prediger und Zitaten der Teilnehmer zusammen. Außerdem brachte sie noch Interviews mit eher skeptischen protestantischen Pfarrern wie jenem Methodistenprediger unter, der über moderne Wunder schwafelte. Sie verkniff sich jeden eigenen Kommentar und ging statt dessen auf Berichte ein, die Wunderheilungen bestätigten. Die Zeit für Wunder war also doch noch nicht abgelaufen. Eine gewisse »Dr. Blanche Loveridge, eine Frauenpsychologin, die an der Universität von Chicago, der Sorbonne in Paris und der Universität von Berlin studiert hatte«, äußerte sich positiv. 1923 hatte Mitchell längst die Psychologie für sich entdeckt und viel darüber gelesen. Die

Antworten von Dr. Loveridge gefielen ihr. »Es gibt keine Krankheit, sei sie organischen oder nervösen Ursprungs, die nicht durch Glauben geheilt werden könnte, sofern es gelingt, das Überbewußtsein anzusprechen... Mit Überbewußtsein meine ich das, was viele als unterbewußte Verbindung mit Gott bezeichnen.« Anstatt die Gläubigen vorzuführen, wie man es eigentlich erwartet hätte, nutzte Mitchell die Gelegenheit, das Verhältnis von Wunderheilungen und Psychologie zu erörtern.

Mitchell konnte den Leser mit überraschenden Wendungen fesseln, aber sie konnte auch sehr genau individuelle Charaktere nachzeichnen. Ihr einäugiger Connelly beweist das. Aber es gelang ihr auch bei sehr viel weniger spektakulären Typen. Die Schließerin im Gefängnis von Atlanta, Zirkusleute, alberne Debütantinnen auf Europatour – jeder, egal wie kurz er auftrat, nahm unter ihrer Feder plastische Gestalt an. Die Berühmtheiten kamen mit ihren vorgefertigten Selbstbildern an, und Mitchell verstand es, unter diesen Masken individuelle Züge zu entdecken. Bei jedem Prominenten – ob das nun ein Mörder oder Rudolph Valentino war – fand sie einen Blickwinkel, der ihn so zeigte, wie man ihn noch nicht kannte. Wie sie den Waffenkonstrukteur Hudson Maxim zum Beispiel porträtierte, war typisch für sie – indem sie nämlich seine Gattin interviewte.

Daß sie Mrs. Hudson Maxim zum Star einer Reportage über ihren berühmten Mann machte, war mehr als ein literarischer Kniff. Hier zeigt sich Mitchells fundamentales Interesse an Themen und Fragen, die vor allem Frauen beschäftigten. Mitchell schrieb als Frau, sie schrieb in einer von Frauen geprägten Atmosphäre, sie schrieb für Frauen und sie schrieb bei vielen Gelegenheiten über Frauen.

Zwei Artikel vom Frühjahr 1923 sind schöne Belege für ihre Neugier auf weibliche Themen. Es sind Forschungsreisen in die Geschichte der Frau, bei denen es ihr unter anderem um weibliche Traditionen ging, die in einer patriarchalischen Welt unterdrückt wurden.

Ihr erster Essay vom 13. Mai heißt »Unvergeßliche Liebesgeschichten aus Georgia«. Es ist ein Versuch, die Geschichte der Frau aus der des Mannes herauszulösen. Mitchell erzählt hier fünf Liebesgeschichten vor dem Hintergrund der heroischen Tradition Georgias: Die von General William Tecumseh Sherman, John Howard Paine, John Wesley und Pierce Butler. Die letzte ist eine Darstellung der tragischen Liebesaffäre eines Cherokee-Häuptlings mit einer weißen Frau, Harriet Gould, während der Indianerverfolgung unter Andrew Jackson.

Wie zu erwarten, benutzt Mitchell eine üppige, sentimentale Sprache, wartet aber auch mit Überraschungen auf. Da diese Essays dazu dienen sollen, große Männer zu »vermenschlichen«, leiden sie unter der Feder von Margaret Mitchell genauso wie unter den Gefühlen ihrer Geliebten. Pierce Butler kommt praktisch überhaupt nicht vor, die anderen geben eher das Bild von Schmerzensmännern ab: Sie seufzen, sie blasen Trübsal, sie verzehren sich vor Kummer. Ihre Frauen machen sie fertig. Besonders militant ist Fanny Kemble, in deren Eheleben Romantik und Liebe Fremdwörter sind. Sie setzt die Scheidung durch und feiert ihren Sieg, indem sie ein Buch mit dem Titel »Vorkommnisse auf einer Plantage in Georgia 1838 – 1839« schreibt. Mitchell interpretiert diese Schrift als gelungenen Racheakt an ihrem Mann, gleichzeitig aber habe sich Kemble damit einen Platz in der regionalen Geschichte erobert, da »sie stärker dazu beigetragen hat, Menschen gegen die Sklaverei zu mobilisieren, als jede andere Veröffentlichung in dieser Zeit«.

Ihr zweiter Abstecher in die Geschichte der Frau geht sehr viel weiter. Mit dem ersten Essay versucht sie, weiblicher Sinnlichkeit und Emotionalität einen Platz in der männlichen Welt von Krieg und Politik zu sichern, mit dem zweiten, »Königinnen und Kriegerinnen« vom 20. Mai, stürmt sie alle männlichen Bastionen. Es dürfte kein Zufall sein, daß sie diesen Artikel als einzigen mit ihrem vollen Namen signiert hat. »Von den frühesten Pioniertagen an bis in unsere Tage haben Frauen aus Georgia zur ruhmreichen Tradition dieses Staates beigetragen«, beginnt sie.

Sie wurden in eine Zivilisation hineingeboren, in der übertriebene Ritterlichkeit gegenüber »schutzbedürftigen« Frauen das hervorstechende Merkmal eines Gentleman ist. Aber die Frauen von Georgia waren nicht allesamt liebreizende Burgfräulein – sie hatten erstaunliche Fähigkeiten und waren bereit, höchste Verwantwortung zu übernehmen, wenn Not am Mann war.

Mitchell geht dieser Tradition anhand von vier weiblichen Biographien nach. Sie beginnt mit einer Zeitgenossin, Rebecca Latimer Felton, der ersten Frau im amerikanischen Senat. Felton begann ihre Karriere als Assistentin ihres Mannes, stellte ihn jedoch bald in den Schatten und machte sich durch ihre Schriften einen Namen. Vor allem ihre Korrespondenz brachte ihr Ruhm ein.

Aber diese alte Dame scheint Mitchell nicht sonderlich interessiert zu haben, und sie geht von Feltons politischem Feminismus rasch zu jenen Frauen über, die noch mit ganz anderen Mitteln männliche Domänen erobert haben. In der weiter zurückliegenden Vergangenheit fand sie Frauen, die als waschechte Rebellinen gelten dürfen: Nancy Hart, Lucy Kenny und ganz besonders Mary Musgrove.

Nancy Hart war eine amerikanische Patriotin zur Zeit des Unabhängigkeitskriegs; sie sah aus wie ein Mann und trat auch so auf. Sie war über 1,80 Meter groß, muskulös und breitschultrig, rothaarig und kratzbürstig, sie schielte und hatte, so Mitchell, ein überschäumendes Temperament. Nichts an ihr war liebreizend – sie »brüllte den Haß auf ihre Feinde heraus und fürchtete weder Briten noch Teufel«. Als ihr »wenig heldenmütiger Gatte mit seinen Nachbarn vor den Engländern in die Sümpfe floh«, hielt sie die Stellung und schlug die Engländer in die Flucht. »Einer, dem Nancys Talente als Scharfschützin unbekannt waren, versuchte, sich auf sie zu stürzen, und wurde kurzerhand abgeknallt.«

Ob die anderen nun angesichts ihrer Kaltblütigkeit die Nerven verloren oder ob ihr schielender Blick, der jeden einzelnen von ihnen zum nächsten Opfer auszuersehen schien, sie in Panik versetzte – jedenfalls ließen sie von ihrem Angriff ab, und als sich die Soldaten verzogen hatten, ging diese argusäugige Medusa seelenruhig daran, das Abendessen vorzubereiten.

Nancy Hart verhielt sich wie ein Mann – Lucy Kenny kleidete sich obendrein wie ein Mann. »Sie war hochgewachsen, wirkte ausgesprochen männlich, konnte ausgezeichnet mit dem Gewehr umgehen und galt als vollkommen furchtlos«, schreibt Mitchell. »Sie brauchte sich nur das Haar abzuschneiden und sich einen Anzug ihres Mannes anzuziehn, und schon wurde aus dem ordentlichen Eheweib ein exzellenter Soldat der Konföderierten.« Während der ersten Hälfte des Kriegs kämpfte sie unter ihrem Decknamen »Gefreiter Bill Thompson« Seite an Seite mit ihrem Mann. Bei Sharpsburg wurde sie schwer verwundet und monatelang in einem Lazarett behandelt, ohne daß ihre wahre Identität ans Licht gekommen wäre. Erst nachdem ihr Mann gefallen war, gab sie sich zu erkennen: Sie beantragte Fronturlaub, um ihren Mann daheim beerdigen zu können.

Mitchell preist Lucy Kenny als eine Art unbesungener Jeanne d'Arc, aber ihre letzte Kandidatin, Mary Musgrove, stellte selbst diese wackere Streiterin für die Sache der Südstaaten in den Schatten. Als junge Indianerin im Georgia des 18. Jahrhunderts hatte Musgrove für Politik oder Patriotismus nicht viel übrig – es dürstete sie schlicht und einfach nach Macht. Mitchell betont ihre Intelligenz, ihr Charisma. General Oglethorpe respektierte sie als Autorität, drei europäische Männer bewunderten sie als Frau, und auch ihre eigenen Leute konnten sich der Faszination dieser Person nicht entziehen. »Mary besaß eine enorme persönliche Anziehungskraft, sie war das Idol ihres Volks, der Creek, und obwohl sie viele Jahre unter dem Einfluß der Zivilisation gelebt hatte und mit drei weißen Männern hintereinander die Ehe eingegangen war, blieb sie bis zu ihrem Tod eine ungezähmte Wilde.«

Ihre Männer sind in Mitchells Darstellung nichts als Anhängsel; der erste bekommt nicht einmal einen Namen und der dritte zählt nur als Muse der Macht. »Werde Königin«, flüstert er ihr ein. »Natürlich«, glaubt Mitchell, »behagte diese Vorstellung Marys wilder Seele.« Tatsächlich gelingt es ihr, die Führung der Creek an sich zu reißen und das ganze Volk aufzuwiegeln. »Genauso leidenschaftlich von der Rechtmäßigkeit ihrer Ambitionen wie der Unrechtmäßigkeit der Indianerpolitik der Weißen überzeugt, riß sie ihre Krieger zu dem Schwur hin, bis zum letzten Blutstropfen für sie zu kämpfen.« Daraufhin kommt Musgrove in die Stadt gestürmt und unterbreitet ihre Bedingungen den entsetzten Europäern, die allen Grund haben, ihre Folterandrohung ernst zu nehmen. Nachdem sie eine Weile die ganze Gegend in Angst und Schrecken versetzt hat, wird sie verraten und wie Napoleon auf eine ferne Insel verbannt.

Abgesehen davon, daß sie Mary Musgrove der Vergessenheit entrissen hat – welche Absicht verfolgt Mitchell mit ihrem Porträt? Einmal würdigt sie damit die Führungsqualitäten einer zielstrebigen Frau und illustriert damit die Tatsache, daß Frauen nicht nur dieselben Talente, sondern auch denselben Willen zur Macht wie Männer besitzen. Zum anderen zeigt sie, daß generell als männlich angesehene Untugenden wie übertriebener Ehrgeiz, maßloser Stolz, rücksichtsloser Durchsetzungswille und Herrschsucht auch in ihrem Fall verdienterweise zum Untergang führen. Mitchells Darstellung ist aber komplexer. Denn Musgrove ist nicht nur gewalttätig, wild und zügellos – sie ist all dies, obwohl sie eine Frau ist. Und deshalb schlägt sie, nach Mitchells Dafürhalten, einen doppelten Irrweg ein. Sie verstößt nämlich nicht nur gegen die Gesetze der gesellschaftlichen Ordnung, sie verrät auch ihre eigene, weibliche Natur. Das geht auch Mitchell zu weit. Obwohl sie Musgrove zunächst ideale Züge abgewinnen kann, fällt sie letzten Endes doch ein vernichtendes Urteil über sie. Ihr Sieg, so die Moral der Geschichte, hätte den Niedergang von Recht und Ordnung bedeutet und wäre für die weitere Geschichte von Georgia fatal gewesen.

Gleichwohl fühlte sich Mitchell von rebellischen Frauen angezogen, wo immer sie auf sie traf. »Darf sich ein anständiges Mädchen das Haar kurzschneiden? Darf sie ihre Strümpfe herunterrollen, ihr Korsett in die Ecke werfen und ihren eigenen Haustürschlüssel besitzen? Lassen sich Ehemann und Heim und Kinder mit einem Beruf vereinbaren?« So faßte Mitchell später die Fragen zusammen, die sie als Journalistin am brennendsten interessiert haben. Ihre Vorliebe für Themen, bei denen es um die finanzielle Unabhängigkeit junger Frauen ging, schlug sich besonders deutlich in einer Interviewserie mit Oberschülerinnen nieder, in der es um die Frage ging: »Sollten Frauen einen Beruf erlernen, bevor sie heiraten?« Sie erntete auf Anhieb einhellige Zustimmung, ließ aber nicht locker: »Der Schriftsteller Joseph Hergesheimer sagt, Frauen sollten nicht arbeiten, weil sie dadurch ihren Liebreiz einbüßen. Frauen sollten zu Hause bleiben und ihren Charme kultivieren. Was haltet ihr davon?« »Schnee von gestern!« kam es zurück. Noch einmal hakte Mitchell nach:

> »Will denn keine von euch daheim bleiben und ihrer Familie das Leben schön machen?« fragte die Interviewerin ein wenig irritiert angesichts dieses Ausbruchs von Arbeitsfreude... Aber sie ließen sich nicht beirren.

Und als Mitchell schließlich ihre Eindrücke in der Frage zusammenfaßte: »Dann geht es euch also, wenn ihr einen Beruf ergreifen wollt, in erster Linie um eure Unabhängigkeit?«, erhielt sie eine eindeutige Antwort. Jetzt brach ein Tumult aus, und in dem Stimmengewirr waren deutlich Worte wie ›Selbstverwirklichung!‹ ›Unabhängigkeit!‹ oder ›Monatsgehalt!‹ zu unterscheiden...

Das waren unmißverständliche Plädoyers, aber Mitchell verschwieg auch nicht die Hindernisse, die der Selbstverwirklichung von Frauen im Wege standen. Dazu gehörten nicht zuletzt die traditionalistischen Ansichten der Frauen selbst. Auch die befragten Oberschülerinnen sahen den tieferen Sinn weiblicher Berufstätigkeit darin, einer Frau das Verständnis für ihren Mann zu erleichtern – Frauen mit eigener Berufserfahrung, glaubten sie, »werden nicht mehr so schnell an ihm herumnörgeln«. Selbst unter den rebellischsten jungen Frauen fand Mitchell keine, die sich eine arbeitende Mutter vorstellen konnte, und sogar etliche der arbeitenden Frauen, mit denen sie sprach, beteuerten, Berufstätigkeit sei für eine Frau eigentlich etwas Unnatürliches und verderbe sie für die Ehe: »Sie gewöhnen sich daran, ihr eigenes Geld zu verdienen und daß alles nur nach ihrem Kopf geht, und dann schieben sie das Heiraten immer weiter auf, bis es sie gar nicht mehr interessiert.«

Völlig anders fiel ein Interview mit männlichen Oberschülern über deren Karriereziele aus. »Wenn Jungen die High-School verlassen, sind sie sich ihrer Sache wunderbar sicher«, beginnt sie.

> Das Leben ist für sie eine einfache, klare Sache. Man macht bestimmte Sachen, und wenn man die hinter sich gebracht hat, warten Ruhm, Reichtum und ein nagelneuer Packard auf einen. Man geht aufs College, ist fleißig, läßt sich nichts zuschulden kommen, lernt ein paar Grundregeln übers Verkaufen oder Brückenbauen oder Bücherschreiben, und dann

193

stellt sich der Erfolg genauso selbstverständlich ein, wie sich nach dem Mittagessen das Abendessen einstellt.

In Anbetracht dessen, was es junge Frauen kostete, dieselben Pläne zu verwirklichen, ist Mitchells Ton hier besonders ironisch. Nicht zuletzt ihr Vergleich mit Mittag- und Abendessen trieft von dezentem Spott – schließlich wußte sie nur zu gut, wer den Jungs die Kartoffeln auf den Tisch stellt.

Patriarchalische Beschränkungen wie im Fall des verbotenen Lexikons in der Nachrichtenredaktion waren Mitchell bestens vertraut. Auch sie hatte viele davon längst verinnerlicht. Trotz ihrer Fähigkeiten, ihrer Energie und Produktivität als Journalistin und trotz des wiederholten Lobs ihrer Vorgesetzten und Mentoren kultivierte sie eine fast pathologische Angst zu versagen. Nachdem sie berühmt geworden war, warf sie einen Blick zurück auf ihre Tage beim *Journal* und ließ kein gutes Haar an ihren Arbeiten. »Meine Zeitungsartikel sind so erbärmlich, daß sich mir die Zehennägel aufrollen, wenn ich nur einen Blick darauf werfe«, sagte sie. »Ich bewahre sie auf, um mich jedesmal, wenn ich übermütig werde, zu kasteien.« Das einzige, was sie durchgehen ließ, waren ihre Reportagen über historische Themen, und auch die nur wegen der gründlichen Recherche, die sie vorab betrieben hatte. Ansonsten fand sie nichts brauchbar. Es war merkwürdig: Sie stürmte atemlos auf ein Ideal zu, und je näher sie ihm kam, desto mehr fühlte sie sich in ihrem Unzulänglichkeitsgefühl bestärkte. Immer noch stand sie ratlos vor den bohrenden Fragen, die sie überhaupt erst zum Journalismus gebracht hatten: Wohin gehörte eine Frau? Was war ihr Platz in der Gesellschaft, welche die ihr angemessene Rolle im Leben? Die Themen, denen sie so viele Artikel gewidmet hatte, quälten sie weiterhin, und auch ihre Gesellschaft, ihre Kultur hatten keine befriedigenden Antworten zu bieten – im Gegenteil: Sie vergrößerten das Dilemma, unter dem sie als einzelne Frau nach wie vor litt.

TEIL III

Kampf

9. KAPITEL

Der heilige John

An der ganzen Uni gibt es nur wenige, die John
wirklich einschätzen können. Er arbeitet im stillen
und ohne Rücksicht darauf, was es ihm im Augenblick bringt. Wir, die wir ihn kennen, wissen auf
jeden Fall eins: Wenn John etwas verspricht,
brauchst du nicht weiter darüber nachzudenken,
weil du sicher sein kannst, daß er sein Wort hält.
»The Kentuckian« (1906)

Die Handschrift ist geziert, die Aussage klar.
»Ich hoffe, meine Genugtuung darüber, daß Du inzwischen so
viel flüssiger schreibst, wird Dich nicht dazu verleiten, blumi-
ger zu schreiben. Das wäre sehr schade, weiß Gott.« Am Rand
jedes Artikels erinnerte diese gestochene Schrift die Autorin
an die eisernen Regeln der Sprache. Hatte sie die Verbform
gewechselt, Singular und Plural vermischt, das falsche Wort
benutzt, war sie in die Umgangssprache verfallen? Jeder Korrektor hatte ein scharfes Auge darauf, aber dieser hier schien
seine Arbeit wirklich zu lieben – seine Kommentare gingen
weit über die üblichen Anmerkungen zum Sprachgebrauch
oder zur Grammatik hinaus. Im Lauf der Zusammenarbeit
verriet er nicht weniger über sich selbst als über das, was er für
die literarischen Schwächen der Verfasserin hielt. In der
Absicht, eine Idee oder eine Wendung klarer zu fassen, bela-

197

stete er ihren Text mit uferlosen Einschüben und pedantischen Präzisierungen. Gelegentlich verlangte er, daß sie sich an die Hochsprache hielt – selbst wenn der Satz dann blasser wirkte. Sie schrieb ja, wie sie redete, ihre Reportagen hallten von lebendigen Stimmen wider, und ihre Artikel spiegelten ihr eigenes Temperament, wenn sie von Lebhaftigkeit, Überschwang, Begeisterung und Neugier zeugten. All dies ging dem ihr sehr ergebenen Korrektor vollkommen ab. Mit seiner Ausgeglichenheit, seiner Geduld, seiner Beharrlichkeit und Zuverlässigkeit war er nichtsdestoweniger eine enorme Hilfe für Margaret Mitchell. Mit Ausnahme von May Belle Mitchell hat kein Mensch eine wichtigere Rolle in ihrem Leben gespielt als er. Ihn zu heiraten sollte sich als die folgenreichste Entscheidung erweisen, die sie je traf, denn ihre sonderbare Verbindung – und sie war in der Tat äußerst sonderbar – bereicherte sie, soweit das möglich war, um all das, was ihr bislang gefehlt hatte.

Daß Margaret Mitchell eine Beziehung zu John Marsh einging, verblüffte alle ihre Freundinnen aus der besseren Gesellschaft. Einige gaben sich Mühe, irgend etwas an ihm zu finden – Julia Memminger zum Beispiel: »John sprach praktisch nie, aber er war ausgesprochen höflich – ein sanfter Mann, ein wirklicher Gentleman. Außerdem war er ihr mit jeder Faser seines Herzens ergeben.« Willie Snow Ethridge wurde deutlicher. Sie und ihr Mann kannten John gut durch die Pressevereinigung von Georgia, dennoch machte sich Ethridge offen über Johns unvorstellbares Phlegma lustig: »Er dürfte der langsamste und pedantischste Mensch gewesen sein, der je gelebt hat«, sagte sie vierzig Jahre später und konnte bei der Erinnerung daran immer noch in herzhaftes Lachen ausbrechen.

John war ein sehr häuslicher Mann mit ausgeprägtem Beschützerinstinkt, und er verehrte sie abgöttisch. Nicht, daß er regelrecht eifersüchtig gewesen wäre, aber auch nicht weit davon entfernt. Während sie quirlig und lebhaft war und stets im Mittelpunkt stand, verhielt es sich mit John genau umgekehrt. Er sprach langsam, als müßte er jedes Wort an einer Winde herausziehen – bevor er sein nächstes Wort herausgebracht hat, ist man vor Ungeduld gestorben. Sie war lustig und zugänglich und pflegte gelegentlich im Schlafzimmer hofzuhalten, mitten in einem gigantischen Hotelbett sitzend und unglaubliche Geschichten erzählend. Dagegen war John farblos und stocknüchtern.

Andere alte Freundinnen beurteilten ihn nicht minder streng. »Wir haben alle gedacht, sie heiratet unter ihrem Niveau«, versicherte Caroline Tye. »Ich habe nie verstanden, was sie an ihm fand. John Marsh war einfach langweilig, und nach ihrer Hochzeit haben wir uns aus den Augen verloren.« Der bissige Harvey Smith faßte sich noch kürzer: »Diese Schnecke«, grollte er. Wenn Mitchell die Qualitäten ihres Mannes pries, zuckte Smith jedesmal zusammen. Es war »allen anderen anderen peinlich, weil niemand glauben wollte, daß sie dermaßen blind für die offensichtliche Wahrheit war«.
Mitchell verteidigte ihren Mann bei jeder Gelegenheit – besonders eifrig aber, nachdem sie Weltruhm erlangt hatte –, wich in ihrer Beurteilung jedoch nicht sehr von der ihrer Freunde ab. »John braucht mehr Schlaf als jeder andere weiße Knabe, den ich kenne«, erzählte sie ihrer Schwägerin. »Da ich ihn Nacht für Nacht gegen elf Uhr ins Bett bringen muß, gehen wir nicht viel aus, und die Sonntage sind für ihn nur eine Gelegenheit, bis drei Uhr nachmittags zu schlafen und um vier Uhr zu frühstücken.« Auch seine grundsätzliche Abneigung gegen jede Art körperlicher Betätigung gab sie unumwunden zu. »Im Sommer muß ich ihn zwingen, mit mir schwimmen zu gehen, weil er zu faul ist, irgend etwas zu unternehmen«, stöhnte Mitchell im Winter 1925. »Der Arzt sagt, er bewege sich zu wenig.«

199

Und genauso sah John Marsh auch aus. Nichts an ihm konnte Gefallen erregen. Er war groß und grobschlächtig, bewegte sich ohne jede Anmut und unterschied sich kraß von der knochigen Eckigkeit seines ehemaligen Mitbewohners und Mitbewerbers Berrien Upshaw. Er hatte Glupschaugen, die er hinter dicken Brillengläsern verbarg, sein Mund war so fleischig wie seine Nase, und eine Unmenge von Brathähnchen, Keksen und Zigaretten ließ ihn mit den Jahren regelrecht aufquellen. Zudem hatte Scharlach in seiner Kindheit sein Gehör in Mitleidenschaft gezogen, was seine angeborene Schwerfälligkeit noch steigerte.

Niemand hätte John Marsh einen gutaussehenden Mann genannt – dennoch, er hatte Charme. Wenn er etwas wirklich amüsant fand, strahlte er, und wenn er lächelte, ging ein Leuchten über sein Gesicht. Die meiste Zeit über wirkte er jedoch bekümmert, als hätte er Magenprobleme. Das war kein Wunder. Tatsächlich suchten ihn zeit seines Lebens sonderbare Verdauungsprobleme heim, namenlose Krankheiten zehrten an seinen Kräften, und lange vor seinem schweren Herzinfarkt verbrachte er regelmäßig Wochen und Monate im Krankenhaus, die sich mit Perioden der Bettlägerigkeit daheim abwechselten. In keinem Punkt war er seiner geliebten Frau ähnlicher als im Hinblick auf ihre gemeinsamen Gesundheitsprobleme, und nichts schweißte sie enger zusammen.

Schon als junger Mann hatte John Marsh angefangen, sich alt und hinfällig zu fühlen. Kaum siebenundzwanzig, äußerte er seiner Mutter gegenüber, er befinde sich »in der Mitte meines Lebens«. In anderen Briefen aus dieser Zeit beteuert er, ein so hohes Alter erreicht zu haben, daß er nicht mehr ans Heiraten denken dürfe.

Doch trotz aller »Neurosen«, wie Marshs Schwager es nannte, führten die beiden eine beinahe vollkommene Ehe – was niemand vorhergesehen hätte. Weder ähnelten sie sich in ihrer

Persönlichkeit oder in ihren Interessen, noch hatten sie im Hinblick auf Herkunft, Klassenzugehörigkeit und Erziehung etwas gemein. Welten lagen zwischen Johns Heimatstadt Maysville, Kentucky, und der Peachtree Street in Atlanta. Marsh kannte nicht einmal seine Vorfahren. Während Mitchell zweihundert Jahre Familiengeschichte im Kopf hatte, wußte Marsh gerade einmal, wer seine Großeltern gewesen waren, aber selbst damit haperte es. Und Maysville war um 1915 kaum mehr als ein aus den Nähten geplatztes Dorf, das dem vielversprechenden Sohn von Mary und Millard Marsh wenig zu bieten hatte. Dasselbe traf auf Kentucky als Ganzes zu. Seit dem Bürgerkrieg, und vor allem seit der Wirtschaftskrise von 1893, preßten unsichtbare Marktkräfte die ländlichen Regionen aus und reduzierten die beruflichen Chancen in der Region auf ein Minimum.

Es kam erschwerend hinzu, daß die Bevölkerung des Südens sehr viel schneller wuchs als die in den übrigen Staaten der USA, was eine Völkerwanderung in den Norden auslöste. Vor allem die Generation, der John Marsh angehörte, die »Generation von 1900«, war davon betroffen. Gertrude Stein und Ernest Hemingway hatten sie die »Verlorene Generation« genannt, wobei die jungen Menschen in den Südstaaten das Gefühl der Heimatlosigkeit schon vor dem Ersten Weltkrieg kennenlernen mußten. War ein John Marsh überhaupt irgendwo wirklich zu Hause?

Ab 1912 verbrachte er vier ereignislose Jahre an der Universität von Kentucky. 1916 machte er sein Englischexamen und nahm einen Job beim *Lexington Herald* an, wo er ein Jahr lang blieb. 1917 ging er als Privatdozent zurück an die Universität, und ein halbes Jahr später meldete er sich bei der Armee. Unter dem Jubel der Massen verließ er mit seiner Kompanie im März 1918 Lexington in Richtung Europa – und das war für ihn auch schon der aufregendste Teil des Kriegs. Da er einer Sanitätseinheit zugeteilt war, verbrachte er die letzten Monate des Kriegs in einem englischen Militärhospital bei Southampton. Nach dem Waffenstillstand setzte er aufs Festland über und wurde im französischen Beaune stationiert, wo ihn nun tatsächlich eine veritable Kriegsverletzung ereilte, denn hier in Beaune ging der Ärger mit seinem Magen los. »Das Essen muß furchtbar gewesen sein«, meinte seine Frau später, »und wie bei vielen anderen Soldaten ist es ihm auf den Magen geschlagen.« Im Gegensatz zu den meisten anderen Opfern »furchtbaren Essens« jedoch erholte sich Sergeant Marsh nie mehr davon. Viele Wochen brachte er in diversen französischen Militärkrankenhäusern zu – und litt sieben Jahre später immer noch an derselben Magenverstimmung. Sie sollte ihn zeitlebens begleiten. In den zwanziger und dreißiger Jahren suchte er wiederholt Veteranenkrankenhäuser auf und wollte sich von der Armee schließlich teilweise arbeitsunfähig schreiben lassen. Das Amt für Veteranenangelegenheiten ließ sich lange bitten, denn dort war niemand von seinen mysteriösen Leiden so recht überzeugt.

Wie dem auch sei, Marsh nahm im Juli 1919 seinen Abschied von der Armee. Klare Vorstellungen von seiner Zukunft hatte er nicht. Zwar kehrte er nach Maysville zurück, ließ seine Koffer aber gepackt und zog nach acht Wochen schon wieder weiter. Anfang 1920 tauchte er in Atlanta auf und fing wieder bei der Zeitung an. Im September 1924, eben neunundzwanzig geworden, wurde er Direktionsassistent bei der Elektrizitätsgesellschaft von Georgia, wo er für die nächsten 25 Jahre blieb. Er mochte seine Arbeit, aber das war nicht das einzige, was ihn an Atlanta fesselte. Kurz zuvor war die Ehe von Upshaw und Mitchell geschieden worden, und Marsh war wieder häufiger in der Nähe des großen Hauses in der Peachtree Street zu finden. Im Geist hatte er Eugene Mitchells muffige Salons nie verlassen, seitdem er drei Jahre zuvor erstmals an das große Portal à la Palladio geklopft hatte.

John war Peggy im Januar 1922 begegnet und vom ersten

202

Augenblick an hingerissen. Die Art, wie er ihr den Hof machte, war allerdings typisch für ihn. Als Mann fester Gewohnheiten, geringer Energie und mit einem beinahe krankhaften Schlafbedürfnis verbrachte er die meisten Stunden mit seiner Angebeteten ins Gespräch vertieft. Er war sehr intelligent, er liebte die Literatur, und Peggy ließ sich gerne auf diese Unterhaltungen mit ihm ein. In diesen Stunden war John in seinem Element. Der »freizügige Platonismus« ihrer Beziehung behagte ihm, und der Gedanke an eine Ehe hätte ihn womöglich noch mehr verstört als Mitchell selbst. Jedenfalls gipfelte sein Draufgängertum in diesen abendelangen Plaudereien auf ihrem riesigen Sofa.

Und dann machte sein Mitbewohner das Rennen.

Im Sommer 1922 unterrichtete er seine Schwester in einem Brief von seiner Niederlage, der viel über seinen Charakter verrät. Kurz zuvor hatte sie ihm von ihrem Plan geschrieben, nach New York zu gehen. Er war begeistert. »Bravo! Juchhu! New York! Zur Hölle mit dem banalen Einerlei! Abenteuerrr! Flirrrts!« Und dann verglich er sich selbst mit ihr: »So etwas wollte ich selbst immer mal machen, habe mich aber nie dazu aufraffen können. Es würde mich mit Stolz erfüllen, wenn eine meiner Schwester das fertigbrächte, wovon ich höchstens träume.« Seinem Schreiben legte er einen Zeitungsausschnitt mit der Verlobungsanzeige von Upshaw und Mitchell bei, auf die er auch in seinem Brief einging: Schreib ihr, bat er sie, »aber gratuliere ihr nicht zu überschwenglich. Sag ihr lieber, daß Du sauer bist, weil sie nicht mich geheiratet hat, daß Du ihr aber gleichwohl Glück wünschst. Und frag sie nach dem Rezept, wie man seinen Verehrer in den Staub drückt, ohne daß der die Lust daran verliert, seiner Peinigerin weiterhin ein ergebener Sklave zu sein. Das bin ich nämlich.«

Nach der Hochzeit wurde es für alle drei Beteiligten zunächst immer schlimmer, bevor es sich allmählich zum Besseren wendete. Auch wenn er die feste Absicht gehabt haben sollte,

203

dem Paar aus dem Weg zu gehen – bei seiner Rückkehr nach Atlanta im März 1923 platzte er mitten in das Mitchell-Upshaw-Chaos hinein. Außerdem arbeitete er nun im selben Haus wie seine in Bedrängnis geratene Angebetete, denn drei Monte vor Peggy hatte er selbst beim *Journal* angefangen. Und als Korrektor gelang es ihm, eine ganz neue Beziehung zu ihr aufzubauen. In ihrer anfänglichen Unsicherheit hatte Mitchell bei Gott und der Welt Hilfe gesucht – John wurde ihr Fels in der Brandung. In den nächsten acht Monaten – solange er beim *Journal* arbeitete – gab ihm Mitchell fast alles, was sie geschrieben hatte, zu lesen, und er schickte es ihr korrigiert zurück. Zehn dieser überarbeiteten Artikel hat sie aufbewahrt, und jeder erzählt eine eigene Geschichte. Seinen Anmerkungen ist zu entnehmen, wie unglaublich schnell Mitchell sich einarbeitete – und wie wenig das an ihrem Minderwertigkeitsgefühl änderte. Zudem erhellt diese Zusammenarbeit einen weiteren Aspekt jenes »freizügigen Platonismus«, der ihre Beziehung kennzeichnete.

Daß er ihren Berater im Berufsleben spielen durfte, war für ihn das einzig Erfreuliche im Frühjahr 1923. Denn das zerstrittene Paar kam, gemeinsam oder jeder einzeln, immer dann auf ihn zu, wenn es einen Beichtvater, einen Vertrauten oder einen Anwalt brauchte. Sechs nervenzerfetzende Monate brachten ihn an den Rand des Wahnsinns, und nur sein unerschütterliches Pflichtgefühl hinderte ihn daran, die Beziehung zu beiden abzubrechen, »wie ich es viele Male vorgehabt habe. Als Außenstehender ist man bei jedem Familienstreit in einer wenig beneidenswerten Lage – wieviel mehr hier, wo mir das Wohl beider Parteien so sehr am Herzen liegt.« Und dann beschreibt er den letzten Tag ihres Zusammenlebens:

In der Nacht, in der sie endgültig mit ihm Schluß machte, hatten sie sich stundenlang gestritten und mich dann noch nach

Mitternacht angerufen, ich solle vorbeikommen. Warum, habe ich nie herausgefunden, denn keiner von beiden bat mich darum, zu seinen Gunsten einzugreifen oder ihren Streit zu schlichten. Sie glaubten wahrscheinlich einfach, meine Gegenwart würde ihren angegriffenen Nerven guttun – jedenfalls plauderte ich mit ihnen eine halbe Stunde lang übers Wetter und verzog mich dann wieder.

Nachdem Peggy ihn Mitte Juli hinausgeworfen hatte, nahm Marsh seinen alten Freund Upshaw wieder bei sich auf. Kurze Zeit später eröffnete der entlassene Gatte ihm, er wolle auf einer Reise in den Westen wieder einen klaren Kopf zu bekommen versuchen. Im Oktober kehrte Berrien Upshaw aus »der großen, weiten Welt« nach Atlanta zurück, zog erneut in das Haus auf der Peachtree Street ein und verprügelte seine Frau. Beim Scheidungsprozeß einen Monat später stellten ihre Anwälte die Sache so dar:

Der Beklagte schlug die Klägerin mit der Faust auf das linke Auge, woraufhin besagtes Auge anschwoll und mehrere Tage lang geschwollen blieb. Infolgedessen war die Klägerin mehr als einen Monat lang ans Bett gefesselt. Sie mußte vorübergehend die Arbeit, die sie angenommen hatte, um ihren Lebensunterhalt zu verdienen, einstellen. Außerdem sind hohe Arztkosten aufgelaufen.

Upshaws Besuch war alles andere als glimpflich verlaufen, und sie mußte sich auf weitere gefaßt machen. Sie kaufte sich eine Pistole und legte sie neben ihr Bett auf den Nachttisch. Ihrem Bruder zufolge wäre sie entzückt gewesen, ihre Schießkunst an ihrem Ex-Gatten beweisen zu können. Auch ihre spätere Privatsekretärin Margaret Baugh erinnerte sich dieser Pistole:

Ich weiß nur, daß jahrelang eine Pistole auf ihrem Nachttisch lag. Wozu, hat sie mir nie gesagt. Einmal habe ich sie gefragt, ob sie damit auch umgehen könne, und sie antwortete: Natürlich, meine Mutter hat es mir beigebracht. Im Januar 1949 schrieb ihr Reds Stiefmutter, daß er gestorben sei. Anfangs habe ich es gar nicht bemerkt, aber später fiel mir auf, daß die Pistole nicht mehr da lag. Sie ist auch nie wieder aufgetaucht... Ich glaube, das war nicht nur so eine Marotte, ich glaube, sie hatte gute Gründe dafür. Sie wissen ja, Red war Alkoholiker und wurde immer wieder eingewiesen...

Exzentrisch, unberechenbar und gewalttätig, wie er war, konnte man Upshaw sicher nicht als normal bezeichnen. Aber seine Frau war es, auf andere Art, genausowenig. Der unberechenbare Gatte war nur die eine Seite der Medaille. Denn nach der Trennung von ihm stand sie wieder vor den altbekannten Fragen hinsichtlich ihrer Zukunft: Karriere machen oder wieder heiraten und womöglich eine Familie gründen? Allen Edee hatte sie Anfang der zwanziger Jahre geschrieben: »Ich habe das Gefühl, daß mein Glück in Kindern und einem Ehemann besteht. Aber ich glaube nicht sehr an das Glück. Ich weiß, daß ich niemals wirklich glücklich sein kann. Meine größte Hoffnung setze ich auf die Liebe – aber ich kann nicht lieben.« 1924 fand sie sich in derselben Lage wie damals wieder.

Und sie bekämpfte ihre Teufel mindestens ebenso so energisch, wie sie sich gegen Red Upshaw gewehrt hatte. Kurz nach ihrem dreiundzwanzigsten Geburtstag beschloß sie, ein neues Leben anzufangen. Von nun an wollte sie es ihrem Vater und ihrem Bruder überlassen, ihre Socken zu stopfen und ihre Diät zu überwachen. Sie schmiß ihren Job. Sie verließ Atlanta. Jetzt oder nie, sagte sie sich. Sie begab sich auf Reisen.

Einige Jahre später erzählte sie ihre Erlebnisse Harvey Smith, der sich seinerzeit selbst auf einem Wanderjahr in Europa befand. »Weiß Gott, meine Reise war ein einziger Reinfall«, begann sie,

aber in jener Zeit, bevor ich John heiratete, hatte ich das unwiderstehliche Bedürfnis, vor irgend etwas zu fliehen – was es genau war, blieb mir damals unerfindlich. Aber ich war absolut sicher durchzudrehen, wenn ich mich nicht schleunigst auf die Socken machen und »die Enden der Erde aufsuchen und einer Prüfung unterziehen« würde, wie J. B. Cabells »Don Manuel« sich auszudrücken beliebte. Der hatte nämlich das gleiche Bedürfnis.

Reisen verhieß Freiheit. Sie machte sich auf den Weg.

Ich wollte mir also die Welt angucken und einmal erleben, welche Figur ich wohl so fern von zu Hause abgeben würde. Ich hatte ein wenig Geld – und von John ermuntert, der der verständnisvollste Mensch unter der Sonne ist, fuhr ich nach Florida, um von da aus weiter nach Kuba, Panama, Honolulu und Tahiti zu reisen. Ich war damals noch nicht so ungeschickt wie heute, und ich dachte, daß es überall genug englische Zeitungen gäbe, bei denen ich mein Brot verdienen könnte.

Doch daraus wurde nichts. Sie kam nicht weiter als bis Kuba, wo sie entsetzt zur Kenntnis nehmen mußte, was es mit dem Alleinreisen auf sich hat, wenn man eine Frau ist. Kurz nach ihrer Rückkehr faßte sie ihre Erlebnisse in einer Reportage für das *Journal* zusammen. Sie schrieb diesen Artikel mit vergifteter Tinte. Lateinische Männer, schnaubte sie, »sind etwa so ritterlich wie hungrige Haie«. Mitten in Havana gab es niemanden, der sie vor den Anzüglichkeiten der herumhängenden jungen Kerle beschützt hätte. Die Polizei? ». . . sie schreitet gar nicht ein, wenn eine wütende, junge Amerikanerin durch ein Spalier geifernder Dandys spießrutenläuft, die ihre dünnen schwarzen Schnurrbärte zwirbeln und dreckige Bemerkungen murmeln, wenn eine Lady mit erhobenem Kopf vorübergeht«. Die weißgekleideten, stöckchenschwingenden Dandys erzürnten sie, aber die tratschenden Frauen belästigten sie kaum weniger. Lateinamerika, schrieb sie, »summt von geflüsterten Geschichten über dämliche amerikanische Frauen, die Fremde für kleine Dienste anheuern und es hinterher bitter bereuen«. In Havanna sah sie voraus, daß »ich in Panama und Honolulu noch einsamer wäre, und da hatte ich keine Lust mehr weiterzufahren ...« In diesem Augenblick machte sich, wie so oft, auch ihr Körper wieder bemerkbar, und sie bekam die Grippe. »Eine schöne Grippe, kombiniert mit Lungenentzündung, warf mich in Havanna um und katapultierte mich wieder heimwärts – doch nicht, bevor ich nicht eine ganze Menge über das Alleinreisen gelernt hatte.«

Und damit hatte es sich. Immerhin stellte sie sich ihren neuen Erfahrungen – wenn schon nicht mit Begeisterung, so doch bereitwillig. »Auf diese Weise habe ich auch viel über mich selbst gelernt«, beendet sie ihren Brief,

> vor allem, daß ich zur Keuschheit geboren bin und womöglich keusch sterben werde. Ich war nicht traurig, so bald wieder nach Hause zurückzukommen. Ich wußte jetzt, was ich aufgegeben hatte, und ich wußte, daß das, was ich suchte, nicht am Ende der Welt zu finden war, sondern vor meiner Haustür.

Als fahrender Ritter war sie aufgebrochen, als keusche Märchenprinzessin war sie heimgekehrt.

Ganz so leicht, wie sie behauptet, fiel es ihr jedoch nicht, sich wieder mit Heim und Herd zu versöhnen. In ihrem Brief tut sie so, als ob sie nach ihrem Verzicht auf Unabhängigkeit unverzüglich Johns geduldige Gesellschaft gesucht habe. Das war nicht der Fall. John wohnte nämlich gar nicht mehr in Atlanta. Als sie zu ihrer Weltreise aufbrach, hatte er die Annehmlichkeiten Atlantas gegen Nachtschichten und eine schmale Bettstatt in Washington eingetauscht. Wahrscheinlich war Mitchell der Auslöser für diesen Umzug gewesen – John wäre wohl zu behäbig gewesen, einen solchen Schritt von sich aus zu tun. Als die Grippe und die kubanischen Dandys Mitchell zur Umkehr zwangen, erlebte John jedenfalls gerade einen schwülen Sommer in Washington.

Sechs Monate nach ihrer Rückkehr ließ er sich dann endgültig in jener Stadt nieder, die auch er mittlerweile als seine Heimat-stadt empfand. Das Gericht schied die Mitchell-Upshaw-Ehe zwei Monate später, und wiederum zwei Monate später, am Abend des 18. Januar 1925, bat John Marsh Peggy Mitchell um ihre Hand.

Am folgenden Abend stimmte Eugene Mitchell widerwillig dieser Verbindung zu. Am 20. schrieb Marsh seiner Mutter einen langen Brief, in dem er sie um ihren Segen bat. Und am nächsten Tag wurde er krank. Nach Ablauf von zwei weiteren Wochen schrieb Mitchell an ihre Verwandten in spe:

> Kaum hatte er die Einwilligung meines Vaters erhalten, wurde er krank. Diesmal war es nicht der Blinddarm, sondern eine brandneue Grippevariante, die sogenannte Keuchhustengrip-pe. Seit dreizehn Tagen verursacht ihm jeder zweite Atemzug einen Hustenanfall. Es ist nichts wirklich Ernstes, er hat auch keine Schmerzen – ich will Euch nicht beunruhigen –, aber da er kaum essen und schlafen kann, wird er immer schwächer.

Diese Krankheit war in jeder Hinsicht rätselhaft. Es fing damit an, daß Mitchell gerade vier Wochen zuvor einen Artikel über chronischen Keuchhusten geschrieben hatte. Medizin war ihr Hobby, und sie hatte gründlich für diesen Beitrag recherchiert. Drei Wochen, nachdem das *Journal* ihn abgedruckt hatte, befiel eben dieses Leiden ihren Geliebten. Wunderbarerweise war also sofort ein ausgewiesener Experte zur Hand.

Am 31. Januar brachte ihn seine Braut ins St.-Josephs-Kran-
kenhaus, weil sie ihn nicht pflegen konnte, während sie tagsüber ihrer Arbeit nachging. Er wurde zusehends schwächer.
Die Ärzte gaben die Hoffnung auf, sein älterer Bruder wurde
gerufen. Am 14. Februar, dem ursprünglich festgesetzten
Hochzeitstag, schien er kurz davor, seinen Geist aufzugeben.
Er überlebte diesen Tag jedoch und erholte sich in der Folgezeit langsam. Seine Braut faßte mit vorsichtigem Optimismus
einen neuen Versuch zu heiraten ins Auge: »Wir werden
sicher irgendwann heiraten, aber im Augenblick ist das Wichtigste, daß er überhaupt lebt. 24 Stunden lang war ich wie versteinert aus Angst, ich könnte ihn verlieren.«
Niemand, versicherte seine Braut, habe jemals einen so lange
anhaltenden Keuchhusten überlebt. Er blieb bis zum Frühjahr
im Krankenhaus. Wenn sie nicht gerade in der Redaktion war,
saß Mitchell unablässig neben ihm auf der Bettkante. Er verlangte nach ihrer Nähe. Als die Ärzte auf dem Höhepunkt der
Krise auch ihr untersagten, ihn zu besuchen, bekam er hy-
sterische Anfälle. Inzwischen war auch Mitchell selbst am
Rande eines Nervenzusammenbruchs. Ihre Nächte verbrachte
sie in der jod- und äthergeschwängerten Atmosphäre des
St.-Josephs-Krankenhauses, tagsüber arbeitete sie voll durch
– eine Fünfzig-Stunden-Woche war keine Seltenheit. In der
sechsten Woche seines Krankenhausaufenthalts brach der
Keuchhusten von neuem aus. Sie war verzweifelt.
Erstaunlicherweise überlebte er auch diesen Rückfall. Ende
März wurde er entlassen. Er fühlte sich allerdings weiterhin
unwohl und sah erbarmungswürdig aus – »wie ein Dürreop-
fer«. An Arbeit war nicht zu denken, und die Arztrechnungen
waren astronomisch. Mithin war er nun alles andere als ein
»Schnäppchen«, wie es in der Debütantinnen-Sprache hieß.
Da er sich jedoch dank der aufopfernden Pflege seiner Braut
allmählich besser fühlte, wurden neue Hochzeitspläne ge-
schmiedet. Die Krankheit hatte ihren Lebenspakt besiegelt.

Kaum etwas lag Margaret Mitchell mehr, als die Rolle der Krankenschwester zu übernehmen, und die Erfahrung der gemeinsam durchgestandenen Krise schweißte sie zusammen. Marsh seinerseits sollte später genauso bereitwillig die Krankenschwester spielen. »John hatte einen ausgeprägten Beschützerinstinkt – den nicht nur Margaret Mitchell, sondern auch Red Upshaw und ich zu spüren bekamen«, bemerkte ihre Freundin Augusta Dearborn.

Mitchell hätte gern am Valentinstag geheiratet – da Johns Krankheit einen Strich durch diese Rechnung gemacht hatte, entschied sie sich nun für den 4. Juli. Später nannte sie ihre Hochzeit »eine drollige Art, den Unabhängigkeitstag zu begehen«. Sie hatte viel Spaß an ihrem Einfall – auch deshalb, weil sie so ihre Absicht proklamieren konnte, in Zukunft Abhängigkeit und Unabhängigkeit miteinander zu verbinden.

Eugene Mitchell war von diesem neuen Ehemann nicht sehr viel begeisterter als von ihrem ersten. Zwar willigte er in diese Ehe ein, zeigte sich aber sehr erbost über Johns Ankündigung, ihm Peggy zu entführen, und bestand darauf, daß beide weiterhin in seinem Haus lebten. Doch darauf ließ sich der Bräutigam nicht ein. »Ich habe nichts gegen das Haus der Mitchells«, schrieb er seiner Mutter. »Aber ich würde mit Margaret lieber in einer Ein-Zimmer-Wohnung hausen als mit Verwandten zusammen in dem großen Haus auf der Peachtree Street zu leben.« Nach der Rückkehr von ihrer Hochzeitsreise ins Bergland von Nord-Georgia bezog das Paar daher eine für ihr Verständnis kleine Wohnung in einem Mehrfamilienhaus. Dies also war »die beengte Bruchbude«, in der sie die nächsten sieben Jahre ausharrten – ein düsterer, verwinkelter, schäbiger Ort, der auch dadurch nicht viel gewann, daß sie ihn vor ihrem Einzug gründlich renovierten. Mitchell schaffte es immerhin, eine einigermaßen wohnliche Atmosphäre herzustellen, indem sie, wie Medora Perkerson erzählt, »alte Familienerbstücke wie schimmernde Mahagonimöbel und wert-

211

volle Stücke aus Silber und Porzellan und vor allem derartig viele Bücher aufstellte, daß man nicht wußte, wo man die Hochzeitsgeschenke ablegen sollte«.

Eigentlich sprachen einzig die Kosten und die Lage für diese Wohnung. Die Miete war in der Tat kaum der Rede wert, und die Straßenbahn hielt direkt vor ihrer Haustür. Die Bahnfahrt zum Pressehaus blieb zwar weiterhin ein Alptraum – vor allem zu den Hauptverkehrszeiten, wenn alle Sitzplätze besetzt waren –, aber im Vergleich zu ihrer alten Wohnung hatte sie wenigstens ein paar Haltestellen gespart. Gewiß, das machte die Enge nicht wett, aber diese Wohnung gehörte ihr, ganz allein ihr – was sie von dem Haus in der Peachtree Street auch in Zukunft niemals hätte behaupten können. Sie hatte sie auf ihren Namen gemietet und heftete zwei Schilder an die Tür – auf dem einen stand »John R. Marsh«, auf dem anderen »Margaret Munnerlyn Mitchell«. Ihre Freunde lachten, andere empfanden es als Skandal. Für sie war es ein bitter ernster Witz. Sie hatte um ihren eigenen Namen gekämpft, und sie war entschlossen, ihn beizubehalten. Sie unterschrieb auch weiterhin mit ihrem alten Namen, genauso, wie sie ihren eigenen Schreibtisch und ihren eigenen Job beim *Journal* behielt. Angesichts der Schulden, die die Krankheit ihres Mannes verursacht hatten, war ihr Beitrag zum gemeinsamen Etat wichtiger denn je. Sie hatte nicht umsonst am Unabhängigkeitstag geheiratet.

John Marsh nickte zu allem, was sie sagte oder tat. In seinen Augen konnte sie überhaupt nichts falsch machen. Für seine Frau brachte er unendlich viel Zärtlichkeit, Aufmerksamkeit und Fürsorge auf. Er war die sich verzehrende, selbstlose Mutter, die May Belle Mitchell ihrer Tochter niemals hatte sein können. Und er verschaffte ihr seinerseits zahllose Gelegenheiten, ihn zu pflegen, zu umhegen, zu bemuttern.

Eine Ehe mit John Marsh, das war es, was sie sich gewünscht hatte. Zweifel nagten dennoch an ihr. Ihre Muse gab keine

212

Ruhe, der alte Ehrgeiz war immer noch lebendig. Sie versuchte, ihrem alten Seelenverwandten Harvey Smith ihre Lage zu erklären:

Ich bezweifle, daß Leute wie Du und ich und ein paar andere noch, die ich jetzt nennen könnte, jemals tatsächlich das finden, wonach sie suchen – das gibt es nämlich gar nicht, außer in ihren Köpfen, das ist »unwirkliche Sphärenmusik« – aber sie ist so wunderschön, daß wir uns weiß Gott glücklicher schätzen dürfen als all die anderen, die sie nicht hören.

Und diese wundersame Musik verstummte auch nach dem 4. Juli 1925 nicht.

10. KAPITEL

In die Enge getrieben

Es macht Nancy nichts aus zu arbeiten, im Gegenteil – sie würde ihre Arbeit gern behalten. Mit
ihrem Gehalt trägt sie zum Haushalt bei, und
außerdem ist sie sicher, daß ihr der Beruf mehr
Spaß als Hausarbeit macht. Die anderen Mädchen
im Büro sind ihre besten Freundinnen, und die
möchte sie nicht verlieren ... Wenn sie ihre Arbeit
aufgeben müßte, würde sie sich wie in der Verban-
nung vorkommen.

Margaret Mitchell: »Die Bande der Ehe«

Eine zum Scheitern verurteilte Ehe stand am
Anfang ihrer Karriere, eine glückliche Ehe bedeutete das Aus
für sie.

Im Juli 1925 setzte Peggy Mitchell auf ihre Ehe. Doch das Eheleben erwies sich als unerwartet schwierig. Plötzlich merkte
sie, worauf sie sich eingelassen hatte. Die Kinderfrage, finanzielle Sorgen, ein anstrengender Job, weiterreichende Ambitionen und anhaltende Gesundheitsprobleme machten ihr zu
schaffen. Vom Frühjahr 1926 an rang sie für ein volles Jahrzehnt bis zur Erschöpfung mit einem ganzen Schwarm von
Teufeln, die ihre Ehe mit John Marsh immer wieder bedrohten.

Kinder – ja oder nein? Diese Frage wuchs sich zu einem regelrechten Dilemma aus. Für ihre Zeitgenossen im Jahr 1925
stellte sich diese Frage überhaupt nicht – man heiratete, um

214

Kinder zu bekommen. Kein Paar, das die physischen Voraussetzungen dafür mitbrachte, hätte freiwillig auf Kinder verzichtet. Die Frage war also nicht »ob«, sondern höchstens »wie viele«. Margaret Mitchell hingegen wollte keine Kinder – bei ihrem ausgeprägten Bedürfnis nach einer ungestörten Privatsphäre lag ihr ja schon wenig daran, ihre Zeit mit Freunden oder Verwandten zu verbringen. Abgesehen davon behagte ihr der Gedanke an Sex in keiner Weise, und schon bei der Vorstellung, schwanger zu sein und zu gebären, standen ihr die Haare zu Berge. Ihren Mangel an mütterlichen Instinkten hielt sie für angeboren; Kinder machten sie nervös.

1928 kam Mutter Marsh mit ihrer Enkeltochter Mary auf Besuch, und kaum waren sie wieder weg, traf der jüngste Marsh-Sohn Gordon mit seiner schwangeren Frau Francesca in dem winzigen Appartment in Atlanta ein. All diese Marshes mit ihrer offenkundigen Fruchtbarkeit versorgten sie mit neuem Stoff für skeptische Bemerkungen über Sex, Mutterschaft und Kinderkriegen in einem Brief an Frances Marsh Zane, die ihrerseits gerade im achten Monat schwanger war.

Dieser Brief beginnt mit Anmerkungen zu Johns kleiner Nichte Mary. Nicht, daß sie das Kind nicht gemocht hätte. Interessant sind diese Passagen deshalb, weil Mitchell hier ihre Meinung über Kinder im allgemeinen einfließen läßt. »Mary scheint kaum etwas von den abscheulichen Unarten angenommen zu haben, die man normalerweise an Kindern beobachtet«, erklärt sie, »wie Dazwischenplappern, Betteln, Herumjammern, Petzen und Lügen.« Das gefiel ihr, anderes weniger, so der literarische Geschmack der Kleinen. Sie sei »erschüttert und desillusioniert« gewesen, schreibt sie ihrer Schwägerin,

angesichts der Zielstrebigkeit, mit der sich Mary eine mit jeder Menge Eselsohren versehene Ausgabe von »Elsie Dinsmore« aus dem Regal zog, das zwischen »Jurgen« und »Wie Kate ihr

Jungfernhäutchen verlor« gestanden haben mußte (übrigens ein höchst lehrreiches Werk). Der sadistische Mr. Dinsmore und seine masochistische Elsie scheinen einen zeitlosen Charme auszustrahlen.

Nicht ohne Grund sah Mitchell zwischen Sadomasochismus und Kindern einen Zusammenhang.
Nicht nur in ihrer Familie, auch in ihrem Freundeskreis kamen in diesem Jahr Babys zur Welt, und diese Geburten bestärkten ihre Abneigung gegen das Kinderkriegen noch. Das Wochenbett ihrer alten Freundin Evelyn Lovette Kling von der Zeitung beflügelte sie zu einer aufschlußreichen Abhandlung über Geburtshilfe. Mitchell war bei der Geburt dabei und beschrieb hinterher Elinor Hillyer ihre Erlebnisse:

Ich war drüben bei ihr, als die Wehen einsetzten, und Mrs. Lovette und ich taten unser Bestes, um sie abzulenken, denn bis es so weit war, konnte es noch Stunden dauern, und wir wollten, daß sie auf andere Gedanken kam. Nun, Du weißt, was für ein widerspenstiges Ding das eigene Bewußtsein sein kann. An diesem schrecklichen Nachmittag, als ich mich unbekümmert und unterhaltsam zu geben versuchte, wollte mir nichts einfallen, das nicht mindestens so blutrünstig gewesen wäre wie das letzte Kapitel von »In einem fremden Land«. Ich war kurz davor, über Kaiserschnitte zu sprechen. Ich schluckte Bemerkungen über lebensbedrohliche Krämpfe hinunter. Ich lief violett an bei dem Versuch, Anspielungen auf Zangengeburten oder zerquetschte Babyhälse zu unterdrücken. Ich mußte an Säuglinge denken, die bei der Zangengeburt ihr Augenlicht verloren hatten. Ich wand mich in Krämpfen, um nur ja nichts zu sagen, was sie im mindesten beunruhigen konnte. Und dabei hielt sie selbst sich so wacker wie ein Landsknecht. Ich glaube, Frauen sind zu einer Tapferkeit fähig, die Männer nie aufbringen würden. Ich glaube kaum, daß Männer einen Nachmittag lang abwechselnd Schmerzen und verkrampfte Witze aushalten und dabei völlig gelassen bleiben können, wenn sie wissen, daß sie in einigen Stunden etwas erleben werden, gegen das auch kein Morphium hilft.

Nein, mit solchen Bildern von schmerzgepeinigten Müttern, verstümmelten Fehlgeburten und schreienden Kindern im Kopf würde sie es selbst niemals bis zu einer Schwangerschaft kommen lassen. Aber dieser Entschluß zog neue Probleme nach sich. Sie konnte unmöglich ignorieren, daß eine derart exzentrische, geradezu ketzerische Entscheidung gesellschaftlichen und familiären Druck provozieren mußte. Für die Gesellschaft stand außer Frage, daß es in puncto Mutterschaft überhaupt keinen freien Willen gebe, und ihre katholische Erziehung legte sie genauso unausweichlich auf die Mutterrolle fest. Dieser Konflikt zwischen persönlicher Neigung und gesellschaftlicher Pflicht brachte sie in enorme Verlegenheit. Die von ihr gewählte Form weiblicher Autonomie grenzte an Revolution, ja an Anarchie, vor allem im Süden, und Mitchell schreckte eigentlich davor zurück, derart radikal mit ihrer Kultur zu brechen. Mithin brauchte sie, wenn sie wirklich bei ihrer Entscheidung für Kinderlosigkeit bleiben wollte, eine denkbar überzeugende Rechtfertigung. Krankheit und Geldprobleme lieferten ihr diese Rechtfertigung. Und in dem Maße, in dem sie sich als Vorwand bewährten, trugen sie zu ihrer tatsächlichen Unfähigkeit, Kinder zu bekommen, bei. Gesundheit und Krankheit, Reichtum und Armut, Selbstbestimmung und Selbstlosigkeit – zwischen diesen Polen pendelte sie in diesen Jahren verzweifelt hin und her.

Krankheit und die Furcht, krank zu werden, wechselten bei ihr mit finanziellen Sorgen ab. Sie klagte ohne Ende, daß sie mit einem Berg von Schulden in ihre Ehe gegangen sei – Schulden, die während Johns monatelangem Krankenhausaufenthalt aufgelaufen waren. Selbst in Phasen stabiler Gesundheit wurde sie von dem Gespenst gesundheitlicher – und davon ausgelöster finanzieller – Katastrophen verfolgt. Sie dachte unentwegt an Krankheit, und sie schrieb unablässig über Krankheit. Ihre persönliche Korrespondenz ist mit unzähligen Anspielungen auf Schmerzen, Anfälle, Beschwerden und Symptome der unterschiedlichsten Art gespickt. Harmlosere Krankheiten traten ständig auf: Erkältungen, Grippe, Allergien und Verdauungsprobleme. Zeitweilig befürchtete sie, Malaria zu haben. Und neun Monate nach ihrer Hochzeit trat tatsächlich ein neues, chronisches Leiden auf, das ihr Leben für alle Zeit veränderte: eine mysteriöse und behandlungsresistente Arthritis, die sich in ihrem linken Fußgelenk einnistete. Bisweilen konnte sie gar nicht laufen, zeitweilig benötigte sie Krücken oder spezielles Schuhwerk.

Mitchell hielt diese Schmerzen für das Symptom eines größeren, tiefersitzenden Problems. Ihren Ärzten gegenüber behauptete sie, ein rätselhafter Verfall habe bei ihr eingesetzt, der ihren ganzen Körper in Mitleidenschaft ziehe. Durch diese unaufhaltsame Vergiftung erklärte sie sich alle Plagen, die sie fortan heimsuchten. Und sie war überzeugt: Sobald die Ärzte den eigentlichen Giftherd gefunden hätten, könnte sie von allen Leiden erlöst werden. Auf der Suche nach dieser ursprünglichen Infektion unterzog sie sich in der Folgezeit allen möglichen Operationen und Experimenten. Um den Giftfluß zu unterbinden, ließ sie sich Zähne ziehen und die Mandeln herausschneiden, was zu neuen Komplikationen führte. Ihre Mandelopcration ist dafür das beste Beispiel. »Meine Mandeln waren in einem üblen Zustand«, jammerte sie in einem Brief an Frances Marsh. »Von der Operation will ich gar nicht reden. Aber laß Dir von niemandem erzählen, das sei eine leichte Operation. Nach zehn Tagen kann ich jetzt endlich wieder essen, und immer noch habe ich jedesmal, wenn ich schlucke, Schmerzen. Ich bin gespannt, wie sich das auf meinen Fuß auswirken wird.« Und dann stürzte sie sich auf ihren Fuß.

Ich gehe auf Krücken und habe seit drei Wochen den Fußboden nicht mehr berührt, außer an jenem glorreichen Tag, als mir mein Arzt sagte, er müsse eventuell zwei Gelenkknochen miteinander verschmelzen, damit sie für den Rest meines Lebens halten. Ich war einigermaßen deprimiert, kaufte mir eine Flasche Whiskey, nahm drei Drinks, warf meine Krücken weg, schnappte mir ein Taxi und besuchte alle meine Freunde. Das waren herrliche fünf Stunden. Ich merkte meinen schlimmen Fuß nicht mal, bis ich wieder nüchtern war und John heimkam – der dann die ganze Nacht an meinem Bett saß und meinen Fuß massierte.

Das war die andere Seite ihrer Ehe mit John Marsh: Beide spielten füreinander Schutzengel oder Krankenschwester. »Ich muß ihn füttern, als wäre er eine prämierte Perserkatze, und bringe ihn um halb neun ins Bett. Einmal die Woche gehen wir aus, damit wir uns überhaupt sehen«, schrieb sie seiner Schwester. »Wenn ich das nicht täte, hätte ich wohl schon keinen Ehemann mehr, denn John ist sehr schwach, und seine Verdauung neigt ganz entschieden dazu, bei der leisesten Aufregung durcheinanderzugeraten.« Dies war, wohlgemerkt, die Alltagsroutine, wenn ihre »preisgekrönte Perserkatze« gesund und munter war. Wehe, wenn er Fieber bekam, und das oder anderes bekam er unablässig. Seine Frau ging grundsätzlich davon aus, daß die kleinste Beschwerde sich zum nächsten Dauerbesuch im St.-Josephs-Krankenhaus auswachsen könnte.

Ihre Leiden stifteten ein ungewöhnliches Band zwischen den beiden, und sie erlauben, das Wesen ihrer Ehe zu verstehen. In erster Linie schlossen sie jeden Gedanken an eigene Kinder aus. Peggy brauchte ja auch keine Kinder, um ihre mütterli-

219

chen Gefühle auszuleben – John reichte dazu vollkommen aus. Und dann zwangen ihre Krankheiten sie dazu, sich erneut Gedanken über ihre berufliche Situation zu machen.

Während John sich im ersten Jahr ihrer Ehe allmählich besser fühlte, ging es mit ihrer Gesundheit drastisch bergab. Das bewog ihren Mann, sie für die Idee zu gewinnen, die Arbeit aufzugeben. Ihr Vater und ihr Bruder hatten sich ohnehin nie damit anfreunden können, und ihre Krankheiten ließen deren Argumente in einem neuen Licht erscheinen. Außerdem trug ihr ihre Gehbehinderung in der Redaktion Ärger ein. Angus Perkerson hatte wenig Verständnis für ihre Leiden, und sein Verhalten legte dieselbe Konsequenz nahe wie die Ratschläge ihrer Männer daheim.

Doch nicht nur ihr Körper, nicht nur ihre Männer hatten sich gegen ihre Arbeit verschworen – gewichtige Argumente sprachen ebenfalls dagegen: Sie hatte sich vom Journalismus mehr versprochen. Im hektischen Arbeitsalltag der Redaktion blieb ihr kaum Zeit, sorgfältig und anspruchsvoll zu schreiben. Auch John Marsh sah dies als ein Manko ihrer journalistischen Tätigkeit an. »John ist optimistisch, daß ich mich eines Tages doch noch als Genie herausstellen werde«, bemerkte sie Frances Marsh gegenüber. »Wie er nach neun Monaten Ehe immer noch daran glauben kann, ist mir ein Rätsel.« Jedenfalls plädierte er dafür, aus der Tretmühle auszusteigen und sich ganz dem Schreiben von Erzählungen zu widmen.

In Wirklichkeit allerdings hatte Mitchell nie ganz aufgehört, für sich selbst zu schreiben, trotz allem. Im Frühjahr erläuterte sie ihrer Schwägerin ihren Arbeitsalltag. Nachdem sie auf alle Begleiterscheinungen eingegangen war, wie das Anlernen von Neulingen, fuhr sie fort:

So verbringe ich meine Tage damit, wenigstens ein paar Augenblicke zu finden, um meine eigenen Geschichten zu schreiben, und meine Nächte, das Geschwätz abzusondern, mit dem ich die Brötchen verdiene. Dann und wann erhalte ich die Chance, einen unehrlichen Dollar mit Artikeln für billige Magazine zu verdienen, mit dem ich dann den Sonntagsbraten bezahle. Für mehr bleibt kaum Zeit ... Neben anderen literarischen Versuchen schreiben wir gerade an einem Einakter für New Wayburns *Junior League Follies* (4. April 1926). Selbst wenn er uns 500 Dollar in bar dafür gibt, wiegt das die Mühe, die wir uns damit gegeben haben, nicht auf.

Was schrieb sie sonst noch in jener Zeit? Nach ihrem Tod gab John Marsh bekannt, seine Frau habe, als sie beim *Journal* arbeitete, mit einem »Roman über das Jazz-Zeitalter« begonnen. »Dieser Roman ist nie über eine grobe Skizze hinausgekommen. Die Geschichte ist niemals von A bis Z entwickelt worden, sie hat nie eine lesbare Form angenommen.« Immerhin gab es noch nach beider Tod ein Fragment dieses oder eines ähnlichen Manuskripts aus jener Zeit, das aus etwa dreißig Seiten bestand und eine »wilde Jugend« im Nachkriegs-Atlanta beschrieb. Stephens Mitchell ließ es Anfang der sechziger Jahre vernichten.
Eine andere Geschichte vollendete sie jedoch. Sie gibt Auskunft über bestimmte Antriebskräfte, die Mitchell 1926 beflügelten. Diese Erzählung, »Ropa Carmagin«, hat ihre eigene, verwickelte Entstehungsgeschichte.
Mitchells Erben haben auch dieses Werk vernichtet, und so ist man für die Rekonstruktion auf widersprüchliche Angaben angewiesen. 1963 erinnerte sich ihre Sekretärin Margaret Baugh, es vor langer Zeit einmal gelesen zu haben. »Das muß 1937 gewesen sein. Peggy sagte mir damals, ich solle ›Ropa Carmagin‹ lesen«, gab sie zu Protokoll.

Sie wußte, daß es mich interessierte, und sagte, sie würde mir nicht verbieten, diese Geschichte zu lesen, »weil ich das

221

Gefühl habe, du würdest sie trotzdem lesen, und ich möchte nicht, daß du hinterher ein schlechtes Gewissen hast.« Sie war im Umgang mit anderen Leuten ausgesprochen taktvoll. Sie ließ mich die Geschichte lesen und legte sie dann weg. Sie verstand mich so gut, daß sie genau wußte, ich würde vor Neugier sterben. Es wäre für mich immer eine unwiderstehliche Versuchung gewesen.

Baugh gab dann den Inhalt wieder, so weit er ihr noch erinnerlich war. »Es erinnerte mich an Faulkner. Es ging dabei um eine heruntergekommene Aristokratin in einem halbverfallenen Haus, und ich meine, Rassenmischung hätte eine Rolle gespielt.«
Aus diesen dürftigen Anhaltspunkten hat die Zeit und die Unachtsamkeit ihrer Biographen dann etwas Neues und reichlich Bizarres gemacht. Es fing damit an, daß Mitchells erster Biograph Finis Farr Baughs Erinnerungen mit seiner eigenen Phantasie anreicherte. »Miss Baugh fand diese Novelle von 12 000, vielleicht auch 15 000 Wörtern Länge faszinierend«, schrieb er.

> Ihre Heldin war eine gewisse Europa Carmagin aus guter Familie, mit der es bergab gegangen war. Margaret beschrieb die gespenstische Atmosphäre, in der die Carmagins lebten, das alte, baufällige Haus, den verwilderten Garten und die verrotteten Zäune rings um die unkrautüberwucherten Felder. Die Heldin hatte zwar einen starken Charakter, der ihr womöglich erlaubt hätte, mit all dem fertig zu werden, aber die Geschichte ging trotzdem nicht gut aus: Sie verliebte sich in einen Mulatten. Und so war Europa dazu verdammt, weiterhin in ihrem Schattenreich dahinzuvegetieren.

Derartig retouchiert, wurde Baughs dunkle Erinnerung daran, daß Rassenmischung eine Rolle gespielt haben könnte, zum Kernstück der Geschichte – dem tragischen Ende infolge einer Liebesaffäre »mit einem hübschen Mulatten«. Der Biograph begab sich mit dieser Interpretation auf schlüpfrigen Boden, und daß er sie als Tatsache präsentierte, machte die Sache noch heikler. Auch Mitchells letzte Biographin, Anne Edwards, machte sich diese Geschichte nach Gutdünken mit erfundenen Angaben und einem speziellen Lokalkolorit zurecht, das dem Thema der Rassenmischung noch mehr Gewicht verlieh. Das war zwar aus der Luft gegriffen, doch andere bedienten sich dieses romantischen Topos und entwikkelten daraus die These, Mitchell habe eine latente Vorliebe für schwarze Männer gehabt. Gewiß, Mitchell hatte ihre Obsessionen, aber nichts spricht dafür, daß eine davon schwarze Männer betraf. Derartige Phantasie-Interpretationen verschleiern die wahre Geschichte und ihre Bedeutung für Margaret Mitchell völlig.

Worum ging es in Wirklichkeit? Die Frage läßt sich aufgrund von Zeugenaussagen leicht beantworten. Mindestens drei Leute haben diese Erzählung 1935 gelesen – zwei von ihnen haben ihre Meinung darüber niedergeschrieben, einer hat die Handlung rekonstruiert. Denn damals, als Mitchell ihren später unter dem Titel »Vom Winde verweht« bekannt gewordenen Roman als gigantischen Manuskriptstapel vor Harold Latham, dem Cheflektor des Macmillan-Verlags, absetzte, hatte sie – absichtlich oder nicht – die 60-Seiten-Novelle »Ropa Carmagin« dazugelegt, die sie zehn Jahre zuvor geschrieben hatte. Latham las sie – und reagierte nicht weniger begeistert als auf den Roman selbst. »Ich glaube, das ist ein großartiges Werk, hervorragend gemacht«, teilte er ihr mit. »Es bestätigt meine hohe Meinung von Ihnen als Schriftstellerin – wenn es dieser Bestätigung überhaupt noch bedurft hätte –, und es beweist, daß Sie die unterschiedlichsten Stoffe und Charaktere gestalten können.« Später fiel dieses Manuskript auch Michtells Freundin bei Macmillan,

Lois Cole, in die Hände, und sie lobte es noch überschwenglicher.

Als Finis Farr sie 1963 interviewte, entsann sich Lois Cole, von
dieser Geschichte erstmals im Appartment von Mitchell und
Marsh gehört zu haben. Damals saßen sie alle zusammen in
»der Bruchbude« und erzählten sich Gespenstergeschichten,
und ihr junger Freund aus Alabama, Harvey Smith, lieferte
bei dieser Gelegenheit die Urfassung von »Ropa Carmagin«.
Mitchells Version existiert zwar nicht mehr, aber Harvey
Smiths Original liegt im Manuskript vor, und es bestätigt Lois
Coles Wiedergabe der Geschichte: kein Wort von Rassenpro-
blematik oder Rassenmischung, statt dessen genügend Hinweise auf andere Themen, die Mitchell hellhörig machen mußten.
Es war eine typische Südstaaten-Gespenstergeschichte über
exzentrische Familien, den Niedergang des Südens und geister-
hafte Jungfrauen in verrotteten Herrenhäusern.

Harvey Smith zufolge war Ropa Carmagin mit India Finch
identisch, einer realen Person aus Opelika, Alabama, wo seine
Familie seit Generationen ansässig war. Die Finchs waren eine
begüterte Familie gewesen, die der Ruin ereilt hatte. Miss India,
die mit ihren Brüdern zusammenwohnte, hatte sich vor Zeiten
in ihr Zimmer im ersten Stock eingeschlossen und war dann in
keiner Weise dazu zu bewegen gewesen, ihr selbstgewähltes
Gefängnis zu verlassen. Sie zeigte sich allerdings regelmäßig an
ihrem Fenster über der Veranda, wo sie »bei schönem Wetter
jeden Abend hingebungsvoll ihr langes schneeweißes Haar
kämmte«. India Finch starb elendiglich inmitten unsäglichen
Schmutzes, was ihrer Geschichte einen besonders gruseligen
Anstrich verlieh. Nachdem die Finchs das Haus aufgegeben
hatten, rankten sich Legenden um ihr Anwesen, in denen
sich die alte Frau in eine Geistererscheinung verwandelte und
der verlassene Herrensitz in ein Gespensterhaus. Und Harveys
Geschichte beruhte darauf, daß ihm als Kind India Finchs Geist
einmal bei einem Unwetter erschienen war.

Abgesehen davon, daß diese Geschichte alle Elemente aufwies, die eine gute Story braucht – Geheimnis, Horror, Bitterkeit und Rührung –, muß sie in Margaret Mitchell eine lebhafte Reaktion ausgelöst haben. Da ist zunächst das halbverfallene Herrenhaus. Solche verlassenen Pflanzervillen finden sich selbst zu Beginn des 21. Jahrhunderts noch in allen Teilen der Südstaaten. Für Generationen von Südstaatlern die Symbole einer großen Vergangenheit, stellten diese herrschaftlichen Häuser die Quintessenz südlicher Lebensart dar. Der Verfall alter Herrenhäuser beschäftigte auch die Schriftsteller der literarischen Erneuerungsbewegung im Süden – auch Faulkner hat sie verewigt – in »Freistatt« zum Beispiel, wo ein Herrenhaus zum Treffpunkt von Schmugglern, Banditen und Kinderschändern wird; in »Absalom, Absalom!«, wo eine unheimliche Pflanzervilla zum Schluß in Flammen aufgeht, oder in »Licht im August«, wo ein heruntergekommenes Gut von einer wahnsinnig gewordenen alten Jungfer bewohnt wird.

Diese greifbaren Überbleibsel der Vergangenheit faszinierten Margaret Mitchell nicht weniger als William Faulkner. Wie Harvey Smith schrieb, war sie »brennend an diesen verlassenen und verwahrlosten Häusern interessiert, die sie in eine nostalgische oder romantische Stimmung versetzten«. An ihrer Architektur sei sie kaum interessiert gewesen, vielmehr habe sie »Symbole des Untergangs« darin gesehen, die »ein Licht auf ihre eigene Zivilisation warfen, an der ihr so viel lag.« Zuweilen ging auch eine perverse Attraktion von diesen Ruinen aus, wie im Fall des verlotterten Anwesens der verstorbenen Senatorin Rebecca Felton, das Smith und Mitchell bei einer Rundreise durch Georgia im Rockdale County entdeckt hatten. An einer Wand prangte ein bombastisches Graffito – es zeigte einen Mann, der mit seinem eigenen riesigen, erigierten Penis den Boden pflügte. Die Erinnerung an diese Obszönität am Wohnhaus einer ehemaligen Senatorin bereitete ihr schier endloses Vergnügen.

Gespenstische Jungfrauen aber hatten es der Generation von 1900 nicht weniger angetan. Faulkner hat eine ganze Galerie solcher Geistererscheinungen zusammengestellt. Darüber hinaus besaß die Vorstellung einer alten Jungfer in einem heruntergekommenen Herrenhaus für Margaret Mitchell eine sehr persönliche Bedeutung. Denn dieses Bild hatte sich ihr anläßlich jener unvergeßlichen Episode eingeprägt, in deren Verlauf ihre Mutter sie über das Schicksal von Mädchen aufgeklärt hatte, die nicht zur Schule gehen wollen. Damals, an jenem stickigen Tag auf der Straße nach Jonesboro, hatte ihr May Belle Mitchell die überwucherten Gärten und trostlosen Ruinen einstmals prächtiger Anwesen gezeigt und sie mit alternden, häkelnden Jungfern bevölkert. Ropa Carmagin dürfte ihr als Inbegriff einer solchen kläglichen Existenz erschienen sein. Gleichzeitig jedoch mußte sie sich selbst darin wiedererkennen, alt geworden, mittellos und abhängig, der Alptraum ihrer Mutter in Person – und nicht zuletzt ihr eigener. Doch diese Mutter, die ihrem Kind ein derart schreckliches Schicksal vorausgesagt hatte, verwandelte sich nun mit all ihren Drohungen und garstigen Prophezeiungen selbst in eine Hexe. Im Hinblick auf diese Geschichte hätte Mitchell sehr wohl ausrufen können: »Jungfer, Mutter, Hexe – wer ist welche? Welche ist wer?«

Margaret Munnerlyn Mitchells eigener Hexenkessel kochte und brodelte, als 1926 der Frühling in den Sommer überging. Sie kämpfte mit John, mit Angus Perkerson, mit ihrem Pflichtgefühl als Eheweib und ihrem eigenen Körper. Und der Körper rächte sich. Sie fand das Leben schrecklich. Im Mai schied sie offiziell aus der Redaktion aus, arbeitete aber noch eine Weile auf freiberuflicher Basis weiter. Den Sommer über schrieb sie die Klatschkolumne des *Journal,* was mit stundenlangen Telefongesprächen verbunden war. Sie verfluchte diese Arbeit. Im August erreichte ihr Leben einen Wendepunkt. Sie zog sich ganz aus dem Journalismus zurück. Und jetzt ging der Horror erst richtig los.

11. KAPITEL

Arbeitswut

> Ich kann so gut wie nichts dazu sagen, denn ich
> habe vor mindestens zehn Jahren damit angefan-
> gen und weiß nicht mehr, weshalb . . . Ich erinnere
> mich dunkel, daß ich mich einfach hingesetzt
> habe und zu schreiben anfing, um der Langeweile
> zu entgehen. Und nachdem ich fertig war und
> wieder frei herumlaufen konnte, habe ich das
> Buch weggepackt und jahrelang nicht mehr daran
> gedacht.
>
> *Margaret Mitchell*

Aus der Perspektive der zweiten Jahreshälfte
1926 wirkt die erste nahezu idyllisch. Und die nächsten drei
Jahre sollten nicht besser werden. Ihre Wohnung machte
nicht viel Arbeit. Außerdem hatte sie damals schon Angestellte, die ihr das Kochen, Putzen und Waschen abnahmen. Was
also trieb die Hausherrin, nachdem sie im August 1926 ihre
Arbeit endgültig aufgegeben hatte? Sie las, zum Beispiel.
Ihre alte Leidenschaft erfaßte sie mit neuer Wucht. »Peggy
war eine unersättliche Leserin. In all den Jahren, in denen wir
uns kannten, lief sie mehrmals wöchentlich in die Bibliothek
und kam stets mit so vielen Büchern zurück, wie sie eben noch
tragen konnte. Einige überflog sie, andere las sie«, erinnert
sich ihr Freund Harvey Smith. Zur Lieblingsbeschäftigung
ihrer Freundin befragt, antwortete Lethea Turman wie aus der
Pistole geschossen: »Lesen, lesen, lesen.« Ihr Mann hat uns

seine eigene Beschreibung seines Zusammenlebens mit einer invaliden und unter Schlaflosigkeit leidenden Büchernärrin überliefert. Als ihr Fuß seinen Dienst verweigerte, sagt er,

> gehörte es zu meinen Aufgaben, sie mit Lesestoff zu versorgen. Das war gar nicht so einfach. Erstens, weil sie schon fast alles gelesen hatte, und zweitens, weil sie so schnell las. Ich wühlte mich also durch die Regale in der Bibliothek auf der Suche nach irgend etwas, das sie noch nicht gelesen haben könnte, schleppte abends zehn oder zwölf Bände nach Hause und schleppte sie am nächsten Morgen wieder zurück – weil sie die eine Hälfte davon schon kannte und die andere Hälfte während der Nacht verschlungen hatte.

Im Laufe dieses Jahres verschlechterte sich ihr Zustand jedoch dermaßen, daß sie nicht einmal mehr Büchern etwas abgewinnen konnte. Und nun wurde sie fast wahnsinnig. Es war eine grauenvolle Zeit. »Im Augenblick ist das Zusammenleben mit mir nicht viel lustiger als mit einem Stachelschwein oder einer Kreuzotter«, hatte sie bereits im August ihre Schwägerin wissen lassen. Sie hätte Frances gern für eine Weile in ihrer Nähe gehabt, aber das ließ sich nicht machen – weder sie noch John waren dazu aufgelegt, sich um Besucher zu kümmern. Mitchell witzelte etwas bemüht:

> Ich bin so dünnhäutig geworden, daß ich mich sogar mit Aggie Dearborn und Peggy Porter angelegt habe – was noch nie passiert ist, und da befürchtete John, daß ich Dich nur deshalb in den Süden locken würde, um meine Fänge in das saftige Fleisch Deiner Beine zu schlagen. Und dann hättest Du mir Deine Reiseschreibmaschine über den Schädel gezogen und Deiner Familie daheim erzählt, daß ich ein verschlossenes Wesen an den Tag gelegt hätte.

Sie war in der Tat nicht zu Scherzen aufgelegt. In diesen Tagen kam es sogar zu einer heftigen Auseinandersetzung mit ihrer alten Freundin Courtenay Ross McFeyden. Court hatte von ihrer Krankheit erfahren und war mit einem Strauß Blumen vorbeigekommen. Sie fand die Haustür angelehnt, trat ein und überreichte ihre Blumen. »Peggy pfefferte sie auf den Boden, stampfte mit dem Fuß auf und brüllte mich an, zu verschwinden und mich nie wieder sehen zu lassen.« Die konsternierte Freundin trat die Flucht an und ging ihr die nächsten Jahre aus dem Weg.

Wütend auf Gott und die Welt, zutiefst verbittert und schmerzgeplagt, schmorte Mitchell den ganzen Herbst über im eigenen Saft. Und irgendwann in dieser trostlosen Zeit erwachte ihr alter Ehrgeiz, und sie machte sich daran, einen Roman über den Bürgerkrieg zu schreiben.

Warum begann sie zu schreiben? Wann brachte sie die ersten Worte zu Papier? Welcher Inspiration folgte sie? Was erhoffte sie sich von dieser Arbeit? Wie entwickelte sie die Handlung, die Charaktere? Damals sprach sie zu keinem Menschen mit keinem Wort darüber. Sie nahm ihre Arbeit still und heimlich auf, und diese Geheimniskrämerei kennzeichnet den gesamten Entstehungsprozeß ihres Romans. So bekannt »Vom Winde verweht« heute in der ganzen Welt ist, so dunkel und geheimnisvoll ist seine Entstehungsgeschichte. Und Mitchell hat auch später alles getan, die Welt über seine Ursprünge im unklaren zu lassen. Die Geschichte dieses Romans beginnt also mit dem Versuch, eine Erklärung für das überwältigende Bedürfnis seiner Autorin zu finden, alles im verborgenen zu belassen, was mit der Geburt dieses Werks zusammenhängt.

Ihre Privatsphäre war ihr Fetisch. Schon als Kind »reagierte Margaret stocksauer, wenn man sie fragte, was sie gerade tat, getan hatte oder tun wollte«, sagte ihr Bruder. Als sie mit ihrem Roman begann, nahm dieser Zug extreme Formen an. »Ich habe nicht nur keinen Menschen gebeten, mir zu helfen, ich habe nicht einmal meine engsten Freunde eine einzige Zeile lesen lassen«, erzählte sie ihrem Freund Herschel Brickell 1936. Das war die reine Wahrheit. Ihrer treuen Haushälterin Bessie Berry entging natürlich nicht, daß sie pausenlos an der Schreibmaschine saß, aber sie fragte nie, was ihre Arbeitgeberin da machte, und von sich aus rückte Mitchell mit der Sprache nicht heraus. »Ich war bei Miss Mitchell damals, als dieses wunderbare Buch entstand«, berichtete Bessie Berry später, »aber sie machte so wenig Aufhebens davon, daß ich dachte, sie schreibt Briefe an ihre Freunde.« Mitchell ließ sie in dem Glauben.

Gleichwohl konnte sie ihre Arbeit nicht vollständig vor anderen geheimhalten. Sie arbeitete am liebsten in den Morgenstunden, wie ihr Bruder erzählte, und ihre aufgekratzten Freundinnen – die keinen Job, keine Familie und keine häuslichen Pflichten hatten – platzten um diese Zeit oft herein und überraschten sie beim Tippen. Die Erfahrung, die Lois Cole zum Beispiel machte, war bezeichnend. Dieses Yankee-Mädchen hatte ebenfalls am Smith-College studiert und war dann in den Süden gekommen, um im Regionalbüro des Macmillan-Verlags zu arbeiten. Medora Perkerson hatte sie Mitchell vorgestellt, und sie freundeten sich schnell an. Obwohl sie viel Zeit miteinander verbrachten, hatte Lois keine Vorstellung davon, woran ihre Freundin arbeitete.

Einmal kam ich mit einer Freundin zu ihr, und Peggy, mit Lidschatten, in Shorts und Bluse, saß an ihrer Schreibmaschine. Sie sprang auf und warf ein Badetuch über ihren Arbeitstisch. »Nun, Peggy«, sagte unsere Freundin, »wie kommst du mit dem großen amerikanischen Roman voran?« »Er stinkt«, antwortete Peggy kurz auflachend, »und ich weiß nicht, warum ich mich damit abgebe, aber irgend etwas muß ich mit meiner Zeit ja anfangen.«

Cole glaubte Anhaltspunkte dafür zu haben, daß es um Atlanta und den Bürgerkrieg ging. Mitchell wollte nicht einmal das bestätigen.

Das Ergebnis ihrer Arbeit verschwand unter einem Badetuch, und Neugierige wurden mit einem trockenen Lachen abgefertigt. Dieses Lachen wurde zu ihrer bevorzugten Ablenkungsstrategie, vor allem, nachdem die Kunde von ihrer emsigen Tipperei allmählich im ganzen Freundeskreis durchsickerte. Jeder, der ihr zwischen 1926 und 1935 unbequeme Fragen stellte, wurde mit einem Witz oder einem kurzen Lachen beschieden. Ihre mysteriöse Geschäftigkeit gab ihrerseits Anlaß zu ständigen Witzeleien unter ihren Bekannten, die sie mit ihren Anspielungen auf den »großen amerikanischen Roman« aufzogen. Elinor Hillyer erinnert sich noch an diese freundlichen Spötteleien. »Jedesmal, wenn man Peggy in der Stadt oder in der Straßenbahn begegnete, kam sie entweder von der Carnegie Library oder sie war auf dem Weg dorthin, um ›Recherchen für ihren großen amerikanischen Roman zu betreiben‹. Dieser Ausdruck rief stets Gelächter hervor, denn seinerzeit schrieben viele Leute an dem großen amerikanischen Roman.« Hinter diesem Scherz jedenfalls ließ sich ihre Arbeit noch weit besser verstecken als unter einem Dutzend Badetüchern.

Mitchells Geheimniskrämerei war um so bemerkenswerter, als sie eigentlich nicht lange gutgehen konnte. Denn »die Bruchbude«, wie sie ihre Wohnung getauft hatte, erlaubte gar keine Privatsphäre. Das ehemalige Einfamilienhaus war irgendwann einmal in zehn Wohnungen unterteilt worden und inzwischen arg heruntergekommen – Marsh-Mitchell bewohnten die größte dieser Wohnungen mit einer Grundfläche von etwa 180 Quadratmetern. Ihre Haustür führte von einer halböffentlichen Stichstraße direkt in ihr Wohnzimmer, das mit einem Sofa, zwei Sesseln und zahlreichen Bücherregalen vollgestellt war. Daran grenzte ein Flur mit zwei Badezimmern, der ins Schlafzimmer führte, an welches sich wiederum die Küche und der Arbeitsbereich der Bediensteten anschlossen. Ein eigenes Arbeitszimmer hatte Mitchell also nicht. Harvey Smith meint sich sogar zu erinnern, daß Mitchell bei seinen Besuchen zwischen 1925 und 1932 nicht einmal einen festen Platz für ihre Schreibmaschine gehabt habe. Folglich behalf sie sich irgendwie. Sie richtete sich ein kleines Büro in dem schmalen Alkoven ein, den es im Wohnzimmer gab, und das war dann ihr Studierzimmer – bestehend aus einer Remington-Schreibmaschine und einem altmodischen Nähtisch. Dort hielt sie es jedoch nicht ewig aus. Als die Manuskriptstapel immer mehr in die Höhe wuchsen, zog sie sich in die Küche zurück oder schlug ihren Arbeitsplatz in dem engen Flur zwischen Wohnzimmer und Küche auf. Einmal quartierte sie sich mit Nähtisch und Schreibmaschine gar im Schlafzimmer selbst ein.

Wie weit sie ihr Versteckspiel trieb, sieht man daran, daß sie nicht einmal ihren treuen Gatten wirklich einweihte. 1936 wurde das Gerücht aufgebracht, John hätte als Koautor fungiert. Diesen Verdacht empfand sie als zutiefst beleidigend. »Mein Mann hat nicht das geringste damit zu tun gehabt ... Er hat noch nicht einmal das komplette Manuskript zu Gesicht bekommen, bevor der Macmillan-Verlag es kaufte«, protestierte sie. Und indem sie erklärte, wie strikt sie beider Sphären getrennt gehalten hatte, vermittelte sie auch eine Ahnung von ihrer Arbeitsweise. »Nicht, daß ich nicht gewollt hätte, daß er es liest«, erklärte sie.

Es lag vielmehr daran, daß die Kapitel nicht in der Reihenfolge geschrieben worden sind, in der sie nun im Buch erscheinen. Ich habe mit dem letzten Kapitel begonnen und das erste Kapitel als letztes geschrieben, und zwar erst sieben Monate nachdem der Verlag das Buch genommen hatte. Mein Mann hätte unmöglich den Aufbau der Geschichte begreifen kön-

nen, solange ich ihm nur einzelne, unzusammenhängende
Kapitel zu lesen geben konnte, die für ihn keinerlei Sinn ergeben hätten.

Eine Rolle hatte Mitchell ihrem Gatten indes bei der Entste-
hung des Werks vorbehalten. 1936 setzte sie die Geschichte in
Umlauf, sie habe nur auf Drängen ihres Mannes überhaupt
damit angefangen. Nach »drei Jahren (ihrer privaten Chronologie), die ich herumlag, überzeugt davon, daß ich nie mehr
wieder würde laufen können«, hatte sie die Kapazität der
Stadtbücherei ausgeschöpft – ganz zu schweigen von der ihres
Mannes, was den Transport von Büchern anging. »Schließlich«, erzählte sie, »kam er mit einem Pfund Schreibpapier
nach Hause und sagte: ›Schreib dein eigenes Buch. Außer
naturwissenschaftlichen Werken kann ich in der Bibliothek
nichts mehr finden, was du noch nicht gelesen hast.‹« John
Marsh wußte möglicherweise nichts davon, daß seine Frau
die Sache so darzustellen beliebt hatte, jedenfalls bestritt er,
überhaupt irgend etwas mit dem Buch zu tun gehabt zu haben – nur gelegentliche Aufmunterungen der allgemeinsten
Art mochte er zugeben. Wahr ist, daß er die Absichten oder
Befürchtungen seiner Frau nie im einzelnen kommentierte.
Aber ohne seine ständigen und unbeirrbaren Ermutigungen
hätte sie es wohl nicht geschafft.
Als sie ihr Buch dann fertig hatte, half er ihr bei der Überarbeitung – und das war sein einziger konkreter Beitrag zur Entste-
hung dieses Romans. Schon die Art ihrer Ehe und die Persönlichkeit der beiden hätten einer engeren Zusammenarbeit im
Weg gestanden. John Marsh war Neugierde vollkommen
fremd, und nichts konnte ihn bewegen, sich in die Angelegenheiten seiner Frau einzumischen. Sie empfand dies als einen
besonders lobenswerten Zug an ihm. Er ging auf ihre Arbeit
nur dann ein, wenn er gefragt wurde – und das kam selten vor.
»Ich habe immer den Wunsch gehabt, John könnte mir hel-

fen, aber es würde mir nichts weniger als brutal erscheinen, ihm des nachts auch noch die Arbeit des Korrekturlesens oder Lektorierens aufzuhalsen, wo er ohnehin immer schon völlig erschöpft ist. Ich werde also alles allein machen, und sollte ich jemals fertig werden, überlasse ich ihm das Manuskript, und dann kann das Schlachtfest beginnen«, schrieb sie 1928 – eine der äußerst seltenen Erwähnungen ihrer Arbeit in der Entstehungsphase des Buches.

Ihre Formulierung »das Schlachtfest« verweist auf einen weiteren Grund für ihre Abneigung, John mit ihrer Arbeit zu behelligen: Sie fürchtete den Anblick seines Rotstifts. Später scherzte sie in einem Brief an ihren Herausgeber über die »Demütigung«, die mit seiner sachkundigen Kritik für sie verbunden war.

Mein Gatte ist nicht nur Chef einer Werbeabteilung, er gehörte früher auch zu jener seltenen Gattung von Zeitungsleuten, die den Unterschied zwischen einer »Allegorie« und einer »Metapher« kannten, Sprachgefühl hatten und zu der Überzeugung neigten, daß es für jeden Sachverhalt genau das richtige Wort gibt. Und davor war er Professor für Englisch an der Universität von Kentucky. Ich kann mir also kaum vorstellen, daß Sie oder ihre Berater mir irgend etwas sagen könnten, das er mir nicht schon mit schonungsloser Offenheit gesagt hätte.

Hier bastelte Mitchell an dem Bild von »John, dem Schlächter«. Es sagt aber sehr viel weniger über den wirklichen John als über Mitchell selbst und ihre Unsicherheiten aus. Ihr Mann nahm diese Unsicherheit durchaus zur Kenntnis, fühlte sich ihren Minderwertigkeitsgefühlen gegenüber jedoch machtlos. »Vor langer Zeit habe ich festgestellt, daß jeder Einwand von mir sofort von ihr akzeptiert wird«, bemerkte Marsh selbst dazu. »Aber ich brauche ihr nur einmal beizupflichten, vor allem in Hinblick auf ihr Buch, und sofort werde ich schamloser Schmeichelei bezichtigt. (Eben das altmodische Eheweib, das ängstlich zusammenzuckt, wenn er nur die Stirn runzelt)«, setzte er halb ironisch hinzu.

Nicht nur, daß Mitchell ihr Werk während des Arbeitsprozesses vor Freunden und Verwandten geheimhielt – nach ihrem großen Erfolg verschleierte sie seine Ursprünge genauso energisch. Für einen Menschen, der sich seines guten Gedächtnisses rühmte, und der tatsächlich zu enormen Erinnerungsleistungen fähig war lieferte Mitchell die unklarsten und widersprüchlichsten Angaben über die Entstehungsgeschichte ihres Romans. Ihr erster Brief, in dem er Erwähnung findet, verrät eine geradezu schrullige Verachtung für Fakten. Selbst ein und demselben Briefpartner gegenüber machte sie zuweilen unterschiedliche Angaben. »Vor acht Jahren habe ich mit dem Buch angefangen, glaube ich«, schrieb sie im April 1936. Damit setzte sie den Beginn ihrer Arbeit auf 1928 an. Und dann fährt sie fort, als würde in ihrem Kopf alles verschwimmen: »Das war jedenfalls, nachdem ich 1925 John geheiratet und bei der Zeitung aufgehört hatte. Genau kann ich es Ihnen nicht sagen.« Und nun spulte sie ihre spezielle Version für diesen speziellen Reporter ab:

Damals hatte ich ein schlimmes Fußgelenk und ging mit Krükken. Ich konnte zwei Jahre lang nicht laufen, deshalb habe ich aus meiner Freizeit das Beste gemacht und dieses Buch geschrieben. Als es mit meinem Fuß wieder besser wurde, unterbrach ich die Arbeit, weil mir das Herumlaufen viel interessanter erschien. Ich schrieb also nicht weiter, und das Manuskript flog im Haus herum. Einen Verlag habe ich dafür nie gesucht, weil ich, um ehrlich zu sein, selbst nicht viel davon hielt.

Diese Version verlegte den Beginn ihrer Arbeit auf 1928, eine zweite legte das Jahr 1929 nahe. Innerhalb von zwei Monaten bot sie anderen Korrespondenten weitere voneinander abweichende Chronologien an. Wie die Zeitangaben variierten in ihren Darstellungen auch ihre Beweggründe. Wann und warum hatte sie angefangen? »Kann ich Ihnen gar nicht mehr sagen, weil das schon über zehn Jahre zurückliegt und ich inzwischen vergessen habe, was mich dazu gebracht hat«, antwortet sie einem Bewunderer im Sommer 1936. »Ich erinnere mich vage, daß ich mich einfach hingesetzt habe und zu schreiben anfing, um die Zeit totzuschlagen. Und nachdem ich fertig war und wieder laufen konnte, habe ich es weggelegt und nicht mehr dran gedacht.« – »Um mir lange Erklärungen zu ersparen, sage ich gewöhnlich: Ich habe zehn Jahre lang daran geschrieben. Aber das ist gar nicht wahr. Ich habe 1926 angefangen, und von drei Kapiteln abgesehen war es 1929 fertig.« Sie zählte gelegentlich etliche Verzögerungen auf und kam dann zu dem Schluß, daß sie mit dem Buch wohl in einem Jahr fertig gewesen wäre, wenn sie konzentriert durchgeschrieben hätte. »Das alles ist einem normalen Menschen kaum zu erklären, deshalb sage ich meistens: ›Ich habe zehn Jahre gebraucht‹, und dabei bleibt's dann.«

Der zweite Themenkomplex, der sich um die Entstehungsgeschichte des Buches rankt, betrifft Krankheit und Leiden. Schreiben rief bei ihr unwiderstehliche Assoziationen mit physischen Qualen hervor. Ausschlaggebend für ihren Entschluß zu schreiben, für die Einschätzung ihrer eigenen Leistungsfähigkeit und selbst für den Zeitpunkt, an dem sie mit dem Schreiben begann, war nichts anderes als Krankheit und Schmerz. Sie wurde nicht müde zu betonen, allein ihre Gebrechlichkeit habe sie zum Schreiben bewogen: dieses »verflixte Gelenk, das nicht heilen wollte«, die Schmerzen, die die Fahrt zum Verlag unmöglich und selbst das Telefonieren zur Qual machten. Damit fing alles an. Die Probleme mit ihrem Fußgelenk traten im Frühjahr 1926 auf, ihre Mitarbeit in der Redaktion stellte sie im Mai desselben Jahres ein. Drei Monate arbeitete sie als freie Mitarbeiterin weiter. Zwei oder drei weitere Monate las sie wie besessen. Und dann, etwa um die Zeit ihres Geburtstags, als sie gleichermaßen zu Tode gelangweilt wie zu Tode geängstigt war, brachte sie die ersten Worte zu Papier. Auch wenn sie aller Welt erzählte, damals sei sie vierundzwanzig gewesen, ging sie am 8. November in ihr siebenundzwanzigstes Lebensjahr. Und was sie dann als erstes schrieb, war der Schluß – das, worauf alles hinauslief. Das war der einzige Punkt, auf dem sie unerschütterlich bestand, und tatsächlich ist dieses Kapitel ein Spiegelbild aller Befürchtungen und Qualen – körperlicher wie seelischer Art –, die sie in jenen grauen Novembertagen 1926 befallen hatten.

Es beginnt und endet mit heillosen Katastrophen. Am Anfang steht die Nachricht vom Tod der Melanie Wilkes. Ein niedergeschlagener, unglücklicher Rhett Butler nimmt die traurige Botschaft entgegen. »Sie ist tot?« fragt er. Scarlett nickt. »Eine ganz große Dame«, sagt er nachdenklich. »Sie war der einzige durch und durch gütige Mensch, den ich je gekannt habe.« Der Prototyp der guten Mutter ist gestorben, und der Tod hat sie in ihrer Eigenschaft als Mutter ereilt – nach einer Fehlgeburt nämlich. Rhett ist untröstlich, und ebenso untröstlich ist Scarlett, die sich nun zum ersten Mal ihre tiefe Verbundenheit mit der Verblichenen eingesteht. Das erste Desaster zieht das zweite nach sich. Nachdem Melanie tot ist, wird Scarlett klar, daß auch ihre Liebe zu Ashley Wilkes erkaltet ist, und jetzt kann sie sich nicht mehr darüber hinwegtäuschen, daß sie in Wahrheit immer nur Rhett geliebt hat. Das führt zu dem dritten Desaster. Als Scarlett nämlich Rhett ihre Gefühle offenbart, weist er sie ab – seine Liebe ist ihm inzwischen genauso vergangen wie ihr die Liebe zu Ashley. Rhett rekapituliert die traurigen Höhepunkte ihrer Beziehung – und nimmt damit die Tragödien des noch ungeschriebenen Buches vorweg. Seine Liste ist lang – ein weiterer Todesfall gehört dazu und eine ganze Reihe mehr oder minder schwerer Enttäuschungen wie

237

Scarletts Grausamkeit, die Erfahrung, daß einer von beiden immer etwas anderes wollte, und schließlich seine Unfähigkeit, die Launen seiner Frau noch länger zu ertragen. Rhett empfindet in diesem Moment nichts mehr für sie außer Mitleid – und Verachtung vielleicht. Als sie sich trennen, hat er sich bereits völlig von ihr losgesagt. Der logische Schluß dieses letzten Kapitels ist Rhett Butlers ruhige, traurige, sachliche Antwort, mit der er dem Flehen seiner Frau begegnet: »Mein Kind, es ist mir ganz gleichgültig.«

Das Buch »beginnt« also mit einer Schreckenschronik: Tod, Trennung, Zurückweisung, Entfremdung, zerschlagene Hoffnungen und fatale Mißverständnisse. Ein Journalist fand eine treffende Metapher für Mitchells Vorgehen:

> Jeder, der einigermaßen mit der Schinderei des Zeitunglesens vertraut ist, weiß, daß es zum Ritual eines Reporters gehört, als erstes und mit großem Aplomb zu verkünden, der und der sei ermordet worden, um dann, im nachhinein, die Umstände zu beschreiben, die zu dem tragischen Ereignis geführt haben... Und genauso hat es Margaret Mitchell gemacht, als sie sich hingesetzt und mit dem Höhepunkt begonnen hat, wobei sie alle übrigen Seiten von »Vom Winde verweht« bereits – ordentlich aufgestellt in Reih und Glied – in ihrem Kopf hatte. Die Umstände und Vorfälle, die der Tragödie vorausgingen, hat sie mithin später geschrieben.
> ... Das Buch muß ihr in allen Einzelheiten vorgeschwebt haben. Das jeweilige Kapitel hat sie dann geschrieben, wie es ihr am besten paßte.

»Der und der sei ermordet worden« – von Anfang an war der Autorin bewußt, daß ihr Buch definitiv auf ein unglückliches Ende zulaufen würde. Dieser »Anfang« mit all seinen berühmt gewordenen Heimsuchungen läßt das Ausmaß von Mitchells Verzweiflung in jenem Herbst 1926 erahnen. Kein

Wunder, daß ihr nicht daran gelegen war, darüber zu sprechen.

Unter Schmerzen geboren, war auch der weitere Entstehungsprozeß dieses Buchs von Krankheiten begleitet. Nachdem das Gelenk einigermaßen geheilt war, traten andere Leiden auf, und jedes neue Gebrechen brachte Mitchell irgendwie mit ihrem Buch in Verbindung. Ein Brief an Frances Marsh Zane von 1928 illustriert, welchen Zusammenhang Mitchell selbst zwischen Schreiben und Leiden sah. Sie begann mit der Bemerkung, sie stochere in ihrer eigenen Vergangenheit herum »...wie ein Kind in einem Erdloch herumstochert«. Dann stürmte sie davon: »Ich hoffe, bald wieder schreiben zu können. Ich kann schlecht mit der Hand schreiben, und mit der Schreibmaschine zu schreiben kommt für mich seit zwei Jahren schon gar nicht mehr in Frage, weil meine Brust seit einem Zusammenprall mit einer scharfen Kante des Bettgestells unaufhörlich schmerzt.« Sie befürchtete, dieser Unfall habe bei ihr Brustkrebs ausgelöst, und verabschiedete sich erst nach zwei Jahren von dieser Vorstellung. »Diese keineswegs erfreuliche Aussicht auf Krebs und Operationen hat sich mittlerweile verflüchtigt. Aber meine Brust tut immer noch weh, wenn ich meinen linken Arm oder meine Schulter längere Zeit bewege (anstreichen, bohnern, tanzen etc.). Ich hoffe jedoch, in einem halben Jahr wieder auf dem Damm zu sein (toi, toi, toi).« Übergangslos, ohne Punkt und Komma, kam sie dann auf ihr Buch zu sprechen: »...ich schmeiße die beiden ersten Versionen meines Romans weg und fange noch einmal ganz von vorn an. Nach zwei Jahren entdeckt man einfach zu viele Fehler, der Stil wirkt holprig und die Charakterzeichnung unmotiviert und kindisch.«

Das war es also: Sie hatte sich zusätzlich zu ihrem kranken Fußgelenk noch Brustkrebs verpaßt und zwei Jahre lang in ständiger Angst vor einem bösartigen Tumor gelebt, weshalb es mit dem Schreiben kaum voranging. Wenn sie auf der

Maschine schrieb, tat ihr die Brust weh, also versuchte sie es mit der Hand. Das Ergebnis erwies sich jedoch als »kindisch«. Das Kind stocherte also – und was es dabei fand, war Schmerz, immer aufs neue Schmerz. Schmerz – Kindheit – Schreiben – Erinnern, oder: Kindheit – Erinnern – Schreiben – Schmerz. Die Reihenfolge konnte sich ändern, aber diese Assoziationen stellten sich unweigerlich ein. Wenn ihr Körper sie am Schreiben hindern wollte, begehrte sie gegen ihren Körper auf und versuchte, trotzdem zu schreiben. Und dann verschwor sich ihr Körper erst recht gegen ihren Willen. Dieser Kampf lag ihrer Arbeit zugrunde: Ihr unbändiger Drang zu schreiben traf beständig auf den Widerstand ihres Körpers. Und dieser Kampf flaute nie ab.

Im übrigen sah sie auch einen Zusammenhang zwischen den Krankheiten anderer und ihrem Buch. In einem Brief an Harvey Smith aus dem Jahr 1929 vermischten sich ihre eigenen Leiden und ihre Angstzustände mit den Nöten ihrer Freunde und den Qualen des Schreibens zu einem absonderlichen Gebräu. Nachdem sie berühmt geworden war, versuchte sie, neugierigen Lesern ihre damalige Verfassung zu erklären:

Ich hatte während des Schreibens mit beträchtlichen Schwierigkeiten zu kämpfen. Zum einen habe ich viele Freunde und eine große Familie, und ich hänge an ihnen allen. In fünf Jahren nun gab es praktisch keinen Tag, an dem nicht irgendeiner aus diesem Kreis im Krankenhaus gelegen hätte, sei es wegen einer Geburt, eines Autounfalls oder weil er sich die Gallensteine herausnehmen lassen mußte. Ich habe einmal ausgerechnet, daß ich über einen Zeitraum von acht Monaten tagtäglich an einem Krankenbett gesessen habe. Sie können sich vorstellen, wie wenig ich in dieser Zeit geschafft habe. Sodann war ich vier Jahre lang gehbehindert, und in dieser Zeit sah es so aus, als würde ich nie wieder laufen können – nein, danke der Nachfrage, jetzt geht es wieder. Außerdem waren meine

Hände zeitweilig dermaßen steif und geschwollen, daß an Schreibmaschine schreiben gar nicht zu denken war. Es lagen also immer Monate zwischen der Arbeit an einem und der an einem anderen Kapitel – zuweilen sogar Jahre. Ich vermute, wenn all dies nicht dazwischen gekommen wäre, hätte ich das Buch in einem Jahr schreiben können.

Schmerzen waren ihre ständigen Begleiter, und diese Schmerzen projizierte sie in ihren Text. Mühselig war ihre Arbeit aber auch noch in anderer Hinsicht. Denn auch der Entstehungsprozeß des Buches selbst sowie das Verfahren, das sie anwandte, waren für sie mit Qualen verbunden.
Mitchell schrieb mit enormem Eifer und Einsatz. Nicht nur, daß sie auf diese Art ungeheure Wortmengen zu Papier brachte, sie rang auch ständig um das richtige Wort, den treffenden Ausdruck, die beste Satzmelodie. »Schreiben ist Schwerstarbeit ... Eine Nacht nach der anderen habe ich mir um die Ohren geschlagen, und was ist dabei herausgekommen? Zwei Seiten«, erzählte sie einem Freund. »Und dann, nachdem sie fertig waren, habe ich sie so lange überarbeitet, bis nur noch sechs Zeilen davon übrig waren. Dann ging es von vorn los.«
Noch lebhafter und genauer beschrieb sie Stark Young diesen Prozeß, einem Schriftsteller, den sie besonders bewunderte. Als Literaturkritiker von *The New Republic* hatte er 1936 ihr Buch rezensiert und in einem Brief an sie die Bemerkung fallen lassen, er selbst habe größte Schwierigkeiten beim Schreiben. Dieses Geständnis war für sie tröstlich und desillusionierend zugleich. »Sehen Sie«, schrieb sie zurück,

ich dachte immer, professionellen Schriftstellern, Schriftstellern, die wirklich etwas vom Schreiben verstehen, falle das Schreiben leicht. Ich habe geglaubt, nur glücklose Anfänger wie ich müssen alles zigfach überarbeiten, ganze Kapitel fortwerfen, von vorn anfangen, alles neu schreiben und wieder alles fortwerfen. Ich wußte nicht das geringste über andere Schriftsteller und deren Arbeitsmethoden und dachte, ich sei die einzige Schriftstellerin der Welt, die all dies durchmachen muß. Jedesmal, wenn ich ein Kapitel zehn- bis zwölfmal überarbeitet und schließlich den Eindruck gewonnen hatte, eine taugliche Rohfassung zustande gebracht zu haben, legte ich es einen Monat zur Seite. Wenn ich es dann wieder vornahm, habe ich mir regelmäßig die Haare gerauft, so grauenhaft war es. Vor allem die Darstellungsweise war immer noch nicht so klar und einfach, wie ich sie haben wollte – folglich warf ich es weg. Es ging mir ja immer um klare Vorstellungen, sauberen Aufbau, einfache, verständliche Worte. Und dann verging wieder ein qualvoller Monat damit, angelsächsische Entsprechungen für lateinische Wörter zu finden und die umständlicheren lateinischen Satzkonstruktionen durch schlichtere zu ersetzen.

Dies klingt allerdings etwas übertrieben. Nachdem ihr Buch erschienen war, versuchte sie immer wieder den Eindruck eines unbedarft vor sich hinkritzelnden Amateurs zu erwecken, der zufällig das große Los gezogen hatte. Auch dies war nichts anderes als ein weiterer Versuch, ihre Arbeitsweise zu verschleiern und ihr Licht unter den Scheffel zu stellen. In ihrem Brief an Stark Young geht sie zum Beispiel von einer unüberbrückbaren Kluft zwischen ihrer Arbeit und der eines »richtigen Schriftstellers« aus. Tatsächlich hatte sie eine geradezu morbide Vorstellung von ihren Fähigkeiten. »Ich bin erschüttert, wie schlecht ich schreibe«, jammerte sie,

denn wenn ich auch selbst nicht schreiben kann, so weiß ich doch, wie ein guter Text auszusehen hat – das habe ich bei der Zeitung gelernt, wo ich häufig die Manuskripte von anderen zu lesen bekam. Und ich habe das Gefühl, daß mir etwas abgeht, das andere Autoren – wirkliche oder eingebildete –

242

auszeichnet, nämlich der unbedingte Glaube an die Vorzüglichkeit der eigenen Arbeit, der es ihnen erlaubt, sich ohne falsche Scheu mit anderen zu treffen und sich gegenseitig ihr Zeug vorzulesen.

Ungeachtet dieser Klagen wußte Mitchell indes genau, was sie schreiben und welche Wirkung sie hervorrufen und wie sie ihr Ziel erreichen wollte. Dafür gibt es unwiderlegbare Beweise – ihr Gebrauch der Anführungszeichen zum Beispiel: Sie setzt durchweg die Gedanken ihrer Heldin in Anführungszeichen. Als ein Lektor bei Macmillan später die Interpunktion des Buches dem allgemeinen Gebrauch anpaßte und diese Anführungszeichen strich, verlangte Mitchell, diese Korrektur wieder rückgängig zu machen, und lieferte eine ausgefeilte Begründung für ihre Praxis. Erstens, sagte sie, entstehe so ein lebhafteres Druckbild, was das Buch attraktiver und leichter lesbar mache. Und zweitens erlaube dieses Verfahren dem Leser, die Gedanken ihrer Heldin gleichsam akustisch wahrzunehmen. Überdies machte sie darauf aufmerksam, daß »der Leser ohne die Anführungszeichen den Eindruck gewinnen könnte, Scarlett sei eher eine Denkerin als eine Akteurin. Aber Scarlett ist keine Denkerin.«
Aus der Erzählstruktur des Buches geht noch deutlicher hervor, wie wohlüberlegt Mitchell an ihr Werk herangegangen ist. Als zahlreiche Kritiker später den Aufbau, die Struktur und das Erzähltempo des Romans besonders lobend hervorhoben, reagierte sie darauf, wie es ihre Art war, mit selbstironischem Erstaunen. »Vor allem hat mich Ihre Bemerkung über mein Tempo entzückt«, schrieb sie einem Rezensenten.

Ich war völlig irritiert, weil ich mir meines Tempos bisher so wenig bewußt gewesen bin wie meiner Gallenblase. Ich bewegte Ihre Worte also in meinem Herzen, bis mein Gatte eines Abends das Manuskript las, das gerade zurückgesandt worden war ... Wie er so vor sich hinlas, sprang er mit einem Mal auf, stürzte mit zwei Händen voll herunterbaumelnder Partizipialkonstruktionen und dubioser Konjunktive auf die Veranda und brüllte dabei: »Was, um Himmels willen, ist denn das?« Und mit aller mir zur Verfügung stehenden Würde antwortete ich, das sei mein Tempo, und basta. Seither redet jeder in meiner ganzen Familie einschließlich der farbigen Köchin unablässig von seinem Tempo. Als ihr zum ersten und bislang letzten Mal eine Zitronentorte mißlang und ich sie fragte, was denn schiefgegangen sei, sagte sie düster, vermutlich habe etwas mit ihrem Tempo nicht gestimmt.

Wieder einmal verhüllte sie den wohlkalkulierten Einsatz ihrer Mittel und ihre offensichtlichen Absichten mit derbem Humor. Sie wußte stets genau, worauf sie hinauswollte, und ziemlich gut, wie sie es anstellen mußte, dorthin zu kommen. Einmal, nachdem sie etwa zwei Drittel des Manuskripts fertig hatte, kam sie zu der Überzeugung, die Geschichte habe an Schwung verloren. »Es gab einen mächtigen Durchhänger, sechs Kapitel lang. Wie ›Alice‹ gesagt hätte: keine Dialoge und nicht ein einziges Bild.« Das schrie nach einschneidenden Veränderungen. Um wieder Zug in die Sache zu bringen, ließ sie sich ein komplettes neues Kapitel einfallen. In der »langweiligen« Passage hatte sie den glücklosen Frank Kennedy ursprünglich mit einer tödlichen Lugenentzündung aus dem Buch verabschiedet. In der neuen Version entließ sie ihn auf etwas dramatischere Art, nämlich im Verlauf eines Ku-Klux-Klan-Überfalls. Eine politische Aussage verknüpfte sie damit nicht, sie verfolgte vielmehr das rein ästhetische Ziel, einer lahmen Geschichte wieder auf die Sprünge zu helfen. Zufrieden war sie dennoch nicht. »Weiß Gott, mir gefällt auch die zweite Version nicht«, knurrte sie. »Ich habe versucht, diesem Abschnitt mehr Kraft zu verleihen, aber unter Kraft verstehe ich nicht einen Haufen melodramatischer Vorfälle.«

Margaret Mitchell hatte klare Vorstellungen von Stil und eine detaillierte Vision ihres Buchs. Die Mühsal des Schreibens resultierte nicht zuletzt aus ihrem unablässigen Kampf um Worte, Bedeutungen und Strukturen, die ihren Ansprüchen gerecht würden. Sie gab auch dann nicht auf, als ihr Körper mit immer neuen Schmerzen auf die Anstrengung des Schreibens reagierte. Ihr Ehrgeiz war zu groß, ihre Maßstäbe zu hoch, ihre Schmerzen zu quälend, als daß sie mit anderen darüber hätte sprechen können. Zudem gebrach es ihr an der Fähigkeit, ihre Arbeit realistisch einzuschätzen. Doch obgleich das Endprodukt ihren Erwartungen keineswegs entsprach, betrachtete sie die Arbeit an ihrem Roman 1929 im großen und ganzen als abgeschlossen. Jetzt war eine gründliche Überarbeitung fällig, und auch das erste Kapitel mußte noch geschrieben werden. Dennoch – das, was vorlag, als nach dem Schwarzen Freitag die Wirtschaftskrise ausbrach, war jedenfalls mehr oder weniger das, was sie der Welt sieben Jahre später präsentierte. Und die Handlung dieses Romans, seine Geschichte und seine Figuren spiegeln ihre eigene Lebensgeschichte wider.

12. KAPITEL

Eine Geschichte in Rätseln

Jeder sprach damals von dem großen amerikanischen Roman . . . In einem Punkt waren wir uns
alle einig: Den großen amerikanischen Roman
mochte es bereits geben oder nicht, aber der große
Roman der Südstaaten stand jedenfalls noch aus,
diese Geschichte war einfach noch nicht erzählt
worden. Wir meinten, einer von uns müßte diesen
Roman schreiben, und Peggy erzählte, sie schreibe
etwas über Atlanta, den Krieg und die Rekonstruktionszeit. Sie wollte alles hineinpacken, worauf sie
bei den Recherchen für ihre historischen Zeitungs-
features gestoßen war, all die Sagen, die sechzig
Jahre alten Anekdoten, die Skandale, wie die Leute damals waren und wie sie sich gefühlt haben.
Elinor Hillyer

Gibt es irgend jemanden in den Vereinigten Staaten, der nicht mit der Handlung von Margaret Mitchells Roman
vertraut wäre? Eigentlich liefert sie uns ja sogar zwei große
Erzählungen. In der ersten berichtet sie vom Unabhängigkeits-
streben der Südstaaten während des Bürgerkriegs und dem
Scheitern ihrer Hoffnungen, den gesellschaftlichen Konflikten,
die dieser Krieg auslöste, und dem Zusammenbruch der Plantagenwirtschaft in der Rekonstruktionszeit. Von Rückblicken
abgesehen erstreckt sich diese Chronologie über einen Zeitraum von vierzehn Jahren: Sie beginnt 1861 mit der Krise um

Fort Sumter und endet 1874 mit dem Ende der radikalen Phase der Rekonstruktion. Diese großen, dramatischen Ereignisse werden zum größten Teil aus der Perspektive einer gescheiten, aber ahnungslosen jungen Pflanzertochter geschildert, die ihr Tage teils auf Tara, der väterlichen Plantage im Clayton County in Georgia, und teils in dem quirligen Eisenbahnstädtchen Atlanta zubringt. Diese beiden Orte bilden die Schauplätze des Romans.

Mit der großen Geschichte der glücklosen Konföderation verwebt Mitchell einen zweiten Erzählstrang über das Schicksal ebenfalls vom Glück verlassener Personen und ihre hoffnungslosen Beziehungen zueinander. Diese Personen sind Scarlett O'Hara, Ashley Wilkes, Melanie Hamilton und Rhett Butler (in der Reihenfolge ihres Auftritts). Die reiche, launische und unternehmungslustige sechzehnjährige Schönheit Scarlett verliebt sich am Vorabend des Kriegs. Der Mann, den sie liebt, Ashley Wilkes, weist sie jedoch ab und heiratet seine brave Kusine Melanie Hamilton. Aus Rache nimmt sie sich daraufhin Charles, den Bruder der Braut, zum Mann. Mitten hinein in die emotionalen und politischen Wirren platzt die vierte Hauptperson, Rhett Butler. Mit seinen dreiunddreißig Jahren ist dieser sonnengebräunte, geheimnisvolle Aristokrat doppelt so alt wie die Protagonistin, gehört mithin derselben Generation wie deren Mutter an, dennoch ist er von der feurigen Scarlett hingerissen. Während die beiden frischgebackenen Ehemänner in den Krieg ziehen (aus dem Charles nicht mehr zurückkommt), bleibt Rhett in ihrer Nähe und macht der jungen Witwe genauso hartnäckig den Hof, wie diese sich an Ashley heranmacht. Beide scheitern letztlich mit ihren Eroberungsversuchen, und ihre romantischen Ambitionen verquicken sich immer wieder mit dem militärischen und politischen Geschick der untergehenden Konföderation.

Weniger offensichtlich und weniger dramatisch als dieses romantische Handlungsgefüge, stellt die Beziehung zwischen

Melanie und Scarlett ein eigenes, wichtiges Nebenthema dar. Durch Scarletts Heirat mit Melanies Bruder wird die eine zur Schwägerin der anderen, »teurer«, wie Melanie sich ausdrückt, »als eine Schwester der anderen jemals sein könnte«. Tatsächlich hat Charles Hamilton keine andere Funktion für den Roman, als diese beiden Frauen miteinander in Verbindung zu bringen – kaum hat er das bewerkstelligt, stirbt er an Masern und Lugenentzündung, nicht ohne sie geschwängert zu haben. Scarlett und Melanie müssen nun – von ihren Männern verlassen – gemeinsam zunächst mit der schwierigen Versorgungslage an der Heimatfront und später mit dem Grauen des Kriegs und der Belagerung fertig werden. Der dramatische Höhepunkt in ihrer Beziehung ist erreicht, als Melanie während der Schlacht um Atlanta niederkommt und Scarlett ihr in heller Aufregung beizustehen versucht. Auch nach dem Krieg begegnen sie sich wiederholt, in der Stadt wie auch auf dem Land. Doch wie eng diese Beziehung auch immer ist, sie wird von der unerfüllten Sehnsucht und der verschmähten Liebe überschattet, die die anderen Beziehungen kennzeichnen. So kommt es, daß Scarlett Ashleys kränkliche Frau im Grunde verachtet, wohingegen Melanie ihre vitale Schwägerin bewundert.

Der Frieden bringt nicht weniger Turbulenzen mit sich als der Krieg. Als die Konföderation kapituliert und die Wirtschaft der Südstaaten zusammenbricht, setzt Scarlett ihre eigene Rekonstruktion ins Werk. Um die schwindelerregenden Steuern für Tara aufzubringen zu können, macht sie Rhett Butler zunächst das Angebot, seine Geliebte zu werden. Als der sich nicht darauf einläßt, schnappt sie sich den reichen Verehrer ihrer Schwester, Frank Kennedy, und macht mit seinem Geld und seinem Namen blühende Geschäfte. Allerdings setzt sie dafür ihre Moral, ihre Ehre und die Solidarität aller ihrer Freunde aufs Spiel – nur Melanie hält weiterhin zu ihr. Frank Kennedy schenkt ihr ein zweites Kind und stirbt bald darauf ebenfalls. Erst jetzt läßt sie sich von Rhett Butlers enormem Reichtum für die Idee gewinnen, dessen Frau zu werden. Innerhalb eines Jahres bringt sie ihr drittes Kind zur Welt. Ihrer Fruchtbarkeit zum Trotz kann sie mit Kindern eigentlich nichts anfangen und beschließt, daß die Familie mit Wade Hampton, Ella und Bonnie Blue groß genug sei. Außerdem hängt sie der romantischen Schulmädchenvorstellung an, sie müsse Ashley treu bleiben. Infolgedessen praktiziert sie ihre eigene Form von Geburtenkontrolle, schläft fortan von ihrem Mann getrennt und schließt sich des nachts in ihrem Zimmer ein.

Die ganze Zeit über, während sie nacheinander mit drei Männern die Ehe eingeht und drei Kinder zur Welt bringt, verläßt die Heldin ihr Bedürfnis nach materieller Sicherheit genauso wenig wie ihr Verlangen nach Ashley Wilkes. Auch in ihrer Verachtung für Melanie Wilkes und ihrer Abneigung gegen Rhett Buttler wird sie nur selten schwankend. Als Melanie stirbt, steht endlich nichts mehr zwischen ihr und Ashley. In diesem Augenblick des Triumphs jedoch entdeckt sie, daß ihre Liebe zu ihm eine Illusion war, und zu ihrer eigenen Verwunderung wird sie sich darüber klar, daß sie Melanie und Rhett schon immer geliebt hat. Sie erklärt sich Rhett, doch auch der hat sich verändert, denn Rhett ist zu einer ähnlichen Erkenntnis im Hinblick auf seine alte Liebe gekommen wie sie. Im selben Augenblick, als Scarlett ihren Fehler einsieht, hat er nichts mehr für sie übrig. Und so endet die Geschichte: Auf der individuellen Ebene müssen die Hauptpersonen ihre Hoffnungen genauso begraben, wie auf der politischen Ebene die Konföderation ihre Sache verloren geben muß.

Weder die Geschichte noch die Personen dieses Romans sind aus der Luft gegriffen. Margaret Mitchell konnte auf mündliche Überlieferungen und literarische Konventionen zurückgreifen. Sie bediente sich zum einen historisch gesicherter Fakten und zum anderen der Anekdoten und Erinnerungen,

249

die in ihrer Familie weitergegeben wurden. Gleichzeitig hauchte sie ihrer Geschichte und ihren Figuren viel vom Geist ihrer eigenen Zeit ein. Dieser Geist lebt in ihrem Buch, und er gibt den Ausschlag für den Rang, den ihr Roman innerhalb der amerikanischen Literatur und der Kultur der Südstaaten einnimmt.

Im Laufe der Zeit ist »Vom Winde verweht« zum Inbegriff der alten Südstaatenromantik geworden. Margaret Mitchell jedoch verstand ihr Buch als radikal, provozierend und revolutionär. Wie mit ihren ketzerischen Auftritten als Debütantin, ihrem unkonventionellen Leben als Journalistin und ihrem Austritt aus der katholischen Kirche, begehrte sie auch mit ihrem Roman auf – in diesem Fall gegen das literarische Südstaatenklischee und gegen die traditionelle Interpretation der eigenen Geschichte.

Wenn ihre Vision der Geschichte heute weit weniger revolutionär wirkt als in den zwanziger Jahren des letzten Jahrhunderts, so liegt das daran, daß die historische Forschung seither zu völlig neuen Ergebnissen gekommen ist. Als Mitchell zu schreiben begann, gab es im Süden wie im Norden eine vorherrschende Schulmeinung, die sich in den vierzig Jahren zuvor gegen alle abweichenden Interpretationen durchgesetzt hatte. Sie lag auch den populären Romanen von Thomas Nelson Page und Thomas Dixon zugrunde, die die glücklichen Zeiten auf den Plantagen vor dem Krieg besangen, die Tragödie des Bruderkriegs und die Schrecken der Rekonstruktionsära beschworen und die heilige Sache jener Erlösergestalten bejubelten, die nach 1876 zur Wiederherstellung der weißen Vorherrschaft im Süden beigetragen hatten. Vor allem die idyllischen Plantagenromane von Thomas Page malten das Bild eines aristokratischen Lebens auf riesigen, von Sklaven bewirtschafteten Gütern, das unter dem Motto »noblesse oblige« stand. Seine Schauplätze lagen hauptsächlich oder ausschließlich im Herzland der Plantagenwirtschaft, also in Virginia, Georgia, Süd-Carolina und dem Mississippi-Delta. Und ihre Helden waren samt und sonders Gentlemen, ihre Frauengestalten durchweg vornehme, makellose Schönheiten und ihre Schwarzen ausnahmslos treue und ergebene (wenn auch ein wenig unbedarfte und kindliche) Diener.

Nach landläufiger Ansicht war diese romantische Welt nicht an ihren eigenen Widersprüchen zugrunde gegangen, sondern durch äußere Kräfte zerstört worden: Die Yankees mit ihren plündernden Armeen und ihrer industriellen Kriegsmaschinerie hätten diesen friedlichen Kosmos zerschlagen und anschließend die ganze Region der Rache von Söldnern und irregeleiteten Außenseitern der Gesellschaft ausgeliefert, wobei sie sich hauptsächlich der Schwarzen bedient hätten. Das waren schöne Märchen, aber die Schwärmer für die »Verlorene Sache des Südens« stellten ihre abwegigen Vorstellungen von einer Fremdherrschaft der Schwarzen und Yankee-Spekulanten zu keinem Zeitpunkt in Frage. Gleichzeitig pflegten sie ihre Verachtung für die Kollaborateure in den eigenen Reihen und feierten den Ku Klux Klan als Vorkämpfer für die gerechte Sache der gedemütigten Weißen.

Die rebellische Generation der um 1900 Geborenen lehnte sich gegen jede Verklärung der Vergangenheit auf. H. L. Mencken, das Idol derer, die sich in der Bewegung »Junger Süden« zusammengefunden hatten, forderte dazu auf, den Traditionalisten tote Katzen in ihre muffigen Salons zu werfen. Und das taten sie auch: Prominente wie namenlose Angehörige der Generation von 1900 übergossen die nostalgischen Dixie-Schwärmer mit Hohn und Spott. Keine andere Generation im Süden hatte bis dahin so bewußt gegen die Tabus und Traditionen der Elterngeneration aufbegehrt. Sie riefen nach einer realistischen, soziologischen Betrachtungsweise statt nostalgischer Schwärmerei, harter Arbeit statt des alten Müßiggangs, ernsthafter Selbsterkenntnis statt Amüsement, einer Orientierung an den Werten der bürgerlichen Mittelklasse statt an

251

den Idealen der Ritterlichkeit. Und was sollte an die Stelle des Niggers und der Sklaverei treten? Sie konzentrierten sich auf die Kultur der weißen Farmer und Arbeiter, der einfachen Leute, und richteten ihr Augenmerk dabei nicht mehr auf das klassische Plantagenland, das den Romantikern heilig gewesen war, sondern auf das Hinterland, die Mittelgebirge, die südlichen Grenzregionen oder die Kleinstädte und Metropolen.

Peggy Mitchell teilte die Aversionen und Ideale dieser Protestgeneration. Sie machte sich über den »ritterlichen Konföderierten-Roman« lustig, sie zog über die »mondbeschienenen Magnolienbäume« der alten Legenden her, bei »profesionellen Südstaatlern« sträubten sich ihr die Haare, sie verabscheute die aristokratische Überheblichkeit ihrer eigenen Familie und witzelte sogar über den Stammbaumkult ihrer Freundinnen. Nichts davon sollte in ihrem Buch gut wegkommen.

Später hat sie sich durch die Filmversion ihres Buchs gründlich mißverstanden gefühlt. Eine Veröffentlichung des Jahres 1942 jedoch unterstützte voll und ganz ihr Verständnis der gesellschaftlichen und politischen Situation jener Zeit. Der aus einer äußerst vornehmen Familie stammende Virginius Dabney, ebenfalls ein Angehöriger der Generation von 1900 und Herausgeber des *Richmond Times-Dispatch,* hatte eine gründlich recherchierte Darstellung des Südens unter dem Titel »Jenseits des Potomac« veröffentlicht und darin mit dem Mythos des Alten Südens aufgeräumt. Mitchells Roman attestierte er bei dieser Gelegenheit historischen Realismus. Mitchell war entzückt. »Ich hatte tatsächlich nicht die Absicht, über Kavaliere zu schreiben«, bestätigte sie. »Eigentlich stammen alle meine Figuren, mit Ausnahme von Virginia Wilkes, von zupackenden, kleinen Farmern ab.« Nur daß das offenbar keiner bemerkt hatte.

Ich befürchte, daß wir Autoren aus dem Süden bis zum Jüngsten Tag die Wahrheit über die Südstaaten vor dem Krieg schreiben können, über die paar Sklavenhalter und die vielen kleinen Farmer und über die Luxusvillen, an deren Stelle keine fünfzig Jahre zuvor noch Blockhütten gestanden haben – und jeder würde weiterhin der Hollywood-Version glauben. Das traurigste ist, daß die Südstaatler selbst noch inbrünstiger an diese Mythen glauben als die Leute im Norden.

Zu meiner größten Verwunderung werde ich, seitdem mein Buch erschienen ist, immer wieder mit Autoren in eine Schublade gesteckt, die den Süden als Land der säulenverzierten Herrenhäuser schildern, deren betuchte Besitzer Tausende von Sklaven hatten und Tausende von Juleps vertrugen. Ich bin vor allem deshalb verwundert, weil der Norden von Georgia überhaupt keine Plantagenregion war – wenn es eine derartige überhaupt jemals gab – und ich mir große Mühe gegeben habe, Georgia so zu beschreiben, wie es wirklich war. Aber die Leute glauben, was sie wollen, und der Mythos des Alten Südens sitzt zu fest in den Köpfen, als daß er allein durch die Lektüre eines Buchs von 1 037 Seiten ausgerottet werden könnte. Ich habe mich also gar nicht gegen all die Anschuldigungen verteidigt – aber es war doch eine große Befriedigung für mich, daß für einen Mann von Ihrem Scharfblick kein Zweifel daran besteht, daß mein Süden nichts mit dem »Süden, den es niemals gab« gemein hat.

Mitchells Roman ging gegen den Mythos der »Verlorenen Sache« sowohl direkt als auch indirekt an. Wie viele andere Autoren ihrer Generation versuchte sie, die herkömmlichen Assoziationen schon dadurch zu unterbinden, daß sie Georgia und nicht Virginia, das Landesinnere und nicht die Tummelplätze der Schickeria an der Küste zum Schauplatz machte. Ihre Pflanzer sind nichts als Farmer, die allenfalls von ferne an die Helden der Südstaaten-Romane erinnern. Sie besitzen weder die anmutigen Umgangsformen der traditionellen Aristokratie, noch teilen sie deren Weltanschauung – sie sind einfach Farmer, die sich hochgearbeitet haben. Das macht sie schon auf den ersten Seiten ihres Buchs klar, als sie Scarlett und die Tarleton-Zwillinge einführt.

> Obwohl sie in der Sorglosigkeit des Plantagenlebens geboren und seit frühester Kindheit nie ohne Bedienung gewesen waren, hatten die drei auf der Veranda weder schlaffe noch weiche Gesichter. Es lag etwas von der Kraft und Wachheit der Landleute darin, die ihr ganzes Leben im Freien zubringen und sich den Kopf wenig mit dem Gewicht der Bücher beschweren.

Mitchell stellt die Verbindung zum kleinen Landadel sowohl über die Genealogie als auch über ihre Lebensart her. Im ersten Kapitel wird dieses Thema ausgeführt. Als die Truppen Abel Wynder, den völlig ungebildeten Sohn eines Sumpftrappers, zu einem ihrer drei Anführer bestimmen, weist sie darauf hin, daß keiner dieser Herren, die sich zu einer Freiwilligenarmee zusammengeschlossen haben, mit seiner Abstammung protzen konnte: »Standesdünkel gab es kaum in der Truppe. Dafür waren zu viele ihrer Väter und Großväter aus der Klasse der kleinen Farmer zu Reichtum gekommen.« Gerald O'Hara ist der typische Vertreter dieser Klasse. Er ist in kulturellen Dingen völlig unbedarft und muß sich selbst von der keineswegs gebildeten Beatrice Tarleton dabei ertappen lassen, wie er »Stentor« mit »Zentaur« verwechselt. Seine Ungebildetheit macht ihm indes nicht das geringste aus. »Stentor oder Zentaur, das ist mir eins«, schnauzt er zurück.

> Er hatte eine lebhafte Hochachtung vor Leuten, die mehr gelernt hatten als er, aber seine eigenen Lücken empfand er nie als Mangel. Wozu auch all das in einem Neuland, wo seine ungebildetsten Landsleute das größte Vermögen gemacht hat-

254

ten, wo man nur danach fragte, ob jemand kräftig war und keine Arbeit scheute.

Als Einwanderer, mittellos und fremd, schlägt sich Gerald zunächst als Partner im Geschäft seines Bruders durch, bevor er mit Baumwolle reich wird – der typische Selfmademan, der sein Vermögen seiner Schläue und seinem Mutterwitz verdankt. »Alles gehörte Gerald O'Hara, weil sein Irenschädel nicht so leicht zu benebeln war und weil er den Mut hatte, alles auf eine Karte zu setzen«, schreibt Mitchell. »Er rodete die Felder, pflanzte Baumwolle und borgte abermals Geld von James und Andrew, um sich mehr Sklaven zu kaufen.«
Wenn Gerald als typischer Südstaatler vorgeführt wird, dann kann wohl kaum die Rede davon sein, daß Mitchells Dixie auf einer gefestigten aristokratischen Ordnung beruht. Dieser Süden präsentiert sich vielmehr als dynamischer kultureller Schmelztiegel, in dem Wagemut und Tatkraft genau wie in jeder anderen kapitalistischen Gesellschaft honoriert werden. Als solcher zieht er Leute jeder Provenienz an: Franzosen und Iren, Katholiken und Presbyterianer, die Angehörigen alter Familien und Einwanderer ohne jede Familie. Wiederholt beschreibt sie ihren Süden als brodelndes, demokratisches, egalitäres Grenzland. Indem sie sich vor der aristokratischen Welt der Pflanzerromane hütet, öffnet sie diese Gesellschaft sowohl nach unten als auch nach oben.
Schon Geralds Aufstieg und Fall veranschaulicht das Grundprinzip von Mitchells Süden; die Figur der Cathleen Calvert führt dieses Thema noch unmißverständlicher aus. Cathleen, einst die Attraktion des County, an Anmut nur Scarlett vergleichbar, gerät auf die schiefe Bahn und rutscht immer tiefer. Bei Geralds Begräbnis steht sie abseits, weder bei den einfachen Farmern noch bei ihren früheren Freunden aus den Kreisen der Plantagenbesitzer.

Ihr verblichener Sonnenhut verbarg ihr gesenktes Gesicht. Scarlett sah mit Schrecken, daß ihr Perkalkleid Fettflecke aufwies, daß ihre Hände sommersprossig und unsauber waren. Unter den Fingernägeln hatte sie schwarze Halbmonde. Cathleen hatte nichts von guter Familie mehr an sich. Sie sah wie eine arme Farmersfrau aus, ja schlimmer, nach verarmten, verwahrlosten Proleten – nach nichts.

»Bald wird sie Tabak schnupfen, wenn sie es nicht schon tut«, dachte Scarlett voller Grauen. »Ach, du lieber Gott, wie ist sie heruntergekommen.«

Schaudernd wandte sie die Augen von Cathleen ab. Ihr wurde klar, wie schmal doch die Kluft war, die die guten Familien von der Unterschicht trennte.

»Hätte ich nicht soviel Mut gehabt, ich wäre heute auch soweit«, dachte sie voller Stolz. Cathleen und sie hatten nach dem Ende des Kriegs mit den gleichen Waffen begonnen – mit leeren Händen und dem Hirn in ihrem Kopf.

Damit dem Leser nur ja die Moral der Geschichte nicht entgeht, formuliert Großmama Fontaine noch einmal die Botschaft dieses Bildes. Mit rücksichtsloser Offenheit beschreibt sie die Gründe dafür, daß ihre Familie nicht nur überlebt, sondern auch Erfolg gehabt hat, und gibt damit Scarlett recht:

»Wenn schwere Zeiten kommen, beugen wir uns vor dem Unausweichlichen, ohne zu klagen. Wir arbeiten, lächeln und warten unsere Zeit ab. Wir geben uns wohl auch flüchtig mit geringeren Leuten ab und nehmen, was sie uns zu bieten haben. Wenn wir aber wieder stark genug sind, geben wir ihnen einen Fußtritt, nachdem wir sie als Sprossen benutzt haben, um wieder in die Höhe zu kommen. Das ist das Geheimnis, wie man nicht untergeht, mein Kind.« Nach einer Pause setzte sie hinzu: »Ich gebe es an dich weiter.«

In der Tradition des Südens galten Virginia und Süd-Carolina zusammen mit der Küstenregion von Georgia als die aristokratischen Hochburgen schlechthin. In »Vom Winde verweht« repräsentieren die Wilkes, die Hamiltons und Ellen Robillard diese Welt. Mitchell schildert diese Leute beharrlich als sonderbar, ausgefallen und untypisch für das Grenzland. »Wilkes sind anders als unsere Nachbarn ... anders, als ich je eine Familie gekannt habe. Wunderliche Leute sind sie, und sie tun am besten, ihre Kusinen zu heiraten und ihre Wunderlichkeit für sich zu behalten«, meint Gerald im ersten Kapitel.

Diese Angehörigen der Oberschicht wirken im Norden von Georgia aber nicht nur fehl am Platze, sie sind auch keineswegs sympathisch. Mitchell beschreibt den Clan der Wilkes in kultureller wie körperlicher Hinsicht als überzüchtet, degeneriert, überkandidelt, schwächlich und blutlos. Sie vergleicht sie mit Hirschkühen, Kaninchen oder Schoßhunden. Da sie weder willens noch fähig sind, sich veränderten Umständen anzupassen, sind sie dazu verdammt, als Individuen und als Familie unterzugehen. Schon mit ihrer Fortpflanzungsfähigkeit hapert es. Melanie überlebt mit Müh und Not eine Geburt, die zweite bringt sie um. Und der merkwürdige Ashley Wilkes ist gesellschaftlich, aber wahrscheinlich auch sexuell, ein Versager – er bezeichnet sich selbst »als weit weniger als einen Mann, ja, sogar weit weniger als eine Frau«.

Diese Aristokraten sind also für Mitchell nichts weiter als eine im Grunde überflüssige Zierde der Gesellschaft. Die Art, wie sie das Thema »Sklaverei« behandelt, unterstützt diese Auffassung. Als Gesellschafts- oder Wirtschaftssystem kommt Sklaverei in ihrem Roman kaum vor. Sklaven sind für sie in erster Linie Statussymbole für aufstrebende weiße Farmer. Bezeichnenderweise ist Gerald O'Haras erster Sklave Pork – den er bei einem Pokerspiel gewonnen hat – ein Kammerdiener. Zwar hilft Pork der Familie nach der Verwüstung der Stadt durch Shermans Truppen zu überleben, indem er sich an der Suche nach Nahrungsmitteln beteiligt, zu schwerer Arbeit jedoch ist er ungeeignet und kann nicht einmal ein Hemd flikken. Und Mammy kümmert sich zwar hingebungsvoll um die Angelegenheiten der O'Haras, arbeitet aber selten. So sind fast alle ihre Schwarzen – mit Ausnahme von Dilcey, die ja schon durch ihre Hautfarbe aus dem Rahmen fällt: Sie ist nicht schwarz, sondern bronzefarben, wirkt also eher indianisch als afrikanisch. Sklaven, soll damit ausgedrückt werden, sind wirtschaftlich ineffektiv – nichts als überholte Attribute der Oberschicht. Pork und Ashley sind im Grunde aus demselben Holz geschnitzt, und genauso wie die aristokratischen Weißen identifiziert Mitchell die schwarzen Sklaven letztlich mit Tradition und einer Vergangenheit, die sich überlebt hat.

Wie Rhett Butler und Großmama Fontaine betonen, werden alle, die an den alten Traditionen festhalten, untergehen – womit ihnen recht geschieht, denn sie lassen es ganz entschieden an Mut, Tatkraft und Einfallsreichtum fehlen. Da sie jede lebendige Regung bei anderen unterdrücken, haben sie selbst ihr Recht aufs Dasein verwirkt. Mitchells Auffassung spiegelt hier den Skeptizismus ihrer Generation gegenüber den »süßlichen Klagegesängen der alten Schule« wider. Dadurch, daß sie die kleinen Farmer und die bescheidenen Anfänge ihrer Pflanzer ins Blickfeld rückt, entwirft sie das Bild einer offenen, durchlässigen Gesellschaft und entwickelt so eine alternative Sozialgeschichte der Südstaaten.

Mit demselben auf Protest und Widerstand programmierten Bewußtsein, mit dem sie die Geschichte der Südstaaten umdeutet, knüpft sie sich auch ihre eigene Familiengeschichte vor. Sie pickt sich etliche ihrer Vorfahren heraus, rauht sie beträchtlich auf und verpflanzt sie in ihren Text. Anhand einer ganzen Reihe ihrer Romanfiguren läßt sich nachweisen, daß biographische Elemente Eingang in »Vom Winde verweht« gefunden haben.

Mitchell selbst hat immer wieder hartnäckig jeden Zusammenhang zwischen ihrer Familie und ihrem Roman bestritten, und das aus gutem Grund. Denn die beliebte Suche nach Vorbildern unter ihren Angehörigen, den lebenden wie den toten, zeitigte absurde Ergebnisse. Der Gipfel des Unsinns war mit einem Artikel von Mitchells alter Freundin Virginia Morris Nixon erreicht, die in dem finsteren, puritanischen Eugene Mitchell das Vorbild für Gerald O'Hara entdeckt zu haben glaubte. Abgesehen davon, daß beide kleinwüchsig waren, hatten sie wahrhaftig nichts gemeinsam. Wenn die Spekulationen derartig ins Kraut schießen konnten, so kam es Mitchell vor, dann mußte die Welt verrückt geworden sein – und sie antwortete dem Herausgeber von *Photoplay,* wo der Artikel ihrer (Ex-)Freundin erschienen war: »Wenn Sie Bela Lugosi mit Shirley Temple oder Deanna Durbin mit Jimmy Cagney vergleichen würden, dann würden Sie nicht weniger schiefliegen als Nixon mit ihrer Behauptung, Gerald O'Hara sei wie mein Vater.«

Den Protesten der Autorin zum Trotz gibt es jedoch offensichtliche Parallelen zwischen ihrer Familie und ihren Romanfiguren. Das beginnt schon mit den Namen Gerald und Fitzgerald. Es dürfte auch kein Zufall sein, daß Gerald O'Hara ein begüterter katholischer Pflanzer irischer Abstammung ist, was genauso auf ihre Familie mütterlicherseits zutraf. Darüber hinaus entlieh sich Mitchell Charakteristika der in Georgia lebenden Iren, verknüpfte sie mit ihren eigenen Vorfahren und kam so zu der Gestalt des Gerald O'Hara. Auf diese Weise wurde Gerald wiederum zu einer Art Urvater für sie. Indem sie den Süden entmythologisierte, kam sie ihrer eigenen Familie so nah wie möglich. Sie wies immer wieder darauf hin, daß »das Landhaus« kein Herrenhaus, sondern ein gewöhnlicher Gutshof gewesen sei, und gleichermaßen gewöhnliche Menschen seien auch Philip Fitzgerald und John Stephens gewesen. »Beide waren sie in Irland geboren, und beide waren sie stolz darauf. Aber noch stolzer waren sie darauf, Südstaatler zu sein.«

Mitchell entwarf dieses realistische Porträt ihrer Sippe in einem bestimmten Kontext, der ihre tieferen Absichten offenbart. Im Grunde geht es ihr nämlich um die Gefühlswelt und die Sichtweise der Frauen. In »Vom Winde verweht« sind die Frauen der Humus für die snobistischen Allüren der Oberschicht. Die Frauen sind es, die am Anfang des Buchs ihre Nasen über die urwüchsige Demokratie rümpfen, die in »der Truppe« herrscht, und es sind die Ladys, die angesichts einer unstandesgemäßen Heirat die Hände über dem Kopf zusammenschlagen oder beim Anblick von »Barbaren« aus Alabama die Augen verdrehen. Ebensolche Unarten hatte Mitchell auch an den Frauen ihrer eigenen Familie auszusetzen. Sie verachtete die Verstellungen und die Überheblichkeit ihrer Tante Edythe, und ihre Großmutter war für sie die Verkörperung des Bösen schlechthin.

> Wir waren schon etwas älter, als Großvater starb, und Großmutter gluckte auf Großvaters Geld und machte damit, was sie wollte. Das einzige, was sie im Sinn hatte, war prahlen und protzen, protzen und prahlen. Die jüngeren Mädchen der Familie bekamen dann eine andere Ausbildung als die älteren. Sie wurden in den Norden aufs College geschickt, wo sie lernten, daß man sich zu schämen hat, wenn man die Tochter eines Iren ist und im Süden geboren wurde.

Tyrannisch und falsch, vulgär und nur auf Äußerlichkeiten bedacht – so beschreibt sie die Frauen aus ihrer Familie mütterlicherseits. Die Männer nimmt sie von diesem Vorwurf aus – alle Bosheit ist den Frauen vorbehalten. Habsucht, Eitelkeit, Hochmut – die Übel, die sie Annie Fitzgerald Stephens anlastete, sind auch ein Leitmotiv ihres Romans. Damit nämlich sind genau jene Laster benannt, die ihre Heldin kennzeichnen – die ordinäre, gedankenlose Scarlett O'Hara. Wenn die Ähnlichkeit zwischen den erfundenen O'Haras und ihrer Familie mütterlicherseits eher allgemeiner Natur sind, so lassen sich zwischen Annie Fitzgerald Stephens und Scarlett O'Hara sehr präzise Übereinstimmungen ausmachen, die wiederum aufs engste mit ihrer eigenen Lebenserfahrung zusammenhängen.

Beide Figuren sind praktisch gleichaltrig – Scarlett wird 1845 geboren, ihre Großmutter Annie 1844. Beide haben sie irische Einwanderer zu Vätern und katholische amerikanische Frauen zu Müttern, beide wachsen hauptsächlich unter Mädchen auf, beide leben zunächst im Clayton County und haben dann in Atlanta Erfolg, und beide hängen an der ländlichen Welt, aus der sie kommen.

Übereinstimmungen gibt es auch im Hinblick auf ihren Charakter. Zwar bleibt Mitchells Großmutter ihrer Kirche verhaftet, zwar begnügt sie sich zeitlebens mit einem Ehemann und vermeidet die gesellschaftlichen und sexuellen Fehltritte der Romanheldin – doch auch sie gilt in der Familie als raffgierig, herrschsüchtig und materialistisch, ohne jedes Mitgefühl für ihre Kinder, ihre Freunde oder Angestellte. Genauso wie Scarlett ist sie stur, mutwillig, dickköpfig, aggressiv und kurzentschlossen, und nicht anders als die Romanfigur läßt sie alles, was mit Büchern und Kultur zusammenhängt, kalt. Beide werden von der Oberschicht Atlantas nicht akzeptiert, wenn auch aus unterschiedlichen Gründen, und beide gieren nach Landbesitz. Und schließlich müssen sich in ihrem sozialen Umfeld alle ihren Herrscherlaunen beugen. Allein die Enkelin von Annie Stephens läßt sich nicht unterkriegen – und das ist ein weiterer, neuer Aspekt.

Mitchell verabscheute all jene alten konföderierten Fregatten, die sich in ihre Angelegenheiten einmischten, an ihrem Verhalten herummäkelten und über sie herzogen. Ihre Großmutter war eine Karikatur dieses Typs: Rücksichtslos und dogmatisch, wie sie war, konnte sie Heilige an den Rand des Nervenzusammenbruchs bringen. Aber Peggy Mitchell war eben keine Heilige – sie war der alten Dame ähnlich genug, um immer wieder mit ihr zusammenzustoßen. Nach May Belle Mitchells Tod hatten sich die beiden praktisch unentwegt in den Haaren. Von der Mitte der zwanziger Jahre an bekam Mitchell regelmäßig einen Wutausbruch, wenn von ihrer Großmutter auch nur die Rede war, und die wiederum reagierte auf ihre Enkelin ähnlich ungehalten. May Belle Mitchells Familie war aus der ganzen Sippe die einzige, der sie keinen Quadratmeter ihres enormen Landbesitzes vermachte.

Mitchells Beziehung zu ihrer Großmutter ist jedoch komplizierter, als es zunächst scheint. Tatsächlich empfand sie einen glühenden Haß auf Annie Stephens, gleichwohl war sie von ihr fasziniert. Zur selben Zeit, als der Bruch zwischen beiden irreparabel geworden war, kreierte Mitchell nach ihrem Vorbild die vitale, rücksichtslose und unwiderstehliche Romanfigur Scarlett, und diese Spannung, die ihr Verhältnis ausmachte, hatte über den literarischen Schaffensprozeß hinaus Auswirkungen auf ihr Leben, denn später machte Mitchell die widersprüchlichsten Aussagen über ihre Heldin. Der Popularität, Lebendigkeit und Überzeugungskraft dieser Figur zum Trotz fand Mitchell selbst sie unsympathisch, oder sie gab zu erkennen, daß sie letztendlich nicht wisse, was von ihr zu halten sei.

Als nach der Veröffentlichung ihres Buchs ein Begeisterungssturm ausbrach, legte Mitchell größten Wert darauf, nicht selbst mit Scarlett O'Hara verwechselt zu werden. Meistens wies sie darauf hin, daß es nicht in ihrer Absicht gelegen habe, mit der Heldin einen bestimmten Frauentypus zu verherrlichen oder zu verteufeln, sondern daß sie lediglich eine in sich schlüssige Gestalt habe schaffen wollen, die ganz im Einklang mit ihrem Charakter handelt. Eine solch distanzierte Betrachtungsweise verlangte sie auch von anderen. »Sie waren gut zu

Scarlett, Sie haben sie richtig verstanden, Sie haben ihr das angerechnet, was sie tatsächlich zu bieten hat, und nichts von ihr verlangt, was gar nicht ihre Sache ist«, lobte Mitchell die wohlwollende Rezension von Henry Steele Commanger in der *New York Herald Tribune*. Dieser scharfsinnige Kritiker hatte ein entscheidendes Motiv des Romans herausgearbeitet und möglicherweise auf die tiefste Ursache von Scarletts Problemen aufmerksam gemacht, als er schrieb, die Heldin habe partout »das Kind ihrer Mutter sein wollen, war jedoch nie etwas anderes als das Kind ihres Vaters«. Mitchell war begeistert. »Ich finde diesen Abschnitt, in dem sie darauf verweisen, daß sie vergeblich wünschte, das Kind ihrer Mutter zu sein, absolut großartig...! Ich habe Gott dafür gedankt, daß Sie eine Figur so nehmen, wie sie ist, und nicht, wie Sie sie gern hätten.«

Auf die wehleidige Frage einer Leserin, ob es ihre Absicht gewesen sei, mit Scarlett einen Menschen zu beschreiben, der »keiner einzigen anständigen Regung fähig ist«, antwortete sie, es liege ihr in keiner Weise daran, ihre »Figuren zu beurteilen. Ich möchte nur erzählen, was sie getan und gesagt haben und es dem Leser überlassen, seine eigenen Schlüsse zu ziehen.« Nichtsdestoweniger ging sie dann dazu über, Scarletts Vorzüge aufzuzählen. »Tapferkeit ist sicherlich etwas Gutes, und die besaß sie«, begann Mitchell ihre Liste.

Verantwortungsbewußtsein gegenüber den Schwachen und Hilflosen ist ein weiterer löblicher Zug, der sie auszeichnet – schließlich kümmerte sie sich um ihre Familie ohne Rücksicht auf sich selbst. Zudem hat sie die guten Seiten ihrer Mutter sehr wohl zu würdigen gewußt, auch wenn sie ihr nicht das Wasser reichen konnte... Und im Angesicht der Niederlage hat sie Beharrlichkeit bewiesen.

Indes, was sie mit der einen Hand gibt, das nimmt sie mit der anderen zurück. »Natürlich«, beendet sie diesen Tugendkatalog, »stehen diesen Vorzügen eine Menge unerfreuliche Eigenschaften gegenüber.« Doch – Mitchell tut ihr Bestes, um Scarlett vor dem Fegefeuer zu bewahren. Aber es gelingt ihr nicht.

Anderen gegenüber machte sie keinen Hehl aus Scarletts Sünden, beteuerte aber, die Fehler ihrer Heldin dienten nur dazu, die Tugend um so heller erstrahlen zu lassen. Als ein katholischer Prälat, Monsignore James Murphy, ihr vorhielt, sie habe eine offensichtlich verdorbene Frau verherrlicht und damit der Jugend ein schlechtes Beispiel gegeben, zitierte sie eine Nonne aus Atlanta, Schwester Mary Loyola vom St.-Josephs-Krankenhaus, mit dem Ausspruch, »Vom Winde verweht« sei »im Grunde ein durch und durch moralisches Buch, weil es zeigt, daß jeder für seine Sünden bezahlen muß. Außerdem ist an Scarlett nun wirklich nichts so anziehend, als daß Mädchen auf die Idee kommen könnten, ihr nachzueifern.« Sie habe das Buch ohnehin nicht für Kinder geschrieben, versichert sie dem Priester, »sondern für reife Erwachsene, die die Wahrheit des Wortes kennen: ›Was der Mensch sät . . .‹« An dieser Stelle flattert ihr wieder einmal der Geist ihrer Mutter durch den Kopf, und sie fährt fort: »Ich gestehe, es hat mich schockiert zu erfahren, daß Kinder überhaupt mein Buch lesen – und es offenbar auch noch gut finden. Meine Mutter hätte mir nicht erlaubt, dieses Buch vor meinem achtzehnten Lebensjahr zu lesen. Sie hat mir ja nicht einmal erlaubt, ›Tom Jones‹ oder ›Moll Flanders‹ vorher zu lesen.«

Mitchell ging sogar so weit zu behaupten, sie habe die Figur der Scarlett überhaupt nicht als Heldin angelegt. »Bitte streiche in meinem Buch nichts, was mit Melanie zu tun hat«, schreibt sie ihrer Freundin Lois Cole im Herbst 1935, als ihr Verlag Probeexemplare für die Presse vorbereitete. »Schließlich ist sie die Heldin des Buchs, obwohl ich wahrscheinlich die einzige bin, die das so sieht.« Angesichts der Tatsache, daß zu diesem Zeitpunkt überhaupt erst vier Menschen das Manuskript gelesen hatten, muß diese Bemerkung besonders rätselhaft erscheinen.

Was geht hier vor? Nun, einmal steht Mitchell mit ihrer ambivalenten Haltung ihren Heldinnen gegenüber in der Tradition katholischer Erbauungsgeschichten. Wiederholt äußerte sie, nur der Triumph des Guten rechtfertige die Beschreibung des Bösen – einer der Grundgedanken dieser Literatur. Schon einmal hatte sie zu solchen Rechtfertigungsstrategien gegriffen, als sie nämlich zehn Jahre zuvor Blanche Betterouses Aufzeichnungen aus dem Leben einer Puffmutter lesen und veröffentlichen wollte – angeblich, um Verkäuferinnen vor einer Prostituiertenkarriere zu bewahren. Laster, Pornografie und Verdorbenheit reizten sie ungemein – ihre puritanische Moral ließ ihr diese Vorlieben jedoch nicht ohne weiteres durchgehen.

Ungeachtet ihrer gespaltenen Einstellung zu ihrer Heldin ist jedoch nicht zu übersehen, daß Scarlett die Phantasie der Autorin unangefochten beherrscht. Wie Becky Sharp in »Jahrmarkt der Eitelkeiten« mag sie im strengen Wortsinn keine Heldin sein, in jedem Fall aber stellt sie alle anderen Figuren des Buchs in den Schatten. Gleichgültig, wie gut Melanie und wie schlecht Scarlett nun wirklich ist, gehört die Geschichte Scarlett O'Hara allein, nicht Melanie, nicht Ellen und nicht Mammy. Und genau das hat Mitchell auch gewollt. Nichts macht ihr Eintreten für die Vertreterin des Guten so unglaubwürdig wie die zentrale Stellung der Bösen innerhalb des Romans. Scarletts Werdegang gibt der Geschichte erst ihre Gestalt.

Von Anfang an ist es Mitchells Absicht gewesen, daß sich Scarlett im Verlauf der Geschichte zu erkennen gibt; sie hat dies auch bei anderer Gelegenheit offen zugegeben. Von allen ihren Kommentare zu Scarlett ist jedoch keiner aufschlußreicher als der, den sie gegenüber Dr. Hervey Cleckley, einem Psychiater aus Augusta, abgegeben hat.

Dr. Cleckley wurde Mitte der fünfziger Jahre durch eine Arbeit über Persönlichkeitsspaltung mit dem Titel »Evas drei Gesichter« berühmt. Es war dies die erste psychoanalytische Untersuchung, die von Hollywood zu einem Film verarbeitet wurde – mit außergewöhnlichem Erfolg übrigens; es gab sogar einen Oscar dafür. Mitchell hat Cleckleys Triumph nicht mehr erlebt, sein Genie aber frühzeitig erkannt. Seit der Veröffentlichung seines Buchs »Gesundheit als Maske« im Jahr 1941 bewunderte sie ihn. In der Absicht, einen Krankheitstyp zu beschreiben, »der bislang gar nicht als Krankheit begriffen worden ist«, untersucht er darin die soziopathische oder antisoziale Persönlichkeit.

Dieser Psychiater hielt die Art, wie Mitchell Scarlett dargestellt hatte, für lebensnah und »sehr überzeugend«. Er erkannte in ihr dieselbe »emotionale Verarmung«, die er bei den »partiellen Psychopathen« angetroffen hatte, von denen sein Buch handelte. Dieser Persönlichkeitstyp, schrieb er ihr, »ist unfähig, angemessen auf die aufrichtigen Gefühle deren, die ihn lieben, zu reagieren. Er verfolgt grundsätzlich andere Absichten, die in jedem Fall egozentrisch und trivial sind.« Dann führt er aus:

Sie [Scarlett] ist offensichtlich machtlos gegen ihre Unfähigkeit, sich in der Liebe wirklich hinzugeben; ihre Egozentrik ist fundamental. Starke Gefühle scheint sie überhaupt nicht zu verstehen, genausowenig wie sie begreift, was Menschen bewegt, die aus Überzeugung handeln. Anders als der echte Psychopath ist sie durchaus in der Lage, Handlungen, die auf ihre materielle Befriedigung abzielen, erfolgreich durchzuführen, ohne sich dabei im geringsten zu blamieren. Was wir jedoch an dieser Gestalt entdecken, ist eine innere Hohlheit und ein bedenklicher Mangel an Einsicht.

Mitchell war von dieser Analyse über die Maßen angetan. Dies sei eine »ausgesprochen scharfsichtige« Deutung von

Scarletts Charakter, schrieb sie ihrem Cheflektor beim Macmillan-Verlag. In ihrer Antwort an Cleckley äußerte sie sich noch begeisterter – und ließ bei der Gelegenheit einige aufschlußreiche Nebenbemerkungen fallen:

Wahrscheinlich wären die meisten Autoren nicht davon erbaut, wenn ein Psychiater eine ihrer Figuren als »partiellen Psychopathen« bezeichnet hätte, aber ich bin hoch erfreut. Natürlich wollte ich keine psychopathische Persönlichkeit zeichnen oder eine psychoanalytische Studie abliefern. Romanautoren, die ganz bewußt ins Reich der Psychoanalyse abschweifen, tun dies auf eigene Gefahr und meistens zum Schaden ihrer Geschichte und ihrer Figuren. Was ich wollte, war, eine alles andere als bewunderungswürdige Frau schildern, über die sich wenig Gutes sagen läßt, und versuchen, ihren Charakter plausibel zu machen. Es hat mich merkwürdig berührt, daß Miss O'Hara eine Art Nationalheldin geworden ist, und mein Eindruck ist, daß es um die geistige Gesundheit eines Volkes schlecht bestellt sein muß, das eine solche Frau an ihr Herz drücken möchte. Gleichermaßen irritiert wie amüsiert war ich auch darüber, daß mein Buch angegriffen wurde, weil ich eine »leidenschaftliche und liederliche« Person mit großer Freude am Detail beschrieben hätte. Ich dachte, jeder müsse bemerken, daß Scarlett frigide ist; daß sie zwar nichts gegen Aufmerksamkeit und Verehrung hat, solange sie ihr selbst gelten, tiefe Gefühle jedoch gar nicht versteht und gegenüber der Liebe und Zuneigung anderer unempfindlich ist. Ich nehme an, man muß Psychiater sein, um das zu verstehen; Sie können also vielleicht meine Freude über ihre Ausführungen verstehen.

Wie aus heiterem Himmel führt Mitchell in diesem Brief den Begriff der »Frigidität« ein. Das ist kein Zufall. Jahrelang hatte sich Mitchell aus Neugier mit psychoanalytischen Theorien beschäftigt, und sie wußte genau, was unter Frigidität zu verstehen war. Wie sich herausgestellt hat, war sie mit den Arbeiten des Wiener Psychoanalytikers Wilhelm Stekel vertraut, des größten Experten auf diesem Gebiet. Sein bedeutendstes Werk, »Die Geschlechtskälte der Frau«, war zwar schon 1921 auf deutsch erschienen, aber erst 1926 in der englischen Übersetzung herausgekommen. Mitchell las dieses Buch genau in dem Augenblick, als sie ihren Roman zu schreiben begann. Wenn Mitchell also anmerkt, daß ihre Heldin nichts »gegen Aufmerksamkeit und Liebe hat, solange sie ihr selbst gelten, tiefe Gefühle jedoch gar nicht versteht und gegenüber der Liebe und Zuneigung anderer unempfindlich ist«, rafft sie die Gedanken des Wiener Psychoanalytikers in Kurzform zusammen. Praktisch jedes Kapitel von Stekels Werk läßt sich mit Gewinn auf Mitchells Heldin anwenden. »Sie betäubt ihre Gefühle«, um in seinen Worten zu sprechen; sie kann weder Liebe geben noch auf die Liebe anderer mit Liebe reagieren. Irgend etwas stimmt mit Scarlett also nicht, irgend etwas fehlt ihr. Nach Ansicht von Dr. Cleckley ist ihre Persönlichkeit nur zur Hälfte ausgebildet – genauso denkt auch Mitchell über ihre Protagonistin, und genauso verhält sich Scarlett im Roman.

Scarlett O'Hara war nicht ganz echt, sie war, in gewisser Weise, pervers. Sie war kein glückliches Mädchen, und sie war keine zufriedene Frau. Mitchell wußte den Grund dafür, und in ihrer unentschiedenen Haltung Scarlett gegenüber spiegelt sich die Zerrissenheit ihrer Heldin. Mitchells persönliche Konflikte finden aber noch weitere Entsprechungen im Text. Und in diesen Passagen offenbaren sich noch tiefgreifendere Parallelen zwischen Autorin und Geschöpf.

13. KAPITEL

Die weibliche Perspektive

Wo ich selbst in dem Buch vorkomme, das weiß
ich nicht. Ich habe versucht, so objektiv wie
möglich zu schreiben und meine Person ganz
draußen zu lassen. Ich bin sicher, daß ich nicht
Scarlett bin, und ich werde es niemals schaffen, so
wie Melanie zu sein. Ich weiß natürlich, daß sich
die Persönlichkeit eines Autors immer in seinem
Buch niederschlägt, egal, wie sehr er dagegen
ankämpft. Aber welcher Teil von mir sich jetzt ein-
geschlichen hat, das weiß ich nicht. Auf jeden Fall
ist eine ganze Reihe von Lebensjahren und jede
Menge Schweiß in mein Buch eingeflossen.
Margaret Mitchell an Mr. A. W. Wootton

Wie jeder Vom-Winde-verweht-Fan weiß, hat
Margaret Mitchell ihre quirlige Heldin ursprünglich nicht
Scarlett, sondern Pansy genannt. Pansy stand für sie nicht
allein für die Figur, sondern für das Buch als Ganzes. »Behalten Sie ›Pansy‹ ruhig länger, wenn es Ihnen nötig erscheint«,
schrieb sie 1935 dem Verlag. Erst im Spätherbst 1935, sechs
Monate vor der Veröffentlichung, schlug sie den anderen
Namen vor, unter dem ihre Heldin dann tatsächlich Eingang
in das öffentliche Bewußtsein gefunden hat. Am 7. November
war sie sich ihrer Sache noch keineswegs sicher und spielte
auch noch andere Möglichkeiten durch. Nahezu zehn Jahre
lang hieß die Protagonistin für Mitchell also Pansy.

Dieser Name hat selbstverständlich seine eigene Geschichte, denn schon in ihrer Erzählung über das Atlanta des Jazz-Zeit-alters hieß die Hauptperson Pansy. Die Arbeit daran hatte sie für ihren Bürgerkriegsroman unterbrochen, aber schon in dieses kleinere Werk war viel von dem eingeflossen, was sie damals zutiefst bewegte. Und daß ihr vieles von dem, was sie damals beschäftigt hatte, nach wie vor durch den Kopf ging, sieht man nicht zuletzt daran, daß sie den Namen ihrer dama-ligen Hauptperson in ihrem Roman wiederverwendete.

In der Jazz-Geschichte haben die Namen Pansy und Hamilton ihre eigene Bedeutung, sowohl für sich genommen als auch in der von ihr gewählten Kombination. Für Mitchell stand der Familienname Hamilton für Stabilität, Tradition und die Wer-te des Alten Südens; Pansy hingegen klang in ihren Ohren modern und rebellisch. In »Vom Winde verweht« bediente sie sich dieser Namenskombination, spaltete sie jedoch auf: Scar-lett/Pansy stand jetzt für Unruhe und Veränderung, Melanie verkörperte die alten, konservativen Hamilton-Werte. Nach-dem Mitchell ihre alte Heldin in zwei Personen zerlegt hatte, fügte sie sie jedoch erneut zusammen, und durch ihre Ehe wurde aus der geborenen Pansy O'Hara wieder eine Pansy Hamilton – ohne dadurch allerdings zu einer echten Hamilton zu werden. Darüber hinaus schuf der gemeinsame Nachname jetzt eine enge persönliche Verbindung zwischen Scarlett/ Pansy und Melanie – und so künstlich es auch klingen mochte, wenn Scarlett als »Mrs. Hamilton« angesprochen wurde, so unentrinnbar waren jetzt beide miteinander verstrickt. Mit-chell bediente sich also der Ehe mit Charles Hamilton, um die beiden Hälften ihrer alten Heldin wieder miteinander zu ver-einen, wobei sich allerdings zeigte, daß die Fliehkräfte in die-ser Vereinigung mindestens ebenso stark waren wie die ver-bindenden Elemente – obwohl geschwisterlich verbunden, führten die beiden Teile weiterhin ein ausgeprägtes Eigen-leben.

270

Mitchell nahm also eine Erzählung aus ihrer eigenen Gegenwart, borgte sich die Hauptperson aus, spaltete sie in ihre beiden Bestandteile auf, versetzte die Teilstücke zurück in die Vergangenheit und kombinierte sie dann wieder – was ihr die Möglichkeit gab, ihre Gegensätzlichkeit noch schärfer herauszuarbeiten. Erst kurz vor Erscheinen ihres Romans verwischte sie diese Spuren, die in die Gegenwart führten, und anonymisierte ihre Heldin, indem sie Pansy durch Scarlett ersetzte.

In der Atlanta-Erzählung war Pansy Hamilton Mitchells eigenes Double. Daß sie sich dieses Namens dann in ihrem Roman erneut bediente, könnte darauf schließen lassen, daß jede der beiden Protagonistinnen – Pansy/Scarlett genauso wie Melanie – eine Seite ihrer Persönlichkeit repräsentieren sollte. Das wirft neue Fragen auf. Denn Pansy/Scarlett und Melanie verdankten sich nicht nur Mitchells gespaltener Selbstwahrnehmung – sie markierten auch, zur einen wie zur anderen Seite, die Grenzen des weiblichen Daseins. Und damit kommen wir zum tieferen Sinn ihres Romans: Mitchell wollte Geschichte aus der Perspektive von Frauen schreiben. Elinor Hillyer wußte das, noch bevor sie eine Vorstellung davon hatte, woran genau ihre Freundin eigentlich arbeitete, denn Mitchell hatte ihr anvertraut: »Elinor, ich möchte ein Buch über Frauen schreiben. Bisher wurde stets die Geschichte der Männer erzählt – ich möchte die der Frauen erzählen und beschreiben, wie sie den Krieg erlebt haben.« Hillyers Meinung nach sollte auf diese Weise die Geschichte, genauer: die Geschichte des Südens, für die Frauen zurückerobert werden. Eine ähnliche Absicht hatte Mitchell schon 1923 in ihrer Artikelserie für das *Journal* über Frauen in der Geschichte geäußert: ihr Ziel sei, die Rolle der Frauen in der Geschichte zu würdigen.

Mit ihrer Absicht, die Geschichte von Frauen zu erzählen, kamen für Mitchell indes heikle Aspekte ihrer eigenen Lebensgeschichte ins Spiel. Was war Weiblichkeit ihrem Wesen nach eigentlich? Der alte Konflikt, den sie mit ihrer

Mutter austragen hatte, tauchte in ihrem Roman in verschiedenen Konstellationen und Fragestellungen wieder auf: Eltern und Kinder, Mütter und Töchter, Geburt und Tod, Autonomie und Abhängigkeit. Dahinter standen die Paradoxien, die Mitchells eigenes Leben bestimmten, sowie die Beziehung zu ihrer gleichermaßen verehrten wie gefürchteten Mutter. Diese Problematik steht am Anfang von »Vom Winde verweht« – es ist die große, selten wahrgenommene Geschichte dieses Romans.

Die Liebesgeschichte von Rhett Butler und Scarlett O'Hara hat häufig die Sicht auf andere Beziehungen verstellt – für den Leser steht aus gutem Grund der dunkle, gutaussehende, wagemutige Held im Vordergrund. Oberflächlich betrachtet stellt Rhett einen in der Literatur immer wiederkehrenden Männertypus dar, und Mitchell selbst hat keinen Hehl daraus gemacht, daß sie ihn der viktorianischen Frauenliteratur entlehnt hat. Zusätzlich zu seinen männlichen Qualitäten besitzt Rhett allerdings auch Eigenschaften, die eher mit Frauen oder Müttern in Verbindung gebracht werden – unter anderem ist er nämlich sympathisch und intuitiv und zu Mitleid wie zu Zärtlichkeit fähig. Er kümmert sich nicht nur um sein eigenes Kind Bonnie, er zieht auch seine Stiefkinder auf, und in dieser Beziehung ist er deren leiblicher Mutter sogar weit überlegen. Im Gegensatz zu den Helden des viktorianischen Romans legt Rhett also die besten Eigenschaften beider Geschlechter an den Tag und stellt insofern einen Idealtypus dar, wie ihn Mitchell bereits in ihrer frühen Erzählung »Sergeant Terry« entworfen hat. Rhett aber geht noch weiter – er will sogar für Scarlett die Mutterrolle übernehmen. »Ich wollte für dich sorgen, dich verwöhnen, dir schenken, was du dir wünschtest«, sagt er.

Niemand wußte besser als ich, was du durchgemacht hattest. Du solltest nun nicht länger kämpfen. Ich wollte es dir abnehmen. Spielen solltest du wie ein Kind, denn du warst ja ein tapferes, banges, eigensinniges Kind, und das bist du wohl auch jetzt noch. So starrköpfig und so empfindungslos kann nur ein Kind sein.

Kurzum, Rhett spielt die ideale Mutter. Und Mitchell, die sich stets dagegen wehrte, ihre Romanfiguren mit realen Personen zu identifizieren, machte in diesem Fall eine Ausnahme: Sie gab zu, daß sie May Belles Stimme im Ohr und ihr Bild vor Augen gehabt hat, als sie die Figur des Rhett Butler konzipierte – jene May Belle Mitchell vor allem, die ihr seinerzeit auf der Straße nach Jonesboro eine Lektion darüber erteilt hatte, wie Frauen in einer gnadenlosen Welt überleben können. Diese Predigt habe sie, so Mitchell, beinahe Wort für Wort Rhett Butler in den Mund gelegt.

Im 43. Kapitel hat Scarlett soeben Frank Kennedys Kind zur Welt gebracht, als Rhett sie besuchen kommt. Man unterhält sich darüber, wie Rhett das Leben gemeistert hat, nachdem sein Vater ihn enterbt hatte, und Rhett bringt das Gespräch auf Ashley Wilkes. Er macht sich über ihn lustig, während Scarlett ihn verteidigt, obwohl sie Rhett insgeheim recht geben muß. Der weiß das auch und möchte sie dazu bringen, es offen zuzugeben. Sie bleibt jedoch stur und versucht, ihn abzulenken. Rhett läßt nicht locker. Er führt ihr die wahren Helden vor Augen, Leute, die wirklich Mumm haben, die wissen, was sie wollen – Leute wie Scarlett eben. Und jetzt folgt die Schmährede auf Ashley und all die anderen, die »in einer Welt, wo das Unterste zuoberst gekehrt ist«, »weder den gescheiten Kopf haben noch die starke Hand, oder wenn sie sie haben, tragen sie Bedenken, davon Gebrauch zu machen. Deshalb gehen sie unter, und das geschieht ihnen recht. Es ist ein Naturgesetz, und die Welt fährt ohne sie besser. Aber immer gibt es ein paar Wagemutige, die durchkommen und mit der Zeit wieder genau dort angelangt sind, wo sie standen, ehe die Welt auf den Kopf gestellt wurde.« Denkt man sich noch den feministischen Kontext hinzu, ist dies exakt die Lektion, die May Belle Mitchell ihrer Tochter bald zwanzig Jahre zuvor erteilt hat.

Es ist höchst aufschlußreich, Rhett Butler mit May Belle Mitchell zu identifizieren – im Hinblick auf den Roman genauso wie unter dem Gesichtspunkt von Mitchells Lebensgeschichte. Gewöhnlich sucht man unter ihren Verehrern oder Ehemännern nach den Vorbildern für die Männergestalten des Romans – Rhett wäre dann vielleicht Red Upshaw, Ashley Wilkes womöglich Clifford Henry und Frank Kennedy John Marsh. Aber diese Vergleiche mit realen Männern verschleiern eine viel bedeutsamere Ähnlichkeit. Wenn man nämlich May Belle Mitchell in Rhett Butler wiedererkennt, erhält man plötzlich genaueren Aufschluß über das Verhältnis zwischen Mitchell und ihrer Mutter; überdies versteht man nun erst den fatalen Konflikt zwischen den beiden Romanhelden richtig. Mitchell zufolge zerstören Mißverständnisse und unvereinbare Lebensentwürfe eine Beziehung, die im Grunde auf durchaus übereinstimmenden Interessen beruht. Als Scarlett im letzten Kapitel schließlich zur Einsicht kommt, ist es bereits zu spät, denn zu diesem Zeitpunkt ist die »gute Mutter« Rhett gestorben. Seine Liebe ist genauso unwiderruflich verloschen, wie Melanie Wilkes tot ist – fortan lehnt Rhett jede Verantwortung für sie ab, und niemand anders als Scarlett selbst mit ihrer verbissenen Starrköpfigkeit hat sich diese Wendung des Schicksals zuzuschreiben. Dieses letzte Kapitel hat Mitchell als erstes geschrieben – sie beginnt und beendet ihr Buch also mit Rhetts Rückzug und mit dem Tod der zweiten »guten Mutter« Melanie. Diese Lesart erlaubt die Schlußfolgerung, daß in Mitchells Augen eine ähnliche Verkettung von Irrtümern und Mißverständnissen auch ihr Verhältnis zu ihrer eigenen Mutter bestimmt hat.

Es gibt noch weitere Hinweise darauf, wie sehr Margaret Mitchell beim Schreiben unter dem Einfluß ihrer Mutter gestanden hat. In der Jonesboro-Episode liegt der Schlüssel zum Verständnis jenes Konflikts, um den sich das ganze Leben der Autorin gedreht hat. Dieser Konflikt beschert dem Roman seine übergreifenden Themen, nämlich den Generationenkonflikt – der sich hier vor allem als Rivalität zwischen Mutter und Tochter äußert – und die grundsätzliche Frage nach dem Wesen der Weiblichkeit, der Natur der Frau.

Mitchell hat nie verheimlicht, daß es in ihrem Roman letztendlich um dasselbe geht, was ihre Mutter seinerzeit auf der Straße nach Jonesboro bewegte – die Frage des Überlebens. Damit fängt alles an – schon in dem Sinne, daß die Tiraden ihrer Mutter ihr überhaupt erst die Augen geöffnet haben für die grundlegenden Probleme des gesellschaftlichen Aufstiegs oder Niedergangs im darniederliegenden Süden nach dem Bürgerkrieg. Es unterstreicht die Bedeutung dieser Episode, daß Mitchell die Straße nach Jonesboro selbst in ihrem Roman untergebracht hat – sie ist nämlich der Schauplatz eines der bedeutsamsten Ereignisse innerhalb der Romanhandlung; bedeutsam schon deshalb, weil es hier wiederum eine Parallele zwischen Literatur und Lebensgeschichte gibt.

Diese Straße taucht im 23. Kapitel erstmalig auf, als Scarlett und ihre Begleiter auf der Flucht aus dem brennenden Atlanta sind. Es herrscht allgemeine Panik; in ihrer Verzweiflung ruft Scarlett Rhett zu Hilfe. Der beschlagnahmt ein edles Pferd und einen Wagen, und zu sechst – Rhett, Scarlett, Melanie, Prissy, Wade Hampton und das Neugeborene – fliehen sie mitten in der Nacht vom 1. auf den 2. September durch das ausbrechende Chaos vor den einströmenden Belagerungstruppen. Die kleine Gruppe entgeht dem Flammenmeer mit heiler Haut, und am Ende des Kapitels erreicht sie die Stelle, wo die Stadt ins offene Land übergeht. Und genau hier, auf der Straße nach Jonesboro, der Straße nach Tara, wird Scarlett von Rhett im Stich gelassen. Scarlett, die nicht weiß, wie ihr geschieht, reagiert verständlicherweise mit Empörung. Offenbar hat der Anblick der geschlagenen Südstaaten-Soldaten Rhett bis ins Mark getroffen, und die »verräterische Sentimentalität, die jedem Südstaatler nun einmal im Blut liegt«, hat die Oberhand gewonnen – bis zu diesem Augenblick hatte allerdings wenig auf einen solchen Ausbruch von Patriotismus hingedeutet.

Einerseits also »verrät« (wie er sich selbst ausdrückt) dieser Akt Rhetts wahren Charakter – seine Sentimentalität nämlich, seine Solidarität mit den Soldaten, sein Schamgefühl und seinen Wunsch, bisherige Versäumnisse wiedergutzumachen. Der Leser erfährt hier Rhetts Geheimnis, und dieses Geheimnis trägt dem mißverstandenen, edlen und aufopferungsvollen Südstaaten-Don Quijote unweigerlich große Sympathie ein – vor allem, da seine Selbstlosigkeit in krassem Gegensatz zu Scarletts vulgärem Egoismus steht. Borniert, wie sie ist, hat sie für Rhetts wahre Noblesse nicht das geringste Verständnis – oder wenigstens sieht es so aus. Auf der anderen Seite jedoch hat es mit Rhetts Verhalten seine eigene Bewandtnis.

Denn wie im Fall von Frank Kennedys Tod ist die Frage, unter welchen Umständen und weshalb Rhett Scarlett verläßt, unerheblich gegenüber der Tatsache als solcher. Mit seinem Verschwinden nämlich macht er den Weg für Scarletts großen Auftritt als Mutter Courage im 24. Kapitel frei – sein Aufbruch erhält damit dieselbe Bedeutung wie die unerbittliche Lehre der guten Mutter – oder die gute Lehre der unerbittlichen Mutter – auf der Straße nach Jonesboro. Er zwingt sie, auf eigenen Füßen zu stehen. Wenn er sich mit seinem Verhalten ihre Verachtung einhandelt, um so besser für sie, denn während er still leidet, faßt sie in dem Maße neuen Mut, wie sie die Wut in sich aufsteigen fühlt. Dadurch, daß er sie verläßt, wachsen ihre Erfolgsaussichten mithin um ein Vielfaches. Scarlett ist sich dessen selbstverständlich nicht bewußt. In dem Moment, in dem sie ihre große Chance bekommt, fühlt sie sich einfach nur zurückgestoßen und verlassen. Kopflos geworden, fährt sie ihren Beschützer wütend an, weil sie seine Beweggründe nicht durchschaut. Leben möchte sie zwar nicht mit ihm, doch die Vorstellung, ohne ihn auskommen zu müssen, beängstigt sie noch weit mehr. Wie dem auch sei – nun ist sie auf der Straße nach Jonesboro allein auf sich gestellt.

Der Hergang dieser Geschichte läßt das Drama erahnen, das sich seinerzeit zwischen Mutter und Tochter abgespielt haben muß. Mitchell hat nie einen Zweifel daran gelassen, daß Rhetts Abschied an dieser Stelle eine Wiederauflage ihres eigenen Erlebnisses auf der Straße nach Jonesboro ist. Es gelingt ihr sogar, ein sechsjähriges Mädchen in die Szene einzuschmuggeln. Als Rhett ihr nämlich zu verstehen gibt, daß er sie verlassen will, muß die entsetzte Scarlett an ein Unglück denken, das ihr in ihrer Kindheit zugestoßen ist. »Einmal, sie muß damals sechs gewesen sein, war sie beim Klettern vom Baum gefallen und der Länge nach aufgeschlagen. Als sie jetzt Rhett ansah, war sie genauso atemlos, verdattert und benebelt wie damals.«

Indem Mitchell diese Schlüsselszene mit ihrer Mutter in ihrem Roman verarbeitet, lädt sie diese Episode mit einer Bedeutung auf, die dem ganzen Buch seinen tieferen Sinn verleiht. Denn im Grunde geht es hier um das, was Mitchell selbst als das zentrale Ereignis im Leben einer Frau bezeichnet hat – das Geburtserlebnis. Die Vorstellung von Lebenschenken und Geborenwerden wiederum steht für Mitchell in einem zwangsläufigen Zusammenhang mit all den anderen Problemen, mit denen Frauen sich in ihrem Leben notgedrungen auseinandersetzen müssen, wie Mutterschaft und Kinder, Unabhängigkeit und Selbstbestimmung. In dem Kapitel, das diesem Konflikt auf der Straße nach Tara unmittelbar vorangeht, stellt Mitchell diesen Zusammenhang ganz bewußt her.

Die Kapitel 21, 22 und 23 gehören zu den einprägsamsten und

277

dramatischsten des ganzen Buches. Sie erzählen die Geschichte von Melanies schwieriger Niederkunft, Prissys wenig hilfreichen Hebammendiensten und Scarletts etwas erfolgreicheren Bemühungen, bis Beau endlich das Licht der Welt erblickt – dies alles vor dem Hintergrund der Entscheidungsschlacht um Atlanta und der anschließenden Zerstörung der Stadt. In David Selznicks Film sind dies die unvergeßlichsten, spektakulärsten Szenen – allerdings hatten sie sich schon vorher ins öffentliche Bewußtsein eingebrannt, denn hier ist Mitchell wirklich auf dem Gipfel ihrer Kunst. Und sie wußte genau, worauf sie hinauswollte. In ihren Briefen hat sie den Geburtsvorgang immer wieder mit Schlachtengetümmel verglichen – was letzteres für die Männer, sei ersterer für die Frauen. In diesen Kapiteln nun verwebt sie beides kunstvoll miteinander und spielt das eine gegen das andere aus, um die dramatische Wirkung noch zu erhöhen.

Inmitten dieser epischen Szenen, in denen es um Leben und Tod, Geburt und Vernichtung geht, schält sich die Gestalt der Prissy immer deutlicher heraus. Die Kapitel 21 und 24 gehören ihr mehr als jeder anderen Figur. Außerhalb dieser Kapitel kommt sie kaum vor – in diesen Abschnitten jedoch ranken sich alle wichtigen Aussagen um sie, und so, wie sie hier gezeichnet ist, läßt sich ihre Bedeutung für Mitchell selbst ermessen.

Am Ende des 21. Kapitels erweist sich die kleine schwarze Dienerin als nutzloses und verantwortungsloses Kind, ja, schlimmer noch, als falsch und verlogen. Überdies ist sie – und das ist ein weiterer bedeutsamer Charakterzug – als Tochter unmöglich. Da David Selznick Prissys Mutter Dilcey aus dem Drehbuch eleminiert hat, ist es dem Zuschauer unmöglich, die Tölpelhaftigkeiten und Fehler von Prissy angemessen einzuschätzen – erst der Gegensatz zu ihrer würdevollen, noblen und tüchtigen Mutter rückt diese Fehltritte ins richtige Licht. Mitchell erhält den Kontrast zwischen diesen beiden Figuren das ganze Buch über aufrecht, und jedesmal schneidet die Tochter im Vergleich zur Mutter ausgesprochen schlecht ab. Jene Kapitel, in denen sich Prissy als Hebamme disqualifiziert, schließen mit einer Würdigung ihrer Mutter als einer in jeder Hinsicht vollkommenen Frau, die nachgerade an ein Heiligenbild erinnert. Und einer der Gründe für Dilceys Größe liegt darin, daß sie zu ihrer Tochter steht, gleichgültig, wie dämlich die sich anstellt.

Im entscheidenden Mittelteil des Buchs nimmt Prissy also eine zentrale Stellung ein, was die Bedeutung dieser Figur für Mitchell persönlich unterstreicht. Die Autorin ging so weit, ihre außergewöhnliche Anteilnahme an dieser Figur durchblicken zu lassen, als es um die Besetzungsliste für die Verfilmung ging. »Ich bin besonders neugierig darauf, wer wohl den kleinen Frechdachs spielen wird, weil das die einzige Rolle ist, die ich selbst gern spielen würde«, verriet sie ihrer Freundin Kay Brown 1937. »Jede Schauspielerin, die die Prissy spielt, wird es bei mir schwer haben, denn ich werde alle ihre Auftritte mit einem neidischen Auge verfolgen.« Und einem Leser gestand sie, Prissy sei zwar ihre Lieblingsfigur, doch »sie hat mich beim Schreiben ungeheuer belastet, und als Scarlett ihr die Ohrfeige verpaßt, ist es in Wirklichkeit Margaret Mitchell, die einem unwiderstehlichen Drang nachgibt...« Pansy, Prissy, Peggy – schon die Ähnlichkeit der Namen deutet auf die Identität der Personen hin.

Die Kapitel 21 und 23 beschreiben die Schrecken von Kindbett und Mutterschaft, Kapitel 24 handelt, wenn auch nicht ganz so offensichtlich, von Verlust und Tod. In den letzten Zeilen des vorhergehenden Kapitels dämmert bereits etwas von der Stimmung des folgenden auf: »Nun hatte er mit seinen Lackstiefeln jenen harten Weg beschritten, wo Hunger und Durst ihn unermüdlich begleiten, wo Wunden, Erschöpfung und Herzweh wie winselnde Wölfe ihn umkreisen würden. Am Ende des Weges wartete der Tod...«

Mitchell hat nie einen Zweifel daran gelassen, daß sich ihre Heldin im 24. Kapitel vollständig verwandelt, daß die Straße nach Jonesboro für sie zum Geburtskanal wird, den sie auf dem Weg zu einer neuen Existenz passieren muß. Dabei möchte Scarlett von einer neuen Existenz eigentlich überhaupt nichts wissen – den ganzen Weg über sträubt sie sich dagegen. Für sie ereignet sich auf der Straße nach Tara zunächst einmal eine Regression, die Flucht vor ihrer Verantwortung als erwachsene Frau und Mutter. In der vorangegangenen Geburtsszene hat sie zwar Fähigkeiten bewiesen, die sie sich selbst kaum zugetraut hätte, doch angenehm war ihr die Situation in keiner Weise gewesen. Lieber würde sie nun die Entwicklung, in der sie sich befindet, wieder rückgängig machen und sich dem Schutz einer mütterlichen Ordnung anvertrauen, die von ihrer leiblichen Mutter, von Mammy und Tara, dem Wohnsitz ihrer Familie, repräsentiert wird.

> »Mutter, Mutter«, flüsterte sie vor sich hin. Wenn sie sich nur bis nach Hause durchkämpfen konnte, und wenn nur durch ein Wunder Gottes Tara noch stand! Dann konnte sie die lange Allee hinauffahren, ins Haus treten und das gütige, zarte Gesicht ihrer Mutter anschauen, konnte die sanften Segenshände wieder spüren, die all ihre Furcht vertrieben, konnte den Rock fassen und ihr Gesicht darein bergen. Mutter wird wissen, wie es weitergeht. Sie wird nicht zulassen, daß Melanie und ihr Kind sterben. Sie wird mit leiser Stimme all die furchterregenden Gespenster vertreiben.

Und Scarlett wäre wieder das kleine Kind, daß sich der Autorität ihre Mutter bedingungslos unterwirft.

> Wenn sie sich doch einfach hinlegen und einschlafen könnte, um später von ihrer Mutter mit den Worten: »Es ist schon spät, Scarlett, komm, sei nicht so faul« ganz sanft geweckt zu

werden ... Wenn Ellen nur da wäre, jemand, der älter und klüger wäre und weniger niedergeschlagen als sie – jemand, in dessen Arme sie sich flüchten, in dessen Schoß sie ihren Kopf legen, auf dessen Schultern sie ihre Bürde abladen könnte!

Aber Mammys Busen ist noch breiter als Ellens, ihr Schoß noch ausladender, und jetzt, nachdem Ellen tot ist, fühlt sie sich unwiderstehlich zu diesem Sinnbild der Mütterlichkeit hingezogen. Sie tröstet sich mit dem Gedanken an Mammy, während sie beobachtet, wie Dilcey Melanies Baby stillt:

> Das Kleine, das sich schon ganz vollgetrunken hatte, begann zu plärren, weil es die Brustwarze verloren hatte. Dilcey führte den kleinen Mund schweigend an die Quelle zurück und wiegte das Kind in den Armen, während Scarlett Mammys schurrenden Schritt langsam durch den Hintergarten verfolgte ... Scarlett lief ihr entgegen und legte den Kopf an die breite, schwere Brust, an der schon so mancher schwarze und weiße Kopf gelegen hatte. »Hier ist etwas, das nicht weicht«, dachte Scarlett, »etwas aus dem alten Leben, das unwandelbar ist.«

Wie sich das hilflose Neugeborene an Dilcey klammert, so will sich Scarlett an Mammy festhalten. Mitchells Parallelmontage von Dilcey und Mammy betont die elementare Sehnsucht der Protagonistin. Dennoch, und sehr gegen ihren Willen, erlebt Scarlett so etwas wie eine Wiedergeburt. Am Ende dieses Kapitel wird ihre Verwandlung mit unzweideutigen Worten konstatiert: »Sie sah alles mit anderen Augen als zuvor an, denn irgendwo auf dem langen Weg hierher hatte sie die Kindheit endgültig abgestreift. Heute abend war sie zum letzten Mal in ihrem Leben wie ein Kind gewartet worden. Jetzt war sie eine Frau, und die Jugend war vergangen. Morgen, schon morgen wollte sie sich das Joch auf den Nacken legen.«

Scarletts Verwandlung ist mit ungeheuren Einbußen und Schmerzen verbunden. In erster Linie wird sie künftig auf Zuneigung und Mitgefühl verzichten müssen, und so gesehen erinnert diese Passage von »Vom Winde verweht« an Mitchells frühe Erzählung »Kleine Schwester«. In beiden Fällen wird auf Geburt und Geburtsschmerz angespielt, in beiden sterben die Mütter, in beiden heißt es von den Jahren der Unschuld Abschied nehmen. Nicht anders als die kleine Peggy verwandelt sich auch Scarlett vom Kind zu einer Frau, die sich angesichts einer gnadenlos harten Welt keine Tränen mehr erlauben kann. Virginia Woolf sagt in »Ein Zimmer für sich«, eine Frau müsse »die gute Fee im Haus« schlachten, also die weibliche Selbstbeschränkung auf Familie und Haus aufgeben, bevor sie ihre eigene Welt erschaffen könne. Mitchell läßt Scarlett diesen Weg einschlagen, allerdings zu dem Preis von Zärtlichkeit, Zuneigung, Sympathie und Gemeinschaftssinn. Jetzt, nachdem ihre Mütter gestorben sind, gehören Scarlett und die Kleine Schwester endgültig einer Welt an, in der nur noch Gewalt, Machtstreben und Durchsetzungsfähigkeit zählen.

Kennzeichnen diese Verhaltensweisen eine ausschließlich männliche Welt? Für Mitchell scheint es so zu sein. Scarlett ist in der Folgezeit von männlichem Machtstreben geradezu besessen – einen Mittelweg scheint es nicht zu geben. In dem Augenblick, wo sie ihre Empfindungsfähigkeit, ihr Mitgefühl fahren lassen, werden Scarlett und Peggy aus der Welt der Frauen vertrieben und von ihrer eigenen Weiblichkeit abgeschnitten. Welchen Weg sie auch einschlägt, Scarlett ist und bleibt ein halber Mensch.

Mutterschaft, Geburt und Tod beherrschen das gesamte 24. Kapitel. Die Straße nach Tara ist mit grinsenden Totenschädeln regelrecht gepflastert:

Der Tod lastete über dem Land. Unter den Strahlen der Nachmittagssonne lag jedes vertraute Feld und Gehölz in einem unirdischen Schweigen da, das Scarlett das Herz abdrückte. Jedes leere, von Granaten zerstörte Haus, an dem sie vorbeigefahren war, jeder ragende Schornstein, der einsam über geschwärzten Trümmern Wache hielt, erschreckte sie noch tiefer. Seit voriger Nacht hatte sie keine Menschenseele und kein lebendiges Tier mehr angetroffen. Tote Männer und tote Pferde freilich, auch krepierte Maultiere, die aufgedunsen und von Fliegen bedeckt an der Straße lagen, aber nichts Lebendiges. Nirgends brüllte in der Ferne ein Rind, kein Vogel sang, kein Hauch bewegte die Bäume. Nur das müde Stampfen der Hufe und das schwache Wimmern von Melanies Kind unterbrach das Schweigen.

Und ohne Unterbrechung läßt Mitchell eine merkwürdige, eindrucksvolle Passage folgen, eine der lebendigsten Stellen des Buches, in der sich diese Todesszenerie mit einem beinahe mythisch aufgeladenen Bild von toten Müttern überlagert. Von Ferne grinsen Medusen, Gorgonen und Rachefurien, und auch das Thema des Tods im Kindbett klingt wieder an.

> Die ganze Landschaft lag unter einem grausigen Bann. Es war, als seien die vertrauten Züge einer Mutter nach einem Todeskampf erstarrt und endlich zur Ruhe gekommen. In den einst so lieblichen Wäldern gingen jetzt Geister um. Tausende waren während der Kämpfe bei Jonesboro gefallen. Da geisterten sie nun in diesen verwunschenen Wäldern, wo die schrägen Sonnenstrahlen durch reglose Blätter schienen. Freund und Feind, alle lugten nach ihr aus, wie sie auf ihrem gebrechlichen Wagen dahinzottelte, starrten aus Augen, die von Blut und rotem Staub blind geworden waren, aus glasigen, fürchterlichen Augen sie an.

Nein, auf Mütter ist kein Verlaß. Das Kapitel beginnt damit, daß Melanie ihr Kind nicht stillen kann, weil sie keine Milch hat. Überdies hat die Geburt ihre Gesundheit angegriffen, und in ihrem geschwächten Zustand wird sie zu einer Bedrohung für alle anderen, vor allem für Scarlett, die sie zu retten versucht. Ellen ist bereits tot, und Mammy läßt Scarlett ebenfalls im Stich. Ihrer früheren Herrin gegenüber läßt diese schwarze Urmutter Stärke und Zuversicht vermissen – bei ihren ersten Worten schon zerschlagen sich Scarletts Hoffnungen –, auch Mammy hat sich verändert, ihr einst so üppiger Busen ist schlaff geworden. Aber nicht nur, daß Mütter ihre Kinder enttäuschen – ihre Mutterschaft stellt auch für sie selbst eine tödliche Bedrohung dar. Melanie, die die Geburt ihres ersten Kindes kaum überlebt, ist nur ein Beispiel dafür; auch Ellen fällt ihrer mütterlichen Fürsorglichkeit zum Opfer. »Miss Ellen war in allem so weichherzig, daß sie nie nein sagte, wenn jemand sie brauchte«, grummelt Mammy vor sich hin. Sie kümmert sich hingebungsvoll um das »nichtsnutzige, heruntergekommene, hungerleidende weiße Pack«, muß dann auch noch ihre eigene kranke Familie pflegen, reibt sich dabei auf und stirbt kurz darauf schicksalsergeben.

Muttersein ist tödlich, und Kinder sind das Werkzeug des Todes. Das ganz 24. Kapitel dreht sich um dieses Thema: Kinder töten ihre Mütter. Beau hätte Melanie beinahe umgebracht, Ellen ruiniert ihre Gesundheit mit ihrer Fürsorge für weiße Landstreicher und stirbt, als sie auch noch ihre eigenen Töchter Suellen und Carreen pflegen muß. Scarlett hingegen überlebt nicht zuletzt deswegen, weil sie sich ihren Mutterpflichten verweigert. Mutterschaft ist für sie nichts als ein biologischer Sachverhalt. Es mangelt ihr ganz entschieden an Zuneigung für Wade und Ella – bestenfalls empfindet sie Kinder als unterhaltsam, schlimmstenfalls als Ärgernis. Im 24. Kapitel schwingt sich Mitchell zu einer besonders deutlichen Sprache im Hinblick auf Babys und Kinder auf.

Wozu hatte Gott nur die Kinder erfunden, dachte sie bitter, während sie den dunklen Weg entlangstolperte. Sie waren eine nutzlose, ewig heulende Plage. Immer waren sie im Weg. Sie verspürte nichts als Überdruß, daß sie Wade überhaupt zur Welt gebracht hatte, und eine müde Verwunderung, wie sie Charles Hamilton je hatte heiraten können.

Als Mutter ist Scarlett ein Reinfall, aber als Tochter ein Fiasko. Ihr ganzes Leben ist ein einziger Verstoß gegen die Wertvorstellungen ihrer Mutter. Mitchell arbeitet in diesem Kapitel ein Paradoxon heraus, das – wenn auch weniger deutlich – den ganzen Roman durchzieht: Gleichgültig, wie sehr sich Scarlett nach Schoß und Busen ihrer Mutter sehnt, opponiert sie von Anfang an und bei jeder Gelegenheit gegen alles, was ihrer Mutter heilig ist. Bei allem augenscheinlichen Respekt vor den Gesetzen weiblicher Tugend verabscheut sie das, was ihre Mutter und Mammy unter einem erfüllten Frauenleben verstehen: Selbstverleugnung und Hingabe an die Familie. Wie Prissy läßt sich auch Scarlett nur als Rebellin gegen die mütterliche Autorität wirklich verstehen, ja, Scarletts Verdorbenheit resultiert letztendlich einzig daraus, daß sie eine ungehorsame, eine rebellische Tochter ist. Genauso hat Mitchell es Monsignore Murphy erklärt, als sie sich bemühte, die Qualitäten von Ellen O'Hara ins rechte Licht zu rücken: Ellen sei »eine Frau, deren Verehrungswürdigkeit auch ihren Kindern nicht verborgen bleibt, eine Frau, deren Ideale wie Stachel in Scarletts stumpfer und stumpfer werdendem Gewissen sitzen, auch wenn Scarlett sich ihrem Vorbild verschließt.« Und in einem anderen Brief stellte sie fest, ihre Heldin »hat die guten Seiten ihrer Mutter sehr wohl zu würdigen gewußt, auch wenn sie ihr nicht das Wasser reichen konnte«.
Doch das Bild der heiligen Mutter hat Kratzer. Denn Ellen reibt sich aus Pflichtgefühl auf, nicht aus wahrer Zuneigung. In Wirklichkeit ist sie kühl, distanziert, unnahbar. Es fehlt ihr

an Frische und Lebendigkeit. Im Roman rückt sie daher immer tiefer in den Schatten ihres energischen Mannes und ihrer überschäumenden Tochter. Erst im Augenblick des Todes wagt sie, sich ihrer Liebe zu erinnern. Scarlett hofft verzweifelt, ihre Gedanken könnten vielleicht bei ihr gewesen sein: »Hat sie wohl auch einmal – nach mir gerufen?« stammelt sie. Doch ihre Mutter hat es in ihrer letzten Stunde weder nach ihrem Mann noch nach ihren Kindern, sondern nach ihrer alten Jugendliebe verlangt: »Philipp! Philipp!« Scarlett hat diesen Namen noch nie gehört, und hoffnungslos, verzweifelt lauscht sie diesen rätselhaften Worten.

Die böse Scarlett ist mithin das logische Produkt von Ellen O'Haras Erziehung. So wie Ellen ihren eigenen Willen unterdrückt, strebt sie auch als Mutter danach, den Willen ihrer Töchter zu brechen und ihre eigenen Ideale zum verpflichtenden Lebensziel ihrer Kinder zu machen. Hier haben wir es wieder vor uns, das Bild der Mutter als pflichtbewußter Soldat, als Zuchtmeister womöglich. Diese Mütter scheitern weiß Gott nicht deshalb, weil sie es an Mühe fehlen lassen – und ihre Töchter überleben nur, weil sie gegen das Vorbild dieser Mütter aufbegehren. Scarlett bezahlt ihre Rebellion allerdings mit dem weitgehenden Verlust ihrer Empfindungsfähigkeit. Was Ellens Schoß und Mammys Busen ihr vorenthalten, versucht sie durch Gefräßigkeit und materielle Gier auszugleichen. Ihr enormer Appetit amüsiert Rhett; er hat indes mit den Entbehrungen während des Bürgerkriegs wenig zu tun. Immer wieder benutzt Mitchell das körperliche Hungergefühl als Bild für seelische Auszehrung. So reagiert Scarlett auch deshalb so ungehalten, wenn Wade nach Essen schreit, weil sein Hunger sie daran erinnert, wie sehr sie selbst emotional ausgehungert ist.

Es gibt aber noch einen weiteren Grund für ihr Verhalten: Die Menschen in ihrer Umgebung dienen ihr lediglich als Ersatzobjekte für den wahren Gegenstand ihres Zorns. Sie läßt ihre

Wut an jenen aus, die in ihrer Reichweite sind, weil ihre vergötterte Mutter sich durch Tod ihrem Zugriff entzogen hat. Sie schikaniert jeden »nicht nur, weil sie den Kopf zu voll hatte und zu erschöpft war, um sich zu beherrschen, sondern auch weil sie dann leichter die eigene Verbitterung darüber vergaß, daß all das, was ihre Mutter ihr vom Leben gesagt hatte, keine Geltung mehr besaß«.

Unentwirrbar miteinander verflochten sind Geburt und Tod, Sein und Nichtsein, Erfolg und Scheitern, Selbständigkeit und Abhängigkeit, Mädchen und Frauen, Mütter und Kinder, Mütter und Töchter. Diese Themen bilden den Mörtel, der das 24. Kapitel zusammenhält. Ein aus dem Buch als Ganzes herausragendes Kapitel, für dessen Einzigartigkeit Mitchell selbst vielerlei Gründe angeführt hat: Mit keinem habe sie so gerungen, erklärte sie, und keines habe sie so lange vor sich hergeschoben. Andererseits sei es das einzige, das sie nie umgeschrieben habe, und auch das einzige, dem sie Inspiration zubillige. Zudem sei es dasjenige Kapitel, dem sie den Titel für ihr Buch entnommen hat.

»Schreiben fällt mir schwer, zumal mir nichts von dem, was ich schreibe, auf Anhieb gefällt, so daß ich immer wieder umschreiben muß«, erklärte Mitchell einem Gesprächspartner. »Immerhin gibt es einen Abschnitt, den ich in einem Zug niedergeschrieben und nie geändert habe. Wenn es Sie interessiert – es ist jener Teil von Seite 398 an, wo Scarlett sich nach Tara durchkämpft, bis Seite 421, wo sie beschließt, ihre Last zu schultern und zu tragen.« Mit anderen Worten: Kapitel 24. Und das Schreiben fiel ihr in diesem Fall deshalb so leicht, weil dieser Text, wie sie sagte, wie eine Offenbarung über sie gekommen sei, plötzlich und unerwartet, ohne Grübeln und Nachdenken. Sie habe ihn förmlich in ihrem Geist vor sich gesehen.

Die Umstände dieser Offenbarung waren nichts weniger als merkwürdig. Gegen Ende des Jahres 1929, kurz nach dem

Schwarzen Freitag im Oktober, etwa zur Zeit ihres neunundzwanzigsten Geburtstags, besuchte sie zusammen mit ihrem Mann einen Kongreß in Atlantic City, New Jersey. Und dort, »im Ritz-Hotel von Atlantic City, überkam es mich. Wie es dazu kam, weiß ich nicht – schließlich hat das Ritz nicht die geringste Ähnlichkeit mit Tara.«

Ich kann nur eins sagen: Ich habe in diesem Moment nicht einmal an meinen Roman gedacht. Aber plötzlich stand alles klar und deutlich vor mir. Es war ein kalter, feuchter Wintertag, und dessenungeachtet sah ich einen roten Lehmweg in Georgia vor mir, so staubig, wie er im September zu sein pflegt, mit den vertrockneten Blättern an den Bäumen und dieser Stille über den Wäldern, durch die kein Windhauch fährt. Ich habe sogar den merkwürdigen Geruch in der Nase gehabt, der von dem sumpfigen Tiefland im Abendlicht ausgeht. Und mit einem Mal war mir klar, wie gespenstisch eine solche Landschaft am Tag nach einer großen Schlacht ausgesehen haben muß, nachdem die Armeen wieder abgezogen waren. Ich fuhr nach Hause und schrieb es auf.

... . Eigentlich wollten wir bei dieser Gelegenheit auch nach New York, uns ein paar Theaterstücke ansehen und Einkäufe machen. Ich ließ diese Idee fallen. Auch John meinte, es wäre das beste, sofort heimzufahren, wenn ich jetzt schon diesen Einfall hätte, auf den ich zwei Jahre gewartet hatte ... Dieser Abschnitt, den ich unmittelbar nach meiner Rückkehr aus Atlantic City schrieb, ist so ziemlich der einzige, an dem ich nichts mehr geändert habe. So wie er im Buch steht, habe ich ihn im wesentlichen damals hingeschrieben.

Dieses Kapitel war ihr so wichtig, daß sie eine Formulierung aus diesem Abschnitt zum Buchtitel machte. »Stand Tara noch«, überlegte Scarlett, als sie auf der Straße nach Jonesboro heimwärtszockelten, »oder war auch Tara im Sturm, der über Georgia hinwegging, zerstört und vernichtet?«* Gewiß, Mitchell hätte diesen Satz auch an jeder anderen Stelle ihres Romans unterbringen können – in einer zwangsläufigen Beziehung zu diesem Kapitel steht er nicht. Daß sie ihn hier- hin plaziert hat, ist jedoch bezeichnend. Mindestens ebenso- sehr unterstreicht es die Bedeutung dieses Kapitels, daß Mit- chell ihm auch schon den ersten, später verworfenen Titel entlehnt hatte, und der steht in der Tat in einer sehr viel enge- ren Beziehung zu diesem Kapitel, dem ganzen Buch und nicht zuletzt zu Mitchells Lebenserfahrung als Frau, Schriftstellerin und Tochter.

Selbstverständlich war »Vom Winde verweht« nur einer von mehreren Titeln, die für Mitchell in Frage kamen. Sie selbst neigte wohl am ehesten zu »Schulter deine Bürde und trag die Last« – was Scarletts Erfahrung auf der Straße nach Jonesboro sowie den gesamten Inhalt des 24. Kapitels in knappster Form zusammenfaßt hätte. Es ist eine Liedzeile, die Scarlett nach ihrer Flucht aus dem brennenden Atlanta nicht mehr aus dem Kopf gehen will:

> Ein paar Worte des Lieds, das sie einst mit Rhett Butler gesun-
> gen hatte, zogen ihr wieder durch den Sinn:
> »Noch ein paar Tage trag die Last . . .«
> »Noch ein paar Schritte«, summte es in ihrem Kopfe, »ein
> ganz paar Schritte noch trag die Last . . .«

Zunächst erscheint diese traurige Melodie der Protagonistin ohne jede Beziehung zu ihrer Situation. Doch schon bald dämmert ihr die unheilvolle Botschaft dieser Zeilen. Kaum in Tara angekommen, muß sie feststellen, daß sie sich von keiner

---

* So die deutsche Fassung. Das englische Original lautet: »Or was Tara also gone with the wind which had swept through Georgia?« (Anm. d. Übers.)

Seite mehr Trost oder Hilfe erwarten darf. In diesem Augenblick nimmt Mammy die Worte »schwere Last« in den Mund, und schlagartig wird Scarlett klar, daß sie alle ihre bisherigen Hoffnungen fahren lassen muß.

Als Scarlett da stand, den Kopf zwischen Mammys Brüste gebettet, ließen zwei Worte sie aufhorchen – »schwere Last«. Dies waren die Worte, die ihr den ganzen Nachmittag durch den Kopf gegangen waren, bis ihr ganz übel davon wurde. Jetzt fiel ihr auch der Rest des Liedes ein, und das Herz wurde ihr schwer:
»Noch ein paar Tage trag die Last!
Aber leicht, leicht wird sie dir nie!
Noch ein paar Tage heimwärts gewankt . . .«
»Leicht, leicht wird sie dir nie« – die Worte sickerten in ihr erschöpftes Gemüt. Sollte sie diese Last denn niemals mehr loswerden? Sollte die Heimkehr nach Tara nicht süßen Frieden bringen, sondern nur neue Plackerei? Sie löste sich aus Mammys Armen und streichelte ihr über das runzlige, schwarze Gesicht.

Diese Zeilen stammen aus dem Gedicht »My Old Kentucky Home« von Stephen Foster, und sie greifen den Tenor des gesamten Kapitels auf:

Der Kopf gesenkt, der Rücken gebeugt,
Wo immer der Neger geht;
Noch ein paar Tage, und die Qual ist vorbei
In dem Feld, wo das Zuckerrohr wächst.
Noch ein paar Tage trag die Last,
Aber leicht, leicht wird sie dir nie,
Noch ein paar Tage heimwärts gewankt
Auf der Straße nach Kentucky

Foster stimmt hier einen Klagegesang auf eine unwiederbringlich verlorene Vergangenheit und eine düstere Zukunft aus der Persepktive einer trostlosen Gegenwart an. Eine unglückliche Reise kommt darin vor, Erschöpfung, Heimatlosigkeit und ein vorherbestimmtes, fatales Geschick. Am Anfang dieser Reise stehen Heimweh und Verlust, an ihrem Ende Exil und Tod. Und in diesem Lied über eine Straße in einem Kapitel über eine Straße hallt noch einmal Mitchells eigene Erfahrung mit ihrer Mutter auf der nämlichen Straße wider.

Ebensolche Lieder schwebten Mitchell vor, wenn sie an ihre Mutter dachte. Denn ihre Mutter hatte sie mit solchen »bittersüßen Bürgerkriegsliedern« in den Schlaf gesungen, und ihre Schlaflosigkeit führte Mitchell nicht zuletzt auf diese Gepflogenheit ihrer Mutter zurück. Klagelieder über eine verlorene Heimat müssen aber auch noch andere Bilder in ihr geweckt haben. Denn das »Old Kentucky Home« steht in diesem Zusammenhang für Tara, und Tara ist der Name für den legendären Sitz der irischen Könige. Der Glanz alter, auf ewig vergangener Zeiten klingt darin an – ein Ton, der den Nachfahren irischer Einwanderer nur allzu vertraut war. Und das führt uns noch einmal zu May Belle Stephens Mitchell zurück. Als unbeflecktes Ideal von mythischer Größe repräsentiert Tara jene Kräfte, die Mitchell mit ihrer Mutter verband. Tara ist nichts anderes als die mythische Mutter, und gleichzeitig bedeutet Tara Verlust und Untergang und Ende. Mitchell stellt diese Verbindung in der Szene mit Mammy her, in der Scarlett die vergessenen Zeilen des Lieds wieder einfallen, das sie den ganzen Tag über gesummt hat. Ausgerechnet an Mammys Busen wird ihr der Zusammenhang klar, in dem die Worte »schwere Last« stehen – und der Leser ahnt, worum es in diesem Roman im Grunde geht: Um die Demonstration, daß Frausein eine Bürde, eine Last ist. »Leicht, leicht wird sie dir nie« – das heißt auch: Es gibt keinen Ausweg, denn niemand kann sie dir abnehmen.

Dies also ist die Bedeutung jenes Abschnitts, den Mitchell in einem Anfall plötzlicher Klarsicht niedergeschrieben und fortan unangetastet gelassen hat. Die wichtigsten Motive ihres eigenen Lebens haben darin ihren Niederschlag gefunden: Geburt, die gleichzeitig Gewinn und Verlust ist; Kindheit, die genauso ersehnt wie verflucht wird; Mutterschaft, die als Glück wie als Bedrohung erfahren wird – kurzum: Das Leben der Frau ist ein Bündel unauflöslicher Widersprüche. Diese Themen bilden in jedem einzelnen Fall das Unterfutter weiblicher Identität. Sie bestimmen den Inhalt von Mitchells Arbeit und ihre Struktur. Und sie ließen sie keineswegs los, nachdem sie im Winter 1929 die letzte Zeile der Episode auf der Straße nach Tara geschrieben hatte.

TEIL IV

Ruhm

14. KAPITEL

Mit halber Kraft

... und ihre Freunde fragten: »Wollte Peggy nicht
ein Buch schreiben? Was ist daraus geworden?«
Faith Baldwin über Margaret Mitchell

Die Tür fiel krachend ins Schloß. Ein hohles
Echo antwortete. Sämtliche Räume waren leer. Die Nachmittagssonne schien in den kleinen Alkoven, in dem sie in den
frühen Morgenstunden zu arbeiten pflegte, und vergoldete
den Staub, der in der Luft tanzte. Auch der wacklige Tisch war
aus dem Flur verschwunden, und mit ihm die Stapel von
Pappmappen, die sie darunter aufbewahrt hatte. John und
Peggy Marsh waren ausgezogen. Die meisten anderen Mieter
hatten es in diesem Haus allenfalls ein Jahr lang ausgehalten –
die Marshes hatten hier geschlagene sieben Jahre zugebracht.
Oftmals hatte Peggy sich gewünscht umzuziehen, den Gedanken aus Angst vor den Kosten aber immer wieder fallen-
gelassen. Mit der Beförderung ihres Mannes zum Abteilungs-
leiter im Mai 1930 drückte diese Sorge sie nicht mehr so arg
wie früher, aber Geld machte ihr weiterhin Kopfzerbrechen.

Während sie sich in den nördlichen Stadtteilen nach einer besseren Wohnung umsahen, beklagte sie sich in ihren Briefen regelmäßig über die hohen Mieten. Die Hauseigentümer, schimpfte sie, hätten die Mieten trotz der Wirtschaftskrise nicht gesenkt. 1931 fanden sie in den Russell Apartments auf der 17. Straße endlich die ideale Wohnung, doch Peggy zögerte immer noch.

Dabei besaßen die Russell Apartments für sie einen speziellen Reiz. Die Wohnung, die sie sich ausgesucht hatten, war großzügig geschnitten, hatte ein zweites Schlafzimmer, prunkte mit einer Sonnenterrasse und war alles in allem hell und luftig – eine große Erleichterung nach ihrer düsteren Parterrewohnung. Sie war auch günstig gelegen: Von hier aus war es nur ein kurzer, angenehmer Spaziergang bis zu Eugene Mitchells Haus auf der Peachtree Street. Überdies traf sie in diesem Viertel auf viele weitere bekannte Namen und Gesichter. Alles war ganz nach Wunsch – trotzdem warteten sie ein weiteres Jahr, bis sie zugriffen. 1932 packten die Marshs schließlich ihre Sachen und zogen um.

Mitchells Manuskript machte keinen geringen Teil ihrer weltlichen Habe aus. Seinerzeit, so heißt es, habe sie sich ernsthaft überlegt, dieses Manuskript mit allem anderen, was sich an Überflüssigem mit den Jahren angesammelt hatte, wegzuwerfen oder es einfach in der alten Wohnung zurückzulassen. Irgendeinen Wert habe sie ihm damals nicht beigemessen. Auch ihren Freunden gegenüber kultivierte sie den Eindruck, gänzlich uninteressiert an ihrem Werk zu sein. Und ein Journalist zitierte sie 1936 mit den Worten: »Zwischen 1930 und 1931 habe ich es noch gelegentlich zur Hand genommen und dann entschieden, daß es durch weitere Eingriffe nicht mehr gewinnen könne.«

Wie mit so vielen Legenden, die Mitchell über sich in die Welt gesetzt hat, mag es auch mit dieser in einem übertragenen Sinne seine Richtigkeit haben – den Fakten entspricht sie allerdings nicht. Die erhaltenen Briefe aus den Jahren 1929 bis 1935 sprechen jedenfalls eine ganz andere Sprache.

Der große kreative Schub war 1929 zwar tatsächlich vorüber, aber ihr Interesse an diesem Manuskript war damit nicht erloschen. In den sechs folgenden Jahren verbrachte sie viel Zeit damit, alles durchzusehen, manches umzuschreiben und dem Ganzen den letzten Schliff zu verpassen. Bleistiftkorrekturen verbreiteten sich wie Wucherungen über die zahllosen Seiten in den zahlreichen Mappen, die sie mit in die neue Wohnung genommen hatte. Manches stellte sie auch um oder schrieb es ganz neu. Bei einer erneuten Durchsicht im Jahr 1933 hatte sie den Eindruck gewonnen, daß die Geschichte im Mittelteil an Spannung verlor. Sie schrieb deshalb ein ganzes Kapitel um – das, in dem der arme Frank Kennedy durch den Ku Klux Klan statt durch eine Lungenentzündung vom Leben zum Tod befördert wird.

Viel Zeit und Energie ging mit anderen Arbeiten drauf. Sie war unablässig damit beschäftigt, die historischen Fakten ihres Romans zu überprüfen. Die Vorstellung, sie könne ein wichtiges Ereignis übersehen oder falsch dargestellt haben, ließ ihr keine Ruhe. Sachliche Fehler wollte sie um jeden Preis vermeiden, und da sie zunächst alles aus der Erinnerung niedergeschrieben hatte, ging sie nun daran, jedes Datum, jede historische Angabe zu überprüfen. Auch diese Arbeiten zeitigten den vertrauten Effekt. Hatte sie sich ihre körperlichen Leiden bis 1929 mit geistiger Überanstrengung erklärt, mußte sie nun nach neuen Ursachen forschen – ihre Beschwerden nahmen jedenfalls auch im neuen Jahrzehnt nicht ab. »Sollten meine Augen wieder besser werden, kann ich diese Zeit der Langeweile dazu benutzen, ein wenig zu schreiben«, ließ sie Elinor Hillyer im Sommer 1930 wissen. Am Ende dieses Jahres hatte sich jedoch nichts geändert. »Ich habe zu arbeiten versucht, aber meine Augen haben mir einen Strich durch die Rechnung gemacht, und ich bin nur langsam vorangekommen.«

Andere Begleiterscheinungen ihrer Arbeit erwiesen sich als bedeutend erfreulicher. Sie reiste gern, und in der Absicht, den Genius loci ihrer Romanschauplätze in sich aufzunehmen, bereiste sie in jener Zeit weite Teile von Georgia. Als die Pressevereinigung von Georgia 1931 einen Kongreß in Dalton veranstaltete, nutzte sie die Gelegenheit, jene Orte zu besichtigen, die fast siebzig Jahre zuvor bei Shermans Großoffensive zu Schlachtfeldern geworden waren. Aus demselben Grund schleifte sie John nach Chattanooga, Chickamauga und zum Lookout Mountain. »Keiner von uns war je zuvor dort gewesen. Diese Reise war besonders interessant, weil sie uns zu den Orten führte, wo es während des Bürgerkriegs – und in Peggys Roman – zu wichtigen Entscheidungen gekommen war«, berichtete John Marsh anschließend seiner Schwester. Dies fand also zwei Jahre nachdem sie angeblich aufgehört hatte, noch einen Gedanken an ihr Manuskript zu verschwenden, statt.

In der zitierten Briefstelle erwähnt John Marsh erstmals den Roman seiner Frau. In seiner gesamten Korrespondenz mit seiner Schwester und seiner Mutter, in der er auf alle möglichen Vorfälle minutiös einzugehen pflegte, hatte er bislang kein Wort darüber verlauten lassen. Das läßt darauf schließen, daß Mitchell selbst ihren Mann erst jetzt allmählich einweihte. Auch ihr Freund Harvey Smith hatte bis 1932 keine Ahnung von ihrem Roman – alles, was er wußte, war, daß sie irgendein literarisches Projekt verfolgte. Mitchell selbst hatte ihm nicht einmal so viel verraten, aber er war oft genug in die alte Wohnung hineingeplatzt, während sie gerade an der Schreibmaschine saß, um die aufgetürmten Pappmappen mit eigenen Augen gesehen zu haben.

Nach 1932 änderte sich ihre Haltung. In den zwanziger Jahren hatte sie Harvey wiederholt dazu überredet, mit ihr durch die ländlichen Gegenden von Georgia zu fahren. Jetzt verriet sie ihm den Grund für diese Ausflüge: Sie hatte Bilder und Landschaften für ihren Roman sammeln wollen. »Ich weiß so gut wie Du, daß es kaum möglich ist, einigermaßen überzeugend über Dinge zu schreiben, die man nicht sinnlich erfaßt hat«, erklärte sie ihm. »Also habe ich viel nachgedacht und mich viel umgeschaut, und Du hast, ohne es zu wissen, ein wenig dazu beigetragen, indem Du mich durch die Landschaft kutschiert hast.« Und da sie nun schon einmal beim Thema war, beschrieb sie ihm auch Form und Inhalt ihres Romans, stellte ihm Pansy O'Hara vor und sprach über ihren Charakter. Es war das erste Mal, daß sie sich irgend jemandem gegenüber in einem Brief so ausführlich dazu äußerte. »Ich erinnere mich noch sehr gut, daß ich mit zwanzig gesagt habe, der Fluch der Mitchells und Fitzgeralds möge um Gottes willen nicht mich treffen«, fuhr sie in ihrem Brief fort.

Der Fluch, den ich meine, besteht darin, so versessen auf Landbesitz zu sein, daß man alles dafür hergibt. Ich wollte nie einen Quadratmeter besitzen, weder in der Stadt noch auf dem Land. Wenn ich Geld hätte, dann auf der Bank oder in Aktien, aber nicht in rotem Lehm. Und dann, als ich vor zwei Jahren mit dem Großen Amerikanischen Roman anfing, mußte ich wohl oder übel zur Kenntnis nehmen, daß es eine Geschichte über Land und Landbesitz werden würde, über Liebe zu einem Flecken Land und eine Frau, die entschlossen war, ihr Land nicht herzugeben.

Was konnte sie gemeint haben, wenn sie hier davon sprach, »vor zwei Jahren« mit ihrem Roman begonnen zu haben? 1930 war ihr Buch längst keine schöne Illusion mehr, es existierte als ein zu beachtlichem Umfang angeschwollenes Manuskript. Vielleicht war es so, daß sie sich 1930 erstmals die kühne Hoffnung gestattete, mit ihrem Buch tatsächlich ins Rennen um den großen amerikanischen Roman gehen zu können. Wenn dies so war, läßt sich die Arbeitswut verstehen, mit der sie nach 1929 fünf Jahre lang daran weiterschrieb und weiterschrieb und weiterschrieb.

Um 1933 dürfte sie ein weitgehend abgeschlossenes Manuskript in Händen gehabt haben. Sie hatte gefeilt und ausgebessert und Daten und Fakten überprüft. Und jetzt lag es da, auf ihrer Sonnenterrasse und in ihrem Wohnzimmer, in zahllose Umschläge verpackt, in ihrer hübschen Wohnung auf der 17. Straße. Hat sie es nun wissen wollen? Ist sie jetzt versucht gewesen, endlich damit an die Öffentlichkeit zu treten? Aber ein Manko hatte dieses Manuskript immer noch – es war nicht fertig. Nach wie vor fehlte das erste Kapitel, und damit kam sie nicht weiter. Sie hatte sich festgefahren. Sie schrieb eine Version nach der anderen, aber alle landeten in Bessies großem Papierkorb. Diese letzte, rätselhafte Schwierigkeit verrät manches über ihre Verfassung in jenen Jahren.

Nach 1932 rückten die Schwierigkeiten mit dem ersten Kapitel für sie immer mehr in den Vordergrund. Sie verstand nicht, warum es ausgerechnet mit dem letzten Akt haperte. »Ich habe mich noch nie in einer derartig albernen Situation befunden«, wunderte sie sich im Frühjahr 1933. »Da habe ich ein Buch, das so gut wie fertig ist, und dann soll es am ersten Kapitel scheitern.« Ihr Jammern rief ihren Mann auf den Plan. Der glaubte, es handele sich um ein technisches Problem, beschlagnahmte ihre Remington-Schreibmaschine und verfaßte nach ihren Entwürfen eine eigene Version des ersten Kapitels. Mitchell fand sie unbefriedigender als die eigenen Versuche. Marsh hatte die Natur ihres Problems offenbar gründlich verkannt.

Mitchells Unfähigkeit, zu einem Abschluß zu kommen, ist kein Zufall – sie ist für die Geschichte des Manuskripts wie für ihr ganzes Leben typisch. Im Grunde wirken hier dieselben Kräfte, die sie überhaupt erst zur Schriftstellerin gemacht haben. Mitte der zwanziger Jahre war es zum Konflikt zwischen ihren journalistischen Ambitionen und den gesellschaftlichen Anforderungen an eine Ehefrau gekommen. Ein chronisch schmerzendes Fußgelenk hatte sie damals aus diesem Dilemma befreit, hatte ihr den Grund dafür geliefert, den Zeitungsjob zu kündigen, die Öffentlichkeit zu meiden und sich in ihrer Wohnung zu vergraben. Das Resultat dieses selbstverordneten Hausarrests war ein dickes Manuskript – allerdings hatte die Arbeit daran zu einer weiteren, ins Extreme gesteigerten Abkapselung von der Außenwelt geführt. Und dieser ausgeschlossenen Außenwelt war das Ergebnis ihrer geheimen, da ausgesprochen unweiblichen Aktivitäten nur als Privatvergnügen zu vermitteln. Diese Täuschung funktionierte, solange ihre Arbeit nicht abgeschlossen war, solange sie nicht ausbaden mußte, was sie da angerichtet hatte.

Andererseits ließ sich ihr Hunger nach Erfolg und Ruhm nicht so leicht unterdrücken. Bisher hatten Krisen – Krankheiten und Unfälle – sie davor bewahrt, den Konflikt zwischen eigenem Anspruch und gesellschaftlichen Anforderungen zu lösen, ohne mit sich und der Außenwelt tatsächlich ins reine kommen zu müssen. Und dieses Rezept bewährte sich 1934 erneut. Diesmal löste ein Autounfall jene Kette von Ereignissen aus, die schließlich dazu führten, daß sie ihr nach wie vor unfertiges Manuskript einem Verlag überließ.

Vorab sei erwähnt, daß Margaret Mitchell und ihr Mann ein gespaltenes Verhältnis zum Autofahren hatten. »Ich habe nie jemanden erlebt, der dermaßen panische Angst vor Autos und Unfällen gehabt hätte wie John und Peggy«, bemerkte einer ihrer Verwandten. John ließ ganz die Finger davon, und seine Frau dachte bei jedem Auto unweigerlich an Totalschaden und Krankenhaus; Autounfälle waren ihre Lieblingsmetapher für Katastrophen jeder Art. 1933 – Mitchell hatte seit zehn Jahren nicht mehr hinter dem Lenkrad gesessen – überwanden sie sich schließlich doch und schafften sich einen Wagen an. Irgendwie kam sie wieder rein, blieb aber zeitlebens eine wahrhaft exzentrische Autofahrerin. »Sie brauchte

Stunden, um den Wagen überhaupt in Gang zu setzen«, erinnerte sich Harvey Smith:

> Sie folgte einem eigenen Ritual, mit dem sie uns alle in den Wahnsinn trieb. Sie nahm am Steuer Platz und begann damit, Sitzkissen unter ihrem Gesäß und Kopfkissen hinter ihrem Rücken zu arrangieren. Als nächstes setzte sie sich umständlich die Brille auf, trug neuen Lidschatten auf – so ein altmodisches Grün, das bei Zeitungsleuten beliebt war –, kontrollierte sodann sämtliche Anzeigen und warf schließlich prüfende Blicke in jeden Spiegel. Irgendwann kam der Wagen tatsächlich in Fahrt, aber sie fuhr nie schneller als 5 Stundenkilometer. Die Kurven nahm sie, als würde sie einen Möbelwagen oder einen Reisebus steuern, und wenn sie nach links abbog, scherte sie urplötzlich aus, ohne den Gegenverkehr auch nur eines Blickes zu würdigen. Kurzum, es war unglaublich. Uns standen die Haare zu Berge.

Einem Freund zufolge war Margaret Mitchell ein Verkehrsunfall auf der Suche nach einem Unfallort. Im Herbst 1934 fand sie diesen Ort.

Am Abend des 22. November hatten die Marshs zwei gute Freunde zum Abendessen eingeladen – John Cohen, den Besitzer und Herausgeber des *Atlanta Journal*, und John Marion Graham, der in der Rechtsgeschichte von Georgia einen herausragenden Platz einnimmt. Gegen Mitternacht boten die beiden Cohen an, ihn nach Hause zu fahren; Graham war schon früher gegangen. Mitchell fuhr. Auf der West Peachtree Street wollte sie links abbiegen, sah ein schnelleres Fahrzeug im Rückspiegel, steuerte den Wagen zurück an den rechten Straßenrand und hielt an, um den anderen vorbeizulassen. Der hatte getrunken und fuhr mit voller Geschwindigkeit auf.

Fünf Monate später beschrieb John Marsh ihre Verletzungen.

»Jeder von uns dreien hatte ein Schleudertrauma und konnten seinen Kopf tagelang kaum bewegen. Mr. Cohen und ich hatten darüber hinaus einen Schock und Muskelzerrungen, aber nichts wirklich Schlimmes.« Ganz anders seine Frau. Die mußte sich ins Bett legen, wo sie drei Monate blieb. Zehn Tage lang konnte sie ihren Kopf nicht bewegen, zwei Monate lang litt sie unter starken Schmerzen, und fünf Monate später tat ihr der Nacken immer noch weh. Überdies stellte sich bei ihr nun ein neuer Schmerz ein, schlimmer als alle bisherigen und ihrem Seelenfrieden für den Rest ihres Lebens abträglicher als irgend etwas sonst. Der – seit langem befürchtete und seit langem vorhergesehene – Grund dafür war eine angebrochene Wirbelsäule. Das Übel machte sich durch wiederholte Schmerzattacken in Fuß und Bein bemerkbar.

Sie ging damit von einem Arzt zum anderen – nichts half. Im April, fünf Monate nach dem Unfall, litt sie immer noch an Schmerzen, wurde schnell müde und fühlte sich »in allen Aktivitäten massiv behindert«. Von Natur aus keineswegs sanftmütig, hatte Mitchell bisher dennoch geglaubt, ihr hitziges Temperament genauso beherrschen zu können wie ihren Eigensinn und ihren Ehrgeiz. Seit dem Unfall jedoch erregte sie sich leicht und neigte zu Wutanfällen. Wenn sie schon Schmerzen ertragen mußte, wollte sie andere daran teilhaben lassen. Ihr Zorn richtete sich vor allem gegen den Fahrer des Unfallwagens, und sie beschloß, ihn zu verklagen – was ihre Freunde mit Unverständnis quittierten. »Es war in der schlimmsten Phase der Weltwirtschaftskrise, und Peggy wollte Schmerzensgeld von ihm. Das kam uns doch ziemlich gehässig vor. Da kam eine Seite zum Vorschein, die ich bis dahin noch nicht an ihr bemerkt hatte, und ich glaube, das war der Anfang vom Ende unserer guten, alten Peggy, mit der wir so viel Spaß gehabt hatten«, sagt Harvey Smith in der Rückschau. John Marsh jedenfalls versorgte seinen Schwiegervater und seinen Schwager mit dem nötigen Beweismaterial und reichte die Klage ein.

Die ganze Lage war für alle Beteiligten äußerst unangenehm. Und auf dem Höhepunkt dieser Krise platzte Harold Latham ins Leben der Autorin. Mitchell hatte gerade ihrem Vater und ihrem Bruder den Auftrag erteilt, mit juristischen Mitteln gegen den schuldigen Fahrer vorzugehen, da traf am 12. April 1935 dieser nette, sympathische Lektor des Macmillan-Verlags in Atlanta ein. Margaret Mitchells Leben änderte sich von Grund auf.

Der Macmillan-Verlag gehörte zu den großen Verlagshäusern der Vereinigten Staaten. Er hatte sich von dem britischen Verlag gleichen Namens getrennt, unterhielt aber nach wie vor enge Geschäftsbeziehungen zu England, und Harold Latham hatte in den vergangenen Jahren immer wieder Großbritannien auf der Suche nach neuen, unverbrauchten Autoren bereist. 1934 hatte der Verlag beschlossen, ähnliche Fischzüge auch in den USA zu unternehmen. Latham hatte daraufhin einen Rundumschlag geplant, der ihn kreuz und quer durch die Staaten führen sollte. Als erste Station war Atlanta vorgesehen, von wo es nach Charleston, New Orleans, Texas und Kalifornien weitergehen sollte.

Lathams literarische Rundreise sorgte für ordentlichen Wirbel unter den amerikanischen Schriftstellern, denn dies war »praktisch das erste Mal, daß sich der Vertreter eines namhaften Verlags auf eine solche Talentsuche machte«, erzählte er später. »Auf jeder Station wurde ich in den Zeitungen, den Büchereien und Schulen groß angekündigt – mit dem Erfolg, daß zahllose Treffen mit Männern und Frauen vereinbart wurden, die mit einem Verlagsvertreter über ihre neuesten Werke sprechen wollten.« So war es natürlich auch in der Hauptstadt von Georgia. »Die Nachricht, Harold S. Latham sei im Anmarsch, versetzt gestandene und Möchtegern-Autoren aus Atlanta in helle Aufregung... Überall werden Schreibtischschubladen geplündert und Manuskripte entstaubt«, hieß es in der Presse.

Latham hatte seinen Aufenthalt in Atlanta so geplant, daß er mit dem traditionellen Höhepunkt des literarischen Lebens zusammenfiel, dem Jahrestreffen der Schriftstellervereinigung von Georgia. Diese Zusammenkunft bot Talenten aus Georgia allgemein und Schriftstellern aus Atlanta im besonderen eine einzigartige Gelegenheit, sich zur Geltung zu bringen. Das Hauptereignis war ein gemeinsames Mittagessen am 12. April, verbunden mit der Ansprache von Emily Woodward, einer der namhaftesten Journalistinnen von Georgia. Bei diesem Essen saß Latham auf dem Ehrenplatz, aber Medora Perkerson war es als Vorsitzender der Schriftstellervereinigung von Atlanta gelungen, Peggy Mitchell Marsh den Platz gleich neben ihm zu reservieren.

Latham war seiner winzigen Tischgenossin zwar nie zuvor begegnet, wußte aber von ihr. Lois Cole hatte ihm den Roman ihrer alten Freundin mit den Worten empfohlen: »Außer ihrem Mann hat ihn noch niemand gelesen, aber wenn sie so schreibt, wie sie spricht, muß es ein traumhaftes Buch sein.«

Während des Essens kam irgend jemand auf Mitchells Manuskript zu sprechen. Daraufhin entspann sich, so Latham, folgender Dialog:

> »Sie haben einen Roman?« fragte ich.
> Sie sah mich verdattert an. »Nein«, antwortete sie, »ich habe nichts.« Es gab eine Gesprächspause, und ich merkte, wie alle erstaunt aufblickten. Aber es ging auch niemand weiter darauf ein.

Später verwandten sich zwei oder drei andere Teilnehmer bei ihm für Mitchell, und Latham kam noch einmal darauf zurück. »Es gibt keinen Roman«, sagte sie knapp.

Mitchell hatte vorher schon eingewilligt, Latham nach dem Essen die Sehenswürdigkeiten Atlantas mit dem Auto zu zeigen. Ihr grauste davor, aber sie hielt es für ihre gesellschaftliche Pflicht. Als sie durch den Hartriegelwald fuhren, der in voller Blüte stand, setzte Latham seine Befragung fort.

Ich wartete einen günstigen Augenblick auf ab und sprach das Thema noch einmal an. »Arbeiten Sie vielleicht an einem historischen Roman?«

Da hielt sie den Wagen an, sah mir ins Gesicht und sagte sehr nachdrücklich: »Ich möchte, daß Sie nicht mehr damit anfangen. Ich habe Ihnen doch gesagt, daß ich kein Manuskript für Sie habe.«

»Nun gut, aber sollten Sie jemals ein Manuskript haben, das Sie einem Verlag anbieten möchten – versprechen Sie mir, daß ich es als erster sehen darf?«

»Gewiß, ja«, sagte sie in einem Ton, als sei nichts auf dieser Welt unwahrscheinlicher als das. »Sollte ich jemals ein Manuskript haben, bekommen Sie es zuallererst zu lesen.«

Und dann, erinnerte sich Latham, habe man über zeitgenössische Literatur in den Südstaaten gesprochen, vor allem über Caldwell und Faulkner. »Ich habe ein paar abfällige Bemerkungen gemacht und alles, was bisher so an Romanen aus den Südstaaten gekommen war, als ärmlich bezeichnet.« Mitchell meint sich sogar zu erinnern, daß er von »degenerierten« Schriftstellern aus dem Süden gesprochen habe. Jedenfalls fuhr sie ihn dann ins Hotel zurück, und das war's.

Mitchell hatte jedoch noch eine letzte Aufgabe zu erfüllen: Sie hatte sich bereit erklärt – oder breitschlagen lassen –, Teilnehmer vom Veranstaltungsort nach Hause zu fahren. Sie war jetzt seit fünf Monaten nicht mehr vor der Tür gewesen, hatte das Bett erst zwei Monate zuvor verlassen und war am Ende ihrer Kräfte. Den ganzen Tag lang hatte sich alles um Schriftsteller gedreht, alte und junge, und die ganze Zeit über hatte sie mit anhören müssen, wie Leute, die ihr nicht das Wasser reichen konnten, zur literarischen Hoffnung von Georgia hochstilisiert wurden. Es reichte ihr.

Und dann trat das folgenreichste Ereignis ihres Lebens ein. Am Tag von Lathams Besuch in Atlanta, erzählt sie,

habe ich diverse vielversprechende, junge Autoren abgeholt und mit dem Wagen herumgefahren und sie zu einem Teekränzchen kutschiert, wo es einen leibhaftigen Verlagsmenschen zu sehen gab. Auf einer dieser Fahrten hatte ich eine Göre im Auto, die mich mit ihrem Gerede über ihr Buch fast wahnsinnig machte. Ich war gerade mit meinem eigenen Buch fertig geworden, und jetzt kam sie und plapperte etwas davon, daß sie keine Liebesszenen schreiben könne und ob ich nicht eine für sie schreiben wolle. Gegen Abend fahre ich sie und ein paar ihrer gottvollen Freundinnen wieder nach Hause, und eine von denen fragt mich, wann ich wohl mit meinem Buch fertig zu werden gedenke und warum ich Mr. Latham nicht das Manuskript gezeigt hätte. Und da schreit dieses Blag auf: »Sieh mal einer an! Sie schreiben ein Buch, Peggy? Warum haben Sie denn nichts davon gesagt? Warum haben Sie es denn nicht Mr. Latham gegeben?« Weil ich es erbärmlich finde und mich nicht blamieren wollte, sage ich. Und darauf krakeelt sie los, keineswegs boshaft: »Na, nichts für ungut, aber für mich sind Sie nicht der Typ, der ein erfolgreiches Buch schreiben kann. Sie nehmen das Leben doch gar nicht ernst genug, um eine gute Romanschriftstellerin zu sein. Und ihr Manuskript ist noch nicht einmal von einem Verlag abgelehnt worden? Ich bin schon von den besten Verlagen abgelehnt worden. Dabei ist mein Buch toll. Jeder sagt, das bekommt mal den Pulitzer-Preis. Aber ich glaube, Sie verschwenden wirklich Ihre Zeit, Peggy. Sie sind nicht der Typ.«

Nun gut, jedenfalls mußte ich plötzlich so fürchterlich lachen, daß ich anhalten mußte – was ihren Verdacht, den sie im Hinblick auf meine Ernsthaftigkeit hegten, nur bestätigte. Und als ich nach Hause kam, war ich immer noch so aus dem Häuschen, daß ich alle Manuskripte zusammenrafft, deren ich habhaft werden konnte, wobei ich in meiner Kopflosigkeit die Umschläge unterm Bett und die in der Toilette vergaß. Dann raste ich zurück zum Hotel und erwischte Mr. Latham, als er sich gerade auf den Weg zum Bahnhof machen wollte. Mein Ziel war, wenigstens einmal von einem guten Verlag abgelehnt zu werden. Und kaum hatte ich das getan, befiel mich auch schon lähmendes Entsetzen darüber, daß ich mich hatte hinreißen lassen und ihm den ganzen Krempel in diesen schäbigen Umschlägen und nicht einmal vollzählig gegeben hatte.

Man kann die Bedeutung dieser Erzählung kaum überschätzen. Dieser Stimmungsumschwung ist in Anbetracht ihrer hartnäckigen Weigerung, das Manuskript irgend jemandem zu zeigen, wohl dramatisch zu nennen. In diesem Augenblick brach ein Vulkan aus. Gleichgültig, ob sich alles tatsächlich genau so zugetragen hat oder nicht – als Metapher ist dieser Bericht unbezahlbar. Selbst ihre Ausdrucksweise ist entlarvend.
Was genau passiert in dieser Geschichte? Welche dynamischen Kräfte sind hier am Werk? Zunächst einmal geht es um eine Konfrontation zwischen Frauen – genauer: um den Gegensatz zwischen leichtfertigen, gedankenlosen Mädchen und einer verantwortungsbewußten Frau – in dieser Konstellation hatte der Mutter-Tochter-Konflikt Mitchell ja schon immer beschäftigt. Folglich belegt Mitchell ihre Gegenspielerinnen mit den unvorteilhaftesten Bezeichnungen, die ihr zu jungen Mädchen einfallen: »Diese Göre«, schimpft sie, »plappert«, »schreit« und »krakeelt« mit ihren »gottvollen Freundinnen« um die Wette. Auf Kinder bezogen sind das vertraute Worte aus Mitchells Mund: Die Heldin in »Vom Winde ver-

weht« drückt sich ganz ähnlich aus. Vervollständigt wird dieses Bild dadurch, daß Mitchell sich selbst als »gute Mutter« darstellt, als die entsagungsvolle Patronin dieser geistlosen Nervensägen.

Im Gegensatz zu den allermeisten Geschichten, die sie erzählt hat, zitiert sie sich selbst hier nicht wörtlich. Sie hängt irgendwie am Rand der Geschichte und beobachtet sie aus dem Augenwinkel. Die andern plappern, sie hält den Mund. Da, wo sie spricht, verleugnet sie sich selbst: ihr Manuskript ist erbärmlich, es taugt nichts – ganz große Dame und selbstlose Mutter im Angesicht grausamer, egozentrischer Töchter.

Und das ist selbstverständlich noch nicht alles. Eine dramatische Wendung führt zu einem hochdramatischen Ende. Margaret Mitchell selbst erinnerte sich, mit zwölf ihre Mutter einmal derartig zur Weißglut gebracht zu haben, daß diese alle Selbstkontrolle fahren ließ und selber wie ein Kind reagierte. Und genau darauf läuft auch diese Erzählung hinaus. Mitchell explodiert. Sie benimmt sich wie eine Halbwüchsige. Sie wird, nicht anders als die Peggy von »Kleine Schwester«, von der Macht äußerer Umstände ganz gegen ihren Willen in die Rolle der Heldin gezwungen. Auf diese Weise stellt sich, was eigentlich ihre Leistung ist, im Licht eines unbegreiflichen Wunders dar, der Kontrolle des Handelnden entzogen. Als sie wieder zu sich kommt, ist es zu spät.

Einer der zahlreichen Aspekte dieser Geschichte ist besonders lehrreich: Sie übernimmt keine Verantwortung dafür, daß ihr Manuskript nun doch an die Öffentlichkeit gelangt ist. Sie kann vor sich und anderen die alte Fiktion aufrechterhalten, daß sie, allen Ambitionen zum Trotz, im Grunde brav, willenlos und unschuldig ist. Mitchell kämpft an jenem Aprilabend ja nicht nur mit der albernen Möchtegern-Schriftstellerin in ihrem Auto – aus deren Geplapper hörte sie die Ignoranz heraus, mit der sie selbst auf die Ermahnungen ihrer Mutter reagiert hatte. Waren die Mädchen im Chevrolet der Familie

309

Marsh tatsächlich von so aufdringlicher Dummheit? Egal – sie fühlte sich herausgefordert, und deren Geschwätz löste bei ihr eine tiefverwurzelte Angst aus. Ihre anschließende Raserei war nichts anderes als ein Ausbruch ihres eigenen, immer wieder unterdrückten Ehrgeizes.

Harold Latham wollte gerade abreisen, als das Telefon ging. Er erkannte sofort die angenehme Stimme vom Nachmittag wieder. »Ich bin unten«, ließ Peggy Marsh ihn wissen. »Kann ich Sie einen Augenblick sprechen?« Latham stutzte und ging in die Lobby hinunter. Was er dort zu sehen bekam, überraschte ihn. Da saß seine Tischgenossin auf einer Couch, und neben ihr türmten sich zwei enorme Stapel brauner Umschläge. Es mochten an die siebzig sein, sie reichten ihr bis zu den Schultern. Jetzt hatte er sie den ganzen Tag lang erfolglos bekniet, und dann tauchte sie unaufgefordert mit einem Manuskript auf, dessen Existenz sie bis eben noch standhaft verleugnet hatte. Sie erhob sich, sagte: »Nehmen Sie das verdammte Zeug, bevor ich es mir anders überlege«, und eilte davon.

Und sie überlegte es sich tatsächlich anders, beinahe im nächsten Augenblick. Die Schienen vibrierten noch von den Rädern des Zugs, den Latham genommen hatte, als Mitchell wieder »zu Verstand kam«. Am nächsten Tag erhielt er ein Telegramm mit der Botschaft: »Habe es mir anders überlegt. Schicken Sie es zurück.« Zu diesem Zeitpunkt hatte Latham das Manuskipt allerdings schon überflogen, und diese erste, flüchtige Bekanntschaft mit ihrem Text hatte ihn bereits davon überzeugt, daß er etwas Außerordentliches in Händen hielt. Er antwortete ihr also mit ein paar schmeichelhaften Worten, die Mitchell am Abend des 15. April erreichten. Am nächsten Morgen setzte sich Mitchell als erstes hin, um ihm zu schreiben – das Ergebnis ist hundert Prozent Mitchell. Zunächst bietet sie ihm ganz selbstlos ihre Dienste an: Er sei doch auf der Suche nach neuen Autoren? Nun gut, sie würde für ihn sämtliche Büsche südlich des Potomac abklopfen. Eine

Seite lang hält sie sich mit diesen Ablenkungsmanövern auf, bevor sie zur Sache kommt. »Und jetzt zu Ihrem überaus freundlichen Brief, der gestern mit der Abendpost hier eintraf«, legt sie los.

Ich kann Ihnen gar nicht sagen, wie sehr mich Ihre schmeichelhaften Worte beglückt haben und wie sehr ich mich über Ihr Interesse freue. Wenn ich mich nicht bei unserer Begegnung persönlich davon überzeugt hätte, daß Sie ein ehrliches Gesicht haben, würde ich jetzt glauben, Sie machen Scherze. Ich weiß, das folgende Geständnis einer Amateurschriftstellerin wird Sie irritieren, aber Sie müssen es für bare Münze nehmen: Mir ist voll und ganz bewußt, wie niederschmetternd erbärmlich mein Manuskript ist, denn auch wenn ich selbst nicht schreiben kann, so weiß ich doch, wie ein guter Text auszusehen hat, weil ich als Journalistin jahrelang die Manuskripte anderer gelesen und bearbeitet habe. Ich hatte immer das Gefühl, das mir etwas abgeht, das andere Autoren – wirkliche und eingebildete – auszeichnet, nämlich der unbedingte Glaube an die Vorzüglichkeit der eigenen Arbeit, der ihnen erlaubt, sich ohne falsche Scham mit anderen zu treffen und sich gegenseitig ihr Zeug vorzulesen ... Mit Ihrer Ankündigung, mein Manuskript mit nach New York zu nehmen, um es dort in Ruhe zu lesen, haben Sie mir einen gehörigen Schrekken eingejagt ... Ich befürchte, Ihren Lektoren steht eine furchtbare Zeit bevor, wenn sie wirklich versuchen sollten, daraus klug zu werden. Was meinen Sie? Wenn Sie den Eindruck gewinnen sollten, daß das Ganze Hand und Fuß hat, nachdem sie ein bißchen mehr gelesen haben, dann nehmen Sie es in Gottes Namen mit nach New York und seien Sie meiner Dankbarkeit versichert. Aber wenn Sie in den nächsten Tagen feststellen sollten, daß sich eigentlich niemand darin zurechtfinden kann, dann schicken Sie es bitte zurück, und ich werde die Kapitel, die doppelt sind, herausnehmen, und

Ihnen für die fehlenden Kapitel wenigstens eine kurze Zusammenfassung des Inhalts zukommen lassen.

Stellenweise legt sie hier die für eine Lady aus den Südstaaten typische Selbstverleugnung an den Tag, aber ihre Selbstkritik geht doch weit über konventionelle Bescheidenheit hinaus. Sie beschließt ihren Brief mit dem Wunsch, Latham wiederzusehen, um ihn mit weiteren Gefälligkeiten überschütten zu können. »Mögen Sie in unserer Gegend einen potentiellen Pulitzer-Preisträger finden«, schreibt sie, »so daß Sie nach Atlanta zurückkommen müssen und ein Weilchen hierbleiben.« Und sie schloß mit den Worten: »Ich danke Ihnen nochmals für Ihre aufmunternden Worte. Ich bin sicher, daß sie eine heilsamere Wirkung auf meinen Rücken haben werden als alle Stützbänder, Elektrobehandlungen und Operationen.«
Latham behielt das Manuskript, was nichts daran änderte, daß Mitchell es weiterhin für »erbärmlich« hielt. In den nächsten drei Monaten lebte sie in beständiger Angst und schwelgte in Selbstvorwürfen, daß sie ihr Manuskript überhaupt aus der Hand gegeben hatte. Anfang Juli schrieb sie Latham erneut und beichtete ihm alle Fehler, mit denen sie sich gegen die Kunst des Romanschreibens versündigt hatte. »Wenn ich mir vorstelle, daß Sie mein Manuskript jetzt in Händen haben, schaudert es mich. Bei dem Zustand, in dem es sich befindet, wundert es mich, daß Sie sich auf irgend etwas einen Reim machen konnten. Aber vielleicht haben Sie das ja gar nicht.« Und dann fordert sie – auch das ist typisch für sie – seinen Widerspruch heraus: »Sollten Sie irgendwelche Vorschläge oder Einwände haben, wäre ich Ihnen auf Knien dankbar, wenn Sie die Zeit fänden, sie mir mitzuteilen … Ich glaube kaum, daß Sie mehr Fehler darin entdecken als ich selbst, oder daß Sie es für mißlungener halten könnten, als ich es tue.« Und noch einmal forderte sie ihn auf, ihr das Manuskript zurückzuschicken.
Latham ließ sich nicht darauf ein, weder im April noch im Juli.

Aber was hatte er überhaupt bekommen? Mitchells Erben haben dieses Originalmanuskript später vernichtet, aber anhand von Zeugenaussagen und anderen Hinweisen läßt es sich so weit rekonstruieren, daß man wenigstens sagen kann, inwieweit es sich vom gedruckten Buch unterschied. In seiner veröffentlichten Form hat »Vom Winde verweht« 63 Kapitel – etliche mehr, als Latham seinerzeit erhalten hatte. Außerdem stimmte die Kapitelaufteilung des Manuskripts nicht mit der Buchversion überein. Überdies muß sich der ganze Anfang deutlich von der heute bekannten Fassung unterschieden haben. Das erste Kapitel fehlte überhaupt. Und in Lathams Stapeln befanden sich noch beide Versionen von Frank Kennedys Tod sowie zwei Kapitel, die hinterher komplett gestrichen wurden.

Dazu kommt, daß Mitchell in der Eile ganze Kapitel vergessen hatte. So fehlte etwa die Geburt von Scarletts zweitem Kind Ella und der Auftritt von Archie. Daß etliche Mappen zurückgeblieben waren, fiel ihr allerdings erst auf, nachdem der Verlag ihr bereits einen Vertrag zugeschickt hatte. Als sie es bemerkte, geriet sie erneut in Panik. »In meinen Akten finde ich sie nicht, und ich bringe auch nicht den Mut auf, sie aus dem meterhohen Stapel in der Toilette herauszusuchen, der die Erstfassungen und die verworfenen Abschnitte enthält«, zeterte sie in einem Brief an Latham im Juli. »Ich habe aber Entwürfe dieser Kapitel gerettet, und auch auf die Gefahr hin, Sie und Ihre Lektoren noch mehr zu verwirren, werde ich sie Ihnen mit der Post zuschicken.«

Den Inhalt einiger Kapitel verstreute sie später über mehrere andere Kapitel, wodurch diese Kapitel länger wurden; andere Episoden landeten im Papierkorb. Tatsächlich veränderte sie noch eine ganze Menge – ohne allerdings in die Substanz der Geschichte einzugreifen. Und selbst in dieser vorläufigen, etwas unübersichtlichen Fassung begeisterte diese Geschichte jeden, der einen Blick in ihre stockfleckigen Pappmappen warf.

15. KAPITEL

Es ist vollbracht!

... ich habe ganze Kapitel herausgeschnitten,
bevor es in Druck ging. Ich habe bei dieser Metzelei
unter einem derartigen Zeitdruck gestanden, daß
ich nicht einmal dazu gekommen bin, die durch-
trennten Arterien wieder miteinander zu verbinden. In meinen Augen wird dieses Buch für alle
Zeiten bluten.

Margaret Mitchell über die Endfassung

Zusätzlich zu Mitchells Umschlägen hatte
Harold Latham noch sechs oder sieben weitere Manuskripte in
Atlanta eingesammelt. Als er den Zug nach Süd-Carolina
bestieg, stellte der Gepäckträger eine Tasche in seinem Abteil
ab, die nichts als Manuskripte enthielt. Und kaum hatte der
Zug an diesem kalten, nieseligen Abend des 12. April den
Bahnhof von Atlanta verlassen, öffnete der Cheflektor des
Macmillan-Verlags diese Tasche und betrachtete die Mappen,
die Lois Coles Freundin ihm wider alles Erwarten ausgehän-
digt hatte. Er hatte noch nie etwas Ähnliches gesehen – es war
das schlampigste Manuskript, das ihm in dreißig Berufsjahren
untergekommen war. Zögernd griff er nach dem ersten
Umschlag, begann zu lesen, und je tiefer sich der Zug auf seinem Weg nach Carolina in die neblige Nacht bohrte, desto
mehr faszinierte ihn dieser Text. Nach wenigen Seiten wußte

er, was er da hatte. Während die verzweifelte Autorin die Erbärmlichkeit ihres Werks bejammerte, ihr überstürztes Handeln verfluchte und Latham anbot, ihm irgendwo in Georgia einen Pulitzer-Preisträger aufzutreiben, wußte der, daß er nicht länger zu suchen brauchte. Seine Begeisterung wuchs, als er sich vor der Kolonialkulisse des frühlingshaften Charleston weiter in dieses Manuskript vertiefte – sie steigerte sich noch, als er durch erblühende Landschaften in Richtung New Orleans dampfte.

Wie John Marsh (dem er auch im Erscheinungsbild ähnelte) war auch Harold Latham nicht leicht aus der Reserve zu locken. Aber diesmal überwältigte ihn ein Glücksgefühl. Am 14. April drückte er Mitchell seine Freude über ihren Roman aus, vierundzwanzig Stunden später schrieb er ihr noch einmal, und am 18. schickte er ihr aus New Orleans einen dritten Lobesbrief. Ihr Buch sei etwas ganz Besonderes, teilte er ihr mit. »Ich bin sicher, daß ein wirklich wichtiges und bedeutendes Buch daraus werden könnte . . . Wir verfolgen die Sache weiter, bis wir einen Roman herausbringen können, der zu den spektakulärsten Neuerscheinungen gehören wird.«

Seinem Verlag gegenüber drückte sich Latham noch überschwenglicher aus. »Dieses Buch ist ungeheuer bedeutend«, sagte er seinen Vorgesetzten. »Wir begehen einen schwerwiegenden Fehler, wenn wir es nicht sofort nehmen.« Daß Mitchell ihr Manuskript zurückhaben wollte, verlieh seinen Argumenten weiteres Gewicht. Er glaubte, andere seien schon dahinter her, und er drängte den Verlag zu einer schnellen Entscheidung.

Jedem, der das Manuskript in jener Anfangszeit zu Gesicht bekam, erging es damit wie Latham.

Von New Orleans aus hatte er Mitchells Konvolut nach New York geschickt. Dort las es ihre alte Freundin Lois Cole, die davon genauso angetan war wie er. Da die Geschäftsleitung auch das Urteil von Experten außerhalb des Verlags einholen wollte, wurde Professor Charles W. Everett von der Columbia Universität um ein Gutachten gebeten. Everett lehrte dort seit 1923 englische Literatur, und Latham hielt große Stücke auf ihn. Am 15. Juli lieferte Everett sein Gutachten ab. Wenn Latham und Cole je an ihrem Urteilsvermögen gezweifelt hatten, wurden diese Bedenken jetzt gründlich ausgeräumt.

Everett fand zunächst Worte höchsten Lobs für die literarische Qualität des Romans und knüpfte sich eine Episode vor, um die Raffinesse der Autorin zu demonstrieren:

> Sehen Sie sich nur einmal an, wie lächerlich diese aristokratische Mrs. Elsing wirkt, wenn sie frühmorgens wütend die Stadt verläßt mit ihrer Kutsche, die sich unter all den Mehlsäcken, Speckschwarten und Bohnen biegt. Und dann vergleichen Sie, wie Pansy sich in der Nacht davonmacht, mit ihrer alten Mähre und dem ausrangierten Wagen, so daß es wirklich eines starken Mannes wie Rhett bedarf, um sie da heil herauszubringen. Und in Tara findet sie dann nichts zu essen vor. Aber mit keinem Wort verweist die Autorin auf die vorhergegangene Szene – sie ermöglicht einfach, das Tempo zu erhöhen. Vielleicht ist die Beherrschung des Erzähltempos das Eindrucksvollste an dem ganzen Roman. Wenn die Autorin will, daß es zäh vorangeht und alles ewig zu dauern scheint, dann versteht sie genau diesen Eindruck zu erzeugen. Und ihr Prestissimo ist wirklich ein Prestissimo, ihr Fortissimo tatsächlich FFF. Wie König Lear muß auch Pansy lernen, daß »es nicht zum Schlimmsten bestellt ist, solange wir noch sagen können: Das ist das Schlimmste.«

Und er fährt fort: »Es gibt erstaunlich wenige unverknüpfte Handlungsstränge, und erstaunlich viele dramatische Höhepunkte. Ich bin sicher, daß dies nicht nur ein gutes Buch ist, sondern ein Bestseller ... Nehmen Sie das Buch sofort!«

Und Macmillan zögerte nicht. Am 17. Juli telegrafierten sie

Mitchell, daß ihr Vertrag in Vorbereitung sei. Sie antwortete mit der klassischen Wo-ist-mein-Riechsalz-Geste: »Ihr Telegramm hat mich dermaßen erfreut, daß ich ›Zustände‹ bekommen habe – Zustände, die nach Beruhigungspillen, einem feuchten Handtuch auf der Stirn und einem hübschen, kleinen Genesungsschlaf schrieen. Heute abend habe ich mich wieder aufgerappelt, um Ihnen meinen ergebensten Dank zu übermitteln. Ich werde versuchen, mich wie ein Profi zu verhalten.« Kein Wort allerdings darüber, daß sie mit dem Geschäft einverstanden sei. »Da ich aus einer Familie von Rechtsanwälten komme, kann ich keinen Vertrag akzeptieren, ohne ihn gesehen zu haben – gleichgültig, wie erfreulich er im Prinzip ist«, fuhr sie fort. Und dann folgte eine lange Liste von Fragen und Anmerkungen zu den Vertragsbedingungen. Eigentlich hätte der Verlag gewarnt sein müssen.

Als der Vertrag eine Woche später eintraf, stand das Riechsalz längst wieder im Schrank. Nachdem sie mit ihren Anwälten – Mitchell und Mitchell – gesprochen hatte, setzte sie einen sechsseitigen Brief auf, in dem sie Erläuterungen, Präzisierungen und Änderungen verlangte. »Mein liebes Kind«, schoß Lois Cole zurück,

> darf ich Dich darauf aufmerksam machen, daß Du es nicht mit einem fünftklassigen jüdischen Verleger zu tun hast? Hättest Du Deinen Vertrag von Greenberg oder A. A. Knopf erhalten, wäre Dein Mißtrauen voll und ganz verständlich. Der Vertrag kommt jedoch von uns und entspricht in allen Punkten dem Standardvertrag, den bereits 12 000 Macmillan-Autoren anstandslos unterzeichnet haben – unter anderem ich selbst.

Cole und Latham waren wie vor den Kopf geschlagen. Hatte sie nicht unentwegt in Panik geschwebt? Hatte sie nicht die größten Bedenken gegen ihr eigenes Werk gehegt? Und hatte sie jetzt nicht einen Vertrag von einem der größten Verlage der

317

Welt in der Tasche? Ihre kleinlichen Vorbehalte paßten schlecht ins Bild. Bei aller Freundschaft konnte Cole Mitchells knallharter Reaktion am wenigsten abgewinnen.

Am Ende unterzeichnete Mitchell einen Vertrag, der keine wesentlichen Änderungen gegenüber dem Original aufwies, hielt aber an ihrer Skepsis gegenüber den Erläuterungen des Verlags und dem Dokument selbst fest. Im Herbst 1935 hatte sie jedoch keine Zeit für juristische Haarspaltereien, weil sie sich jetzt wie eine Besessene daran machte, das Manuskript in eine akzeptable Form zu bringen – und »akzeptabel« bedeutete, daß sie sich in den nächsten Wochen fast um ihren Verstand und den letzten Rest ihrer Gesundheit brachte.

Am 3. September bekam sie ihr Manuskript zurück und ging in Hochstimmung an die Arbeit. Und sofort tauchten die alten Probleme wieder auf. Jedes der ersten sechs Kapitel prüfte sie auf seine Eignung als Eingangskapitel, schob das zweite Kapitel, in dem Scarlett auf ihren Vater wartet, an die dritte Position, und die Party bei Wilkes, ursprünglich auf Platz drei, wurde Kapitel sechs. Mit dem Ergebnis unzufrieden, bastelte sie sich ein erstes Kapitel aus Schnipseln aller sechs Kapitel und schickte es, des Gemetzels überdrüssig, am 10. Oktober an den Verlag. Latham fand es gut:

> Das erste Kapitel weckt jetzt bei mir dieselben Gefühle wie der Rest des Buchs: Bewunderung für Ihren Stil, die ausgezeichneten Charakterschilderungen und das menschliche Verständnis, mit dem Sie an ihre Figuren herangehen. Ich bin im höchsten Maße dankbar dafür, daß wir das Privileg genießen, diesen Roman herausbringen zu dürfen.

Sein prophetischer Schlußsatz lautete: »Ich bin absolut sicher, daß er ein Erfolg werden wird.«

Mitchell kümmerte sich jetzt um die anderen Kapitel, kürzte hier und glättete dort. Shermans Feldzug gegen Atlanta hatte ursprünglich sein eigenes Kapitel, nun erhöhte sie die Spannung dadurch, daß sie es mit Vorkommnissen in der bedrohten Stadt verwob. Genauso verfuhr sie mit den beiden Kapiteln über die Rekonstruktionsära, wobei sie eine etwas weniger glückliche Hand bewies. Eines Tages wickelte Bessie Berry die Hühnerknochen vom Mittagessen darin ein und warf sie in den Mülleimer. Mitchell stellte nun fest, daß es mit einer einfachen Rekonstruktion dieser Kapitel nicht getan war, weil ihr inzwischen klar geworden war, daß ihr in der vernichteten Version zahlreiche historische Irrtümer unterlaufen waren. Seinerzeit hatte sie diese Kapitel, wie John Marsh erklärt, »in dem weit verbreiteten Glauben geschrieben, die Rekonstruktion habe schlagartig mit dem Ende des Kriegs eingesetzt. Aber weitere Nachforschungen ergaben, daß die Lebensbedingungen 1866 im Vergleich zu dem, was die Bevölkerung in den Jahren davor durchgemacht hatte, noch recht angenehm waren.« Im Lichte der neuen Erkenntnisse mußte dieser Abschnitt völlig überarbeitet werden.

Mitchell hatte sich der Nachkriegswelt ursprünglich mit jener einprägsamen Bilderfolge im Kopf genähert, die D. W. Griffith in seinem Film »Geburt einer Nation« entworfen hatte: Nach der Kapitulation bei Appomattox machen sich Nord- und Südstaaten daran, ihre Gegensätze friedlich zu bereinigen, da stirbt Lincoln, und gewissenlose, borniert Politiker aus Washington gehen nun eine teuflische Koalition mit ehemaligen Sklaven, weißen Kollaborateuren und gewissenlosen Yankeesöldnern, den sogenannten Carpetbaggers, ein, die sich in kürzester Zeit aller Regierungen im Süden bemächtigt. Mehr als zehn Jahre lang üben sie ihr verhaßtes Regiment aus, bis schließlich die aufs Blut gedemütigten Kräfte des Guten im Süden aufbegehren und die Fremdherrschaft abschütteln – woraufhin der von Lincoln beschworene Frieden in beiden Teilen des Staates endlich einkehrt.

Noch heute, zu Beginn des 21. Jahrhunderts, ist dieser Mythos lebendig. Seinerzeit galt diese Chronologie als historisch gesichert; Mitchell konnte also die historische Literatur ihrer Zeit so gründlich studieren, wie sie wollte, ohne auf eine wesentlich andere Darstellung zu stoßen. Erst mit den vierziger Jahren des 20. Jahrhunderts setzte eine radikale Neuinterpretation der Nachkriegszeit ein, und aus der Perspektive dieser Erkenntnisse muß Mitchells Werk nachgerade reaktionär wirken – nach dem Zweiten Weltkrieg traf es daher vor allem bei Historikern auf entschiedene Ablehnung. Mitchell selbst hingegen hielt ihre Darstellung des Plantagenlebens vor und nach Appomattox für geradezu revolutionär. Zwar nahm sie die Rassenklischees der Rekonstruktionsära auf, betonte jedoch gleichzeitig die ökonomischen Ursachen und verstieß vor allem gegen die sentimentalen Tabus ihrer Zeit, so daß sie nicht zu Unrecht glaubte, ihr Buch den avantgardistischen Interpretationen der Südstaatengeschichte zurechnen zu dürfen. Wie die Dinge 1935 lagen, ist es weniger verwunderlich, daß sie im Hinblick auf die Rassenbeziehungen überkommenen Vorstellungen nachgegeben hat, als daß sie gegen die gängige Verklärung historischer Ereignisse angeschrieben hat.

Im Zuge ihrer Überarbeitung im Herbst 1935 berücksichtigte Mitchell auch die Bedenken, die Professor Charles Everett geäußert hatte. Wie üblich nahm sie sich die wenigen kritischen Anmerkungen seines im übrigen wohlwollenden bis überschwenglichen Gutachtens sehr zu Herzen. Einige hatten mit ihrer Darstellung der Rekonstruktionszeit zu tun: »Die Autorin sollte sich an zwei oder drei Stellen, wo sie von der Herrschaft der Schwarzen spricht, mit eigenen Wertungen zurückhalten. Und Formulierungen wie ›Mammys Affengesicht‹ oder ›schwarze Pranken‹ erscheinen mir unnötig.« »Das sollte nicht respektlos klingen«, antwortete Mitchell. »Mir war allerdings nicht bewußt, wie anders solche Ausdrücke wirken, wenn sie erst einmal gedruckt sind ... Ich habe versucht, jede Gehässigkeit, Einseitigkeit oder Verbitterung so gut

Zu Margarets Qualitäten gehörte eine kaum zu erschütternde Courage, die sie mitunter auf sehr ausgefallene Ideen brachte: Für die Story über einen Bildhauer ließ sie sich in einer Schlinge von einem 15stöckigen Bürogebäude abseilen, um die Bedingungen nach-zuempfinden, unter denen er an einem Werk am Stone Mountain arbeitete. (Foto: Hargrett Rare Book and Manuscript Library, University of Georgia)

Einer von Margarets liebsten Aufträgen für die Zeitung war ein Interview mit dem Stummfilmstar Rudolph Valentino. (Foto: Hargrett Rare Book and Manuscript Library, University of Georgia)

Landpartie mit Margarets Freunden auf dem Anwesen von Harvey Smith (vorne) in Alabama. (Foto: Hargrett Rare Book and Manuscript Library, University of Georgia)

Nach dem Tod ihrer Mutter focht Margaret einen schweren Kampf. Sie fühlte sich zerrissen, schrieb von »zwei Margarets«, die miteinander rangen. Den selbstzerstörerischen Konflikt veranschaulicht eine Fotomontage aus jenen Jahren. (Foto: Hargrett Rare Book and Manuscript Library, University of Georgia)

Die rebellische Scarlett (Vivien Leigh, rechts) und die brave Melanie (Olivia de Havilland) waren für Mitchell Ausdruck ihrer eigenen gespaltenen Persönlichkeit. Links: Hatti McDaniel als Mammy. (Foto: Cinetext)

Mit ihren beiden Protagonistinnen schrieb Mitchell die Geschichte des Bürgerkriegs aus der Perspektive der Frauen – eine ganz neue Sichtweise. (Foto: Cinetext)

Auch die männlichen Helden, Rhett Butler (Clark Gable, links) und Ashley Hamilton (Leslie Howard), verkörperten in »Vom Winde verweht« gegensätzliche Lebensanschauungen. (Foto: Cinetext)

Margaret stand in Gesellschaften gerne im Mittelpunkt und wußte ihr Publikum auf intelligente Art zu unterhalten und zum Lachen zu bringen – auch die Megastars aus »ihrem« Film. (Foto: Hargrett Rare Book and Manuscript Library, University of Georgia)

Mitchell, der Macmillan-Verleger Harold Latham und Medora Perkerson 1937 bei der Feier zur Verleihung des Pulitzer-Preises. Im selben Jahr war »Vom Winde verweht« erschienen und hatte sofort die Bestsellerlisten erklommen. (Foto: Hargrett Rare Book and Manuscript Library, University of Georgia)

In der ersten Zeit ihres Ruhms schrieb Mitchell Dankesbriefe an ihre Rezensenten. Herschel Brickel (links) und Edwin Granberry dankten ihr dies mit einer Einladung zu einem Schriftstellertreffen in North Carolina. (Foto: Hargrett Rare Book and Manuscript Library, University of Georgia)

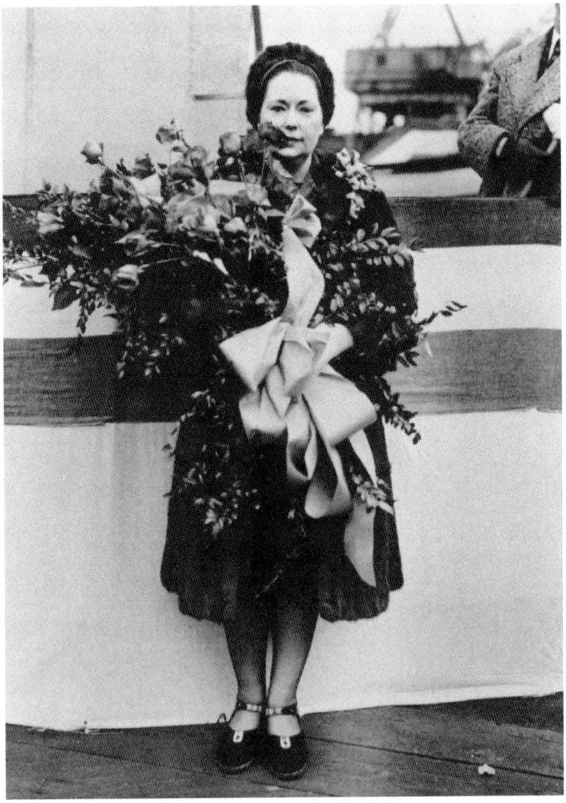

Mit dem Eintritt Amerikas in den Zweiten Weltkrieg verstärkte Margaret Mitchell ihre patriotischen Aktivitäten. Unter anderem übernahm sie die Patenschaft für den Kreuzer »Atlanta«. *Als er nur ein Jahr nach dem Stapellauf von den Japanern zerstört wurde, sammelte Mitchell in Atlanta über 60 Millionen Dollar für den Bau eines neuen Schiffes.* (Foto: Hargrett Rare Book and Manuscript Library, University of Georgia)

Nach dem Krieg engagierte sie sich für wohltätige Zwecke. Das Foto zeigt sie mit ihrer Bediensteten Bessie Berry beim Packen von Care-Paketen für Europa. (Foto: Hargrett Rare Book and Manuscript Library, University of Georgia)

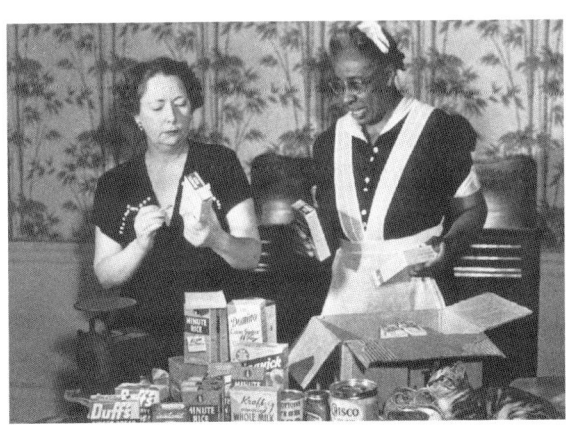

Obwohl ihr der Verkauf der Buchrechte ins Ausland viel Ärger einbrachte, ließ sie sich doch gerne und voll Stolz vor der Bücherwand mit zahlreichen Übersetzungen ihres Best-sellers ablichten, wie hier etwa zwei Jahre vor ihrem Tod. (Foto: Hargrett Rare Book and Manuscript Library, University of Georgia)

es irgend geht zu vermeiden. Wenn, dann sollten meine Figuren G., E. und V. von sich aus zum Ausdruck bringen, als Reaktion auf das, was ihnen widerfährt.«

Everetts letzte Anmerkung hatte nichts mit der Rassenfrage oder Mitchells Geschichtsauffassung zu tun, sie betraf vielmehr den Stil, die Form und im Grunde sogar die Kernaussage des Romans. Mit dem Ende war er nicht zufrieden und riet daher ausnahmsweise zu konkreten Änderungen. »Bitten Sie die Autorin, nichts hinzuzufügen, aber ein paar offenkundige Löcher zu stopfen und die letzte Seite aufzumöbeln«, empfahl er Latham. »In der gegenwärtigen Fassung klingt Rhetts Weigerung, es mit Scarlett noch einmal zu versuchen, vielleicht ein wenig zu endgültig . . . Ich glaube, daß sie sich zum Schluß doch noch kriegen . . ., und das könnte man in den letzten Zeilen doch etwas kräftiger andeuten.« »Ich habe mir den Schluß schon lange nicht mehr angesehen und weiß gar nicht mehr genau, wie er aussieht«, entschuldigte sie sich.

Aber vielleicht hat er recht. Ich hatte die Absicht, das Ende offen zu lassen und dem Leser freizustellen, wie es weitergehen könnte . . . Ich dachte, der Leser dürfte aus den paar Millionen vorangegangenen Kapiteln gelernt haben, daß Pansy und Rhett ausgesprochen zähe Brocken sind und beide ihren eigenen Kopf haben – und das bleibt so bis zum Schluß, wo jeder so ziemlich das Gegenteil von dem will, was der andere will. Soll der Leser sich jetzt überlegen, ob sie ihn vielleicht doch noch kriegt. Darf ich Sie bitten, ihre Kritik an diesem Teil zurückzustellen, bis ich ihn überarbeitet habe und Sie noch einmal alles im Zusammenhang gelesen haben? . . . Wenn es Ihnen dann immer noch nicht gefällt, dann sagen Sie's mir, und ich ändere es. Ich werde jede Korrektur vornehmen, die Sie wünschen – nur ein Happy-End dürfen Sie von mir nicht erwarten.

321

Kein Happy-End – darum geht es ihr im Grunde. Ihre Antwort ist allerdings zwiespältig, und zwar sowohl im Hinblick auf ihre Sprache als auch auf ihre Motive, denn sie nimmt mit der einen Hand, was sie mit der anderen gibt. Einerseits beteuert sie, ein offenes Ende im Sinn gehabt zu haben, andererseits macht sie darauf aufmerksam, daß die Logik der Geschichte eine Versöhnung praktisch ausschließt. Einerseits weist sie ein glückliches Ende als unzumutbar von sich, andererseits erklärt sie sich zu allen möglichen anderen Korrekturen bereit. Da diese Korrekturen aber an dem unmißverständlich unglücklichen Ende nichts ändern dürfen, könnten sie nur darauf hinauslaufen, das Ende weniger unmißverständlich zu machen.

Tatsächlich gibt es Anhaltspunkte dafür, daß sie das Ende nachträglich umgearbeitet hat. In der Druckfassung kommt der Roman mit Rhetts Aufbruch zu seinem natürlichen Ende: »Er seufzte kurz auf und sagte leichthin, aber weich: ›Mein Kind, es ist mir ganz gleichgültig.‹«* Es ist kein Zufall, daß Rhetts Abschiedsgruß in Amerika zum geflügelten Wort geworden ist. Er ist unwiderstehlich – das garstige »damn« bildet zum einen den perfekten Kontrast zu dem intimen »my dear« und rundet zum anderen in dem hingeknallten einsilbigen Ton den Satz großartig ab. Allerdings endet das Buch hiermit nicht, es geht noch anderthalb Seiten weiter. Und diese Coda entzieht dem natürlichen Schluß seine Überzeugungskraft, auch wenn sie in der Tat die Möglichkeit offen läßt, daß Scarlett ihre Ehe doch noch retten könnte. Aber das sitzt nicht, das ruiniert die Eindeutigkeit dieses letzten Kapitels und verwischt den Eindruck, daß die Heldin nun endlich erwachsen geworden ist. Hatte sie in der voraufgegangenen Auseinandersetzung mit Rhett nicht erstmals den kindischen Impuls

---

* So die deutsche Fassung. Das Original lautet: »My dear, I don't give a damn.« Anm. d. Übers.

unterdrückt, mit dem Fuß aufzustampfen, wütend zu werden und eine Schau abzuziehen? In dieser Szene akzeptiert sie Rhett, Melanie, Ashley und sich selbst endlich einmal, ohne sich und anderen etwas vorzumachen. Zum ersten Mal sieht sie klar und stellt damit ihre eigene Würde und Menschlichkeit wieder her – was ihr wiederum erlaubt, ihre Fehler und Verluste mit Fassung zu tragen:

> Sie war nahe daran, in kindische, ungestüme Tränen auszubrechen. Auf den Boden hätte sie sich werfen mögen und fluchen und schreien und mit den Füßen trampeln. Aber ein Rest von Stolz und Vernunft hielt sie zurück. »Wenn ich das tue«, dachte sie, »lacht er mich nur aus und schaut ruhig zu. Ich darf nicht heulen, ich darf nicht betteln, ich darf nichts tun, was seine Verachtung erregt. Er muß mich wenigstens achten, auch wenn er mich nicht mehr liebt.«
> Sie warf das Kinn empor und brachte ganz ruhig heraus: »Wohin fährst du?«

Die angehängte Coda spricht Scarlett diesen Reifungsprozeß ab. Auf den letzten zwei Seiten nimmt sie wieder zu ihren alten, törichten Taktiken Zuflucht. Selbst wenn man diesem Ende Glaubwürdigkeit zubilligen will, schmeckt es doch mehr nach Charles W. Everett als nach Peggy Mitchell Marsh.

Aber ob sie den Schluß nun umgeschrieben hat oder nicht – es gab noch andere Probleme. Beim Schreiben hatte sie nicht auf die exakte Chronologie sämtlicher Hochzeitsdaten, Todestage, Geburtstage und Schwangerschaften geachtet. Das mußte jetzt alles noch einmal miteinander verglichen werden – ganz zu schweigen von hunderterlei geringfügiger Details, deren Stimmigkeit sie sich nun noch einmal vergewissern wollte. Korrespondierte Beau Wilkes Geburt mit Shermans Belagerung und Ashleys Urlaub? Wurden Kleider damals geknöpft oder mittels Häkchen und Ösen geschlossen? Wie war das

Wetter am 17. September 1864? Wieviel wog ein Ballen Baumwolle? Welche Frisuren waren 1867 gerade modern? Was genau war Buchweizen und wodurch unterschied er sich von normalem Weizen? Solche Angaben fanden sich in ihrem Manuskript fast auf jeder Seite, und sie wollte nichts dem Zufall überlassen. Sie setzte ausführliche Chronologien und Genealogien auf und verglich sie mit ihrem Text. Sie nutzte alle Nachschlagewerke der Carnegie-Bibliothek. Sie fuhr in der Gegend herum, um sich durch Augenschein zu überzeugen. Sie quetschte Experten aus. Kurzum – sie war von historischer Exaktheit wie besessen, auch ihre Briefe machen das deutlich: »Ich ruhe nicht eher, als bis ich für jede Angabe zehn Bestätigungen gefunden habe. Gewiß, selbst wenn mir ein Fehler unterlaufen sollte, wird das kaum jemand merken. Außerhalb von Georgia schon gar nicht. Aber mir würde es auffallen, und dann würde ich vielleicht mitten in der Nacht schreiend aufwachen.«

Es kamen ihr noch andere Verbesserungen in den Sinn. Seit Juli 1935 überlegte sie, ob sie den Namen ihrer Protagonistin ändern sollte. »Als ich zu schreiben anfing und meine Hauptperson ›Pansy‹ nannte, wußte man im Süden noch nichts von dem unangenehmen Beigeschmack dieses Namens«, erklärte sie ihrem Cheflektor.* »Wenn Sie nun jedoch meinen, man sollte den Namen ändern, sagen Sie es mir bitte, und ich lasse mir etwas Neues einfallen.« Im September stand der neue Name für sie fest. Als sie im Oktober die Neufassung des ersten Kapitels auf die Post brachte, hieß die weibliche Hauptperson zum ersten Mal Scarlett. Mitchell hat diese Namenswahl niemals irgend jemandem gegenüber begründet – aber weshalb auch immer sie sich für Scarlett entschieden hatte, am 29. Oktober stimmte der Verlag diesem Namen zu. Harold Latham

---

* »Pansy« hatte inzwischen die Bedeutung »Schwuler« angenommen. (Anm. d. Übers.)

fand ihn auf Anhieb gut. »Ja, ich bin mit Scarlett sehr einverstanden. Der Name liest sich gut.« Lois Cole war nicht so angetan davon, doch Mitchell ließ sich glücklicherweise nicht beirren.

Außerdem rang sie zu dieser Zeit um den endgültigen Titel für ihr Buch. Sie schickte eine ganze Liste mit Titelvorschlägen an den Verlag. »Trage die Last« hätte die Kernaussage am ehesten getroffen, klang ihrer Meinung nach aber zu sehr nach Südstaaten. Lois Cole plädierte zunächst für »Morgen ist auch noch ein Tag«, doch dagegen gab es andere Einwände: Erstens war dieser Titel bereits vergeben und zweitens waren mindestens fünfzehn weitere Bücher im Handel, deren Titel mit »Morgen...« anfingen. »Ich will nicht als die Axt im Walde erscheinen«, entschuldigte sie sich bei ihrem Cheflektor,

> aber je mehr ich darüber nachdenke, desto besser gefällt mir »Vom Winde verweht«. Dieser Titel hat auch für sich genommen Schwung. Er kann sich auf die alten Zeiten allgemein beziehen, oder auf all das, was vom Sturm des Bürgerkriegs hinweggefegt wurde, oder auf einen Menschen, der sich vom Wind davontragen läßt, statt gegen ihn anzukämpfen. Was halten Sie davon?

Herbst und Winter sahen Mitchell also in heller Aufregung ändern und umschreiben und kürzen und glätten und überprüfen und umbenennen. Daneben korrigierte sie Anzeigen für ihr Buch, nahm Fototermine wahr, suchte Illustrationen aus und kümmerte sich um die Umschlaggestaltung. Weil sie nichts davon auf die leichte Schulter nahm, hatten Post und Telegrafenämter zwischen Atlanta und New York alle Hände voll zu tun. Und in ihre Zwölf- bis Fünfzehn-Stunden-Tage paßten immer noch ausführliche Briefe an alle ihre Freunde hinein:

325

Lois bat mich um ein Foto. Ich werde sehen, was sich machen läßt, aber ich fürchte, das Ergebnis wird Macmillan nicht zur Ehre gereichen. Damals bei der Zeitung mußte ich für die Pressefotografen immer bei Leichen oder Kälbern mit zwei Köpfen oder den ersten Baumwollballen der Saison und der größten Wassermelone einer Landwirtschaftsausstellung posieren, aber seither ist kein Bild mehr von mir gemacht worden. Im Augenblick habe ich 17 Pfund Untergewicht und sehe nicht gerade berauschend aus. Obendrein hatte ich kürzlich Geschwüre auf dem Kopf, und ein übereifriger Arzt hat meinen Schädel stellenweise kahlgeschoren – ich sehe aus wie ein geschecktes Pony. Wenn es mir gelingt, einen dieser briefmarkengroßen Hüte aufzutreiben, mit denen ich die kahlen Stellen bedecken kann, lasse ich eine Aufnahme von mir machen. Wenn nicht, müssen sie mich wie T. E. Lawrence mit einem Turban fotografieren.

Ihr Humor half ihr über diese anstrengende Zeit hinweg – bis Januar. Als die Druckfahnen kamen, stieg ihr die Zornesröte ins Gesicht. Bei jeder ihrer Figuren hatte sie sich die größte Mühe mit der Charakterzeichnung gegeben und jedem eine ganz persönliche Sprache in den Mund gelegt, Weißen wie Schwarzen – Lektoren und Korrektoren aber hatten alle sprachlichen Besonderheiten getilgt und die wörtliche Rede in allen Fällen einer standardisierten Hochsprache angepaßt. »Völlig unannehmbar!« tobte sie – und verlangte, alle diese Korrekturen wieder rückgängig zu machen. Ihre Briefe bekamen einen gereizten Ton.

Auch andere Vorfälle trübten das Verhältnis zwischen Autorin und Verlag. Aus Angst, Mitchells Änderungswünsche könnten die Produktionskosten in die Höhe treiben, hatte Lois Cole sie beiläufig daran erinnert, daß sie vertraglich verpflichtet sei, für Änderungen größeren Stils finanziell selbst aufzukommen. Mitchell ging an die Decke – und lehnte genauso entschieden das Ansinnen des Verlags ab, nach New York zu kommen, wann immer der Verlag dies wünsche. Sie komme nur dann, wenn es ihr selbst tunlich erscheine, schrieb ihr Ehemann indigniert.

Als sie am 16. März die letzten Druckfahnen in den Luftpostbriefkasten ihres Postamts warf, atmete sie auf. Zwar war der Trubel nicht völlig vorbei – über die Filmrechte mußte noch verhandelt werden, bestimmte Fragen im Zusammenhang mit dem Vertrag waren immer noch zu klären, und es gab Mißverständnisse mit dem Buch-des-Monats-Klub auszuräumen –, aber von Mitte März bis Mitte Mai erlebte sie zum letzten Mal in ihrem Leben eine relativ ruhige und friedvolle Zeit. Der Hartriegelwald stand wieder in voller Blüte, und Mitchell überließ sich dem wohligen, nie gekannten Gefühl der Selbstzufriedenheit. In ihrer Hochstimmung tat sie Dinge, die sie sonst nie getan hätte. So erklärte sie sich zum Beispiel bereit, nicht nur eine, sondern gleich zwei Reden zu halten.

Mitchell verabscheute öffentliche Auftritte beinahe mehr als alles andere. Nach einem Interview mit ihr beschrieb der Redakteur einer Schülerzeitung ihre Einstellung sehr treffend: »Die Leute glauben immer, sagt sie, daß jeder, der malen, schreiben oder stepptanzen kann, auch eine Rede halten kann. Auf sie jedenfalls treffe das nicht zu – die Vorstellung, vor einem großen Publikum sprechen zu müssen, versetze sie in Angst und Schrecken.« Der Gedanke daran machte sie buchstäblich krank.

> Ich kann nicht öffentlich reden, und wenn man mich dazu zwingt, werde ich krank... Ich werde sogar schon bei dem Gedanken daran krank... Ich verstehe nicht, wie Leute mich derartig quälen können... Ich brauche Wochen, um mir ein Redekonzept zurechtzulegen – Wochen, in denen ich nicht schlafen kann und mir wünsche, rechtzeitig von einem Auto

327

überfahren zu werden; und hinterher muß ich mich tagelang im Bett davon erholen.

Diese Angst kam nicht von ungefähr – sie hing aufs engste mit ihrer Mutter zusammen. May Belle Mitchell war eine bemerkenswerte Rednerin gewesen, die jede Gelegenheit zu einer Rede wahrgenommen und dann sehr leidenschaftlich gesprochen hatte. Ihrem Bruder zufolge war Margaret von jeher eher schüchtern; sie weigerte sich oft sogar im privaten Kreis, den Mund aufzumachen, und bisweilen konnte sie nur die Schuhbürste ihrer Mutter zum Reden bringen. Ihre früheste Erinnerung an eine Versammlung von Frauenrechtlerinnen drehte sich ebenfalls um eine Rede ihrer Mutter und die Abreibung, die sie sich in diesem Zusammenhang einhandelte. Die Vorstellung, in der Öffentlichkeit reden zu müssen, weckte alte Gespenster. Und jetzt plötzlich hatte sie nichts mehr gegen Ansprachen einzuwenden!

Die erste sollte sie am 3. April 1936 vor der Schriftstellervereinigung von Macon halten. Diese Veranstaltung hätte ihr eigentlich gänzlich gegen den Strich gehen müssen: Erstens sollte sie fast eine ganze Stunde lang reden, und zweitens kannte sie dort praktisch keinen Menschen. Obendrein hatte der Verein ein gewisses Renommee – in der Vergangenheit waren hier Berühmtheiten wie Sherwood Anderson, Richard Halliburton, Irving Bacheller, Ben Ames Williams und Caroline Miller aufgetreten. Und Macon war auch als Stadt etwas Besonderes – nicht zu Unrecht rühmte man sich hier, eine Oase der Kultur inmitten der tiefsten Provinz von Georgia geschaffen zu haben.

Kaum hatte sie die Einladung angenommen, machte sie sich daran, sämtliche Modegeschäfte von Atlanta nach etwas Passendem abzugrasen. Da nur die Kinderabteilungen Sachen in ihrer Größe hatten, entschied sich sich schließlich für »so ein grünes Teil, in dem ich unerträglich jugendlich aussah«. Die

Kleiderfrage beschäftigte sie dermaßen, daß sie nicht dazu kam, ihre Rede vorzubereiten, und statt sich im Zug Notizen zu machen, plauderte sie die ganze Reise über mit alten Freunden. In Macon angelangt, verbrachte sie die halbe Nacht im Gespräch mit Sherwood Anderson. Am nächsten Morgen kam sie nicht aus dem Bett, und als sie am Vormittag ans Pult trat, fühlte sie sich, wie sie sagte, nackt wie ein Baby:

Als ich aufstand und diesen riesigen Raum mit über zweihundert Leuten vor mir sah, habe ich mir nichts sehnlicher gewünscht als tot umzufallen. Ich war unfähig, einen Gedanken zu fassen. Während mich der Präsident vorstellte, saß ich da wie ein aufgekratzter Frosch und versuchte, mich auf meine Rede zu konzentrieren, aber es fiel mir nichts ein. Im meinem ganzen Leben werde ich keinen schlimmeren Augenblick der Verzweiflung mehr erleben.
Ich stand mit zitternden Knien auf und mußte daran denken, daß Pferde ihre Kniegelenke blockieren, wenn sie im Stehen schlafen. Und weil ich Angst hatte umzufallen, machte ich es genauso und hielt mich zusätzlich mit beiden Händen am Pult fest und fixierte ein Schälchen mit Schlagsahne, das da stand. Frag mich nicht, was ich gesagt habe – ich erinnere mich nur dunkel. Aber ich entsinne mich, daß die Menge nach den ersten fünf Wörtern zu grölen anfing und ich erst einmal nicht weitersprechen konnte. Jedenfalls hörte der Saal von da an nicht mehr auf zu toben. Ich weiß nicht, was an mir so komisch war, aber alles lachte Tränen, und zwei Damen kippten vom Stuhl, und es war fast unmöglich, sie wieder in ihre Ausgangsposition zu bringen.

Als sie in diesem komischen Pandämonium endlich zu sich kam, gab sie gerade die Unterhaltung mit Latham über ihr Manuskript zum Besten, wie sie ihm ihren Roman auszureden versuchte mit dem Argument, er werde sich nie und nimmer verkaufen lassen, weil er nur »vier Flüche und... nur eine einzige schweinische Bemerkung« enthalte. Erneut brüllendes Gelächter.

Irgend ein Bekannter in der letzten Reihe schrie: »Spuck's aus! Wie lautet die schweinische Bemerkung?«, worauf ich mich aber nicht einließ und statt dessen in meiner Saga fortfuhr und ihnen erklärte, daß das Buch schon deswegen keine Chance habe, weil die Heldin es jahrelang ohne mit der Wimper zu zucken mit einem verheirateten Mann treibt, und das war die Stelle, an der die beiden Damen vom Stuhl fielen.

Danach habe ihr Bewußtsein erneut ausgesetzt, und sie sei erst wieder zu sich gekommen, als alles vorbei war.

Ich war die ganze Zeit über immer nur für Augenblicke bei Sinnen. Ich erinnere mich zum Beispiel, daß ich mich hinsetzte und im selben Moment wieder hochfuhr, weil ein Blumengebinde auf meinem Stuhl lag und ich mich genau in die Nadeln gesetzt hatte. Nach diesem Vorfall brach die Ordnung im Saal endgültig zusammen... Hinterher hieß es, ich hätte vierzig Minuten lang geredet, und man habe mich mit einem Whiskey wieder auf die Beine bringen müssen. Hoffentlich gerate ich nie wieder in eine solche Verlegenheit. Das war jedenfalls das Peinlichste in meinem ganzen Leben (außer damals, als ich mit sechs oder sieben in der Kirche meinen Schlüpfer runterließ).

Ob Mitchell nun tatsächlich improvisiert oder nicht vielleicht doch alles genau geplant hatte – von dritter Seite war hinterher jedenfalls zu erfahren, es sei ein vorbildlicher, mustergültiger Vortrag gewesen. Sie begann ihre Rede mit einer stummen Geste, die ihr sofort gespannte Aufmerksamkeit eintrug: Sie löste ein kleines Ansteckbuckett von ihrem Jackett und stellte es in ihr Trinkwasserglas. Nach einer witzigen, betont bescheidenen Einleitung kam sie dann auf ihr eigentliches Thema zu sprechen, nämlich die Frage, warum ein Autor ein bestimmtes Buch schreibt, und was er erlebt, wenn er das Manuskript an den Mann zu bringen versucht. Bei dieser Gelegenheit erwähnte sie zum ersten Mal die Bedeutung des Vorfalls auf der Straße nach Jonesboro für ihr Buch. Auch andere Einzelheiten dieses Vortrags trugen zur Entstehungslegende ihres Romans bei, etwa die kopflose Hast, mit der sie genau ein Jahr zuvor auf der Suche nach den überall verstreuten Pappmappen durch ihre Wohnung gefegt war. Alles im Saal bog sich vor Lachen – besonders an der Stelle, wo sie unter ihr Bett kroch, um einen Manuskriptstapel herauszuziehen, der bis dahin ein abgebrochenes Bein des Bettgestells ersetzt hatte.

Sie beendete ihren Vortrag mit dem Appell, wirklichkeits- und wahrheitsgetreu über den Süden zu schreiben. Dieser Aufruf war das einzige, das ihr hinterher echte Kopfschmerzen bereitete. Zu ihrem Leidwesen mußte sie nämlich feststellen, daß die Zeitungen in ihrer Berichterstattung diesen Appell im Sinne von Lokalpatriotismus und literarischem Südstaaten-Nationalismus interpretiert hatten. Es schauderte sie bei diesem Gedanken:

Hinterher hatte ich das scheußliche Gefühl, daß die Leute bei »Vom Winde verweht« an Lavendel und Spitzendeckchen dachten. Jede Zeitung in Georgia brachte einen Artikel, in dem es hieß, durch mein Buch sei der Sache des Südens nun endlich Gerechtigkeit widerfahren. Wie werden sie wohl Rhett den Spekulanten und Scarlett das Biest aufnehmen? Ich kann mich in Macon doch nicht mehr sehen lassen, wenn das Buch erst erschienen ist ... Daran ist mein jugendlicher Aufzug schuld, und nicht das, was ich gesagt habe ...

Immerhin, sie hatte ihre Zuhörer zu packen gewußt, sie hatte ihre Herzen gewonnen. Zweihundert Leute hatten an ihren Lippen gehangen. Daß sie, kaum hatte sie sich hingesetzt, sogleich wieder aufsprang, hatte wohl weniger mit den Nadeln in dem Gebinde als mit dem donnernden Applaus zu tun. Sechs Wochen später hielt sie vor Bibliotheksmitarbeitern in Atlanta eine ganz andere Rede, aber mit demselben Erfolg.

Im April beschloß der Buch-des-Monats-Klub, ihren Roman im Juli zum Buch des Monats zu machen. Daraufhin wurde der Auslieferungstermin vom 31. Mai auf den 31. Juni verschoben und die erste Auflage um 40 000 Exemplare erhöht. Außerdem heizte Harold Latham die Spekulationen über das Buch weiter an, indem er Auszüge vorab an Pressevertreter verschickte – auch in Großbritannien, wo alle, die einen Blick hineinwarfen, genauso wie Latham und Everett vor Begeisterung dahinschmolzen, mit dem Erfolg, daß eine Schlacht um die englischen Rechte entbrannte. Und 12 000 Kilometer westlich von London hatten inzwischen auch die Hollywood-Produzenten Blut geleckt.

Mit einem Mal war klar: »Vom Winde verweht« war ein ganz heißes Ding. Katherine (Kay) Brown, die Agentin von David Selznick in New York, hatte schon im Mai ein Exemplar bekommen und es dem Schauspieler Ronald Colman in einer Marathonsitzung am Telefon vorgelesen. Der war so begeistert wie alle anderen auf der immer länger werdenden Liste von Lesern. Am 20. Mai sandte Brown ihren Chefs in Hollywood eine Zusammenfassung, verbunden mit der Empfehlung: »ALLES STEHEN UND LIEGEN LASSEN UND KAUFEN!« Das wachsende Interesse an der Westküste schürte neue Erregung in New York. Die Gerüchteküche brodelte, und noch vor dem eigentlichen Veröffentlichungstermin stand der Erfolg des Buchs bereits fest: »Der Bürgerkriegsroman ›Vom Winde verweht‹ wird ohne jeden Zweifel vom ersten Tag an die Best-

sellerlisten anführen.« *Publishers Weekly* ging noch weiter:
»›Vom Winde verweht‹ ist eindeutig der größte amerikanische
Roman.«

Und dann brach der Erfolg wie ein Tartarenheer über Mitchell
und Marsh herein. Am 21. Mai übersandte Macmillan Mitchell einen Scheck über 5 000 Dollar. Gleichzeitig unterzeichnete sie den Vertrag mit dem britischen Macmillan-Verlag
über die englischen Rechte. Im Hinblick auf die zu erwarten-
den Verkaufzahlen machte der Verlag die Aufstockung der
Tantiemen vom Februar wieder rückgängig und orientierte
sich am früheren Vorschlag. Mitchell traute ihren Ohren
nicht. Was sie womöglich noch mehr mitnahm: Plötzlich traf
die Post körbeweise ein, klingelte das Telefon pausenlos,
tauchten unablässig Leute vor ihrer Wohnungstür auf, die
ihre Zeit in Anspruch nahmen – und dabei war es bis zum offiziellen Erscheinungstermin ihres Buchs noch sechs Wochen
hin. Sie gab sich alle Mühe, jedem gerecht zu werden.

Ein Besucher in diesen hektischen Maitagen verdient besondere Beachtung. Bis 1936 war Lilian Smith nicht weiter aufgefallen, in den folgenden drei Jahrzehnten jedoch sollte sie eine
herausragende Rolle als eines der berühmtesten und wohl
auch berüchtigtsten Mitglieder der Bewegung Junger Süden
spielen. Nach dem Zweiten Weltkrieg machte sie sich in den
Südstaaten zudem als engagierte Kämpferin gegen Rassendis-
kriminierung einen Namen. An diesem Maitag genossen sie
und ihre Begleiterin Paula Snelling Mitchells Gastfreundschaft und Erzähltalent. Als Smith jedoch wieder daheim an
ihrem Schreibtisch saß, sah sie sich außerstande, den geplan-
ten Artikel zu schreiben, und wandt sich erneut an die geplagte Autorin. »Hier sitze ich nun«, begann sie hinterlistig,

und schreibe an diesem Interview mit tausend unbeantworte-
ten Fragen im Kopf, die Sie mir ohne Zweifel alle beantwortet
hätten, wäre ich nur geistesgegenwärtig genug gewesen, sie

Ihnen bei unserem äußerst erfreulichen Dreiecksgespräch rechtzeitig zu stellen. Sie waren sehr großzügig mit ihrer Zeit, und ich befürchte, es ist etwas ungezogen, Sie noch einmal zu belästigen, aber mir bleibt nichts anderes übrig, wenn mein Interview nicht ein dürftiger Abklatsch unserer Unterhaltung werden soll. Möchten Sie nicht vielleicht lieber selbst in 300 Wörtern (oder mehr) erzählen, wie Sie das Buch geschrieben haben . . ., bevor ich einen schalen Aufguß davon in Umlauf setze?

Mitchell lehnte ab, Smith schrieb einen zweiten Brief.

Ich schlage vor, Sie erklimmen Ihr Sofa, trinken noch eine Tasse dieses köstlichen schwarzen Kaffees, den ich bei Ihnen bekommen habe, und dann schreibt sich der Artikel schon ganz von selbst. Was wir uns wünschen (obwohl wir über alles, was Sie uns schreiben, glücklich sein werden), ist einiges zur Entstehungsgeschichte des Buchs – und bitte vergessen Sie die Geschichte von diesem zornigen, alten Soldaten der Konföderation mit seinem weißen Schnäuzer nicht. Die ist zu schade, um sie durch eine billige Nacherzählung zu ruinieren. Sie können so etwas so herrlich erzählen.

Mitchell bat ein zweites Mal darum, verschont zu werden. Smith hat dieses Interview nie geschrieben. Aber als Herausgeberin von *Pseudopodia* rezensierte sie später Mitchells Roman und verriß ihn genüßlich. Anders als Mitchell war Lilian Smith fähig, Ressentiments, Rachegelüste und Eifersucht hinter billiger Schmeichelei und ideologischer Standfestigkeit zu verstecken. Echte Südstaaten-Ladys wie sie praktizierten Gehässigkeit unbewußt, gewissermaßen intuitiv, als eine anspruchsvolle Kunstform. Nicht, daß Mitchell ihr darin grundsätzlich unterlegen gewesen wäre. Zwar hatte sie Smith und Snelling seinerzeit sehr zuvorkommend behandelt, in ihren Briefen zog sie dann allerdings über deren bräsige Art her. Am selben Tag, an dem sie Smith ihre charmante Absage erteilte, schrieb sie Harold Latham:

Ich bin entsetzt, wie hoffnungslos überfordert die meisten sind, wenn sie ein Interview machen sollen. Damals, als ich noch selbst Interviews in fahrenden Taxis gemacht habe oder im Führerstand einer Lokomotive oder durch Gefängnisgitterstäbe hindurch, wäre es mir als ein Geschenk des Himmels erschienen, mein Opfer in seinen eigenen vier Wänden zu erwischen und stundenlang Zeit für mein Interview zu haben. Die Leute, die mich heute interviewen, verbringen praktisch den ganzen Tag mit mir, labern mir die Ohren voll, fahren dann nach Hause und schreiben mir nette Briefe, wie schön es bei mir gewesen sei und ob ich ihnen nicht 5 000 Worte schreiben könnte über mich und mein Buch und was ich damit sagen wolle, weil sie leider ihre Fragen bei mir nicht losgeworden seien... Und dann stöhne ich: »Allmächtiger Gott.«

Von 1936 an gehörten solche gewaltsamen Unterbrechungen für sie zum Alltag. Ihre Welt geriet buchstäblich aus den Fugen. Und die beiden Hälften ihrer Persönlichkeit wurden zum Eigentum der Öffentlichkeit.

16. KAPITEL

Höhenflug

Dem Direktor des Amerikanischen Instituts für
Meinungsforschung, Dr. George Gallup, zufolge
rangiert »Vom Winde verweht« beim amerikanischen Lesepublikum unmittelbar nach der
Bibel.
(aus einer Zeitungsmeldung)

In diesem Land von Emerson,
von Whitman und Thoreau,
von Melville, Hawthorn, Holmes, Mark Twain,
Longfellow, Lowell, Poe,
fragen wir uns neuerdings,
weil Zweifel uns beschleichen,
mit Blick auf die Liste der Bestseller:
muß die Bibel Miss Mitchell weichen?
Richard W. Armour (»The New Yorker«)

Das vulgäre Rattern von Klimaanlagen begrüß-
te die kalte Novemberdämmerung. Gegen halb fünf drehte sie
sich ein letztes Mal im Bett um, setzte dann ihre Füße auf den
kalten Fußboden und kleidete sich in aller Stille an – bloß
nicht John aufwecken! In der Küche knipste sie das Licht an
und braute sich ihren Morgentrunk, dann ging sie auf Zehenspitzen mit ihrer ersten Tasse schwarzen Kaffees ins Wohnzimmer hinüber und betrachtete das Chaos, dem sie vor wenigen Stunden erst entronnen war. Sie nahm einen Brief, der

zuoberst auf einem der Stapel lag, in die Hand, oder sie überflog noch einmal die letzten Rezensionen. Sie arrangierte die achteckigen Brillengläser auf ihrer Nase und warf einen Blick auf den Haufen säuberlich beschrifteter Briefumschläge, das Produkt der letzten Nachtschicht. Und die ganze Zeit über lauschte sie auf Geräusche vor der Tür. Als sie Schritte im Hausflur hörte, beeilte sie sich, dem Klingeln zuvorkommen. John brauchte seinen Schlaf so nötig.

Fünf Uhr früh. Der Postbote war schon seit langem auf den Beinen, er trug in der ganzen Stadt Eilbriefe und Sondersendungen aus. Diesen Hausflur in der 17. Straße kannte er mittlerweile im Schlaf. Als er sich der Wohnung Nr. 4 näherte, ging die Tür auf, und die kleine Bewohnerin grüßte ihn ungeachtet der frühen Morgenstunde mit einem freundlichen Lächeln. Stets unterhielt man sich mit gedämpfter Stimme, machte ein paar witzige Bemerkungen, zuweilen bekam auch der Briefträger eine Tasse Kaffee, und jedesmal bedankte er sich mit einem Stapel Telegramme sowie Eil- und Nachtbriefe, die sich seit der letzten Auslieferung am Abend zuvor angesammelt hatten. Die kleine Dame bestätigte den Empfang mit ihrer Unterschrift, dann setzte der Postbote seine Runde fort.

Mitchells Lächeln erstarb, als sie die Tür ins Schloß drückte. Angesichts der Briefe in ihrem Arm schwankte sie zwischen Stolz und Entsetzen. Schon wieder ein Tag, an dem die Post nicht weniger geworden war. Wenige Augenblicke später war das Klappern ihrer Schreibmaschine zu vernehmen – Mitchell versuchte, einen kleinen Vorsprung vor den anderen Postboten mit den größeren Sendungen zu gewinnen, die täglich zur selben Zeit und so sicher wie das Amen in der Kirche eintrafen. Bald würde das Telefon an diesem Tag zum ersten Mal klingeln. Um diese Zeit müßte Bessie schon da sein. Manchmal läutete es, noch bevor ihre Sekretärin eingetroffen war. Sie hackte schneller auf ihre Maschine ein. Würde Bessie mit dem ersten Besucherschwung allein fertig werden? Ihre Fin-

337

ger flogen über die Tastatur. Die Tipphilfe würde um neun kommen. Für den Augenblick mußte sie mit einer weiteren Tasse Kaffee Vorlieb nehmen.

So fingen Margaret Mitchells Tage an. Wenn Johns Wecker klingelte und die unersetzliche Bessie eintraf, hatte sie bereits zwei Stunden gearbeitet. Wenn John dann aufstand, unterbrach sie ihre Arbeit kurz, nur um anschließend unter Volldampf weiterzumachen. Bis zum Abendessen gönnte sie sich selten eine Pause, und hinterher war sie wieder im Einsatz. Die Sekretärin der ersten Schicht schrieb sich die Finger von neun bis fünf Uhr wund, das zweite Mädchen kam um sieben und arbeitete bis Mitternacht. Bisweilen fiel Mitchell todmüde ins Bett, nachdem die zweite Sekretärin gegangen war, meistens aber war sie zu aufgedreht, um sich schlafen zu legen. Dann ging sie an ihre Briefe zurück oder erledigte Sachen, zu denen sie tagsüber nicht gekommen war – Haarewaschen zum Beispiel –, und gelegentlich nahm sie sich, ungeachtet ihrer brennenden Augen, einen Kriminalroman vor. Das war die Lage im November 1936, und so hielt es sich nun seit einem halben Jahr dran, seit die ersten Rezensionen erschienen waren. Und in den nächsten drei Jahren sollte sich an diesem Wahnsinn nichts ändern.

Die New Yorker Kritiker hatten den Tenor für den Rest des Landes vorgegeben. Die erste Erwähnung ihres Romans in der *New York Times* ließ Schlimmes befürchten. In seiner Rezension vom 30. Juni machte Ralph Thompson keinen Hehl daraus, daß er dem Buch nichts abgewinnen konnte, seine Argumentation war jedoch von kaum nachvollziehbarer Exzentrik. Bei Isabel Paterson hielten sich Lob und Kritik die Waage: »Miss Mitchell verfügt über eine unerschöpfliche Phantasie, und ihre Figuren bleiben selbst in den melodramatischsten Augenblicken glaubwürdig«, schrieb sie. Auch der historische Hintergrund samt aller Details wirke stimmig, und die Erzählung lasse in ihrer Intensität an keiner Stelle nach. »Und wenn man bemängeln sollte, daß dem Werk Gedankentiefe und literarische Qualität fehlen – nun, es ist ja gerade die Moral von Scarletts Lebensgeschichte, daß man nicht alles haben kann. Der Stil«, bemerkte sie abschließend, »ist abgedroschen.« Paterson ließ diesem bemühten Lob im Herbst, als die Druckereien mit den Neuauflagen nicht mehr nachkamen, einen Verriß folgen. Gottlob waren Thomson und Paterson jedoch Ausnahmen im Chor der New Yorker Kritikerstimmen.

Die Rezensenten Herschel Brickell von der *New York Post* und Edwin Granberry von der *New York Sun* fanden weit weniger auszusetzen. Der berühmtere von beiden, Brickell, begann seinen Artikel mit einer persönlichen Bemerkung: Keines der Tausenden von Büchern, die er in seiner Eigenschaft als Literaturkritiker gelesen habe, habe ihn derartig beeindruckt wie dieses. Wenige hätten ihn so wie Mitchells Buch dazu angeregt, »erst einmal weiter darüber nachzudenken, mir eine Wahrheit auf der Zunge zergehen zu lassen und die aufwühlende Erfahrung zu genießen, die mit dem Lesen verbunden war, anstatt meine Eindrücke sogleich niederzuschreiben«. Und er beendete diesen ersten von mehreren Artikeln, die er noch über »Vom Winde verweht« verfassen sollte, mit der Bemerkung, daß Mitchell ohne Zweifel den bis dahin besten Bürgerkriegsroman geschrieben habe; einem Freund gegenüber versicherte er sogar, es handele sich um den größten jemals in den Vereinigten Staaten geschriebenen Roman überhaupt. Edwin Granberry, der Kritiker der *New York Sun*, ging noch weiter – er verglich Mitchell mit den berühmtesten Romanautoren des 19. Jahrhunderts, mit Tolstoi, Hardy und Dickens, und behauptete, ihr Roman markiere den Wendepunkt in der zeitgenössischen Romanliteratur. Mit ihrer kraftvollen Erzählkunst und ihrer brillanten Charakterzeichnung stelle sie eine Herausforderung all jener modernen Autoren dar, die dazu übergegangen seien, die Handlung zugunsten von Stimmung, Atmosphäre und der Beschwörung von

Angstzuständen zu vernachlässigen. Mitchell biete einen Ausweg aus dem Pessimismus, der Düsterkeit und der für einen Roman tödlichen Verworrenheit zeitgenössischer Werke.

Die Rezensionen in den Sonntagszeitungen fünf Tage später griff den hohen Ton dieser beiden Kritiker auf. Auf der ersten Seite der Literaturbeilage der *New York Times* verwarf J. Donald Adams die kurz zuvor geäußerte abfällige Meinung von Ralph Thompson, und Henry Steel Commanger, ein junger Professor der Columbia Universität, wandte sich in einem langen Artikel in der *Herald Tribune* gegen die nur verhalten wohlwollende Kritik von Isabel Paterson. Diese zwei enorm einflußreichen Kritiker der beiden wichtigsten New Yorker Zeitungen bedeuteten den Durchbruch für »Vom Winde verweht«, falls daran je Zweifel bestanden hatten. Überdies schrieben Commanger und Adams anderen Rezensenten die Marschrichtung im großen und ganzen vor.

Genauso wie Herschel Brickell stellte auch Adams die mittelmäßige literarische Qualität des Romans gar nicht in Abrede, hielt sie aber für nebensächlich angesichts seiner außerordentlichen Qualitäten wie Klarheit im Aufbau, dramatische Kraft und lebhafte Charakterzeichnung. An erzählerischem Schwung und schierer Lesbarkeit gebe es in der ganzen amerikanischen Literatur nichts Vergleichbares. »›Vom Winde verweht‹ ist keineswegs ein großer Roman«, schrieb er, »in dem Sinne, in dem ›Krieg und Frieden‹ oder selbst ›Henry Desmond‹ große Romane sind. Aber dem amerikanischen Lesepublikum ist schon sehr lange nicht mehr ein derartig üppiges Festmahl bereitet worden.«

Professor Commanger gelang es in der *New York Herald Tribune*, Adams Loblied in der *New York Times* noch zu überbieten. »Der Roman ist dramatisch, auch melodramatisch«, schrieb er, »er ist romantisch und gelegentlich sentimental; er macht unbefangen Gebrauch von allen Stilmitteln des altmodischen Historienromans, auch tritt das ganze Figurenpanoptikum des

Liebesromans, wie er in den Südstaaten früher beliebt war, hier auf – aber er erhebt sich mit triumphaler Geste hoch über alle seine Vorgänger und stellt, wenn schon vielleicht kein Kunstwerk, so doch eine dramatische Widerspiegelung des Lebens selbst dar.«

Die Verteidiger von Mitchells Roman glaubten, ihr Buch könne den modernen literarischen Strömungen eine neue Richtung geben. Sie irrten sich. »Vom Winde verweht« markierte einen Wendepunkt, aber die moderne Literatur bewegte sich fortan unaufhaltsam in die entgegengesetzte Richtung. Die Moderne feierte recht eigentlich erst nach dem Zweiten Weltkrieg ihre Triumphe, aber in den Rezensionen von *The Nation* und *New Republic* deuteten sie sich bereits an. Der Identität der Kritiker wegen, aber auch im Hinblick auf ihren Inhalt verdienen sie besondere Aufmerksamkeit.

Evelyn Scott verfaßte die Rezension in *The Nation*. Als einigermaßen bekannte, wenn auch zweitrangige Vertreterin der Verlorenen Generation hatte sie 1929 mit dem experimentellen Bürgerkriegsroman »The Wave« auf sich aufmerksam gemacht. Viele Kritiker zogen diesen Roman zum Vergleich heran, als leuchtendes oder als abschreckendes Beispiel. In ihrer eigenen Buchbesprechung äußerte sie sich ungewöhnlich differenziert über Mitchells Werk.

Wie fast alle rühmte auch Scott ihren Schwung, ihre Dramaturgie, ihre lebensnahen Charaktere. Als Vorkämpferin der Moderne hatte sie überdies ein Auge für alle Ansätze zur Überwindung literarischer Traditionen, und als einzige brachte sie Mitchells Roman mit den literarischen Strömungen der zwanziger Jahre in Verbindung – etwa, wenn sie Scarlett einen »nietzscheanischen Zug« attestierte oder in Mitchells Literaturauffassung Spuren des »unverdauten literarischen Pessimismus« der zwanziger Jahre entdeckte. Ungeachtet dieser Vorzüge jedoch fand Scott das Buch einfach nicht modern genug. Sie warf Mitchell vor, nicht soziologisch genug vorgegangen zu sein und neuere Entwicklungen auf dem Gebiet der Psychoanalyse, besonders der Persönlichkeitsentwicklung, zu ignorieren. Und noch etwas ist an ihrer Kritik bemerkenswert: Sie gehörte zu den zwei, höchstens drei Rezensionen, die Mitchell wirklich ärgerlich fand. Angesichts ihres Interesses an Psychologie ist es nicht verwunderlich, daß Scotts Bemerkungen zum Thema »Persönlichkeitsentwicklung« sie erbosten; was sie jedoch noch mehr erzürnte, war ihr Vorwurf, Mitchell verstehe im Grunde »weder etwas von Massenbewegungen noch von individuellem Verhalten, so daß oft ein schaler Nachgeschmack zurückbleibt«.

Im September nahm sich Malcom Cowley, einer der brillantesten Köpfe der New Yorker Linken, ihr Buch in der *New Republic* vor, wobei er zunächst gar nicht auf den Roman selbst, sondern auf seinen Verkaufserfolg und seine Leserschaft einging. Cowley war mithin der erste namhafte Rezensent, der Mitchells Werk als Phänomen würdigte – allerdings keineswegs der letzte. Tatsächlich trat für viele Kritiker der eigentliche Text im Laufe der Zeit immer weiter hinter die Tatsache seines durchschlagenden Erfolgs und seiner unerschütterlichen Beliebtheit beim Publikum zurück. Cowley führte diesen Erfolg auf den Werberummel des Verlags und literarische Eigenschaften zurück, die den kleinsten gemeinsamen Nenner der amerikanischen Leserschaft ansprachen. Als Käufer machte er insondere die Frauen aus, und unter diesen wiederum jene, die sich durch gesellschaftliche Ambitionen, innere Leere, Gefühlsduselei und einen Hang zum Selbstbetrug auszeichneten – alles, wie er meinte, »liebenswerte Schwächen« der Bourgeoisie. Und dann entdeckte er genau dieselben Schwächen auch in Mitchells Roman.

Natürlich war Cowley nicht der erste, der den Erfolg dieses Buch mit der weiblichen Leserschaft in Verbindung brachte, aber er war der erste, der Gefühle wie Neid und Gehässigkeit in die Diskussion einführte. Andere sollten ihm darin folgen.

Bernard De Voto zum Beispiel, der im Gegensatz zu Cowley die Moderne entschieden ablehnte, griff nichtsdestoweniger dessen Argumentation begierig auf. Sein Widerwille richtete sich vor allem gegen Stephen Vincent Benét, der im *Saturday Review* den weiblichen Blickwinkel als die eigentliche Stärke von Mitchells Buch gewürdigt hatte. In den folgenden zwei Jahren ließ er sich keine Gelegenheit entgehen, ihr Werk in etwa denselben Worten zu verreißen, die Malcolm Cowley benutzt hatte. Nach 1937 wurde diese Art der Kritik dann unter Literaten allgemein Mode. De Voto sah in »Vom Winde verweht« Dekadenz, Massenkultur und Verweiblichung am Werk, und er schoß Breitseiten gegen den Verfall ab, dem sich solche Romane verdanken würden. »Diese Hochglanzautoren (fast ausschließlich Frauen) glauben alle an die moralischen Obertöne ihrer Produkte, weil sich sowas in bare Münze umsetzen läßt«, schimpfte er. »Zu allen Zeiten hat das breite Publikum in erster Linie derartige Schlichtheiten von den Schriftstellern erwartet und am großzügigsten honoriert. Frauenzeitschriften und die ganzen glitschigen Hochglanzromane kanalisieren nur den polulären Geschmack.«

Im Gegensatz zu De Voto jedoch fand Cowley »Vom Winde verweht« gar nicht schlecht. Zögernd rückte er damit heraus, daß das Buch ihn bewegt habe; er brachte es sogar über sich, den Roman am Ende seiner Besprechung zu empfehlen und Mitchells umwerfende Erzählkunst zu loben:

> Sie schreibt mit grandioser Unbekümmertheit und stürzt sich munter auf große Szenen, vor denen ein erfahrenerer Autor zurückschrecken würde aus Sorge, zu seinem Nachteil mit Dickens oder Dostojewski verglichen zu werden. Miss Mitchell scheut keinen Vergleich und kein Gefühl – sie bringt uns dazu, an einem Sterbelager zu weinen (und zwar richtig zu weinen), angesichts einer unerwarteten Rettung zu jubeln und bei den Schandtaten unserer Verwandten, der gottver-

dammten Yankees, vor Wut zu schäumen. Ich werde mich niemals dazu durchringen können, dieses Buch einen großen Roman zu nennen, aber unter aller Plattheit und Sentimentalität lauert jener einfache, zupackende Mut, der alle großen Romanautoren der Vergangenheit ausgezeichnet hat.

Und solche Vorzüge, schloß er, rechtfertigten schließlich auch den Erfolg des Buchs.

Der beste Maßstab für die grassierende Begeisterung war natürlich der Verkaufserfolg. Die Verlagswelt hatte dergleichen noch nicht erlebt. Eine Woche nach seinem Erscheinen hatte Herschel Brickell öffentlich prophezeit, daß sich bis zum Ende des Jahres 1936 400 000 Exemplare absetzen lassen würden und bis zum 30. Juni 1937 noch einmal 200 000. Kein Buch verkaufte sich länger als ein Jahr, es würde also voraussichtlich bei 600 000 verkauften Exemplaren bleiben. Im August lernte Brickell John und Margaret persönlich kennen und korrigierte seine Schätzungen im privaten Kreis ständig nach oben. »Hier bei uns wird über nichts anderes als über Ihr Buch gesprochen«, schrieb er den Marshs aus New York. »Alle Welt liest es und redet darüber und findet es gut, so daß ich meine Schätzung von 600 000 Exemplaren korrigieren muß. Wir müssen wohl von 750 000 ausgehen – als alter Hase verstehe ich mich auf solche Schätzungen.« Die Bewohner der Wohnung Nr. 4 in der 17. Straße mußten grinsen. »Wir sollten wetten«, antwortete Mitchell. Bei seiner Ehre gefaßt, ging Brickell auf die Wette ein und setzte eine Kiste Burgunder. Mitchell nahm die Wette sofort an. Und sie mußte nicht lange warten, da war sie um eine Kiste Burgunder reicher: Im Januar 1937 hatte der Verkauf allein in den USA die Millionengrenze erreicht, und im neuen Jahr stieg er unaufhaltsam weiter an. Im Frühjahr 1937 zeichnete die amerikanische Buchhandelsvereinigung »Vom Winde verweht« mit ihrem alljährlichen Belletristik-Preis aus, am 4. Mai verkündete das

Pulitzer-Komitee seine Entscheidung zugunsten von Margaret Mitchell, und am Jahrestag der Erstveröffentlichung belief sich der Verkauf auf mehr als 1 700 000 und übertraf Brickells Schätzung damit um eine Million. Noch 1938 wurden Monat für Monat rund tausend Exemplare verkauft. Und inzwischen spuckten Druckereien im Ausland Übersetzungen von »Vom Winde verweht« zu Tausenden und Abertausenden aus.

Aber selbst diese erstaunlichen Zahlen lassen nicht erahnen, wie tief die Leidenschaft für dieses Buch tatsächlich ging. Welche Menschen »Vom Winde verweht« lasen und wo es überall gelesen wurde, das machte auch die überheblichsten Kritiker sprachlos. Mitchells neuer Freund Edwin Granberry sagte dazu: »Die Kunde von diesem Buch ist mittlerweile bis in die abgelegensten Siedlungen irgendwo im letzten Winkel des Landes gedrungen und hat sogar Gesellschaftsschichten erreicht, von denen man bisher angenommen hatte, daß sie kaum zum Lesen kommen.« Und dann gab er eine bezeichnende Episode zum Besten:

Als ich kürzlich unter dem Schutzdach eines Bahnsteigs stand und mit einem Freund über Miss Mitchells Buch sprach, während wir auf den Mitternachtszug warteten, bemerkte ich mit einem Mal zwei Männer mit rauchgeschwärzten Gesichtern und Werkzeugen in den Händen neben uns im Halbdunkel. Es waren irgendwelche Eisenbahnarbeiter, und sie versuchten aufzuschnappen, was wir sagten. Ich fragte einen von ihnen, ob er das Buch gelesen habe. Er nickte grinsend und sagte: »Und ich hoffe, sie kriegt ihn nie mehr.«

Mitchell hatte ihre Figuren tatsächlich zu Leben erweckt, und die Leser stürzten sich kopfüber in ihre Geschichte. 1936 sandte Herschel Brikell ihr Ausschnitte aus einem Brief zu, der ihn erreicht hatte. »Ich habe ›Vom Winde verweht‹ jetzt halb

durch«, teilte die Schreiberin mit, holte dann tief Atem und
setzte erneut an:

> Mein Gott, ich halte es nicht aus! Ich lese ein oder zwei Kapi-
> tel, und dann muß ich eine Pause einlegen und herumlaufen
> und mich erst wieder fangen. Wie kann ein Buch nur so gut
> sein. Mein Gott! Wie Scarlett mit ihrer trübseligen Wagenla-
> dung nach Tara zurückkommt – also, ich habe noch nie etwas
> gelesen, das mich so umgehauen hat . . .

Im Postskriptum erwähnte sie dann, daß sie den Roman zu
Ende gelesen habe: ». . . einfach unglaublich gut. Ich bin ganz
niedergeschlagen, daß es vorbei ist. Aber ich freue mich schon
darauf, es bald noch einmal zu lesen.«
Hatte der Kritikerpapst Malcom Cowley nicht gestanden, bei
der Sterbebettszene geweint, richtig geweint zu haben? Millionen erging es nicht anders. Die allgemeine Begeisterung
kannte keine Grenzen. Die Leute kauften sich das Buch, lasen
es, lasen es noch einmal von vorn, sprachen im Freundeskreis
darüber, füllten die Leserbriefspalten der Zeitungen mit ihren
Kommentaren, hörten sich Vorträge über das Buch an und
zitierten daraus. Ähnlich wie »Onkel Toms Hütte« drei Generationen früher platzte dieser Roman in die amerikanische
Kultur und lieferte den Menschen ein ganzes Spektrum neuer
Bilder, neuer Metaphern, neuer Anschauungsweisen.
Diese Begeisterung war in den Leserbriefen an die Autorin
besonders greifbar. Wie Edwin Granberry bemerkte, verwandelte der Roman »die Leute, und dann wandten sie sich
instinktiv an diejenige, die sie verzaubert hatte, um sie von
diesem Zauber zu erlösen«. Kaum hatten sich die Leser ihre
Tränen von den Brillen geputzt, setzten sie sich an ihre
Schreibmaschinen und tippten Briefe an die Verfasserin. Mitchell, die ihr Haus im Sommer und Herbst 1936 höchstens für
jeweils drei oder vier Tage verließ, fand nach einem dieser

Abstecher daheim 1 200 Briefe vor. Im Verlauf des Jahres 1937 ging diese Zahl zwar leicht zurück, doch selbst dann kamen regelmäßig mit jeder Lieferung immer noch Dutzende von Verehrerbriefen. Und so ging es noch mehrere Jahre lang.

Was wollten die Briefschreiber von ihr? Da waren zunächst einmal jene, die in der Weltwirtschaftskrise alles verloren hatten und Mitchell nun um Geld oder Kredite angingen. Andere baten sie, eine Rede in ihrem Klub zu halten oder einen Artikel für ihre Zeitung zu schreiben. Manche wollten wissen, wie man einen Bestseller schreibt. Journalisten interessierten sich hauptsächlich für Details aus ihrem Leben: Wie alt war sie? War sie verheiratet? War sie katholisch? Warum hatte sie keine Kinder? Und wieder andere wollten die Quellen ihrer Inspiration wissen – das konnte doch nicht alles frei erfunden sein, das mußte doch alles auf wahren Begebenheiten beruhen! Und wie kam man von Valdosta oder Augusta aus auf dem schnellsten Weg nach Tara? Wo genau lag Tante Pittys Haus? Ich weiß, hieß es dann, es wird längst abgerissen sein, aber meine Frau und ich, wir würden einfach gern den Ort der Handlung besichtigen. Und schließlich gab es jene Kategorie von Briefschreibern, die über das Ende unglücklich waren und von ihr wissen wollten, wie es weitergeht. Sie bekommt ihn doch wohl noch, oder? Das kann doch nicht das Ende sein – bitte sagen Sie, daß das nicht das Ende ist! Mit Mitchells Schluß wollten sie sich jedenfalls nicht abfinden.

Diese Briefe bestätigten, was Rezensenten von Anfang an gesagt hatten: Mitchell war es gelungen, ihre erfundene Welt vollkommen glaubhaft zu machen. Sie sprach den Menschen aus dem Herzen, sie verwischte die Grenze zwischen Kunst und Leben. Mindestens ebenso erstaunlich wie diese kollektive Reaktion aber waren die Antwortbriefe, die Mitchell verfaßte.

Nachdem sie berühmt geworden war, wurden Briefe ein fester Bestandteil ihres Lebens. In den 13 Jahren bis zu ihrem Tod

347

1949 schrieb sie mindestens 10 000 Briefe, womöglich doppelt so viele. Die meisten davon waren Kurzmitteilungen von einer Seite, aber nicht wenige waren auch viele Seiten lang. Auf kaum eine andere Beschäftigung verwendete sie so viel Zeit, Energie und Phantasie. Allerdings war sie seit ihrer Kindheit eine hingebungsvolle Briefschreiberin gewesen. Der größte Teil dieser frühen Briefe ist verlorengegangen, aber die, die sich erhalten haben – an Allan Edee, Elinor Hillyer, Harvey Smith, Frances Marsh und Eugene Mitchell –, beweisen ihre Vorliebe für diese literarische Ausdrucksform. Der siebzehnseitige Brief, den Harvey Smith 1932 von ihr erhielt, war keine Ausnahme; die Serie von 19 langen Briefen, die ihren Freund Allan Edee zwischen 1919 und 1921 erreichte, nichts Ungewöhnliches. Mitchells Korrespondenz verdient, als ein ganz außerordentlicher Aspekt ihres Lebens eingehender betrachtet zu werden.

Sie schrieb, wenn es von ihr erwartet wurde oder auch spontan, in jedem Fall aber temperamentvoll und anschaulich, in einem äußerst lebhaften Stil. Gleichzeitig jedoch war sie sich der formalen Konventionen dieses Genres deutlich bewußt, und nicht selten spielte sie in ihren Briefen selbst auf die Regeln an, denen das Briefschreiben auch in ihren Augen unterlag. So entschuldigte sie sich etwa regelmäßig für Abweichungen von der Norm: Dieser Brief sei zu lang geworden, schrieb sie, oder: jene Bemerkung wirke zu abrupt, dieser Abschnitt falle aus dem Rahmen, jener sei zu unpersönlich geraten. Als sie einen Brief von Harvey Smith postwendend beantwortete, bat sie für ihren Verstoß gegen eine andere, sehr subtile Regel um Verzeihung – sie hatte nämlich das Gefühl, zu schnell geantwortet zu haben. Ihre Bitte um Verzeihung befreite Harvey von der Verpflichtung, seinerseits umgehend antworten zu müssen. Und da sie nun schon einmal dabei war, sich zu erklären, ließ sie ihn auch gleich wissen, warum sie überhaupt Briefe schrieb: »Ich weiß – Du glaubst, ich beantworte Deine Briefe deshalb so schnell, weil ich nichts Besseres zu tun haben. Aber dem ist nicht so.« Dann zählte sie alle ihre Verpflichtungen auf und stellte abschließend fest: »Ich glaube, ich schreibe Dir einfach deshalb, weil ich Lust dazu habe.« Mit anderen Worten – Briefe waren die literarische Ausdrucksform ihrer Wahl.

Und als Briefschreiberin verfolgte sie mitnichten die simple Absicht, Freunden oder Verwandten lediglich Nachrichten oder diskrete Informationen zukommen zu lassen. Briefe boten ihr vielmehr die Möglichkeit, sich literarisch zu manifestieren, ihr Leben in eine feste Form zu gießen und einen Strom zufälliger Ereignisse in einen sinnvollen Zusammenhang zu bringen. Sie sagt in ihren Briefen deshalb nicht unbedingt »die Wahrheit« – ihre Erfahrungsberichte sind immer schon kunstvoll aufbereitete Konstruktionen, in denen sie unterschiedliche Rollen für sich selbst bereithält und ausprobiert. Auch in ihren Briefen ging es ihr also um die künstlerische, nicht die faktische Wahrheit.

Darüber hinaus befriedigte das Briefschreiben ein typisch weibliches Bedürfnis. Als literarische Zwittergattung – weder strikt privat noch für die Öffentlichkeit bestimmt – paßte der Brief zu den Paradoxien weiblicher Existenz in einer patriarchalischen Welt. Es war eine »anständige« Form des Schreibens, weil es im häuslichen Rahmen geschah und dem privaten Verkehr diente. Zwei von Mitchells Heldinnen aus ihrer Zeit beim *Journal* waren durch ihre Korrespondenz zu Berühmtheit gelangt: Fanny Kemble aus den »Liebesgeschichten aus Georgia« und Rebecca Felton aus »Königinnen und Kriegerinnen«. Eine weitere, von Mitchell verehrte historische Gestalt war die geistreiche Herzogin von Orléans, Schwägerin Ludwigs XIV., deren Briefe 1924 erstmals in englischer Übersetzung erschienen waren, und diese »Letters of Madame« gehörten zu Mitchells Lieblingslektüre. »Anständig« war das Schreiben von Briefen aber auch noch in einem anderen Sinne – es ließ sich vollständig mit der patriarchalischen Definition der Rolle und der Aufgaben der Frau in Einklang bringen, es ließ sich logisch aus ihrer Pflicht herleiten, eine harmonische Geselligkeit aufrechtzuerhalten und die Beziehungen innerhalb der Verwandtschaft oder des Bekanntenkreises zu pflegen. Dabei gestattete die Intimität der Form eine individuelle literarische Ausdrucksfreiheit, vor der man in einem zur Veröffentlichung bestimmten Text möglicherweise zurückgeschreckt wäre. Mitchells Angestellte Bessie Jordan deutete an, welche Freiheiten das Briefschreiben gewährt, als sie auf die Frage eines Reporters, ob sie den Entstehungsprozeß des Buchs nicht mitverfolgt habe, antwortete: »Ich arbeitete für Miss Mitchell damals, als sie mit diesem wunderbaren Buch anfing, aber sie hat so wenig Aufhebens davon gemacht, daß ich dachte, sie schreibt nur Briefe an ihre Freunde.«

Und noch ein weiterer Aspekt von Mitchells Korrespondenz ist im Zusammenhang mit der Geschlechterproblematik bedeutsam, weil er noch einmal das unerbittliche Vermächtnis ihrer Mutter und die noch unerbittlicheren Verpflichtungen beleuchtet, die das Weiblichkeitsideal ihrer Zeit und ihrer Kultur mit sich brachte. Denn so leidenschaftlich gern Mitchell Briefe schrieb, so oft beklagte sie sich auch bitterlich darüber, wieviel Zeit ihr dadurch gestohlen werde. Sie habe jedoch gar keine Wahl, betonte sie immer wieder – als gute Tochter des Südens empfand sie Briefeschreiben als gesellschaftliche und kulturelle Verantwortung, der sie sich unter keinen Umständen entziehen konnte, wollte sie nicht Verrat an den Idealen begehen, auf die ihre Erziehung sie eingeschworen hatte. »Sie ist oft untröstlich, weil sie Einladungen ablehnen und Besucher fortschicken und Autogrammjäger abwimmeln muß«, berichtete ihr Mann, und sie lebte in der beständigen Sorge, solche Akte der Selbstbehauptung könnten ihr als Unhöflichkeit, als Geringschätzung, als Roheit – kurz, als Mangel an

Weiblichkeit ausgelegt werden. Derartige Maßnahmen zur schieren Selbstverteidigung weckten uralte Schuldgefühle bei ihr: »Sie hatte dann das Gefühl, ihrer Erziehung und ihrer ganzen Kultur untreu zu werden.«

Und mit der beinahe übermenschlichen Großherzigkeit einer Südstaaten-Lady widmete Mitchell sich allen, die sich nicht auf Anhieb als Spinner zu erkennen gaben. Postsäcke, die so schwer waren, daß sie sie nicht einmal anheben konnte, spuckten täglich zahllose Bitten, Anfragen, Ratschläge, Kommentare und Bekenntnisse aus, und Mitchell beantwortete sie alle – nicht mit Vordrucken, sondern in persönlichen, bisweilen seitenlangen Schreiben, wobei sie versuchte, so gut es irgend ging, auf die Persönlichkeit des Empfängers einzugehen. Gelegentlich erzählte sie ein und dieselbe Geschichte in zehn aufeinanderfolgenden Briefen, die sie gewissermaßen simultan abfeuerte – doch selbst dann achtete sie noch darauf, jedem eine individuelle Note zu geben. Und wie im Gespräch war sie auch in ihren Briefen nur allzu schnell bereit, anderen zu schmeicheln oder recht zu geben und ihre eigene Leistung, ihren eigenen Erfolg herunterzuspielen. Es kam so gut wie nie vor, daß sie sich mit einem Leserbriefschreiber auf eine Diskussion einließ oder ihm gar offen widersprach, statt dessen suchte sie stets nach möglichen Gemeinsamkeiten mit dem Empfänger.

Aufs Ganze gesehen stiftete sie mit ihren Antwortbriefen heillose Verwirrung, sowohl im Hinblick auf ihr Buch als auch auf ihre Lebensgeschichte. Wie eine Aridane, die in ihrem Labyrinth Dutzende von Fäden auslegt, führte sie die Öffentlichkeit auf Dutzende verschiedener Fährten. Viele ihrer Briefe gelangten, vollständig oder in Auszügen, an die Presse – schon deshalb, weil sie mit vielen Journalisten korrespondierte –, und nach kurzer Zeit prägte ein unentwirrbares Gespinst von Legenden und Fakten ihr Bild in der Öffentlichkeit. Sie selbst hatte in ihren Briefen kundgetan, sie sei »verkrüppelt« oder im Begriff, »zu erblinden«, sie selbst hatte in Umlauf gebracht, ihr Gatte sei die eigentliche Quelle ihrer Inspiration gewesen – mit dem Ergebnis, daß sie alles wieder dementieren mußte, sobald solche Märchen in der Presse als Fakten gehandelt wurden. Für ihre Großzügigkeit zahlte sie einen hohen Preis.

Nach »Vom Winde verweht« hat Margaret Mitchell keinen weiteren Roman mehr geschrieben. Ihre Korrespondenz war zugleich Folge und Ursache dieses »Versagens«. Nichts hat ihre Zeit und ihre Energie in der turbulenten Phase zwischen 1936 und dem Ausbruch des Zweiten Weltkriegs mehr in Anspruch genommen. Doch selbst wenn sie sich der Mühe des Briefschreibens nicht unterzogen hätte – die Jahre nach dem Erscheinen ihres Buchs waren der helle Wahnsinn für sie. Mit Urgewalt brach der Ruhm in ihr Privatleben ein und riß alles mit sich fort, was ihr bislang heilig gewesen war.

> Ich kann mir tagsüber keine Gesichtsmaske mehr auflegen. Kaum hätte ich nämlich die Maske auf dem Gesicht, käme Bessie garantiert mit einer ganzen Delegation von Frauen vom Einkaufen zurück, die mich alle interviewen wollen. Ich würde mit der Creme im Gesicht und einem Handtuch um den Kopf geschlungen die Tür öffnen, und prompt wären sie alle in der Wohnung.

Sie überlegte es sich zehnmal, bevor sie noch einen Fuß vor die Tür setzte. Was, wenn sie eine Laufmasche hätte? Sofort würde es überall heißen, sie sei eine Schlampe: »... Wenn ich heute über die Straße gehe und mein Unterrock schaut zwei Zentimeter unter meinem Kleid hervor, führt das in der ganzen Stadt zum Skandal. Dann heißt es sofort: ›Ist das nicht eine Schande, wie sie sich gehen läßt?‹ Wenn mir die Strumpfhose auf der Straße runterrutschen würde, wäre das eine Sondermeldung wert. Dann würde es heißen, ich sei eine praktizierende Nudistin.« Jeder Einkaufsbummel konnte zum Horror-

trip werden. Einmal, erzählt sie, hatte sie sich in ein Modege-schäft ganz in ihrer Nähe geschlichen, ein Kleid ausgesucht und sich gerade damit in die Umkleidekabine zurückgezogen, als sich der Vorhang vor ihrer Kabine teilte und nach beiden Seiten zurückwich wie das Rote Meer vor den fliehenden Israeliten, nur daß sich dem Auge diesmal der Anblick einer Horde stiel-äugiger Hausfrauen aus der Nachbarschaft bot. Sie stand da in ihrem Unterrock, aber das störte keine von denen. »›Sieh mal, wie dünn die ist‹, gluckste eine. Und eine zweite krähte: ›Ich glaub's einfach nicht, daß die das geschrieben haben soll. Die ist doch viel zu klein.‹ Dann wollten sie wissen, welche Größe ich bei meiner Unterwäsche habe. Sie schrien und glotzten, und ich stand da wie ein Tier im Käfig, und die ganze Zeit hieß es: ›Die ist ja nur Haut und Knochen‹ oder ›Ich hab sie mir irgend-wie fülliger um die Hüften herum vorgestellt.‹«
Bei diesem Angriff hätte sie fast die Besinnung verloren. Spä-ter erzählte sie Julia Collier Harris davon, die sie noch aus ihrer gemeinsamen Zeit auf dem Jackson Hill kannte:

Viele Jahre lang habe ich freiwillig ein ruhiges, klösterliches Leben geführt. John hat dieses Leben behagt, und mir eben-falls. Wir haben nie im Mittelpunkt stehen wollen – aber es ist völlig sinnlos, darauf hinzuweisen. Das kauft dir kein Mensch ab, und wenn es einer tut, ist er beleidigt. Ich habe nur noch die Wahl zwischen zwei gleichermaßen widerlichen Rollen. Entweder sie sehen in mir das schüchterne, kleine Mädchen, das sich dagegen sträubt, ins Rampenlicht gezerrt zu werden, sich im Grunde aber nichts sehnlicher wünscht. Oder sie hal-ten mich für eine undankbare, widerborstige und verbohrte Einsiedlerin, die von ihrem Glück nichts wissen will. Das alles ist mir sehr lästig. Ich habe von meiner Mutter gelernt, eher einen Mord zu begehen als unhöflich zu sein, und es fällt mir schwer, meine Erziehung zu vergessen. Aber ich weiß mir nicht mehr anders zu helfen.

353

In Wirklichkeit fiel es Mitchell jedoch immer noch schwer, unhöflich zu sein – wobei »unhöflich sein« nach dem Verständnis einer Südstaaten-Lady ein Synonym für »nein sagen« war. Also nahm sie weiterhin jedes Telefonat entgegen, plauderte weiterhin höflich mit Leuten, die sie für Schwachköpfe hielt, grüßte weiterhin freundlich wildfremde Menschen und vor allem beantwortete sie weiterhin jeden Brief persönlich – um »ihrer Erziehung und ihrer ganzen Kultur« nicht untreu zu werden, wie John schrieb. Vergnügen machte ihr das nicht, wie der Brief an Julia Harris beweist.

Wieder einmal fand sie keinen Weg aus dem Dilemma: Hier die Dame, die sich den gesellschaftlichen Anforderungen nicht entziehen darf – dort die hartgesottene, geschlechtslose »Einsiedlerin«, für die es unter ihren Vorfahren genügend Vorbilder gab. Es ist bezeichnend, daß sie ihre Mutter in einem Atemzug mit Mord und Ungehorsam nennt, als sie den Konflikt beschreibt, in dem sie sich befindet. Das ist die Erkennungsmelodie ihres Lebens, und die trägt sie jetzt einem Millionenpublikum vor.

17. KAPITEL

Hollywood-Hexenkessel

Ihr Unschuldslämmer, Ihr wiegt Euch in falscher
Sicherheit, wenn Ihr glaubt, ein flüchtiger Kontakt
mit Hollywood könne Eurer geistigen Gesundheit
unmöglich schaden ... Wie Ihr wißt, habe ich vier
Jahre im Schützengraben gestanden, von Fort
Sumter bis Appomattox, und habe täglich mit
denen zu tun gehabt. Das sind nette, charmante
Leute, aber ich bin fest davon überzeugt, daß sie
vom Mars stammen, wo andere Lebensbedingungen und andere Sitten herrschen. Sie sind
einnehmend und unglaublich und treiben
normale Menschen mühelos in den Wahnsinn.
Margaret Mitchell an Clifford und Helen Dowdey

Es läutete an der Tür, und im nächsten Moment
platzte die Besucherin in Margaret Mitchells Wohnzimmer.
Sie habe das mit Hollywood spitzgekriegt und daß ihr Roman
jetzt verfilmt werden solle, krähte sie los, und sie wisse, daß
Mitchell ihr helfen könne – sie habe nämlich Talent, alle ihre
Freunde hätten ihr das bestätigt. Bisher habe sie einfach ihre
Chance noch nicht bekommen. Also, wenn es auf dieser Welt
eine »Mammy« gebe, dann sei sie das. Daß sie eine Weiße sei,
könne ja wohl kein Hinderungsgrund sein – schwarze
Schminke habe sie gleich mitgebracht. Und schon gab sie der
verdatterten Autorin eine Kostprobe ihrer Interpretation der
Rolle. Mitchell half der unverfrorenen Fremden, einen Rest

von Würde zu bewahren, indem sie verhinderte, daß sie sich vorher tatsächlich das Gesicht schwärzte. »Du hättest sie sehen sollen«, erzählte Mitchell anschließend Katharine Brown. »Ich hatte mich auf die Schminke gesetzt, damit sie sich nicht auch noch anmalen konnte, und dann habe ich vierzig Minuten mitansehen müssen, wie sie die Mammy hoch und runter spielte.« Das hatte man also von Hollywood!

Kaum daß David Selznicks Filmversion von »Vom Winde verweht« 1939 in die Kinos gekommen war, überlagerte sie im öffentlichen Bewußtsein das gänzlich andere Bild, das Mitchell in ihrem Roman vom Bürgerkrieg gezeichnet hatte, und die Macht der Filmbilder sollte Mitchell noch arg zu schaffen machen. Doch wie der Auftritt der blaßhäutigen Anwärterin auf die Rolle der Mammy zeigt, entwickelte sich Hollywood schon lange vorher für Mitchell zu einer unerschöpflichen Quelle von Belustigung und Verdruß. Denn für die geplagte Autorin ging es mit dem Filmgeschäft praktisch an dem Tag los, an dem sie die korrigierten Druckfahnen im März 1936 an ihren Verlag zurückschickte.

Laut Vertrag besaß die Autorin die Filmverwertungsrechte an ihrem Buch – allerdings hatte sie keine blasse Ahnung, was genau das bedeutete und wie sie vorgehen sollte, wenn Hollywood tatsächlich Interesse zeigen sollte, und von Agenten hatte sie noch nicht einmal gehört. In ihrer Unschuld vertraute Mitchell voll und ganz auf ihren Verlag. Macmillan verhielt sich in der Agentenfrage jedoch höchst widersprüchlich. »Die Filmagenten verfolgen mich mit heraushängender Zunge«, warnte Lois Cole ihre Freundin. »Bitte unternimm nichts selbst, und sollte Dich jemand direkt ansprechen, halte ihn so lange wie möglich hin.« Mitchell ließ sich also auf nichts ein, verlor aber im Lauf dieses verrückten Frühjahrs 1936 irgendwann die Geduld. Selbst in den ruhigsten Zeiten allerdings hätte ihre Nervenstärke wohl kaum ausgereicht, derjenigen Person Paroli zu bieten, die sich nun darum bewarb, ihr

Manuskript an Hollywood zu verkaufen. Die Bekanntschaft mit dieser Frau brachte Mitchell erstmals auf den Gedanken, Filmleute könnten auf dem Mars das Licht der Welt erblickt haben.

Annie Laurie Williams war ein junge Frau aus Texas, die sich bereits in Hollywood und New York bewährt hatte und den Macmillan-Verlag seit geraumer Zeit gegenüber den großen Studios an der Westküste vertrat. Noch bevor sie überhaupt eine Kopie von Mitchells Manuskript zu Gesicht bekommen hatte, war die umtriebige Texanerin bereits wild entschlossen, auch das heißeste Eisen des Macmillan-Verlags in Hollywood unterzubringen. Den ganzen Winter des Jahres 1936 über saß sie Lois Cole im Nacken und startete im April parallel dazu eine Großoffensive gegen Mitchell selbst. Da diese wie befohlen mauerte, ging Williams dazu über, die Autorin gegen den Verlag auszuspielen. Sie werde, ließ sie Cole wissen, in Kürze »mit Miss Mitchell ins Geschäft kommen und zumindest einen zeitlich befristeten Auftrag von ihr erhalten . . .«

Mitchell verstand nicht, was da ablief, vermutete aber eine geheime Absprache zwischen Agentin und Verlag und erklärte sich schließlich tatsächlich bereit, einen Vertrag mit Williams abzuschließen. Cole riet ihr dringend davon ab. Völlig entnervt, untersagte Mitchell der Texanerin im Mai, irgend etwas in ihrer Sache zu unternehmen. Sie glaubte, das aggressive Cowgirl damit ein für allemal los geworden zu sein, zumal vierzehn Tage später von Macmillan der Vorschlag kam, sie möge den Verlag selbst als ihren Agenten akzeptieren. Mitchell fiel ein Stein vom Herzen. Am 21. Mai wurde ein entsprechender Vertrag unterzeichnete; Harold Latham sollte nun die Sache selbst in die Hand nehmen. »Ich bin sehr erleichtert, daß Sie sich darum kümmern wollen«, schrieb sie ihrem Cheflektor. »Nichts gegen Agenten, aber mit Agenten habe ich keine Erfahrung, und Sie kenne ich . . . Ich weiß, daß Sie bei den Filmleuten mehr erreichen können als jeder Agent.«

Harold Latham hatte Margaret Mitchell jedoch nicht einmal die halbe Wahrheit erzählt. Williams war zwar bei Cole und Mitchell abgeblitzt, dafür hatte sie aber die Verlagsleitung weichgeklopft. Es war ihr nämlich gelungen, Latham davon zu überzeugen, daß sie in Sachen Filmrechte längst die Initiative für den Verlag ergriffen habe. »Ich befürchte«, meldete Latham lakonisch an seine Vorgesetzten, »daß sie Forderungen an uns stellen wird, wenn wir jetzt ohne sie einen Vertrag mit einem Filmproduzenten abschließen, und zwar mit der Begründung, sie habe die ganze Vorarbeit geleistet, indem sie mit diesem und jenem und vielleicht zufällig auch mit genau dem Produzenten über das Buch gesprochen habe, mit dem wir handelseinig geworden sind.« Und keine Woche nachdem Mitchell ihren Vertrag mit Macmillan unterzeichnet hatte, machte Macmillan Williams erneut zu seiner Interessenvertreterin in Hollywood. Großzügig verzichtete Williams auf die Hälfte ihres Agentenhonorars. Mitchell erfuhr davon nichts. Damit war das Fett in der Pfanne, und bald sollte es zischen.

Wie Harold Latham vermutet hatte, steckte Williams längst bis über beide Ellbogen in dem Projekt. Kaltschnäuzig, wie sie war, und von der Aussicht auf eine astronomische Vermittlungsgebühr beflügelt, hatte sie das Terrain bereits sondiert und den Bewerberkreis auf drei Studios reduziert, als sie am 27. Mai den Vertrag mit Macmillan unterschrieb: Warner Brothers wollte den Film für Bette Davis, R. K. O. für Katharine Hepburn und David O. Selznick für sich selbst. Ihre Verhandlungen mit Hollywood fielen genau in die Zeit des größten Ansturms auf den Roman zwischen Mitte Juni und Mitte Juli 1936, und während Williams die Gunst der Stunde nutzte, um immer höher zu pokern, ließen ihre Verhandlungen wiederum die Wogen in New York höher schlagen.

Im Juni hatte Harold Latham den Vorschlag gemacht, die Filmrechte für 50 000 Dollar zu verkaufen, und Mitchell hatte

358

benommen genickt. Nie zuvor hatte jemand eine solche Summe von einem Produzenten verlangt, geschweige denn erhalten, und es kam zu einem Aufschrei in der Presse, als Williams diesen Betrag durchsickern ließ und vom »Verkauf des Jahrhunderts« sprach.

Die von allen Seiten bestürmte Autorin floh aus Atlanta, um sich ins Bergland von Nord-Georgia zurückzuziehen. Daß sie dort nie ankam, lag wiederum an Annie Williams und ihrem Verlag. Am 8. Juli hatte sie sich unter falschem Namen in einem Hotel in Gainesville einquartiert. Am selben Tag kam Williams zu einem Abschluß mit Selznick International. Cole telegrafierte sofort an Mitchell. John Marsh erhielt ihre Nachricht am 9. Juli und bat seine Frau, auf dem schnellsten Weg zurückzukommen. Ihre Flucht hatte keine zwei Tage gedauert. Wieder in Atlanta, wartete sie tagelang vergeblich auf den Vertrag, der erst am 14. eintraf. Währenddessen stieg die Erregung in Atlanta.

Entschlossen, alle Werbetrommeln in Bewegung zu setzen, hatte David Selznick die Nachricht vom Vertragsabschluß Louella Parsons gesteckt, einer vielgelesenen Klatschspaltenkolumnistin aus Hollywood, die für zahlreiche Zeitungen schrieb. Am nächsten Tag zog sie Selznicks Geschichte groß auf: Unerschrockener, unabhängiger Produzent nimmt es mit allen großen Studios auf und läßt sich seinen Sieg 65 000 Dollar kosten. Für Selznick mußte es immer das Größte, Dickste, Tollste oder Teuerste sein, und obwohl 50 000 Dollar bereits eine Rekordsumme gewesen wäre, konnte er sich nicht verkneifen, noch einen draufzusetzen. Die Zahl stimmte nicht, aber Parsons nahm sie für bare Münze. Miss Mitchell aus Georgia machte nun die nächste Bekanntschaft mit einem Marsmenschen – und mußte bald feststellen, daß Selznick nicht einmal der Schlimmste dieser ganzen Bande war.

Die Zeitungen von Hollywood griffen das Thema auf und veröffentlichten die Vereinbarung am 10. Juli. Kurz darauf gab

Macmillan eine eigene Pressemitteilung heraus – immer noch, ohne Mitchell von den Vertragsbedingungen auch nur in Kenntnis gesetzt zu haben. Alles, was sie wußte, hatte sie den Zeitungen entnommen. Sie war also nicht schlauer als jeder andere Zeitungsleser in den USA, aber die Presse versuchte jetzt, ihr Haus zu stürmen. Wieder ergriff sie die Flucht.

Doch nicht einmal in den blauen Tälern des Appalachengebirges fand sie Ruhe. Selbst in *The Boone*, einer in Nord-Carolina erscheinenden Wochenzeitschrift, konnte sie jetzt intimste Details aus ihrem Privatleben nachlesen. Sie schäumte vor Wut. Diese Williams war ein Ungeheuer! David Selznick eine Bestie! Louella Parsons der Teufel in Person! Und Macmillan hatte ihr Vertrauen mißbraucht. Sie war nicht der Mensch, der eine solche Behandlung auf die leichte Schulter nahm. John Marsh versuchte sie zu beruhigen: »Du solltest Macmillan nicht ankreiden, daß sie ihre Version der Geschichte schon an die Presse gegeben haben«, schrieb er. »Ich persönlich glaube, daß ihnen nicht viel anderes übrigblieb, nachdem die Sache schon durch alle Zeitungen gegangen war.« Aber dieser Hinweis vermochte ihren Zorn nicht im geringsten zu besänftigen.

Für Mitchell überschattete der Ärger mit dem Filmvertrag alle anderen Probleme. Bis zum Herbst wuchs er sich zu einem Alptraum aus, und bis zum Ende ihres Lebens blieb ihr dieser Vertrag ein Dorn im Auge.

Sie hatte von Anfang an klare Vorstellungen davon gehabt, wie dieser Vertrag auszusehen habe. Geld spielte für sie dabei keine vordringliche Rolle, vielmehr war ihr an einem Mitspracherecht beim Drehbuch und bei der Auswahl der Schauspieler gelegen. Sie hatte Faulkners »Freistatt« gelesen, sich später über die Hollywoodfassung »Story of Temple Drake« halb totgelacht und war nun wild entschlossen, eine ähnliche Verunstaltung ihres Werks mit allen Mitteln zu verhindern. Als sie am 25. Mai den Agentenvertrag mit Macmillan unterzeichnete, hatte sie unmißverständlich klargemacht: »In jedem Vertrag, den Sie mit einem Filmproduzenten abschließen, soll eine Klausel enthalten sein, die mir ein Mitspracherecht beim Drehbuch einräumt. Wobei ich nicht grundsätzlich gegen Änderungen bin«, fügte sie hinzu, denn

> ich weiß, daß sich dieses Buch, wenn überhaupt, nur unter größten Schwierigkeiten in einen Film verwandeln lassen wird. Ich weiß auch, daß im Roman vieles möglich ist, was sich auf der Leinwand gar nicht oder nur annäherungsweise darstellen läßt. Und ich weiß ebenfalls, daß bei jeder Filmversion Abänderungen gegenüber dem Buch vorgenommen werden, Figuren gestrichen und Ereignisse zusammengerafft werden müssen. Aber bestimmte Änderungen werde ich mir nicht gefallen lassen. Ich werde Hollywood nicht durchgehen lassen, daß General Hood plötzlich die Schlacht von Jonesboro gewinnt oder Scarlett General Sherman verführt oder eine Negertruppe aus Harlem mit dem entsprechenden Akzent die Plantagenneger spielt...

Harold Latham gab auf ihre Einlassungen nicht viel, Annie Williams überhaupt nichts, und in den Verhandlungen mit David Selznick verlor niemand auch nur ein Wort darüber. Mitchell wurde schlicht übergangen.

Der Vertrag kam also am 14. Juli. Mitchell verschanzte sich in ihrem Zufluchtsort in Blowing Rock, und an ihrer Statt unterzogen ihre Rechtsvertreter Stephens und Eugene Mitchell den Vertrag einer eingehenden Prüfung. John Marsch saß als stiller Beobachter dabei und übermittelte das Ergebnis seiner Frau. Mehr als die Vertragsaffäre beunruhigte ihn der Tribut, den die Entwicklung der letzten Wochen von seiner geplagten Ehefrau forderte. Ein ums andere Mal beschwor er sie, sich zu entspannen und die Verhandlungen für eine Weile anderen zu überlassen. »Als Dein Dich liebender Ehemann rate ich Dir,

361

Deinen Urlaub zu genießen und uns die Klärung all dieser juristischen Einzelheiten zu überlassen.« Diese »juristischen Einzelheiten« nahmen in ihrer Phantasie indes immer monströsere Formen an, und am 23. Juli setzte sie sich in heller Aufregung in ihren Wagen und fuhr nach Atlanta zurück.

Ihre Briefe, Telegramme und Ferngespräche nach New York führten jedoch zu keinem Ergebnis, und als auch ein langer, förmlicher Brief vom 27. Juli unbeantwortet blieb, beschloß sie, mit dem Verlag direkt zu verhandeln. Am 28. Juli bestiegen Mitchell und ihr Bruder Stephens den Nachtzug nach New York. Am nächsten Morgen ließen sie sich von der Penn Station direkt zum Macmillan-Verlagsgebäude fahren, wo die Verhandlungen unverzüglich aufgenommen wurden. Sie verliefen nicht erfreulicher als die Ferngespräche und der Schriftverkehr der letzten Wochen. Sie habe die Reise nach New York bereits »mit Schaum vor dem Mund« angetreten, schrieb Mitchell – jetzt raste sie. Zwei Tage lang ertrugen die beiden Mitchells Marathonverhandlungen mit Selznicks Filmleuten, der Verlagsleitung und den Rechtsanwälten des Verlags von der namhaften Kanzlei Cadwallader, Wickersham & Taft. Was enthielt dieses verwickelte Vertragswerk überhaupt? Welche Rechte übertrug sie damit? Welchen Einfluß konnte sie noch geltend machen? Waren auch ihre Fernseh-, Rundfunk- und Bühnenrechte von dem Vertrag betroffen? Die Unklarheiten häuften sich. George Brett, Präsident von Macmillan, und J. A. Swords, Rechtsanwalt der Firma, gaben ihr Wort, daß es sich um einen den Regeln entsprechenden Standardvertrag handele, und obwohl bestimmte Urheberrechtsfragen weiterhin ungeklärt waren, akzeptierte Mitchell schließlich die Versicherungen der Verlagsvertreter und unterschrieb, ohne eine schriftliche Bestätigung der mündlichen Zusagen zu verlangen.

Sie unterschrieb, aber sie schäumte immer noch. Hollywood hatte sich erfolgreich gegen jede Einmischung zur Wehr gesetzt. Sie beschloß, jede Beziehung zu dieser Bande abzubrechen. Vom Geld abgesehen, war dies ihr einziger Sieg. Ihr Bruder beschrieb ihre Stimmung mit den folgenden Worten:

> Sie sagte, sie habe die Filmrechte verkauft, weil ihr sonst die Probleme über den Kopf gewachsen wären. Mit dem Verkauf sei sie eine Sorge los. Sie war erleichtert, daß Hollywood sie nicht wollte, und sie war sich sicher, daß sie auf den Ärger verzichten konnte, den Hollywood ihr eingebrockt hätte. Sie würde die Filmleute in Ruhe lassen, und die würden sie in Ruhe lassen. Sie hätten die Filmrechte und sie selbst die 50 000 Dollar abzüglich der Vermittlungsgebühr – mithin seien jetzt alle glücklich. Und damit verabschiedete sie sich, um Freunde zu besuchen, und ich fuhr nach Hause.

Das klang, als sei die Sache für sie damit erledigt gewesen, aber in Wirklichkeit hatten die Reise und die Verhandlungen sie arg mitgenommen – wie sich unmittelbar im Anschluß an die Verhandlungen zeigte. Sie hatte eine Einladung von Herschel und Norma Brickell nach Connecticut angenommen, die ganze Nacht des 30. Juli im Gespräch mit ihnen verbracht, und als sie am nächsten Morgen aufwachte, war sie so blind wie der Apostel Paulus, als er sein Damaskuserlebnis hatte. Sie ließ sich sofort nach Hause fahren, wo der Arzt ihr absolute Bettruhe in einem verdunkelten Zimmer verordnete. Kurze Zeit nach ihrer Ankunft beschrieb John den Brickells ihren Zustand: »Der Arzt sagt, sie müsse ihren Augen drei Wochen lang vollkommene Ruhe gönnen.«
Doch Mitchell, die unfähig war, auch nur fünf Minuten stillzusitzen, warf ihr Erholungsprogramm über den Haufen, kaum daß es begonnen hatte. Erneut überkamen sie Befürchtungen wegen des Vertrags, und die neu aufgeworfene Urheberrechtsfrage löste eine Lawine neuer Probleme aus. Am 5. Au-

363

gust bat John Marsh den Präsidenten von Macmillan, George Brett, ihm diesen Punkt noch einmal zu erläutern. Bretts Antwort ließ einen Monat lang auf sich warten, und als sie dann kam, fanden beide ihre schlimmsten Ahnungen bestätigt. Brett erklärte ihnen kurz und bündig, daß sich der Verlag zu keinem Zeitpunkt als Miss Mitchells Agent verstanden habe, weshalb er jede Verantwortung für Probleme, die sich aus dem Vertrag ergeben könnte, ablehne. Bis zum Herbst wurde der Ton der Briefe, die zwischen New York und Atlanta hin- und herwechselten, immer gereizter. Stephens und John sprangen für sie in die Bresche. Stephens Mitchell neigte ohnehin zu einer unverblümten Sprache, und wenn er Vertragsbruch witterte, glaubte er auf Höflichkeiten ganz verzichten zu können. Seine Briefe versetzten George Brett in Rage, der seinerseits eine Granate nach der anderen zündete. Auch Cadwallader, Wickersham & Taft fuhren schwere Geschütze auf. Im Oktober konnte man die Situation mit Fug und Recht als verfahren bezeichnen.

Harold Latham war der einzige, dem Mitchell jetzt noch trauen zu dürfen glaubte, aber selbst mit ihm war das herzliche Einvernehmen getrübt. Die größte Belastung ihres Verhältnisses erwuchs aus der Sache mit Annie Williams. »Wie Sie sich sicherlich erinnern können, bin ich von Leuten belagert worden, die für mich als Agenten tätig werden wollten, darunter Miss Williams«, schrieb sie ihm. »Ich habe sie alle abgewiesen und hätte am liebsten ganz auf jeden Agenten verzichtet, wenn Sie nicht die Dienste von Macmillan angeboten hätten.« Zwei Tage später klang es noch unterkühlter: »Wie Sie sehen, schreibe ich Ihnen nach wie vor offen und ehrlich, was ich denke – trotz der Meinungsverschiedenheiten mit dem Macmillan-Verlag, über die ich Sie vor ein paar Tagen in Kenntnis gesetzt habe. Ich will doch hoffen, daß diese Probleme schnellstmöglich aus dem Weg geräumt werden können, damit sich wieder ein Vertrauensverhältnis einstellt, wie es bis zum Auftreten dieser Schwierigkeiten bestanden hat.« Latham zog den Kopf ein, besprach sich noch einmal mit Brett, und die Anwälte der Firma verfaßten einen Antwortbrief, in dem sie ihren alten Standpunkt noch einmal in freundlicheren Worten wiederholten. Cadwallader, Wickersham & Taft waren offensichtlich auf Streit aus, und Mitchell und Mitchell waren entschlossen, dem nicht aus dem Wege zu gehen.

Wer zum Rückzug blies, war Margaret Mitchell.

Denn auch wenn Macmillan in der Vertragssache hart blieb – auf anderen Gebieten war der Verlag zu Konzessionen bereit. So gestand er Mitchell etwa die freie Verfügung über einen Großteil der Auslandsrechte zu. Die Marshs wußten nicht recht, ob sie sich über dieses Geschenk freuen sollten, gaben aber schließlich nach. Ungeklärte Fragen im Zusammenhang mit den Filmrechten beschäftigten sie jedoch zeitlebens, und immer wieder einmal brach das Problem auf und belastete das oberflächlich gute Verhältnis zu ihrem Verlag. Doch selbst wenn sie entschlossen gewesen wäre, diese Kontroverse bis zum Ende auszufechten – für einen solchen Kreuzzug hätte sie weder Kraft noch Zeit gehabt. Im Herbst 1936 hatte sich die Aufregung um ihr Buch noch keineswegs gelegt, und die Filmvorbereitungen entfachten neuen Wirbel.

In jenem Herbst hatten schätzungsweise eine Million Amerikaner ihr Buch bereits gelesen, und jeder Leser hatte derartig klare Vorstellungen von den handelnden Personen entwickelt, daß er für jede Rolle genau den einzig richtigen Schauspieler wußte. Nur daß kaum zwei von ihnen dieselben Vorstellungen hatten und allenfalls darüber eine gewisse Einmütigkeit herrschte, daß Clark Gable den Rhett Butler spielen sollte. Jedenfalls ereignete sich nun etwas, das man als ein ziemlich ausgefallenes Beispiel für direkte Demokratie in Amerika bezeichnen könnte: Tausende, Zehntausende von Bürgern übermittelten David Selznick ihre Vorschläge für die Rollenbesetzung. Das war gute Werbung für den Film, bereitete dem Produzenten jedoch zunehmend Kopfschmerzen. Ängstlich auf den Publikumsgeschmack bedacht, wie er war, preßte David Selznick sein Ohr an den Boden, und das entfernte Grollen versetzte ihn in vage Unruhe. »Seit ich im Filmgeschäft bin, habe ich keine derartige Flut von Briefen mit Besetzungsvorschlägen erlebt – nicht einmal bei den Vorbereitungen zu ›David Copperfield‹«, versicherte er:

> Einige der Briefschreiber bringen ihre Vorschläge im Ton freundlicher Empfehlungen vor, andere verkünden klipp und klar, daß sie sich den Film nicht ansehen werden, wenn wir auf ihre Vorstellungen nicht eingehen, und ein paar sprechen uns förmlich das Recht ab, diesen Film überhaupt zu drehen, wenn wir uns nicht an ihre Besetzungsvorschläge halten. Diese Briefe haben uns ein wenig irritiert, weil es fast so viele Meinungen wie Absender gibt. Auf jedes Gerücht reagieren die Leute mit Jubel oder Entsetzensschreien in Form von Briefen, und natürlich ließe sich überhaupt keine Besetzungsliste aufstellen, wenn wir uns danach richten würden.

In kürzester Zeit entwickelte sich die Schauspielerauswahl für »Vom Winde verweht« zu einem nationalen Gesellschaftsspiel – fast hatte es den Anschein, als interessierten sich die Bürger stärker für die Besetzungsliste dieses Films als für die Präsidentenwahl des Jahres 1936. Im Herbst verfiel Selznick auf die Idee, die Rollen öffentlich auszuschreiben. »Im Augenblick«, zitierte ihn die Presse im November, »haben wir das Gefühl, daß die einzige Lösung darin besteht, völlig unbekannte Schauspieler zu nehmen – zumindest für die Rollen von Scarlett und Rhett, denn die meisten Kinobesucher haben die fatale Neigung, Schauspieler mit früheren Rollen zu identifizieren, und kommen gar nicht auf die Idee, daß Schauspieler vielseitig sein können... Allerdings soll das nicht als Ankündigung verstanden werden, daß wir den Film nun tatsächlich mit Namenlosen drehen wollen. Es gäbe schon zwei oder drei bekannte Schauspieler, die wohl mit breiter Zustimmung rechnen könnten.« Selznick selbst hätte gern Clark Gable gehabt, der aber war vorläufig noch bei einem anderen Studio unter Vertrag. Selznick hatte es deshalb mit dem Beginn der Dreharbeiten überhaupt nicht eilig, und indem er die Volksabstimmung über die Rollenbesetzung weiter anheizte, sorgte er dafür, daß sein Film im Gespräch blieb. Und das blieb er in der Tat.

Die Suche konzentrierte sich natürlich im wesentlichen auf die Hauptrollen. Würde die kleine, aber schlagkräftige Katharine-Hepburn-Fraktion ihren Einfluß für ihre Kandidatin geltend machen? Würden wildentschlossene Bette-Davis-Fans mit Boykott drohen, falls ihr Star übergangen wird? Würde sich die Norma-Shearer-Gang durchsetzen? Und was war mit den Joan-Crawfordisten, die an der Seitenlinie lauerten? Nicht zu vergessen die Südstaaten-Partei, die unbeirrt ihre konföderierten Idole Tallulah Bankhead und Miriam Hopkins ins Spiel brachte. Und was war von dem Aufschrei der Empörung zu halten, den die Erwähnung von Charlie Chaplins hinreißender Geliebter Paulette Godard ausgelöst hatte? Selznick konnte es sich nicht leisten, solche Stimmungen einfach zu ignorieren. Wie die Roten und die Blauen bei römischen Gladiatorenkämpfen übten auch diese Parteien einen enormen, zuweilen grotesken Einfluß auf die Entscheidungen aus, die in Hollywood anstanden. Selznicks Volksabstimmung brachte nicht die Lösung, aber sie verhinderte, daß die Anhänger der diversen Stars sich gegenseitig an die Gurgel gingen, und sorgte bis zum Beginn der Dreharbeiten für immer neue Diskussionen.

Im Verlauf von Selznicks Talentsuche zeigten sich die Amerikaner von einer kuriosen, aber nicht untypischen Seite. Mit dem Leitmotiv des Überlebens und mit Helden, die Courage beweisen, sich ins Unvermeidliche schicken und Haltung auch im Angesicht der Niederlage bewahren, hatte Mitchell fundamentale amerikanische Leidenschaften und Instinkte angesprochen. In der Diskussion um die Besetzungsliste kehrten sich diese Werte um. Bei dieser Lotterie ging es nicht um Ruin und Tod, sondern um Hoffnung und Glauben. Indem er die Rollen öffentlich ausschrieb, appellierte Selznick an die vitalsten Kräfte des egalitären Individualismus in den USA. Für Scarlett typische Eigenschaften wie Eigenwilligkeit, Skrupellosigkeit und Entschlossenheit kamen jetzt zum Zug, wohingegen der Aspekt ihres unausweichlichen, letztlich traurigen Schicksals ganz in den Hintergrund trat. Der Traum von Ruhm und großem Geld schien sich plötzlich auch für all jene verwirklichen zu können, die in der sozialen Hierarchie ganz unten standen. Auch wenn sie sich keine Hoffnung machen durften, den Rhett oder die Scarlett zu spielen, so hatte der Film doch auch Schwarzen eine ganze Reihe anspruchsvoller Rollen zu bieten. Und in dieser Hinsicht war der Film ein Meilenstein für eine Gesellschaft, in der vielen die Ausübung ihrer Bürgerrechte verwehrt wurde.

Das allgemeine Fieber, das dieser Wettbewerb auslöste, ist also leicht zu verstehen, eröffnete er der breiten Masse doch die Aussicht auf Ruhm und Reichtum. Erstaunlicher war, daß auch die Elite sich anstecken ließ. Eleanor Roosevelt und Ogden Reid, zwei Symbolfiguren des alten Geldadels, beteiligten sich mit demselben Eifer wie das einfache Volk. Mrs. Reid machte sich für die aristokratische Katharine Hepburn stark, und daß Mrs. Roosevelt ihr eigenes Hausmädchen für die Rolle der Mammy ins Spiel brachte, beweist, daß sich niemand der Faszination dieses nationalen Wettstreits entziehen konnte.

Was als außerordentliches Phänomen der amerikanischen Kulturgeschichte betrachtet werden kann, hatte für Margaret Mitchell selbst sehr drastische Folgen: Sie wußte nicht mehr, wo sie sich noch verstecken sollte. »Seit dem Verkauf der Filmrechte ist das Leben unerträglich geworden!« beklagte sie sich im Oktober 1937. »Ich ertrinke in Briefen, in denen ich aufgefordert werde, Clark Gable als Rhett zu verhindern; Wildfremde rufen mich an oder stellen mich auf offener Straße zur Rede und erklären mir, Katharine Hepburn wäre eine Katastrophe.« Und einen Monat später schreibt sie: »Aus allen Teilen des Landes schreiben sie mir wegen des Films, selbst auf der Straße werde ich mit Empfehlungen überhäuft. Ständig werde ich in Diskussionen hineingezogen wie die, ob Clark Gable Rhett Butler oder Joan Crawford Scarlett spielen soll oder ob ich die und die Schauspielerin für die ideale Scarlett oder den und den für den besten Rhett halte.«

Nicht nur, daß sie sich der aufdringlichen Massen kaum erwehren konnte, auch die Filmleute selbst rückten ihr jetzt auf den Leib. Einige von ihnen – wie Kay Brown, Sidney Howard, George Cukor und in gewisser Weise auch Selznick selbst – fand sie gar nicht so unsympathisch, aber andere brachten sie zur Weißglut, und alle zusammen stellten sie ihre Selbstbeherrschung immer wieder auf die Probe. In keinem Fall jedoch entzog sie sich dem, was sie für ihre gesellschaftliche Pflicht hielt. Sie stand allen zur Verfügung und ließ allen dieselbe großzügige Gastfreundschaft widerfahren, die ihre Bekannten seit jeher an ihr schätzten. »Sie dürfen in jeder Beziehung auf meine Hilfe zählen«, ließ sie zum Beispiel Kay Brown wissen, kaum hatte sie vom Wunsch der Filmleute erfahren, eine Rundfahrt durch die Südstaaten zu unternehmen.

Und sie hielt Wort. Als Selznick und seine Mannschaft im April 1937 mit dem üblichen Getöse in Atlanta einzogen, bewirtete sie alle, zeigte ihnen die ganze Stadt und machte sie mit Leuten bekannt, die ihnen womöglich von Nutzen sein konnten. Und weil sie wußte, was dieser Besuch aus Hollywood für Atlanta bedeutete, verwandte sie sich mit derselben aufopferungsvollen Bereitwilligkeit für die Interessen der Stadt und arrangierte Begegnungen mit Persönlichkeiten des öffentlichen Lebens sowie Vertretern der Presse.

Zum Dank machten die Filmleute ihr das Leben so schwer wie möglich. Niemand von diesen Hollywood-Größen vermochte sich vorzustellen, daß Mitchell gegen die Verlockungen des Filmgeschäfts resistent sein könnte. Vor allem David Selznick selbst wollte es nicht in den Kopf, daß die weltberühmte Autorin sich nicht für seinen Film und seine Firma einspannen lassen wollte. Er ging davon aus, daß man ihr nur das richtige Angebot machen müßte, und bombardierte sie drei Jahre lang mit Briefen, Telegrammen und Telefonanrufen, in denen er sie bekniete, anflehte und schließlich sogar bedrohte. Sein Werbemanager Russel Birdwell war noch schlimmer. Kaum hatte er erfahren, daß Mitchell sich bereit erklärt hatte, in Atlanta eine Vorführung von Filmtieren aus Hollywood zu moderieren, teilte dieser Sohn eines Erweckungspredigers aus Texas der Presse mit, Mitchell stände bei Selznick unter Vertrag. Daraufhin fuhr sie aus der Haut. »Mein Vertrag macht unmißverständlich klar, daß ich mit dem Film nicht das geringste zu tun habe. Außerdem habe ich in persönlichen Gesprächen und zahllosen Briefen an Selznick und seine Mitarbeiter darauf hingewiesen, daß ich mit der Talentsuche und der Besetzungsliste oder dem Drehbuch und den Dreharbeiten absolut nichts zu tun haben will«, kabelte sie ihm erzürnt. Womit sie jedoch nicht verhindern konnte, daß jeder dieser Werbecoups à la Birdwell zu einer neuen Flut von Briefen und Besuchern und einem weiteren Verschleiß ihrer Nerven führte.

Im Lauf des Jahres 1938 wurde es etwas ruhiger um sie. »Vom Winde verweht« behauptete sich nicht länger an der Spitze der Bestsellerliste, und die öffentliche Erregung legte sich allmählich. In der zweiten Jahreshälfte jedoch, als die Darstellerauswahl in ihre entscheidende Phase trat und die eigentlichen Dreharbeiten begannen, ging der ganze Zirkus von neuen los. Die erste Klappe fiel Ende Dezember, als Selznick für die Szenen im brennenden Atlanta das halbe Studiogelände abfackelte – obwohl er bis zu dieser Stunde immer noch keine Hauptdarstellerin hatte. Erst jetzt, als das Studio schon brannte, begegnete Selznick seiner Scarlett – der in Indien geborenen britischen Schauspielerin Vivien Leigh, und Mitte Januar endlich konnte er der Presse die gesamte Besetzungsliste mitteilen. Die hitzigsten Diskussionen löste der Name Vivien Leigh aus: Ein Skandal, daß Selznick Ausländern den Vorzug vor heimischen Schauspielern gab! Am lautesten protestierten die geschworenen Parteigänger der Konföderation, allen voran Mrs. Dolly Lamar Lunceford, die gewichtige Vorsitzende der Vereinigten Töchter der Konföderation, die Feuer und Schwefel spie und Selznick aufforderte, seine frevelhafte Entscheidung rückgängig zu machen. Mitchell gab ihr im stillen recht. »Allmächtiger Gott«, stöhnte sie entsetzt auf.

Mitchell hatte die Diskussionen um die Besetzungsliste mit größtem Interesse verfolgt. »Wenn Sie irgend etwas über die Schauspieler in Erfahrung bringen, selbst wenn es sich um kleinere Rollen wie Miss Pittypat oder Mrs. Merriwether handelt, lassen Sie es mich bitte wissen«, schrieb sie an Kay Brown. Auch ihre Freundin Sue Myrick hielt sie auf dem laufenden. Hocherfreut nahmen beide zur Kenntnis, daß Laura Hope Crews die Tante Pittypat spielen sollte – »ein Schatz«, frohlockte Myrick. »Sie ist ganz begeistert, sie hat das Buch neunmal gelesen.« Durch sie erfuhr Mitchell auch, daß Thomas Mitchell und William Farnum in die Endausscheidung um die Rolle des Gerald gekommen waren. Die Besetzung der schwarzen Rollen verfolgten beide Frauen mit besonderer Neugier. Oscar Polk, der zuvor den Gabriel in »Green Pastures« gespielt hatte und nun die Rolle des Pork übernehmen sollte, hielt Myrick für eine Fehlbesetzung. »Sein Akzent ist schauerlich, aber vielleicht kann ich ihm den noch abgewöhnen«, schrieb sie. Genauso wenig gefiel ihr Hattie McDaniel als Mammy: »Ihr fehlt alles – die Würde, das richtige Alter, die

371

noble Ausstrahlung . . . und außerdem hat sie einfach nicht das passende Gesicht.« Begeistert äußerte sie sich dann wieder über Eddie Anderson, der Onkel Peter spielen sollte. Was ihr an Butterfly McQueen am besten gefiel, waren die Zweikämpfe zwischen dem Regisseur und ihr am Drehort. Lange Zeit später hat McQueen erzählt, wie sie ihn nach allen Regeln der Kunst ausgetrickst und ihre Rolle als Prissy gewissermaßen hinter der Kamera weitergespielt hat. Myrick hatte weder für ihren Witz noch für ihre Strategie Verständnis. McQueen, schnaubte sie, »ist der typische ›Nigger‹. Wenn George [Cukor] drei Anweisungen erteilt, kann sie sich keine einzige merken. Ich sehe mir das an und lache im stillen. Bei solchen Leuten muß man Schritt für Schritt vorgehen – die erste Anweisung, machen lassen, dann die zweite.«

Natürlich informierte Myrick Mitchell auch über alle Fortschritte bei der Besetzung der Hauptrollen. Im Hinblick auf die Engländer war sie zunächst ausgesprochen skeptisch; am wenigsten gefiel ihr Olivia de Havilland als Melanie. Das änderte sich bald – nach Beginn der Dreharbeiten fand sie Havilland sogar überzeugender als Clark und Leigh. In den nächsten Monaten unterhielt Myrick Mitchell dann mit Episoden aus dem Studio:

Vivian [sic] und Clark vertieften sich also in das neue Script – es war um drei Uhr frisch aus der Druckerei eingetroffen und die Proben sollten um Viertel nach drei beginnen. Es war die Szene am Morgen nach der Vergewaltigung, wo Rhett den Raum betritt, in dem Scarlett liegt, und im Script steht, daß sie irgendeine Melodie summen soll, die damals gerade im Schwange war – offenbar ist sie also vergnügt. Clark grinst sie an und fragt sie, welches Lied sie zu summen gedenke, und sie bittet mich, einen Vorschlag zu machen. Geistesgegenwärtig und mit den Sitten des Südens und dieser Zeit vertraut, wie ich bin, schlug ich vor: »Mach, was du willst, aber mach es so wie beim letzten Mal!« Sie haben geschrien vor Lachen, so daß die Leute aus dem Nachbarstudio, wo sie »Intermezzo« drehen, angelaufen kamen und fragten, was bei uns los sei.

Über eine zweite Bettgeschichte amüsierten sie sich nicht weniger:

> Bei der Wiederholung der Geburtsszene sind wir fast vor Lachen gestorben. Während die Kameraleute mit den tausenderlei Sachen beschäftigt waren, mit denen sie immer beschäftigt sind, lag Olivia im Bett und las zum x-ten Mal »Vom Winde verweht«. George sah sie und gab dem Standbildfotografen ein Zeichen, für Dich eine Aufnahme von ihr zu machen.

Cukor hatte sich nicht geirrt, das Foto gefiel Mitchell über alle Maßen. Und John veranlaßte es zu der Bemerkung, Miss de Havilland habe auf dem Bild genau denselben Gesichtsausdruck, den seine Frau all die Jahre über gehabt habe, während sie am Manuskript von »Vom Winde verweht« arbeitete.

Abgesehen davon, daß sie ihre Freundin in Atlanta über alles, was hinter den Kulissen geschah, auf dem laufenden hielt, sah Myrick ihre wichtigste Aufgabe darin, die Rolle der Südstaaten-Expertin zu spielen. Mit anderen Worten: Für die gesamte Dauer der Dreharbeiten bekämpfte sie die Auswüchse der Hollywood-Phantasie. Sie redete Selznick botanische Kuriositäten aus wie die, eine Baumwollernte vor der Kulisse eines blühenden Hartriegelwalds zu zeigen. Sie schlug ihm den Wunsch aus, im Vorgarten von Tara Baumwolle zu pflanzen. Und sie protestierte pausenlos gegen Selznicks Kostümvorstellungen. Ihr sei es zu verdanken, schrieb sie, daß Pork nicht in einer Livree durch den Film laufe und Gerald keine englischen Reithosen trage. Auch über die Frisur der Sklaven kam es zu erbitterten Auseinandersetzungen. Selznick gefiel die Idee, Prissy und Co. »zehn bis zwanzig rosa Spangen ins Haar« zu stecken. »Die finden schlichtes, krauses Haar nicht malerisch genug!« Sie setzte sich durch, was ihr indes keineswegs immer gelang.

Die Filmarchitektur war ein Kapitel für sich. Selznick bestand auf der bombastischsten Architektur für Tara, Twelve Oaks und Scarletts Nachkriegshaus in Atlanta. Myrick wollte sich da nicht einmischen, aber Wilbur Kurtz, der zweite Südstaaten-Experte in Hollywood, legte sich zugunsten von Mitchells Originalversion ins Zeug. Allerdings gelang es ihm nur unter größten Schwierigkeiten, Selznick minimale Konzessionen abzuringen.

In Atlanta fieberte Mitchell jedem Brief ihrer Freundin in Kalifornien entgegen. »Ich weiß, daß Dich im Himmel eine Krone erwartet, weil Du uns mit Deinen Briefen unendlichen Spaß bereitest«, jubelte sie. »Schade, daß Du unsere Presse hier in Atlanta nicht mit solchen Leckerbissen versorgen kannst.« Und jeder Sieg, den Myrick als Beraterin in Sachen Geschichte davon trug, versetzte sie in Hochstimmung. Als die Zeitungen Mitte Februar die ersten Standbilder von den Dreharbeiten veröffentlichten, ging sie gleichwohl an die Decke. »Ich glaube, daß nicht einmal Scarlett so geschmacklos gewesen wäre, bei einer Abendgesellschaft einen Hut zu tragen. Mir wurde schlecht, als ich das sah«, jammerte sie.

Was Myrick ihr über die Drehorte berichtete, erschütterte sie allerdings noch mehr. »Ich bin entsetzt zu hören, daß Tara Säulen hat. Natürlich hatte Tara keine Säulen; es sah etwa genauso schön oder scheußlich aus wie Alex Stephens' Liberty Hall.« Und als sie Näheres über Twelve Oaks erfuhr, wand sie sich in Krämpfen:

> Ich hatte selbstverständlich schon die Befürchtung, daß es wie ein Hauptbahnhof aussehen würde, und Deine Beschreibung

bestätigt meine düstersten Vorahnungen. Als ich von den zwei Treppen hörte, wußte ich nicht, ob ich lachen oder weinen sollte. Aber wenn ich an diese kernige, ländliche und ein wenig ungehobelte Gesellschaft denke, die ich beschrieben habe, und mir dann diese Eleganz vorstelle, schüttelt es mich vor Lachen.«

Hier ging es ja nicht nur um formale Fehler – diese Fragen betrafen die Grundkonzeption ihres Buchs. Aus ihren Figuren wurden auf diese Weise ganz andere Menschen, und bombastische Herrenhäuser sprachen ihrer Vorstellung von der Gesellschaftsordnung in den Südstaaten Hohn. In Diskussionen kam Mitchell immer wieder auf dieses Thema zu sprechen. Seinerzeit, als Stephen Vincent Benét ihren architektonischen Realismus hervorgehoben hatte, hatte sie ihm zum Beispiel geantwortet:

Ich bin froh . . ., daß Sie darauf hingewiesen haben, daß Tara keine Filmkulisse, sondern eine Plantage war, auf der gearbeitet wurde. Es ist den Leuten kaum zu vermitteln, daß der Norden von Georgia nicht aus weißen Säulen und singenden Sklaven und Magnolien bestand, daß es hier vielmehr ziemlich rauh zuging. Selbst Leute aus anderen Teilen des Staats, die früher besiedelt wurden, begreifen nicht den Unterschied und fragen mich, warum ich Tara nicht als klassizistischen Palast beschreibe. Ich habe das Clayton County ziemlich lange bereisen müssen, bevor ich auch nur ein Haus mit weißen Säulen für die Familie Wilkes fand. Und dann stellte sich auch noch heraus, daß es mit der Herrlichkeit schnell vorbei gewesen ist: Mitte der fünfziger Jahre erbaut, ist es 1864 abgebrannt.

Mitchell, Sue Myrick und Wilbur Kurtz konnten diese Schlacht jedoch nicht gewinnen. Mitchell gab die Parole aus:

»Rette sich, wer kann.« Als jedoch das lokale Komitee für die Weltausstellung von 1939 seine Absicht bekundete, Tara als Herrensitz mit Säulen auf dem Ausstellungsgelände nachzubauen, blieb sie hart: »Ich flehe Sie an, machen Sie Ihren Einfluß geltend, um zu verhindern, daß sie einen klassizistischen Palast mit griechischem Säulengiebel dahinsetzen. Und wenn sie es nicht verhindern können, sorgen Sie bitte dafür, daß es nicht ›Tara‹ genannt wird«, beschwor sie den Vorsitzenden des Komitees.

Ich habe die schlimme Befürchtung, daß sie in Hollywood aus Tara eine Mischung aus Hauptbahnhof, dem alten Kapitol von Milledgeville und den Natchez-Häusern in dem Film »So Red the Rose« machen. Ich sehe kommen, daß Tara nicht nur vorne Säulen haben wird, sondern auch an den Seiten und hinten und vielleicht sogar um den Schornstein herum. Dagegen kann ich nichts machen, weil ich in Hollywood nichts zu sagen habe. Aber ich hoffe inständig, daß jenes Tara, das auf der Weltausstellung gezeigt werden soll, ein stilechtes Haus aus der Gegend von Nord-Georgia sein wird und keines aus irgendeiner anderen Ecke des Staates ...

Was den Film anging, war die Schlacht gegen die Säulen jedenfalls verloren, was nicht ohne Folgen für die Rezeption des Buchs blieb. Schon bevor der Film in die Kinos kam, hatten viele Leser »Vom Winde verweht« als herkömmlichen Plantagenroman mißverstanden, und auf jeden Stephen Vincent Benét oder Virginius Dabney, die Mitchell beide zu ihrem Realismus gratuliert hatten, kam ein Malcom Cowley, der ihr unterstellte, »eine Enzyklopädie der Plantagenlegenden« verfaßt zu haben. Aus Sorge um ihre Gesundheit zog sich Mitchell schließlich aus diesen Kämpfen zurück. »Die Leute glauben, was sie glauben wollen« – diese Erkenntnis war ihr einziger Trost. Nach der Filmpremiere ging Mitchells literarischer Realismus endgültig in der Flut von Selznicks Phantasiebildern unter. Der Unterschied zwischen Hollywood und Atlanta bleibt jedoch bestehen – der Film und das Buch sind zwei sehr unterschiedliche Seiten ein und derselben Medaille. Das Buch erzählt von Atlanta und dem Süden, der Film von Hollywood und Amerika. Immerhin erschloß der Film dem Buch eine noch größere Leserschaft. Und darüber hinaus brachte er noch mehr Hektik in Mitchells ohnhin schon turbulentes Leben.

18. KAPITEL

In die Suppe gespuckt

Produzenten kommen zu ihren Drehbüchern wie
Küchenchefs zu ihren Suppen. Der Küchenchef
läßt sich von einer Suppe inspirieren, die er
irgendwann einmal gegessen hat. Tagelang pro-
biert er dieses aus und jenes, bis er eine Brühe hat,
mit der er zufrieden ist. Er schmeckt ab, würzt
nach, schmeckt wieder ab, würzt noch einmal.
Perfekt. Aber dann fallen ihm noch weitere Zuta-
ten ein, die er hineingeben könnte, und irgendwann hat er tatsächlich die beste Suppe der Welt.
Woraufhin er die anderen Köche zusammentrom-
melt, die sich dann alle um seinen Suppentopf
herum aufbauen und kräftig hineinspucken.
Und genau dies ist, wie die Hochverräter unter
uns glauben, mit dem Drehbuch von »Vom Winde
verweht« passiert.

Sue Myrick an Margaret Mitchell

Die vier Greise dösten in leeren Räumen. Einst
waren Dutzende von ihnen hier durch die Gänge geschlichen,
jetzt gab es nur noch sie. Es waren traurige Gestalten, schwer-
hörig, mit feuchtschimmernden Augen und schwindendem
Gedächtnis. Sie sprachen mit brüchiger Stimme, aber da jeder
in seiner eigenen Welt lebte, sprachen sie ohnehin nicht viel.
Diese letzten Bewohner des konföderierten Veteranenheims
von Atlanta waren als einzige von den vielen Tausenden

übriggeblieben, die einmal mit General Lee oder General Jackson marschiert und mit Nathan Bedford Forrest geritten waren oder für den galanten Leutnant Pegram die Kanonen geladen hatten. Ungeachtet ihrer Altersschwäche hätte ihnen eigentlich eine Ehrenrolle bei den bevorstehenden Festlichkeiten zugestanden – schließlich war die Premiere von »Vom Winde verweht« auch eine Würdigung der großen Vergangenheit der Konföderation – oder wenigstens konnte man sie so verstehen –, gleichwohl blieben die Veteranen am 14. Dezember unbehelligt. Erst am späten Nachmittag des 15. Dezember 1939, an dem das große Spektakel über die Bühne gehen sollte, entsann sich jemand der vier. Sie wurden der Kälte wegen dick vermummt in ein Auto gesetzt und zum Loews Grand Theatre in der Innenstadt gefahren. Nur mit großer Mühe kamen sie in der Menschenmenge voran, die gegen die Polizeiabsperrungen drängte. Die Masse »grüßte diese gebeugten Überlebenden der stolzen, aufgeriebenen Armeen der Konföderation mit spontanem Applaus – der allerdings im Vergleich zu dem Jubel, mit dem die strahlenden Jungs und Mädchen aus Hollywood empfangen wurden, eher schwach ausfiel«, bemerkte ein Reporter spitz. Die vier in ihren frischgebügelten, medaillenbehangenen grauen Uniformen schlurften zu ihren Plätzen, und das lärmerfüllte Theater verschluckte sie.

Die vier Gestalten wirkten wie verblichene Schwarzweißfotos in dieser Welt des Farbtonfilms, in der sie sich plötzlich wiederfanden. Wie sich die Zeiten geändert hatten! Generationen von Südstaatenkindern waren Zeugen geworden, wie diese alten Männer mit ihren zerschlissenen Fahnen Jahr für Jahr bei der Gedächtnisparade für die Konföderation am 26. April in Kompaniestärke die Peachtree Street hinuntergetrottet waren; zwei Generationen von Südstaatlern hatten diese Männer zu Tränen gerührt. Aus und vorbei. Die Bürger, die an diesem eisigen Dezembertag vor dem Loews Theatre ungeduldig von einem Bein aufs andere traten, konnten mit ihnen nichts mehr anfangen. Margaret Mitchell hatte ihnen und der Überzeugungskraft des kollektiven Gedächtnisses noch einmal ein Denkmal gesetzt, doch nach dem 15. Dezember 1939 sollte ihre Vision der Vergangenheit genauso von Hollywood ausgelöscht werden, wie der Auftritt der letzten vier Veteranen in dem Trubel um die Filmstars von der Westküste unterging.

Die Premiere von David Selznicks »Vom Winde verweht« war die Krönung des Wahnsinns, der vier Jahre zuvor ausgebrochen war. Die ganze Nation wartete mit gespannter Ungeduld auf diesen Film, doch in Georgia und vor allem in Atlanta grenzte die öffentliche Erregung an Hysterie. »Die Tinte unter meinem Filmvertrag war noch nicht ganz trocken, da verhandelten diverse politische und gesellschaftliche Organisationen mit Hollywood schon über eine Premiere in Atlanta«, berichtete Mitchell Kay Brown kurz nach Beginn der Dreharbeiten. Und ohne daß der Produzent bereits sein Einverständnis erklärt hätte, gingen alle möglichen Gesellschaften in Atlanta prompt daran, Empfänge und Premierenfeiern zu planen. Seit dem Beginn der Dreharbeiten schwelgte die Stadt in Vorfreude auf den bevorstehenden Ruhm. Ihre Bürger hatten sich nie Mangel an Lokalpatriotismus vorwerfen lassen müssen, aber jetzt kannte ihr Stolz keine Grenzen mehr.

Im Lauf des Jahres 1939 hatte Selznick immer deutlicher durchblicken lassen, daß eine Premiere in Atlanta für ihn nicht in Frage komme. Im Frühsommer streute er das Gerücht, die Premiere in Atlanta sei endgültig vom Tisch. Als diese Kunde Atlanta erreichte, drehte die Bürgerschaft, angeführt von Damen der feinen Gesellschaft, durch. Mitchells alter Freund vom Journal, James Pope, hielt die Autorin über die bizarren Vorgänge in der Stadt auf dem laufenden, und Mitchell unterrichtete ihrerseits Lois Cole:

Jimmy erzählte mir, die Damen ... seien wie herausgeputzte Rachegöttinnen in das Büro von Bürgermeister Hartsfield gestürzt. Seine Ehren, ein leidenschaftlicher Konföderierter und unerschrockener Verteidiger von Ruhm und Rechten der Stadt Atlanta, sei an die Decke gesprungen ... Jimmy sagte, ein Reporter im Rathaus habe seiner Redaktion übers Telefon mitgeteilt, es höre sich wie ein Aufstand an, und er für seinen Teil fordere Polizeischutz. Hartsfield sprach vor der Presse von den schlimmsten Gewaltausbrüchen seit der Zerstörung der Stadt durch General Sherman. Selbstverständlich würde die Premiere in Atlanta stattfinden! »Weil«, wie er sich ausdrückte, »das Buch irgendwie und im tieferen Sinne uns allen gehört.« Mehrere Mitglieder des Stadtrats waren zugegen, und soviel ich weiß, war auch der Gouverneur da, und alle bombardierten sie den armen Mr. Selznick, der mit seinen Dreharbeiten (und zweifellos auch seinen Nerven) in Kürze am Ende sein wird, mit Telegrammen, in denen er aufgefordert wurde, das Seine zu tun, damit sich der Aufruhr in Atlanta wieder lege.

Diese wütenden Proteste blieben nicht ohne Wirkung. Zwar bestand David Selznick weiterhin auf seinem Recht, die Premiere auszurichten, wo immer es ihm beliebte, doch Atlanta ignorierte ihn fortan einfach und machte ernst.
Die Aufregung wuchs mit jeder Woche, die zwischen Selznicks Kapitulation am 18. Juli und dem Premierentermin fünf Monate später verstrich. Das *Journal*, die *Constitution* und der *Georgian* berichteten Ende November in seitenlangen, reich bebilderten Artikeln über die Ankunft von Gästen aus allen Teilen der Vereinigten Staaten. Im Dezember nahm der Trubel Formen von Irrsinn an. Die Gouverneure sämtlicher Staaten der Konföderation trafen mit ihrem Hofstaat in Atlanta ein. Regionalgrößen der Literatur strömten zur gleichen Zeit wie neugierige Farmer in die Stadt. Konföderierte Flaggen wehten

von privaten wie von öffentlichen Gebäuden. In Restaurants und Cafés tauschten Kellnerinnen ihre Faltenröcke gegen Armeeuniformen, und ein paar Übereifrige brachten es sogar fertig, Mitchells Alptraum zu realisieren, indem sie die Front des Loews Theatre in die Fassade eines klassizistischen Pflanzerpalasts verwandelten, mit Säulen, die drei Stockwerke hoch waren. Ähnlich feinfühlig lebten die jungen Damen der Atlanta Junior League ihre historischen Phantasien aus. Sie beschlagnahmten die Stadthalle für den großen Ball am 14. Dezember, drapierten Decke und Wände mit gargantuesken Efeu- und Stechwindengirlanden und errichteten auf der Bühne einen Säulenhof, den sie »Tara Hall« nannten.

Das Ausmaß des Kitsches irritierte sogar die Leute aus Hollywood. Selznick verfluchte diese »idiotischen Feierlichkeiten«, und selbst der infame Birdwell lief rot an. Clark Gable sträubten sich die Haare. »Er kann sich über den Ball immer noch nicht beruhigen. Daß er hingehen muß, ist schon schlimm genug, aber daß Tausende von Eintrittskarten verkauft wurden, bloß weil er persönlich dort auftritt, geht ihm entschieden gegen den Strich«, beschrieb Selznick mitfühlend die Qualen seines Stars. In Europa war gerade der Zweite Weltkrieg ausgebrochen, und »bei der Vorstellung, daß uns eine Stadt empfängt, als hätten wir gerade die Deutschen in die Pfanne gehauen, wird mir übel. Ich mache da nicht mit.« Selznick blieb indessen nichts anderes übrig.

Den Bürgern von Atlanta war längst gleichgültig, wer was über sie dachte. Bürgermeister Hartsfield erklärte den 14., 15. und 16. zu kommunalen Feiertagen und gab allen frei – mit Ausnahme der Polizei, die Überstunden machen durfte, nicht anders als die Journalisten, die Kameraleute von der Wochenschau und die Pressefotografen. Die Angestellten der Firma Ford, die die Limousinen für die Stars stellte, stritten sich um das Privileg, diese oder jene Hollywoodgröße durch Atlanta zu chauffieren. Die ganze Stadt war im Rausch. »Hier war was los«, schrieb Mitchell anschließend. »Überall fanden Partys statt, und in der Innenstadt staute sich der Verkehr dermaßen, daß niemand zu der Party kam, für die er eine Einladung hatte, so daß jeder zu der Party ging, die gerade in seiner Nähe stattfand. Drei großartige Tage lang war Atlanta eine Stadt der offenen Türen.« Die Prominenz aus Politik und Kunst hatte ihre Suiten im Biltmore und im Georgian Terrace längst bezogen, als die Hollywoodstars am 13. Dezember Einzug hielten. Und am 14., kurz vor Sonnenuntergang, entstieg ein innerlich hadernder, nach außen hin jedoch gutgelaunter Clark Gable mit seiner umwerfenden Frau Carole Lombard dem Flugzeug.

Die ganze Stadt, der ganze Staat stand Kopf. Dieser Triumph machte die Kapitulation von Appomattox wett. Politik und Außenwelt spielten keine Rolle mehr. Konnte man Roosevelt, der kürzlich den Süden zum Ärger der Südstaatler als größtes Problem der USA bezeichnet hatte, überhaupt noch ernst nehmen, nachdem selbst Hollywood sich vor den Südstaaten verneigte? Wen interessierten die Schrecken des Kriegs in Europa noch – im Augenblick bestimmte Hollywood, was wirklich und was unwirklich war. Kaum drei Monate zuvor hatte Hitlers Blitzkrieg Polen in Schutt und Asche gelegt, Frankreich und England bereiteten sich auf eine Wiederholung des Waffengangs von 1914/18 vor, doch hier in Dixie machte eine Woche vor Weihnachten niemand davon Aufhebens. Sensationsmeldungen aus der Hauptstadt von Georgia verdrängten überall in den Südstaaten die Nachrichten aus Europa in den Innenteil der Zeitungen.

Margaret Mitchell kam sich in diesem Trubel wie die Aufseherin in einem Irrenhaus vor. Sie hatte schon frühzeitig beschlossen, alle Einladungen abzulehnen, Atlanta den Rücken zu kehren und sich nur zur eigentlichen Eröffnungsveranstaltung kurz in der Stadt sehen zu lassen. Und sie hielt sich ziemlich genau an diesen Plan.

Der Junior League abzusagen war ihr nicht schwergefallen. Die jungen Damen waren dabei, das nächst der eigentlichen Premiere spektakulärste Ereignis vorzubereiten, den großen Wohltätigkeitsball am 14. Dezember, für den sie Tausende von Einladungen versandt hatten. Genausowenig empfand sie Skrupel, George Brett einen Korb zu geben, der ihr zu Ehren eine Party geben wollte. Brett, der böse Bube in der Vertragsaffäre drei Jahre zuvor, plante einen pompösen Empfang, doch Mitchell lehnte seine Vorschläge rundheraus ab. Den örtlichen Macmillan-Leuten gegenüber fühlte sie sich schon eher verpflichtet, weshalb sie deren Einladung zu einem gemeinsamen Mittagessen am 14. annahm. Und auch eine zweite Einladung konnte sie unmöglich ablehnen:

> Die einzige Vereinigung, der ich in den letzten drei Jahren beigetreten bin, ist der Frauenpresseclub von Atlanta. Seine Mitglieder sind, bis auf mich, durchweg aktive Journalistinnen. Ich bin sehr stolz auf meine Mitgliedschaft, denn die meisten Frauen da sind alte Freundinnen von mir, und ich bin glücklich, daß sie mich nach wie vor als eine der Ihren betrachten – als Peggy Mitchell, die Journalistin, und nicht als Margaret Mitchell, die Autorin . . . Ich werde mich ihnen bis zu meinem Lebensende verpflichtet fühlen.

Diese Frauen hatten ein formloses Treffen am Nachmittag vor der Premierenfeier geplant. Mitchell versprach zu kommen.
Veranstaltungsort war der Piedmont Driving Club, der den Vorzug hatte, genau gegenüber der neuen Wohnung der Marshs auf der Piedmont Avenue zu liegen. Doch das war an diesem Tag auch sein einziger Vorzug, denn dieses Treffen nahm in Windeseile ungeahnte Dimensionen an, und Mitchell mußte den Eindruck gewinnen, daß weniger ihre Freundinnen als vielmehr ihre Dämonen hier am Werk gewesen waren. Selznick, Gable, Vivien Leigh und alle anderen Lein-

384

wandidole tauchten einer nach dem anderen dort auf, die Presse umlagerte sie, und die Pressefotografen ließen nicht locker, bis sie mit sämtlichen Stars posiert hatte. Sie haßte solche Situationen. Gable und Selznick reichte sie kaum bis zur Schulter, und in ihrem einfachen, spitzenbesetzten, dunklen Kleid verblaßte sie gegenüber Vivien Leigh und de Havilland mit ihren pelzbesetzten Abendroben. Doch als das Blitzlichtgewitter über sie herniederging, lachte und plauderte sie mit den Stars so unbefangen wie seinerzeit mit dem Briefträger, der ihr frühmorgens die Nachtpost zu bringen pflegte.

Kaum hatte sie diesen Empfang hinter sich gebracht, fuhr sie nach Hause und zog sich für die Premiere um. Schon am Vormittag hatte sie sich alles herausgelegt: die langen Ziegenlederhandschuhe, den bestickten Mantel aus weißem Samt, Schuhe und Handtasche aus demselben silberglänzendem Leder, das bodenlange, rosa Tüllkleid mit den Puffärmeln und das enganliegende Mieder. In dieser Kombination mochten ihre Kleider den Eindruck einer gewissen kindlichen Unschuld aufkommen lassen, aber das hatte John Marsh möglicherweise sogar beabsichtigt, als er sie für seine Frau ausgewählt und gekauft hatte. Jedenfalls verbarg dieses Kostüm die korsettartigen Bandagen, die sie gegen die Schmerzen in ihrem Rücken tragen mußte. Sie verschwendete indes keinen Gedanken auf ihre körperliche Verfassung, und kurze Zeit später bahnte sie sich ihren Weg durch die Menschenmassen vor dem Loews Grand Theatre.

Clark Gable war kurz vor ihr eingetroffen, und der Zeremonienmeister hatte ihn gebeten, ein paar Worte an die Menge zu richten. »Diese Nacht sollte Margaret Mitchell gehören«, sagte er. Doch als Mitchell sich dann zu Clark, Claudette Colbert und den übrigen Stars gesellte, erntete die Autorin kaum mehr Applaus als die vier Bürgerkriegsveteranen zuvor. Hatte man etwa deshalb der Kälte getrotzt, um einer winzigen Figur in Babyrosa zuzujubeln, die ihr Haar mit rosa Klämmerchen zurückgesteckt hatte? Und genauso gleichgültig war ihnen der große, plumpe Mann, an dessen Arm sie hing – hatte der es doch gewagt, in einem Smoking zu erscheinen, wo selbst Bürgermeister Willie einen weißen Frack angelegt hatte! Mitchell las drei Sätze vor, die sie sich auf einem Zettel notiert hatte, dann verschwand das Paar in der belebten Lobby und nahm seine Plätze vorn im Auditorium ein, mitten unter der Crème de la crème von Hollywood. Rechts von ihr saß Jock Whitney, der Finanzier des Films, und John Marsh betrieb Small talk mit Clark Gable zu seiner Linken. David Selznick saß mit weiteren Stars und Pressegrößen in der Reihe vor ihnen.

Als die Lichter im Saal verlöschten, verfiel Clark Gable in Tiefschlaf – zumindest erzählte man sich dies hinterher. Möglich, daß ihn das empörte Zischen aus seinen Träumen riß, als General Sherman sich der Stadt näherte, oder Szenenapplaus ihn weckte, als Vivien Leigh die Yankees austrickste. Als das Licht vier Stunden später wieder anging und das Publikum jubelnd von seinen Sitzen sprang, war er jedenfalls wieder hellwach. Bürgermeister Hartsfield erklomm die Bühne, stellte alle Mitwirkenden vor und bat am Ende seiner Aufzählung Margaret Mitchell herauf. Als Clark Gable sie zum Mikrofon begleitete, brach ein Sturm der Begeisterung los, Hochrufe erschollen und einige intonierten sogar den berühmten Rebellenschrei der Konföderierten. Mitchell, der schon die Knie zitterten, wenn sie vor Buchhändlerinnen auftreten mußte, war angesichts dieses Hexenkessels schreckensbleich geworden. Doch dann meisterte sie die Situation auf ihre bewährte Art: Sie entschuldigte sich zunächst für ihre Hilflosigkeit angesichts eines solchen Auditoriums und ging im nächsten Moment dazu über, allen, die dieses Ereignis zu einem Erfolg gemacht hatten, ihren persönlichen Dank auszusprechen. Viele derer, die am härtesten gearbeitet hätten, sagte sie, seien heute abend gar nicht unter ihnen, nämlich »die Taxifahrer, die Buchhändler, die Damen von der Junior League sowie all die Mädchen hinter den Theken und all die Jungs an den Tankstellen, ohne deren Freundlichkeit und Hilfsbereitschaft ich – und Scarlett – machtlos gewesen wäre!« Und sie fuhr fort:

Wissen Sie, viele Menschen glauben, daß man Freunde am dringendsten braucht, wenn man vom Pech verfolgt wird und nicht mehr weiter weiß. Aber ich sage Ihnen: Wenn man einen solchen Erfolg hat wie ich, dann braucht man Freunde erst recht. Und Gott sei Dank habe ich solche Freunde. Ich habe mich wirklich über alles gefreut, was mir und meiner Scarlett an Gutem widerfahren ist.

Und dann sah sie ganz von sich ab und ließ David Selznick auf ihre typische, humorvolle Weise hochleben: »Und dies ist der Mann, über den jeder von Ihnen Witze gemacht hat wie den: ›Er scheint darauf zu warten, daß Shirley Temple erwachsen wird, damit sie die Scarlett spielen kann.‹«

So endete dieser Tag, und das Leben ging wieder seinen gewohnten Gang. In einem Punkt allerdings hatte sich das Leben mit diesem Tag ein für allemal geändert: Seither sieht jeder Mitchells Buch durch David Selznicks Brille. Dabei sind Buch und Film höchst unterschiedliche Produkte – weder erzählen sie dieselbe Geschichte noch verfolgen sie dieselben Absichten. Und schließlich könnten auch ihre Entstehungsgeschichten nicht unterschiedlicher sein.

Nachdem David Selznick International 1936 die Filmrechte erworben hatte, beauftragte die Firma im Oktober Sidney Howard, das Drehbuch zu schreiben. Dieser glatte, distanzierte Neuengländer war mit dem Pulitzer-Preis ausgezeichnet worden und hatte sich einen Ruf als Dramatiker und Drehbuchschreiber erworben. So hatte er unter anderem Sinclair Lewis' »Dodsworth« mit großem Erfolg für die Bühne bearbeitet und später denselben Stoff zum Drehbuch eines nicht minder erfolgreichen Films verarbeitet. Seinen unbestrittenen literarischen Fähigkeiten zum Trotz hatte Howard jedoch mit »Vom Winde verweht« größte Mühe. In diesem Buch komme alles »mindestens zweimal vor«, stöhnte er und kappte und kürzte gnadenlos. Am wenigsten behagte ihm die männliche Hauptperson, weil »Rhett eigentlich recht blaß und einfallslos dargestellt wird« und voller Widersprüche stecke. Völlig unglaubwürdig fand er, daß sich Rhett unvermittelt Hoods geschlagener Armee anschließt – nichts bereite den Leser auf diesen Wandel vom Zyniker zum Patrioten vor. Daß Scarlett die ersten zwei Drittel des Buchs und Rhett das letzte dominierte, mißfiel ihm ebenfalls. Mit seinem Drehbuch versuchte er, Ungereimtheiten auszubügeln und Ungleichgewichte auszubalancieren – zum Beispiel, indem er Rhett mehr Gewicht verlieh und ihn als Blockadebrecher bei der Arbeit zeigte.

Anfang Januar war der erste Drehbuchentwurf fertig. Jetzt griff Selznick ein, und von nun an kämpfte Selznick mit Howards Drehbuch und Howard mit Selznicks Verbesserungen.

Eigentlich stimmten Produzent und Drehbuchautor in vielen Punkten überein, auch im Hinblick auf die Probleme, die Mitchells Eigenarten für die filmische Umsetzbarkeit mit sich brachten. Tatsächlich, das fand auch Selznick, kam bei Mitchell alles zweimal vor – zum Beispiel die von ihm euphemistisch so genannten »Liebesnächte«. »Sicher reicht eine Vergewaltigung durch den Ehegatten vollkommen aus«, meinte er. »Und schon diese eine stellt uns vor ziemliche Probleme.« Aus demselben Grund wollte er zunächst auch Scarletts zweite Fehlgeburt über Bord werfen. »Daß die Leute nach dem ersten Geschlechtsverkehr immer gleich schwanger werden müssen, das glaubt doch sowieso kein Mensch«, polterte er. Was mit Frank Kennedy und dessen Kind Ella geschehen sollte, bereitete Produzenten und Drehbuchautor gleichermaßen Kopfzerbrechen – streichen, schlug Selznick vor, der auch bereit war, sich von dem kleinen Wade Hampton zu trennen, nicht aber von Bonnie Blue Butler, wie Howard es vorgeschlagen hatte. »Ich halte sie für unverzichtbar, weil sie dem Porträt von Rhett in diesem Abschnitt eine herzzerreißende Dimension hinzufügt.«

Andere Unstimmigkeiten zwischen den beiden waren grundsätzlicher Natur. Die Brüche und Widersprüche in der Figur des Rhett zum Beispiel störten Selznick nicht im geringsten. »Ich glaube, seine Ungehobeltheit gehört genauso zu ihm wie sein Charme«, schrieb er an Howard, »und ich meine, wir sollten nicht versuchen, ihn weißzuwaschen. Rhetts und Scarletts Verhalten sind so brillant aufeinander abgestimmt, daß ich nicht dazwischenpfuschen möchte...« Und in der Bekehrung des Helden zum Südstaaten-Patrioten sah er überhaupt kein Problem: »Wenn wir die Pleite, die seine Kameraden kurz vorher erleben, nur herzerweichend genug schildern, dann bringe ich selbst im Publikum jeden dazu, sich nichts sehnlicher zu wünschen, als mitkämpfen zu dürfen.«

In diesem langen Brief vom 6. Januar 1937 kamen Selznicks Bedenken gegen das Drehbuch jedoch nur sehr vage zum Ausdruck. Je mehr Leute Margaret Mitchells Buch lasen, desto weniger war er mit diesem Drehbuch zufrieden. Der Erfolg des Romans vervielfachte zwar die Chancen des Films, aber er vervielfachte ebenfalls die Fallgruben und Fehlerquellen – die Leute kannten das Buch einfach zu gut. Selznick steckte in einem Dilemma: Einerseits wurde er immer empfindlicher gegen Vorschläge, Veränderungen an der Substanz des Buches vorzunehmen, andererseits ließ sich ein derartiger Wälzer nun einmal nicht ohne einschneidende Kürzungen auf die Leinwand bringen.

Im Frühjahr fand Selznick, daß die Schwierigkeiten nach einer engeren Zusammenarbeit von Drehbuchautor, Regisseur und Produzent riefen, und zitierte Sidney Howard an die Westküste. Der ließ in New York alles stehen und liegen und flog los, nur um in Hollywood die nächsten fünf Wochen herumzusitzen und Däumchen zu drehen. Im Herbst desselben Jahres gab, wie Howard sich ausdrückte, »ein böser Geist« Selznick die Idee ein, einen Eisenbahnwaggon zu mieten und mit seinem ganzen Hofstaat nach Connecticut zu fahren, um das Drehbuch in einer gemeinsamen Anstrengung auf die Beine zu stellen, aber bei dieser Lustreise quer durch den Kontinent im Oktober 1937 kam auch nicht mehr heraus als bei Howards Hollywoodaufenthalt sechs Monate zuvor. Dennoch flehte Selznick kurz darauf Howard schon wieder an, nach Kalifornien zu kommen. Der packte müde seine Koffer und machte sich erneut auf den Weg – nicht bloß, wie er Mitchell erklärte, »weil ich den Job auf keinen Fall jemand anderem überlassen möchte, sondern auch, weil ich herausfinden möchte, wieviel Geld ein Filmproduzent einem Menschen zu zahlen bereit ist, um ihn daran zu hindern, dieses Geld zu verdienen.«

Doch diesmal verdiente er sich seinen Scheck. Selznick trieb ihn wie einen Galeerensklaven an. In einer Mitteilung an seinen Regisseur George Cukor beschrieb er eine typische Sitzung mit Howard im Januar 1938: »Was Sidney und ich schuften, kannst du schon daraus ersehen, daß wir den ganzen Morgen bis halb zwei über neun Drehbuchseiten gebrütet haben.« Und bei diesen Marathonsitzungen trat ein Problem immer mehr in den Vordergrund – das der »Kontinuität«. Dieses Problem verrät mindestens ebensoviel über Mitchells Roman und ihren Stil wie über das Schreiben von Filmdrehbüchern.

Mitchell hatte sich von Anfang an (in »Kleine Schwester« zum Beispiel) eines bestimmten erzählerischen Verfahrens bedient: Sie platzt gewissermaßen in die Handlung einer Geschichte hinein und liefert alles, was der Leser von der Vor-

geschichte wissen muß, in Form von Dialogen oder Erinne-
rungssplittern nach. Auch in »Vom Winde verweht« benutzt
sie diese Technik vom ersten Kapitel an in vielen Fällen. So
verläßt sie beispielsweise Scarlett und die Tarleton-Zwillinge
für einige entspannte Streifzüge durch die Genealogie der
O'Haras und Robillards und ein paar subtile Ausführungen
über den Einfluß ihres Vaters auf Scarlett – ein Thema, das
Mitchell bereits in den Eröffnungszeilen hat anklingen lassen.
Gegen Ende des Romans bietet dann Bonnie Blues Tod ein
weiteres Anschauungsbeispiel für dieses Verfahren: Das Ereignis fügt sich nicht in die chronologische Abfolge ein, sondern
wird später von Mammy nachgetragen. Überdies macht Mitchell von Zeit zu Zeit scharfe Schnitte zwischen den Szenen,
um die Spannung zu erhöhen. Charles Everett hatte ihre
Methode seinerzeit hoch gelobt – nicht zuletzt diese unvermit-
telte Gegenüberstellungen, so seine Argumentation, brächten
Schwung in die Geschichte.
Diese kunstvolle Auflösung in Episoden mochte dem Roman
gut bekommen – Hollywood aber brachte sie zur Verzweiflung. Denn Hollywood verlangte nach linearer Erzählung und
problemlos nachvollziehbarer Kontinuität, und Selznicks
Blutdruck stieg sprunghaft an, wenn er nur daran dachte. Die
Erzählung mußte also geglättet werden – nur wie? Sollte man
zur Überbrückung von Zeit- und Handlungssprüngen Szenen
einfach erfinden? Das würde einen Rattenschwanz neuer Probleme nach sich ziehen – Howards erster Entwurf war schon
erschreckend voluminös ausgefallen, und außerdem fürchtete Selznick, Episoden, die im Buch gar nicht vorkommen,
könnten das Publikum verstimmen. »Kürzungen wird man
uns vergeben, solange wir nur nichts hinzuerfinden«, warnte
er.
In seiner Not schloß er einen Kompromiß mit sich selbst:
Wenn er schon wesentliche Kürzungen vornehmen mußte,
dann sollte das, was schließlich übrigblieb, wenigstens zu

hundert Prozent Margaret Mitchell enthalten. Nach seinem Dafürhalten sah das ideale Drehbuch also folgendermaßen aus: »Eines, in dem sich nicht ein einziges Wort von Howards Dialogen mehr findet und das hundertprozentig Margaret Mitchell ist, gleichgültig, wieviel wir daran ändern. Mit dieser Idee im Hinterkopf«, instruierte er seine Mannschaft, »suchen Sie bitte nach Möglichkeiten, die bisherigen Dialoge durch Originalzitate zu ersetzen, gleichgültig, wo wir sie finden.« Ausschließlich Originalton Margaret Mitchell – dieser Maßstab wurde für ihn zur Obsession. Seine »Skriptgirls« wie Barbara »Bobby« Keon mußten in dem ganzen Roman jene Dialoge anstreichen, die eine bestimmte Figur in einer bestimmten Situation am treffendsten charakterisierten. »Zum Beispiel«, lautete eine von Selznicks Aufgaben, »bringt Rhett an vielen Stellen seine Haltung zum Krieg zum Ausdruck.« Alle ausfindig machen! befahl er.

Es sollten sämtliche Passagen, in denen Rhett auf den Krieg Bezug nimmt, überprüft werden, damit wir absolut sicher sein können, im Film die beste benutzt zu haben ... Genauso sollte mit allen Themen und allen Szenen, in denen die Hauptpersonen auftreten, verfahren werden ... Ich wünsche, daß alle Dialoge von Rhett und Scarlett überprüft werden, damit uns nichts entgeht und wir nur das beste verwenden ...

Selznick machte mit seiner Besessenheit alle verrückt, auch Howard, der im Februar 1938 endgültig die Flucht ergriff. Wilbur Kurtz berichtete Mitchell von Howards dramatischem Abschied: »Er drehte sich abrupt um, warf die Schultern zurück und sagte feierlich: ›Jawohl, ich bin hier fertig. Das ist kein Drehbuch, das ist eine Transkription des Buchs. Das kommt dabei heraus, wenn man nur die Worte und Szenen von Miss Mitchell benutzen darf.‹«
Selznick feuerte Howard, aber sein Rausschmiß verursachte

nur neue Turbulenzen. Die Suche nach einem neuen Drehbuchschreiber und weiteren Dialogschreibern nahm immer chaotischere Züge an:

BEI MEINER ANKUNFT IN NEW YORK LISTE BEREITHALTEN... BIN VOR ALLEM INTERESSIERT AN ROBERT SHERWOOD UND STARK YOUNG, NICHT INTERESSIERT AN SIDNEY HOWARD... HÖRE, DASS GARRETTS STÜCK RIESIGER REINFALL WAR, MÜSSTE ALSO BILLIG ZU HABEN SEIN.

Diese Liste schwoll mit jedem Tag weiter an. »Bin an Robert Sherwood, Stark Young, James Boyd, Rachel Field, Evelyn Scott, MacKinlay Kantor interessiert«, kabelte er kurze Zeit später. Er zog sogar in Erwägung, es noch einmal mit Howard zu versuchen. »HABE MIR GROSSE MÜHE GEGEBEN, NICHT NACHTRAGEND ZU SEIN, UND HÄTTE SIDNEY JETZT GERN FÜR DIE DIALOGE... ICH KÖNNTE MIR DENKEN, DASS SIDNEY SOVIEL ANSTAND BESITZT, DEMÜTIG UM DIESEN JOB ZU BITTEN, NACHDEM ER MICH DERARTIG HÄNGENGELASSEN HAT«, kabelte Selznick im Dezember 1938 an Kay Brown.

Schließlich kaufte Selznick den am Broadway gescheiterten Garrett ein. Inzwischen notierte Bobby Keon weiterhin alles, was Selznick selbst zum Drehbuch einfiel, und wenn Selznick mit den Fingern schnippste, hatten Keon und Garrett zu springen. Einer der namhaften Autoren jener Zeit fand treffende Worte für den Arbeitsstil eines Drehbuchautors in Hollywood: »Die Hälfte meines Drehbuchhonorars habe ich dafür bekommen, daß ich stundenlang dem Produzenten zugehört und dann gemacht habe, was er wollte. Beim Film zahlen sie genausoviel fürs Gehorchen wie für kreative Arbeit.«

1938 wurde alles noch schlimmer. Der Umfang von Howards Drehbuch hatte Selznick bereits beunruhigt – Garrett blies es mit seinen Überbrückungsszenen noch weiter auf. Um das

Durcheinander perfekt zu machen, heuerte Selznick Leute an, die das rückgängig machen sollten, was Garrett, Keon und Howard auf seinen Befehl geschrieben hatten. Irgendwann im Winter 1938/39 zitierte er sogar Donald Ogden Steward und F. Scott Fitzgerald zum Diktat. Steward, einer der brillanten Köpfe seiner Generation, witzig und kompromisslos, verschwand von der Bühne, kaum, daß er sie betreten hatte – Fitzgerald zufolge wurde er nach einer heftigen Auseinandersetzung mit Selznick gefeuert, bei der es um die Frage gegangen war, wie es aussehen könnte, wenn Tante Pittypat »sich geheimnisvoll im Zimmer zu schaffen macht«. Ein ähnliches Problem kostete Fitzgerald den Job – allerdings erst nach längerer Leidenszeit.

Fitzgerald war am 7. Januar 1939 dazugestoßen. Sein Auftrag lautete, das aufgedunsene Drehbuch zu straffen. Immer mit einem Auge auf Mitchells Roman, machte er sich an die Arbeit. Er hatte »Vom Winde verweht« bis dahin noch nicht gelesen und fand es gut. »Ich hab's gelesen, richtig gelesen«, schrieb er seiner Tochter Scottie, und es hatte ihn überrascht. Ein »guter Roman«, fand er,

> nicht sehr originell, mit starken Anlehnungen an »Jahrmarkt der Eitelkeiten« und all das, was es über den Bürgerkrieg so gibt. Keine neuen Figuren, keine neuen Techniken, keine neuen Beobachtungen – also eigentlich nichts, was gute Literatur ausmacht – vor allem keine neuen Erkenntnisse über das menschliche Gefühlsleben. Andererseits jedoch ist es interessant, erstaunlich ehrlich, in sich schlüssig und absolut professionell gemacht. Ich verachte es keineswegs – ein bißchen leid können einem nur die tun, die es für die sublimste Kreation des menschlichen Geistes halten.

Fitzgerald fand Mitchells Text wesentlich geglückter als Garretts oder Howards Ergüsse. »Habe das Buch wiederhergestellt«, kritzelte er an den Rand seines Manuskripts. »Es gibt keinen Grund, weshalb dieser gute Dialog sich abgedroschen und geziert anhören muß«, schimpfte er über Garrets Bearbeitung. Und noch einmal: »Buch wiederhergestellt. Das Original ist unendlich viel anrührender.«

Wie seine Vorgänger konnte allerdings auch Fitzgerald mit Selznicks Besessenheit von Mitchells Sprache nichts anfangen. »Weißt Du«, schrieb er einem Freund, »es ist strikt verboten, in dem Drehbuch andere Wörter zu benutzen als die, die Mitchell selbst in ihrem Roman gebraucht. Wenn wir also neue Sätze brauchen, dann muß man das ganze Buch durchgehen, als wär's die Heilige Schrift, und Originalsätze finden, die irgendwie auf die Situation passen.«

Selznick feuerte ihn am 24. Januar 1939. Laut Plan sollte zwei Tage später mit den Dreharbeiten begonnen werden. Ein Drehbuch lag zu diesem Zeitpunkt also immer noch nicht vor.

In dieser Situation verlangte der Regisseur George Cukor ein Mitspracherecht beim Drehbuch. Selznick verweigerte es ihm. Sue Myrick berichtete ihrer Freundin in Georgia von dem neuen Konflikt zwischen Regisseur und Produzent.

David glaubt, das Drehbuch sei von ihm. Er sagt Bobby Keon und Garrett einfach, was sie schreiben sollen, und die versuchen, mit ihren bescheidenen Mitteln das Beste daraus zu machen. Was dramatische Effekte angeht, kann Garrett Howard nicht das Wasser reichen. George hat sich jeden Tag die neuen Versionen kommen lassen und das Garrett-Selznick-Drehbuch mit dem von Howard verglichen und stöhnt jedesmal und versucht, Howards Drehbuch wenigstens stellenweise wiederherzustellen.

George hat soeben Selznick erklärt, daß er nicht länger für ihn arbeiten wolle, wenn das mit dem Drehbuch nicht besser wird, und daß er die Urfassung von Howard zurückhaben will.

395

Daraufhin hat David George wissen lassen, er sei nur der Regisseur, und Produzenten könnten wohl besser beurteilen, was ein gutes Drehbuch ist ...

Wie dem auch sei, Selznick kündigte Cukor. Und nun kam die Produktion völlig zum Erliegen. Innerhalb einer Woche hatte Selznick jedoch einen Ersatzmann aufgetrieben – Victor Fleming, der gerade »Der Zauberer von Oz« abgedreht hatte. Fleming dachte indes über das Drehbuch nicht anders als sein Vorgänger, drückte sich aber, da ihm Cukors Kultiviertheit fehlte, unverblümter aus: »David, dein Scheißdrehbuch ist einfach Scheiße.«
In Selznicks Büro wuchs die Panik stündlich. Der Produzent wußte sich nicht mehr anders zu helfen, als noch mehr Köche einzustellen, die nun ihrerseits kräftig in die Suppe spuckten. Ben Hecht, frisch geadelt durch seinen »Frontpage«-Erfolg, betrat in diesen Tagen die Bühne. Sein Wirken hat genauso wenig Spuren hinterlassen wie das von Scott Fitzgerald – wenn man von den bemerkenswerten Einleitungsworten des Films absieht:

Einst gab es ein Land ritterlicher Männer und
endloser Baumwollfelder, das »der alte Süden« genannt
    wurde ...
Hier, in dieser patriarchalischen Welt,
hatte das Zeitalter der Ritterlichkeit seine letzte Zufluchts-
    stätte gefunden ...
Was es sonst nirgendwo mehr gab, das gab es hier,
Kavaliere und edle Damen,
Herren und ihre Sklaven ...
Ihr werdet diese Welt nur noch in Büchern finden,
denn heute ist sie nichts weiter als die Erinnerung an einen
    Traum,
eine Welt, vom Winde verweht ...

Reinster Ben Hecht. Reinster Selznick. Reinster Kitsch. Und die reinste Verhöhnung von Margaret Mitchells Absichten. Diese albernen Phrasen sollten der Autorin indes noch eine Weile verborgen bleiben – im Augenblick beobachtete sie Selznicks Eskapaden von Atlanta aus mit einer Mischung aus Fassungslosigkeit und Entzücken. Als sie hörte, daß sich ihr verehrter Robert Benchley auf dem Weg nach Kalifornien befand, um Selznick in seinen Drehbuchnöten beizustehen, schrieb sie Wilbur Kurtz: »Mich überkam unziemliche Heiterkeit, und ich habe Tränen gelacht. Ich könnte mir vorstellen, daß das Drehbuch noch durch die Hände von Groucho Marx, William Faulkner und Erskine Caldwell gehen muß, bevor es fertig ist.«

Und damit lag Mitchell nicht ganz falsch. Im Endeffekt haben 17 Männer und Frauen ihren erheblichen oder (meist) unerheblichen Beitrag zu diesem Drehbuch geleistet. Im April 1939 war es dem Produzenten sogar gelungen, Sidney Howard noch einmal nach Kalifornien zu locken. »Ich nehme an«, schrieb Mitchell daraufhin, »Mr. Howard hat die Erfahrung machen müssen, daß von seinem Drehbuch praktisch nichts mehr übrig ist. Und es würde mich nicht wundern, wenn das Produkt der übrigen sechzehn jetzt in den Papierkorb wandern würde und Mr. Howard gebeten wird, an seinem alten Drehbuch weiterzuarbeiten.« Auch damit traf Mitchell ins Schwarze – die Endfassung stammte tatsächlich im wesentlichen aus Howards Feder.

Allen Pannen und Turbulenzen zum Trotz beendete Selznick die Dreharbeiten am 27. Juni 1939, und die nächsten zwei Monate über war er damit beschäftigt, 75 000 Meter Film zu sichten und eine fünfstündige Rohfassung zu erstellen. Dabei traten die alten Schwierigkeiten mit den Anschlüssen erneut auf – der zahllosen Einschübe, Anmerkungen und Zusätze wegen taugte das Drehbuch nicht zur Schnittvorlage. Also beauftragte Selznick eine Mitarbeiterin, die für die Anschlüsse zuständig war, mit der Herstellung einer geeigneten Schnitt-vorlage – diesmal jedoch nicht auf der Grundlage dieses »Flickwerks von einem Drehbuch«, sondern auf der der fünf-stündigen Rohfassung. Die verließ eine Woche lang den Schneideraum nicht und lieferte dann das ab, was schließlich und endlich als »offizielles Drehbuch« galt. »In Leder gebun-den wurde es einem Team überreicht, das während der gesam-ten Dreharbeiten über kein zusammenhängendes Drehbuch verfügt hatte«, erinnerte sich Roland Flamini.

So, das war's. Aber was war dabei herausgenommen? Selznick hatte geschworen, Mitchells Text so treu wie möglich zu blei-ben – und tatsächlich hatte er weitgehend Wort gehalten. Bei aller Buchstabentreue jedoch hatte er seine ureigenste Vor-stellung des Südens verwirklicht. Das, was Mitchell am Anfang ihres Romans über Scarlett sagt, trifft auch auf das Ver-hältnis des Films zum Buch zu. »Hinter so viel Sittsamkeit ver-barg sich nur mühsam ihre wahre, unbändige Natur. In den grünen Augen blitzte und trotzte es und hungerte nach Leben, sowenig der mit Bedacht gehütete Gesichtsausdruck und die ehrbare Haltung es auch zugeben wollten.« Im gleichen Sinne bestanden die Dialoge des Films zwar aus Mitchells Worten, doch die, welche sie sprachen, kamen ihrem Verhalten und Aussehen nach unverkennbar aus Hollywood.

Worin unterscheiden sich denn nun Buch und Film? Ben Hechts perlende Einleitungsworte sagen eigentlich schon alles: »Einst gab es ein Land ritterlicher Männer . . .« Genauso hatte Selznick das Buch verstanden, und genauso verstand er seinen Film. Aber Hechts hymnische Phrasen und die trium-phalen Säulen von Twelve Oaks oder Tara sind nur die offen-sichtlichsten Merkmale von Selznicks persönlicher Südstaa-ten-Vision – ähnlich verfährt er auch mit dem Thema Schwar-ze und Sklaverei. Zunächst einmal läßt er Schwarze in seinem Film bedeutend häufiger auftreten, als das im Buch der Fall ist. So erfindet er zum Beispiel für den Anfang seines Films eine

Sequenz, in der Arbeitssklaven in einem Baumwollfeld zu sehen sind, wohingegen bei Mitchell Schwarze, die Feldarbeit verrichten, erst gegen Ende des Buchs vorkommen, nach dem Bürgerkrieg also und der Aufhebung der Sklaverei. Und Big Sam, der im Buch immerhin zwei große Auftritte hat, erhält bei Selznick noch einen dritten, ebenfalls am Anfang des Films. Während er also Schwarze immer wieder als Arbeitssklaven ins Bild rückt, eliminiert er die Figur der Dilcey, die ihrer helleren Hautfarbe wegen unter Weißen wie Schwarzen eine Sonderstellung einnimmt – und damit die einzige Person, die außer Scarlett wirklich hart arbeitet. Schwarze sind für Selznick nur als Sklaven interessant, und als solche können sie ihm gar nicht schwarz genug sein.

Im Grunde kennt der Film nur ein Thema: das der Nostalgie, der Sehnsucht nach der versunkenen Welt unschuldiger Rassenbeziehungen in einem unverdorbenen Süden – und das ist das Gegenteil von dem, was Mitchell zeigen wollte. Ihr Süden ist ein Ort, über dem sich ein Unwetter zusammenbraut und entlädt – was Selznick völlig entgeht. Er glättet den Roman, reinigt ihn von allen Gegensätzen und ironischen Widersprüchen, die Mitchells Verständnis der Vergangenheit bestimmen, und vernebelt schließlich auch jene Konflikte, um die sich im Roman letztlich alles dreht: die zwischen Müttern und Töchtern, Frauen und Kindern sowie Frauen und Frauen, die sich gleichzeitig voneinander abgestoßen und zueinander hingezogen fühlen. Selznick hatte nicht das geringste Gespür für die hoffnungslose Zerrissenheit, die die Romanfiguren mit ihrer Schöpferin teilten.

Doch ungeachtet aller eigenmächtigen Abwandlungen hat Selznicks Version von »Vom Winde verweht« ihre eigenen, unbestreitbaren Verdienste – als Dokument einer Gesellschaft genauso wie als Kunstwerk. Der Film spiegelt die Faszination wider, die von historischen Themen, den Südstaaten und der regionalen Kultur in den dreißiger Jahren ausging, und sein ins Märchenhafte spielender Süden vermittelt nicht nur ein mystifiziertes Bild der Vergangenheit, sondern auch eine kraftvolle Zukunftshoffnung. Selznicks Scarlett sprach un-überhörbar zu jenen, die eben die Große Depression erlebt hatten, und indem er ihr Verhalten rechtfertigte und ihrem Charakter Ecken und Kanten abschliff, schuf er die klassische Heldin der Depressionszeit – eine, die nicht die Gesellschafts-ordnung als solche in Frage stellt, sondern sich dazu durch-ringt, zuzupacken und tatkräftig mitzuarbeiten. Natürlich tut der Film alles andere, als zur Veränderung der Gesellschaft und zu linkem Aktivismus aufzurufen, und sein Renommee hat gerade deshalb in späteren Jahrzehnten stark gelitten, aber er bleibt ein zeitlos gültiges Dokument jener Werte, die die dreißiger Jahre beherrschten. So gesehen behauptet sich Selznicks Film neben ansonsten unvergleichbaren Filmen wie etwa John Fords »Früchte des Zorns«.

TEIL V

Früchte des Ruhms

19. KAPITEL

Heulen und Zähneklappern

Heute will es mir scheinen, als hätte mich eine
gnädige Vorsehung ursprünglich dazu ausersehen,
ein Leben zu führen, in dem ich mit Bettpfannen
hantieren muß und nicht mit Schreibmaschinen...

Margaret Mitchell an Harold Latham

Im September 1939 donnerten Hitlers Panzerdivisionen durch Polen. Zur gleichen Zeit ging die Sowjetunion daran, ihr Imperium im Osten Europas zu festigen. Dann erklärten Frankreich und Großbritannien Deutschland den Krieg. Der folgende »Sitzkrieg« konnte niemanden täuschen, und mit der »Schlacht um England« zerschlugen sich die letzten Hoffnungen auf eine Eindämmung des Konflikts. Der Weltkrieg war in seine zweite Phase eingetreten, und es war abzusehen, daß auch die Vereinigten Staaten mit hineingezogen würden. Nach Pearl Harbour und der deutschen Kriegserklärung von 1941 beteiligten sich die USA für die gesamte Dauer des Kriegs an den Kämpfen. Die Welt wand sich in Krämpfen.
Margaret Mitchell hatte sich stets als Krankenschwester bezeichnet – angesichts der politischen Lage eröffnete sich ihr

403

jetzt ein weltweites Betätigungsfeld. Jedes neue Desaster rüttelte ihr Gewissen auf, und irgendwann gab es in ihrem Leben keinen Bereich mehr, in dem sich der Krieg nicht bemerkbar gemacht hätte. Wenn man will, kann man diesen Krieg aber auch als Metapher für ihr eigenes Leben nach 1939 betrachten: Für sie ging das Morden auf den Schlachtfeldern mit Krankheiten, Todesfällen und gravierende Probleme im privaten Bereich einher, die ihr Ruhm und Reichtum selbst dann verleidet hätten, wenn sie nichts anderes gewünscht hätte, als beides in Ruhe zu genießen. Es war »zum Heulen und Zähneklappern«, wie sie sich selbst ausdrückte.

Mitchell stand voll und ganz auf der Seite Englands und der Alliierten – die Premiere sowie Schwierigkeiten, die sich unmittelbar daran anschlossen, nahmen sie jedoch dermaßen in Anspruch, daß sie zunächst keine Gelegenheit fand, ihren Sympathien öffentlich Ausdruck zu verleihen. Erst als die Schlacht um England ausbrach, fand sie Zeit, sich für die Alliierten zu engagieren – sie sammelte Geld und Kleidung zugunsten der Englandhilfe und half dem Roten Kreuz, Erste-Hilfe-Sets zusammenzustellen. Und im Gegensatz zu den meisten anderen war sie mit Begeisterung bei der Sache.

Seit dem Sommer des Jahres 1940 machte sich Mitchell keine Illusionen mehr darüber, daß die USA sich aus dem Krieg heraushalten könnten, und mahnte daher zu verstärkten Kriegsvorbereitungen. Sie wirkte an dem »Verteidigungsplan für die Heimatfront von Bürgermeister La Guardia« mit, und es war nur halb im Scherz gemeint, wenn sie hinterher darüber berichtete: »Ich sagte ihnen, ich würde mich mit größtem Vergnügen daran beteiligen, vorausgesetzt, sie zeigen mir, wie man ein Maschinengewehr bedient. Ich wollte immer schon wissen, wie diese Dinger funktionieren. Sie reagierten leicht irritiert, weil sie wohl eher an Stricken gedacht hatten.« Darüber hinaus beteiligte sie sich an Werbekampagnen für Kriegsschuldverschreibungen, und zum ersten Mal in ihrem Leben sprach sie freiwillig – und sogar mit einem gewissen Enthusiasmus – vor größeren Menschenmengen. »Das lief darauf hinaus, daß ich in den Schulen von Atlanta täglich drei bis fünf Reden hielt, um den Kleinen ihr Kinogeld abzuluchsen«, erklärte sie Harold Latham. »Sie wissen, was ich vom Reden in der Öffentlichkeit halte. Für mich ist es deswegen das Merkwürdigste an diesem Krieg, daß es mir gelungen ist, diese Reden hinter mich zu bringen, ohne in Ohnmacht zu fallen und ohne daß die Kinder in schallendes Gelächter ausgebrochen wären.«

Im Frühjahr 1941 steigerte sie ihr Engagement noch und erklärte sich sogar bereit, die Patenschaft für den neuen Kreuzer *Atlanta* zu übernehmen. Damit war unter anderem die Verpflichtung verbunden, die Schiffstaufe vorzunehmen. Als die *Atlanta* am 6. September 1941 in der Kearny-Werft in New Jersey vom Stapel lief, schleuderte Mitchell dann auch tatsächlich die Champagnerflasche gegen den Bug. Als Patin mußte sie überdies bei der Indienstnahme drei Monate später anwesend sein. Kaum drei Wochen vorher waren die USA von Japan angegriffen worden, und die Veranstaltung stand ganz im Schatten von Pearl Harbour. Aus Sicherheitsgründen gab die Marine den Indienststellungstermin erst drei Tage vorher bekannt – ausgerechnet der Heilige Abend 1941 –, und wegen der Zugverspätungen traf Mitchell erst auf die letzte Minute ein. Wie üblich trieb sie ihr Engagement weiter, als von ihr erwartet wurde – ihr Beitrag zu diesem düsteren, feierlichen Ereignis bestand in einem Service aus kostbarem Wedgewood-Porzellan für die Offiziere und einer Spende für den Matrosenfonds. Und dann, auch das typisch Mitchell, hatte sie sich noch etwas Besonderes ausgedacht. Nach den offiziellen Feierlichkeiten bat sie den Kapitän, alle aus Georgia stammenden Mitglieder seiner Besatzung zusammenzurufen, woraufhin sie in ihrer schmucken Khaki-Uniform von Mann zu Mann ging und mit jedem angeregt über seine Heimatstadt sowie all die Dinge plauderte, für die sich Südstaatler seit jeher interessieren. Das kam gut an. Diese Art von Kriegseinsatz, schrieb sie später, habe ihr unendlich viel Freude gemacht.

Nach dem Kriegseintritt der USA verstärkte sie auch ihr Engagement zugunsten der Kriegsanleihen, was dazu führte, daß sie in allen Bezirken der Stadt anzutreffen war, überall Geldbeträge entgegennahm und Dankesreden hielt und so mit allen Teilen der Bevölkerung ins Gespräch kam. Am 13. November 1942 wurde die *Atlanta* bei Guadalcanal von den Japanern versenkt, und jetzt verstärkte Mitchell ihren Einsatz für die Kriegsanleihen noch weiter. So machte sie sich zum Beispiel zur Wortführerin jener Gruppe von Bürgern, die sich dafür einsetzte, das untergegangene Schiff umgehend durch einen Neubau zu ersetzen. »Das Wasser steht mir bis zum Hals, und ich kann kaum schwimmen«, klagte sie im Januar 1943. Am kältesten Tag des Jahres stand sie in der Innenstadt von Atlanta auf der Straße und bot Kriegsanleihen feil. »Sämtliche Matrosen von Atlanta waren mit von der Partie, und jedesmal, wenn uns einer eine 1 000-Dollar-Anleihe abkaufte, feuerten sie einen Kanonenschuß ab«, lachte sie hinterher. »Irgendwann waren wir alle völlig taub und durchgefroren, aber es hat großen Spaß gemacht.« Allein an diesem geräuschvollen Wintertag kamen 500 000 Dollar für das neue Schiff zusammen. Diese Kampagne gipfelte Mitte März 1943 in einer Großveranstaltung in der Stadthalle, an der neben dem Marineminister Frank Knox »haufenweise Admirale teilnahmen, so daß uns von den Goldlitzen und Goldstreifen und den Blitzlichtgewittern stundenlang schwarz vor Augen war«, berichtete Mitchell. Im Ganzen waren 63 Millionen Dollar zusammengekommen. Und kaum elf Monate nach den Feierlichkeiten in der Stadthalle konnte Mitchell erneut die Champagnerflasche schwingen. Die Indienstnahme der neuen *Atlanta* verzögerte sich, aber am 3. Dezember 1944 nahm Mitchell auch an dieser Zeremonie wieder teil. Und wie beim ersten Mal machte sie auch diesmal wieder persönliche Geschenke und widmete sich den Männern aus Georgia mit besonderer Aufmerksamkeit. Bei solchen Gelegenheiten zeigte sie sich wirklich von ihrer sympathischsten Seite.

Ihr Patriotismus und ihre natürliche Veranlagung kamen in anderen Situationen allerdings noch besser zum Zug. So beherzt sie sich auch für die Zivilverteidigung, die Kriegsanleihen und die Marine einsetzte, so engagierte sie sich während des Zweiten Weltkriegs doch vor allem als Privatperson. Nicht anders als ihre Mutter übernahm sie persönliche Verantwortung für das Wohlergehen der Soldaten, indem sie zum Beispiel trampende Soldaten mitnahm und sie nicht selten zu sich nach Hause einlud – wenn John von der Arbeit kam, fand er oftmals fremde Männer in Uniform in seinem Wohnzimmer vor. »Bessie«, bekam ihre Hausangestellte während des ganzen Kriegs zu hören, »deck den Tisch heute abend für zwei Personen mehr«, oder: »Bessie, bezieh das Sofa noch, bevor du gehst.« Die meiste Zeit verwandte sie jedoch darauf, Angehörigen der Streitkräfte zu schreiben. Sie schrieb Briefe an einfache Matrosen und Marines, an Offiziere und Mitglieder des Piedmont Driving Clubs und an Wehrpflichtige, die sie von der Pressevereinigung her kannte. Sie hielt sogar schriftlichen Kontakt zu Leuten, denen sie nur flüchtig begegnet war, und bedachte selbst völlig Fremde mit ihren Briefen. So individuell alle diese Briefe abgefaßt waren, hatten sie doch eines gemeinsam: In allen fand Mitchell aufmunternde Worte für Menschen, die sehr weit von zu Hause entfernt waren, und in allen begegnete sie den Empfängern mit Sympathie und Humor.

Während des Kriegs bewährte sich Mitchell als Engel der Nächstenliebe an vielen Fronten, aber nirgendwo wurde sie mehr gebraucht als daheim. Ungeachtet ihrer eigenen Krankheiten, die in diesen Jahren immer lästiger wurden, mußte sie ihren schwer leidenden Vater, erkrankte Angestellte und nicht zuletzt ihren unaufhörlich kränkelnden Gatten pflegen.

Als die größte Belastung erwies sich ihr Vater. Er war chronisch krank und litt vor allem unter Nierenproblemen. Vor 1930 war Eugene Mitchell bereits dreimal operiert worden, und sein Zustand hatte sich seither kontinuierlich verschlechtert. Zu der Zeit, als »Vom Winde verweht« herauskam, ging er auf die Siebzig zu und verfiel zusehends. Bei jedem neuen Schwächeanfall rechneten die Ärzte mit seinem Ableben, doch entgegen allen Erwartungen überlebte er weitere acht qualvolle Jahre, in denen ihm seine Tochter unermüdlich zur Seite stand.

Eine solche Krankheit wäre für jede Familie eine Belastung gewesen, doch Eugene Mitchells Charakter machte alles noch viel schlimmer. Seine Gereiztheit hielt mit seinem körperlichen Verfall Schritt. Schon in guten Zeiten war er im Umgang schwierig gewesen, seine Krankheit machte ihn jetzt unerträglich. »Er schläft nie mehr als ein oder zwei Stunden, und seine Nervosität nimmt ständig zu«, berichtete seine Tochter.

> Er weiß nicht, wie er sich beschäftigen soll, weil er sein ganzes Leben lang gearbeitet und nie gelernt hat, sich zu entspannen oder abzulenken. Er verfällt schnell in Depression, und dann bedarf es der vereinten Anstrengung der ganzen Familie, ihn wieder aufzurichten.

Phasenweise war er kaum bei Bewußtsein, und wenn er dann wieder zu sich kam, war er mürrisch und reizbar. »Vater ist gestern aus dem Krankenhaus zurückgekommen«, schrieb Mitchell nach einem früheren Zusammenbruch, »und abgesehen davon, daß er eine Laune hat wie ein Bär nach dem Winterschlaf, geht es ihm gut.«

Noch mit 78 – und nun wirklich an der Schwelle des Todes – stellte er jene Streitsucht unter Beweis, die er seit seiner Kindheit an den Tag gelegt hatte. »Wohl oder übel geht das Leben weiter«, seufzte seine Tochter einen Monat vor seinem Tod.

Langsam glaube ich, daß wir im Hinblick auf Vaters Behandlung in derselben Lage sind wie der Mann in der Fabel, der einen Fuchs, eine Gans und einen Kohlkopf über den Fluß setzen will. Wenn wir Krankenpfleger zu dritt sind, spielt Vater zwei von uns regelmäßig gegen den dritten aus; wenn wir es zu zweit versuchen, weil einer krank oder verhindert ist, opponiert Vater unweigerlich gegen einen von beiden.

Am 17. Juni 1944 endete der lange Todeskampf von Eugene Mitchell. In den acht vorangegangen Jahren hatte sich seine Tochter permanent um ihn gekümmert. Ihre Mutter hatte sie davor gewarnt, sich für ihren Vater aufzureiben – allerdings hatte sie selbst sich in ähnlichen Situationen nicht anders verhalten. Eugene Mitchell war diese Übereinstimmung zwischen Mutter und Tochter längst aufgefallen, und ihrer Selbstlosigkeit wegen verehrte er beide gleichermaßen. Als er zwei Jahre vor seinem Tod auf sein Leben zurückblickte, bezeichnete er seine Frau und seine Tochter als sein größtes Glück: »Ich bin heute, wie schon seit langem, mit allem gesegnet, was sich ein Mann nur wünschen kann – mit Ausnahme der Gesellschaft meiner Frau May Belle, die vor 22 Jahren gestorben ist«, schrieb er 1942 an seinen Vetter. Dieser Verlust ging ihm also immer noch nach, doch war auch für Ersatz gesorgt: »Aber Margaret ist ihr so ähnlich, daß dieser Verlust halbwegs aufgewogen wird.« Für den Vater ein Segen, für die Tochter ein Fluch.
Auf dem Höhepunkt einer der gesundheitlichen Krisen ihres Vaters zog Mitchell im Januar 1943 für ihre Freunde Clifford und Helen Dowdey eine Bilanz ihres Lebens: »In letzter Zeit war es ein einziges Heulen und Zähneklappern, wie meine Großmutter gesagt hätte.« Doch daran war nicht nur der Krieg und die Krankheit ihres Vaters schuld – auch mit ihrer eigenen Gesundheit ging es immer mehr bergab.
Zu Beginn des neuen Jahrzehnts mußte sie sich wegen einer –

409

wie sie es nannte – »Verwachsung im Unterleib« operieren lassen, die sie bereits seit zwanzig Jahren peinigte. Dazu stellten sich neue, noch rätselhaftere Leiden ein. In den ersten Kriegsjahren schwächten sie unerklärliche Fieberanfälle, die mit allerlei merkwürdigen Symptomen einhergingen. Nach einem dieser Anfälle beschrieb sie einem Spezialisten den Verlauf der Krankheit:

> Meine Temperatur erhöht sich. Dann setzt Durchfall ein, und ich bekomme einen Hautausschlag an Brust und Kopf. Manchmal ist der Ausschlag auf meiner Kopfhaut so hartnäckig, daß er ausgebrannt werden muß. Der Ausschlag auf der Brust hinterläßt oft kleinere Narben... Gewöhnlich geht das Fieber mit Schweißausbrüchen einher... und zusätzlich bekomme ich Kopfschmerzen, die gewöhnlich eine Woche anhalten. Diese Kopfschmerzen sind in der Regel das Unangenehmste dabei.

An anderer Stelle nennt sie Symptome wie »starke Kopfschmerzen, Schwächeanfälle, Depressionen und Muskelschmerzen«. Zwar kannte sie dies alles seit Jahren, doch im Herbst 1942 wurde es so schlimm, daß sie sich mit der Bitte um eine gründliche Untersuchung an die Experten der Forschungsklinik an der John-Hopkins-Universität wandte.

Die besten Ärzte der USA nahmen eine Serie von Untersuchungen an ihr vor, ohne auch nur den geringsten Anhaltspunkt für einen organischen Auslöser all dieser Fieberanfälle, Schweißausbrüche, Hautausschläge und Magenbeschwerden zu finden. Sie gab sich mit diesem Ergebnis jedoch nicht zufrieden, und die Untersuchungen wurden fortgesetzt. Nichts – kein körperlicher Befund. Zwar entdeckten sie bei dieser Gelegenheit eine beschädigte Bandscheibe, aber einen Zusammenhang zwischen diesem Defekt und ihren übrigen Beschwerden vermochten sie nicht zu erkennen – was ihr sowohl mündlich als auch schriftlich bestätigt wurde. »Wie ich Ihnen in unserem Gespräch heute morgen bereits gesagt habe«, teilte ihr Arzt ihr im Dezember mit, »haben wir bei Ihnen mit Ausnahme der beschädigten Bandscheibe keinerlei organische Beeinträchtigung feststellen können.« Man empfahl ihr, die Bandscheibe operieren zu lassen. Diese Bandscheibe hatte ihr zwar bislang keinerlei Beschwerden bereitet, doch nun war Mitchell ungeachtet der Beteuerungen ihrer Ärzte felsenfest davon überzeugt, daß sie für alle anderen Symptome verantwortlich sei. Das führte zu der absurden Situation, daß die Ärzte ihr zu einer Operation rieten, von der sich die Patientin etwas völlig anderes versprach als das, was ihr von den Fachleuten in Aussicht gestellt wurde. Was den Fall noch verzwickter machte, war ihr gestörtes Verhältnis zu dem Chefarzt Walter Dandy.

Dieser Dr. Dandy galt als der bedeutendste Neurologe der Vereinigten Staaten. So hervorragend seine medizinischen Fähigkeiten und Kenntnisse waren, so wenig menschliches Verständnis brachte er allerdings für seine Umgebung auf. Seine Assistenten behandelte er wie Lakaien, und seinen Patienten begegnete er mit Herablassung. Wie sein Biograph erzählt, waren Kranke für ihn Fälle, keine Menschen. Nun hatte Margaret Munnerlyn Mitchell Marsh, obwohl sie auf ein langes Training in Selbstverleugnung zurückblicken konnte, ein ziemlich ausgeprägtes Ego, und überdies glaubte sie, in Neurologie selbst gut bewandert zu sein. Der Konflikt zwischen den beiden war also vorprogrammiert, als Dr. Dandy keinerlei Anstalten machte, ihre Beschlagenheit auf diesem Gebiet anzuerkennen. Als Mitchell jedoch merkte, daß Dandy ihre Beschwerden für psychosomatisch hielt, war er nicht mehr zu vermeiden, und von diesem Augenblick an gingen beide auf Konfrontationskurs.

Mitchell hatte den Zug nach Baltimore, wo sich die John-Hopkins-Universität befand, am 20. März 1943 bestiegen und sich am 19. April wieder auf den Heimweg gemacht. Diese vier Wochen zählten für sie zu den schrecklichsten ihres Lebens. Kurz nach ihrer Ankunft ging der Ärger bereits los: Die Bandscheibenoperation hatte nicht die erhoffte Wirkung. »Mein Rückgrat, das mir eigentlich am meisten hätte zu schaffen machen sollen, hat mich nie sonderlich gequält«, erzählte sie den Dowdeys. »Aber meine Hüfte, mein Knie und mein Fuß, die ich nach Meinung meiner Ärzte überhaupt nicht spüren dürfte, singen weiterhin wie die Lerchen.« Nicht genug damit, breitete sich der Schmerz nach der Operation weiter in ihrem Körper aus – jetzt trat auch in ihrem rechten Bein, das bis dahin beschwerdefrei gewesen war, ein brennender Schmerz auf. Und ihr linker Fuß, seit jeher ihr schwacher Punkt, brachte sie nun fast zur Verzweiflung. »Früher tat mir das linke Bein nur stellenweise weh. Jetzt ist es von oben bis unten gereizt.« Auch ihr Rücken »schmerzt stärker als zuvor, und dieser Schmerz ist nicht mehr, wie früher, auf einen Punkt beschränkt«.

Zu dem körperlichen Schmerz gesellte sich nun ein wachsendes Mißtrauen ihren Ärzten gegenüber. Kaum hatte sie sich von der Operation erholt, fing sie an, das Verhalten der Ärzte ihr gegenüber als unangemessen zu empfinden. Der Ärger darüber versetzte sie in eine Erregung, die sich im Laufe ihres einmonatigen Aufenthalts in Baltimore immer weiter steigerte. Als Grund für ihre Erregung gab John Marsh nach ihrer Rückkehr an: »Als sich herausstellte, daß ihre Genesung nach der Operation keine Fortschritte machte, legte Dr. Dandy eine Haltung an den Tag, als ob er ihr vorwerfe, seine Erwartungen zu enttäuschen.« Jeder, so der empörte Ehemann, sei wohl der Ansicht gewesen, daß seine Frau »eine Neurotikerin sei, weshalb man ihren Worten keinerlei Beachtung zu schenken brauche... Alle gingen davon aus, daß ihre Schmerzen pure Einbildung seien, und entsprechend wurde sie behandelt. Jeder Schmerz, den sie zur Sprache brachte, wurde gegen sie verwendet und als Bestätigung der eigenen Diagnose angesehen...« Die Ärzte hätten von Anfang an Vorurteile gegen sie gehabt, »einfach, weil meine Frau nicht bloß Mrs. John Marsh, sondern ›Margaret Mitchell‹ ist... Also nahm man von vornherein an, sie müsse ›temperamentvoll‹ sein... Niemand hat sie unbefangen untersucht, sondern sich von der Idee leiten lassen, daß eine ›Margaret Mitchell‹ nervös, kauzig und neurotisch sein müsse.«

John Marsh behauptete aber nicht nur, seine Frau sei, von ihren körperlichen Beschwerden abgesehen, vor ihrem Klinikaufenthalt vollkommen normal gewesen, er äußerte auch den Verdacht, daß das Verhalten der Ärzte überhaupt erst jene »nervösen« Reaktionen hervorgerufen habe, die sie zu diagnostizieren beliebt hätten. »Weil man ihre Schmerzen nicht ernstgenommen, sondern als die Phantasien einer Neurotikerin abgetan hat«, schrieb er Dr. Dandy, »fürchtete sie schließlich, arbeitenden Menschen zur Last zu fallen, und irgendwann hat sie dann gar nichts mehr gesagt, egal, wie stark ihre Schmerzen waren – mit dem Ergebnis, daß sie schließlich selbst befürchtete, neurotisch zu werden.«

Mitchells Krankheitsverlauf und Marshs Vorwürfe – beides stellte Dandy vor ein Rätsel. »Ich muß sagen, daß die Sache mein Verstehen übersteigt«, antwortete er auf John Marshs ersten wütenden Brief im Mai. »Ich habe fünfhundert ähnliche Fälle erlebt, und keiner davon hat sich nach einer Operation so entwickelt.« Und mit der überwältigenden Naivität, der solche Leute nicht zuletzt ihren Erfolg verdanken, sprach er noch einmal das Tabuthema »Nerven« an.

Ich habe nie erlebt, daß jemand so lange Schmerzen gehabt hätte – in aller Regel hören die Schmerzen nach ein paar Wochen wieder auf. Aus diesem Grund war ich davon überzeugt, daß die Nerven hier eine ausschlaggebende Rolle spielen. Die Operation war eine reine Routineangelegenheit und

413

darf als geglückt bezeichnet werden... Ich meine, sie sollte sich ein wenig literarisch betätigen und auch im übrigen alles tun, um sich abzulenken. Lassen Sie mich offen sprechen: Ich weiß, daß sie nichts davon wissen wollen, daß es mit den Nerven zusammenhängen könnte, und ich spreche das Thema auch ungern an, aber anders kann ich es Ihnen nun einmal nicht erklären.

Mit dieser Antwort erzürnte er die Marshs erst recht, bestätigte sie doch alles, was sie im Hinblick auf seine Vorurteile bereits geahnt hatten! Im Januar 1945 brachte Mitchell ihre Wut in einem langen Brief zu Papier. Nachdem sie Dandy ihr körperliches Befinden detailliert geschildert hatte, kam sie auf ihre Psyche zu sprechen. Was sie am meisten vermißt habe, sei Aufmerksamkeit und Freundlichkeit gewesen.

Ich habe schon häufiger erlebt, daß Ärzte sich geirrt haben, und jedesmal waren diese Irrtümer sehr schmerzhaft für mich. Ich habe dies jedoch nie jemandem zum Vorwurf gemacht, und alle haben mich im besten gegenseitigen Einvernehmen weiter behandelt. Sie haben einfach die Verantwortung für eine Behandlung, die nicht zum gewünschten Erfolg führte, auf sich genommen... Niemals wären sie auf die Idee gekommen, mich für ihre eigenen Fehler verantwortlich zu machen, so wie es Ihnen beliebte. Und weil sie ihre Fehler einsahen, habe ich mich um so mehr angestrengt, wieder gesund zu werden – das war eine Möglichkeit, ihnen mein ungebrochenes Vertrauen zu beweisen. Das ärgerlichste an dieser Affäre mit Ihnen ist nicht, daß ich hinterher schlimmer dran war als vorher, sondern daß ich mir obendrein gefallen lassen mußte, als die Schuldige dazustehen.

Im Grunde nahm Mitchells Verhältnis zu ihrer Krankheit und zu ihren Ärzten in dieser Episode die Form einer Parodie an.

Als Dandy sich weigerte, für den Mißerfolg der Operation geradezustehen, floh sie wieder in die Arme ihrer Ärzte in Atlanta. Und die bestätigten ihr, daß ihre Beschwerden tatsächlich körperliche Ursachen hätten, und sprachen von einem »postoperativen Trauma« – was sie in dreifacher Hinsicht als trostreich empfand: Erstens war sie an ihrer Krankheit schuldlos, zweitens war sie voll und ganz rehabilitiert, und drittens lag die Verantwortung für die Verschlechterung ihres Zustands ganz allein bei Dr. Dandy. »Die Ärzte in Atlanta haben mir genau die Linderungsmittel verschrieben, die Sie für wirkungslos erklärt haben«, schnaubte sie in ihrem Brief an Dandy, und seither gehe es ihr wieder besser.

Die unangenehme Begegnung mit den Experten von Johns Hopkins bestätigte alte Verhaltensmuster im Leben von Margaret Mitchell, aber sie änderte ihr Leben auch gründlich. Von nun an konnte sie vor Schmerzen kaum noch sitzen oder stehen, und fortan benötigte sie alle möglichen Fußhocker und Kissen, wenn sie eine einigermaßen schmerzfreie Haltung einnehmen wollte. Sie hatte sich solcher Stützen schon zuvor bedient, nach 1943 jedoch konnte sie nicht mehr darauf verzichten. Das wiederum führte dazu, daß sie ihre gesellschaftlichen Aufgaben drastisch einschränken mußte. Sie hatte sich in der Hoffnung, noch mehr soziale Verantwortung übernehmen zu können, unter Dandys Messer gelegt – und das Gegenteil war eingetreten: »Obgleich ich ständig irgendwelche Schmerzen verspüre, habe ich sowohl im privaten Bereich als auch im Hinblick auf meinen Einsatz für unsere Soldaten ein Arbeitsprogramm bewältigt, das eine ganze Kompanie überfordert hätte«, schrieb sie vor ihrer Operation. »Ich war behindert, und ich fühlte mich unwohl, aber ich habe meinen Mann gestanden.« Und jetzt lehnte sich ihr eigener Körper gegen alles auf, was sie als ihre gesellschaftliche Verpflichtung empfand. Sie versuchte, die Alarmsignale ihres Körpers zu ignorieren, aber etwa zu der Zeit, als die zweite *Atlanta* vom Stapel lief, fühlte sie sich ihren gesellschaftlichen Aufgaben nicht mehr gewachsen. »Ich sehe kaum noch jemanden. Ich bin nicht mehr in der Lage, größere Ausflüge zu machen oder lange aufzubleiben ... Sobald es Abend wird, bin ich zu erschöpft, um mich noch in Gesellschaft zu begeben.«

Ihr Leben änderte sich. Nicht, daß sie sich völlig von der Außenwelt abgeschlossen hätte, aber sie glaubte, sich nur noch auf John verlassen zu können. Überdies rief die Operation auch eine Charakterveränderung bei ihr hervor. Ihr Humor und ihr charmantes Wesen verlor sich nie ganz, doch nach 1943 kam eine andere Margaret Mitchell zum Vorschein. Mit ihrer Großherzigkeit war es vorbei, und Verbitterung vergiftete alle ihre Lebensäußerungen. Und gerade in dem Augenblick, als ihr Zustand sich zu bessern schien, erwischte es John Marsh. Seine lebensbedrohliche Krankheit überzeugte sie endgültig davon, daß sie zur Krankenschwester geboren war.

Selbstredend war John Marsh genauso häufig krank wie seine Frau, allerdings meist weniger ernsthaft. Die Erfolgsgeschichte von »Vom Winde verweht« zehrte indes auch an seinen Kräften. 1935 und 1936 hatte er sich nicht weniger um das Manuskript bemüht als seine Frau, und außerdem hatte er sie bei allen Auseinandersetzungen mit dem Verlag und ihren Ärzten vertreten. Als Werbefachmann arbeitete er zudem permanent an ihrem Image in der Öffentlichkeit, nachdem ihre Popularität die von Lindbergh erreicht hatte. Und er schirmte sie vor dem schlimmsten Presseansturm ab.

Er beklagte sich selten, doch all diese Verpflichtungen schwächten seine Gesundheit. 1937 wurden seine »Verdauungsstörungen« chronisch, und er mußte sich die Gallenblase entfernen lassen. Einen Monat nach der Operation war er gerade einmal fähig, den Häuserblock an der 17. Straße zu umrunden. Als die Filmpremiere überstanden war, zwangen ihn rätselhafte Symptome ins Bett. Seine Krankheit unterlag einem merkwürdigen Gesetz – jedesmal, wenn er das Bett verließ, stieg seine Temperatur beängstigend an. Nur etwa die Hälfte seiner Arbeitszeit verbrachte er auch tatsächlich an seinem Arbeitsplatz. Seine Frau machte sich die größten Sorgen um ihn.

John Marsh schleppte sich durch die Jahre 1940 bis 1942, ohne daß sich sein Gesundheitszustand merklich verbessert hätte, und der Krieg brachte neue Belastungen. Denn je länger der Krieg dauerte, desto mehr Arbeit wartete auf ihn im Büro. Immer häufiger kam er abends nicht einmal mehr nach Hause, und wenn er doch zu Hause schlief, dann meist auf dem Sofa im Wohnzimmer. Obendrein mußte er seinen Pflichten bei der Zivilverteidigung nachkommen. Seine Widerstandskraft nahm rapide ab. Mitchell brachte ihre Erschöpfung in Zusammenhang mit ihrem Jahresurlaub im Dezember zur Sprache:

John schafft die Arbeit im Büro so gerade eben, indem er an den Tagen, an denen er fieberfrei ist, wie ein Büffel schuftet, und sich an den anderen nur so dahinschleppt. Das waren keine guten sechs Monate für uns – aber für wen waren sie schon gut? Glücklich macht uns, wenn unsere Freunde heil aus all diesen entlegenen Weltgegenden zurückkommen, die bislang für uns nur Punkte auf der Landkarte waren. Vielleicht haben wir in einem Jahr alles hinter uns gebracht.

Heiligabend 1945 brach das Paar endlich zum Island St. Simons auf. Die Ankunft stand unter keinem guten Stern: Kalter Regen empfing sie am Bahnhof, und weit und breit war kein Gepäckträger zu sehen. Also schleppte John ihre Koffer allein bis zu ihrem Hotel. Kaum hatten sie sich in ihren Zimmern eingerichtet, brach John mit unerträglichen Schmerzen in der Brust zusammen – ein Schlaganfall. Achtzehn Monate nach dem Tod ihres Vaters sah es nun so aus, als ob Mitchell auch ihren eigenen Mann zu Grabe tragen müßte. Zwei Monate zuvor war er 49 geworden.

Später glaubte er, seine Rettung nur ihr zu verdanken zu haben. Nicht nur, daß Mitchell in diesem Augenblick ein paar Erste-Hilfe-Maßnahmen einfielen, von denen sie lange zuvor gelesen hatte – sie schaffte es auch, tief in der Nacht des Heiligen Abends einen Arzt aufzutreiben und in ihr Apartment zu manövrieren. Ein Krankenwagen brachte John dann ins Krankenhaus von Brunswick, Georgia, und für die nächsten zwei Wochen schwebte er zwischen Leben und Tod. Mitchell bezog ein Hotelzimmer und wohnte im Krankenhaus. Dies war die schlimmste Zeit ihres Lebens.

Mitte Januar 1949 erlaubten die Ärzte ihm, nach Atlanta zurückzukehren. Dort verbrachte er weitere Monate im Krankenhaus, und Mitchell sah sich erneut mit den mühevollen Pflichten einer Krankenschwester konfrontiert: endlose Krankenbesuche, schlaflose Nächte und unablässige Suche nach Pflegepersonal.

Gleich nach dem Schlaganfall hatte Mitchell »einen der besten Ärzte der Vereinigten Staaten« hinzugezogen, und der hatte zunächst leichte, dann zunehmend anstrengendere körperliche Übungen angeordnet, um das Herz seines Patienten zu kräftigen. Seiner Meinung nach hätte John im Mai wieder arbeiten können. Nun hatte dieser zeitlebens jede Art von körperlicher Anstrengung peinlichst vermieden, aber bis zu 60 Zigaretten am Tag geraucht und sich mit Fast-food vollgestopft. Um die Anweisungen seines Kardiologen zu befolgen, hätte er seinen Lebenswandel radikal umstellen müssen. Kaum hatte er mit den Übungen begonnen, erlitt er einen Rückfall – was den Rauswurf des Kardiologen zur Folge hatte. Ihr alter Hausarzt übernahm den Fall, und der verschrieb sechs Monate strikter Bettruhe.

Ein Jahr lang verließ John Marsh sein Bett nicht – kaum, daß er sich im Bett auch nur aufrichtete. Da Mitchell Gesundheit stets mit Gewicht gleichgesetzt hatte, bestand ihre Behandlung im wesentlichen darin, ihren Mann zu mästen – mit anderen Worten: Er knabberte von morgens bis abends Schokoladenriegel, vertilgte zwischendurch Riesenportionen von Kartoffelauflauf, Apfeltorte, Karamelpudding und Pfefferminzeis und schwoll dabei dermaßen an, daß selbst Mitchell anfing, sich Sorgen zu machen. Der Hausarzt selbst schritt zwar gegen diese Völlerei nicht ein, aber Mitchell setzte ihn von sich aus auf eine – nicht allzu strenge – Diät. Keiner von beiden hielt das lange durch, und nach zwei Jahren mokierte sich Mitchell über die Speckfalten, die sich in Johns Nacken gebildet hatten – er sehe wie Göring aus, kicherte sie.

Aber auch diese Behandlung schlug nicht an, und nach zwei Jahren hatten beide den Eindruck, daß John auf Dauer arbeitsunfähig sei. Auch ihr Arzt warnte ihn davor, sich jemals wieder Streß auszusetzen, und am 5. September 1947 kündigte Marsh seine Stelle bei der Elektrizitätsgesellschaft von Georgia. Damit hatte sie ihn endgültig und für alle Zeit im Haus. Seine Pflege sollte in Zukunft ihr Hauptanliegen sein.

Hatte sie nicht endlose Stunden damit verbracht, ihren Vater bei Laune zu halten? Jetzt ließ sie es sich noch viel mehr Zeit kosten, ihren Gatten zu unterhalten. Sie versuchte, ihn für Botanik zu interessieren. Sie schlug ihm vor, Vögel zu beobachten, hängte Nistkästen vor seinem Fenster auf und zog immer wieder los, um Bücher über die Vogelwelt für ihn zu besorgen. Sie baute einen Filmprojektor auf und zeigte ihm alte Spielfilme. Bisweilen kamen alte Freunde vorbei, um sich mit ihnen gemeinsam diese Filme anzuschauen, und diese Besuche stellten die einzige Form von Gesellschaftsleben dar, die ihnen noch geblieben war.

Nicht genug mit ihren eigenen Gebrechen, dem Siechtum ihres Vaters und Johns Schlaganfall, sah sie sich auch noch gezwungen, sich kranker und sterbender Hausangestellter

419

anzunehmen. Gegen Kriegsende diagnostizierten die Ärzte bei ihrer zwanzigjährigen Waschfrau Krebs im Endstadium; Mitchell besuchte sie regelmäßig, versuchte verzweifelt, ihr einen Platz auf der Armenstation des Grady-Hospitals zu besorgen, und begleitete sie bis zu ihrem Tod Ende 1947. Auch der treuen Bessie Jordan ging es kaum besser als ihren Arbeitgebern. Nur wenige Wochen nach dem Tod von Eugene Mitchell brach sie zusammen – Hirnhautentzündung, sagten die Ärzte, und Mitchell hatte einen neuen Pflegefall. Nach einer größeren Operation nahm sie ihren Dienst bei den Marshs zwar wieder auf, aber Mitchell kümmerte sich von nun an mindestens ebenso sehr um Jordan wie die um ihre Wohnung. Später bescheinigte sie Mitchell eine nie versiegende Großherzigkeit:

> Als wir krank waren, hat sie uns gepflegt. Sie hat uns eingekleidet, und sie hat uns Geld für Reisen gegeben. Meiner Enkelin hat sie 1948 eine Fahrt nach New York bezahlt, und 1949 hat sie eine Schuluniform von ihr bekommen. Als ich für sie gearbeitet habe, ist nicht eine Woche vergangen, ohne daß sie ein Geschenk für mich gehabt hätte. Sie war zu jedem freundlich.

Jordan bedient sich hier einer beinahe biblischen Sprache. In ihrer Arbeitgeberin habe sie immer den guten Christenmenschen gesehen – jemanden, »der an sich selbst immer zuletzt dachte... Wenn je ein guter Mensch gelebt hat, dann war sie es.« Und dann fährt sie fort:

> Den Hungrigen gab sie zu essen, den Durstigen zu trinken, dem Nackten etwas zum Anziehen, dem Obdachlosen ein Dach über dem Kopf. Kranke hat sie gepflegt und Gefangene im Gefängnis besucht.

420

Bessie Jordans Hommage an Margaret Mitchell aus dem Jahr 1951 hält sich streng an die Verse der Bergpredigt, aber sie sind keine leeren christlichen Formeln. Mitchell hat in diesem praktischen Sinne tatsächlich christlich gelebt. Vor allem um Gefangene hat sie sich in ihren letzten Lebensjahren gekümmert. Schon damals, als sie noch bei der Zeitung arbeitete, galt Sträflingen und Gefangenen ihre besondere Aufmerksamkeit, und selten hat sie besser geschrieben als in ihrem Artikel über die unmenschlichen Zustände im alten Stadtgefängnis von Atlanta oder in ihren Reportagen über entflohene Strafgefangene. Seitdem sie jedoch im Zuge ihrer Kampagne für die Kriegsanleihen vor Gefängnisinsassen gesprochen hatte, war sie immer wieder ins Bundesgefängnis von Atlanta zurückgekehrt. Sie unterstützte die Gründung einer Gefängniszeitung, organisierte literarische Wettbewerbe und zeichnete die Gewinner persönlich aus. Typisch für sie, daß sie mit vielen ehemaligen Strafgefangenen auch nach deren Entlassung in Verbindung blieb – mit Red Rudensky zum Beispiel. Die Gefängnisleitung hatte ihn als unversöhnlichen Feind der Gesellschaft betrachtet, Mitchell hingegen war er durch sein bemerkenswertes schriftstellerisches Talent aufgefallen. Nach seiner Entlassung ließ er sich immer wieder bei den Marshs sehen, wo er jederzeit willkommen war, und auch später noch beantwortete Mitchell alle seine Briefe, gleichgültig, aus welchem entfernten Winkel der USA sie kamen.

In den finsteren Zeiten des Zweiten Weltkriegs kam Mitchell also ihrer selbstauferlegten Verpflichtung als »Engel der Nächstenliebe« in einem Maße nach wie niemals zuvor. Allerdings hatte sie auch mehr Qualen auszustehen als jemals zuvor. »Vom Winde verweht« hatte inzwischen buchstäblich die ganze Welt erobert, und alle Welt stürzte sich nun auf die Frau, die es geschrieben hatte. Viele von denen, die es bis in ihr Wohnzimmer schaffte, lernten sie als die große, vornehme Dame kennen, die Red Rudensky und zahllose andere verehrten. Aber mancher machte bei dieser Gelegenheit auch Bekanntschaft mit einem Menschen, der mit Margaret Mitchell nichts mehr gemein zu haben schien. Mitchell selbst hatte ja wiederholt von »der anderen Margaret« gesprochen, die mit der freundlichen Krankenschwester zusammen in einer Haut stecke. Beim Geschäft mit den Auslandsrechten ihres Romans kamen beide gleichermaßen zur Geltung.

20. KAPITEL

Raubkatzen aller Länder, vereinigt euch!

> ...ein Kampf über zwölf Runden mit den Raub-
> druckern in Jugoslawien; die Raubdrucke in Bel-
> gien; die durch meinen spanischen Verleger ver-
> untreuten Summen und meine Bemühungen,
> dieses Betrags wieder habhaft zu werden; der
> verzweifelte Versuch, mein Geld vor der Abwer-
> tung des Franc aus Frankreich herauszubekom-
> men, usw., usf. Ach ja, Miss Baugh erinnert mich
> an die drei neuen Verträge, die wir unterzeichnet
> haben... Slowakei, Jugoslawien und Palästina.
>
> *Margaret Mitchell an George Brett (1946)*

W. A. R. Collins leitete einen der angesehensten Verlage Großbritanniens, William Collins und Söhne in
Glasgow. Im Frühjahr 1936 erhielt er Kopien der Druckfahnen von »Vom Winde verweht«, las sich fest und war
begeistert. Für ihn, der nach eigenem Bekunden »ganz heiß
darauf« war, stand fest, daß die englische Ausgabe in seinem
Verlag erscheinen müsse. Zu seinem Leidwesen bekundeten
andere englische Verlage jedoch dieselbe Absicht. Der amerikanische Macmillan-Verlag hatte sich zwar vom britischen
Verlagshaus gleichen Namens formal getrennt, aber der bri-
tische Verlagsleiter Harold Macmillan rechnete sich doch seinerseits gute Chancen aus, die englischen Rechte zu erwerben. Collins indes war nicht bereit nachzugeben und wandte
sich in Briefen sowohl an Harold Latham als auch an Harold

Macmillan. Bei dieser Gelegenheit zeigte sich bereits, daß Mitchells Roman auch bei einem nichtamerikanischen Publikum ankommen würde. »Wie Sie wissen«, bemerkte er arglos, »gibt es Bücher, die man gern veröffentlichen würde, weil sie einen persönlich interessieren, gleichgültig, ob man ihnen auf dem Markt große Chancen einräumt oder nicht. Zu diesen Büchern gehört für mich ›Vom Winde verweht‹ – wobei ich nicht bestreiten will, daß es sich auch bei uns gut verkaufen lassen dürfte.« Collins hatte jedoch das Nachsehen, und der künftige Premierminister Harold Macmillan durfte sich später rühmen, einen der größten Coups in der Geschichte seines Verlags gelandet zu haben.

Der Enthusiasmus, den Collins und Macmillan an den Tag legten, entsprach der Begeisterung, die die ersten Probeexemplare in den Staaten hervorgerufen hatten, und er war der erste Vorbote jener Welle der Begeisterung, die nach dem Erscheinen des Buchs zunächst England, dann ganz Europa und schließlich alle Länder dieser Erde, wo Romane gelesen wurden, erfaßte. Ein Jahrzehnt nach der Erstveröffentlichung von »Vom Winde verweht« waren Leser von Tokio bis Djakarta, von Schanghai bis Bombay, von Kapstadt bis Kairo, von Oslo bis Palermo, von Minsk bis Glasgow und von Mexiko-Stadt bis Valparaiso mit Tara, der Peachtree Street und dem Amerikanischen Bürgerkrieg genauso vertraut wie die eingefleischten Liebhaber von Mitchells Roman in den USA. Diese praktisch grenzenlose internationale Leserschaft machte die Autorin stolz, glücklich und reich. Aber sie machte ihr auch erheblich zu schaffen.

Wie Harold Macmillan und William Collins in Großbritannien fielen zunächst Verleger in ganz Europa übereinander her und versuchten, sich gegenseitig die Veröffentlichungsrechte streitig zu machen. Man fand das Buch gut, kein Zweifel, doch die immer realistischer erscheinende Aussicht auf epochale Verkaufserfolge und astronomische Umsätze heizte die Stimmung zusätzlich an. Außerdem machte das Buch in allen Ländern Schlagzeilen, und nicht nur in den Feuilletons. Ein Buch, das mit derartiger Spannung erwartet wurde, mußte sich überall und in jeder Sprache verkaufen lassen. Auf der ganzen Welt sahen Verleger daher der Veröffentlichung dieses Romans mit zuversichtlichem Lächeln entgegen, gleichgültig, ob sie in Rupien, Pfund, Francs oder Yen rechneten. Und um zu den Glücklichen zu gehören, trumpften sie auf und bettelten und schmeichelten und machten Versprechungen und logen und betrogen schließlich auch. Die umjubelte Autorin verfolgte die Kämpfe um ihr Buch mit dem entgeisterten Gesichtsausdruck eines perplexen Frosches (wie sie sich selbst ausdrückte).

Im Herbst 1936 richteten ausländische Verleger ihre Fragen und Angebote direkt an Macmillan in New York. Trotz ihrer langjährigen Erfahrungen im Verlagswesen waren die Macmillan-Leute dem Ansturm allerdings kaum gewachsen – es gab keine eigene Abteilung für Auslandslizenzen, es gab nicht einmal allgemeingültige Vorgaben für das Aufsetzen von Verträgen mit ausländischen Verlagen. Dieselbe Stümperhaftigkeit, die sie bei den Verhandlungen mit Hollywood an den Tag gelegt hatten, bewiesen sie jetzt auch bei den Vertragsverhandlungen mit dem Ausland; wieder tauchte das Agentenproblem auf, und wieder kam es zu den bekannten Kalamitäten. Als es um den Film ging, hatte Annie Laurie Williams das Rennen gemacht, diesmal hieß die Gewinnerin Marion Saunders.

Als Macmillan im Herbst 1936 Mitchell alle Auslandsrechte übertrug, hatte sich die Literaturagentin Marion Saunders bereits derartig in die Materie eingearbeitet, daß Mitchell nichts anderes übrigblieb, als ihre Dienste zu akzeptieren. Sie schloß sogar einen förmlichen Vertrag mit Mitchell ab, der ihre De-facto-Kontrolle über die Auslandsgeschäfte legalisierte. Und obwohl sich »Vom Winde verweht« praktisch von selbst verkaufte, ging Saunders mit ungeheurer Rigorosität zu

Werke. Einigen ging sie entschieden zu weit – darunter George Brett, der den Tag verfluchte, an dem sich Saunders dem Hofstaat von Margaret Mitchell angeschlossen hatte. Im Frühjahr 1940 zum Beispiel bedrängte sie ihn, dem chilenischen Verleger die Genehmigung zu erteilen, seine spanische Ausgabe auch in Puerto Rico zu verkaufen. Brett lehnte das mit dem Hinweis darauf ab, Puerto Rico gehöre zum Staatsgebiet der USA und sei deshalb Macmillan-Territorium – gleichgültig, welche Sprache dort gesprochen werde. Außerdem verstoße es gegen das amerikanische Urheberrecht, wenn ausländische Ausgaben legal auf dem amerikanischen Markt angeboten würden. Saunders brachte für diese Argumentation wenig Verständnis auf. »Sie denken doch nur daran, wie Sie Ihre eigenen Schäfchen ins Trockene bringen«, hielt sie George Brett entgegen und warf ihm vor, die Autorin um ihre Tantiemen bringen zu wollen – schließlich gebe es auch in Puerto Rico einen Markt, worüber Brett sich doch eigentlich freuen müßte. Mitchell kam die Sache zu Ohren, und ihr Wachhund John legte sich prompt mit dem Präsidenten von Macmillan an. Brett reagierte pikiert, nicht zuletzt deshalb, weil die hinterhältige Saunders die ohnehin heikle Beziehung zwischen Autor und Verlag wieder einmal vergiftet hatte.

Mochte Brett ihr auch zürnen – die Autorin selbst war mit Saunders gar nicht unzufrieden, weil sie tatsächlich unablässig Verträge mit Verlagen auf der ganzen Welt aus ihrem Hut zauberte. Eben habe sie einen Vertrag über eine brasilianische Ausgabe in portugiesisch abgeschlossen, und die Einigung mit einem lettischen Verlag stehe kurz bevor, schrieb Mitchell George Brett im Herbst 1938. Saunders »war sechs Wochen lang in Europa und hat dort praktisch alle Verlage abgeklappert. Ich weiß nicht, wie sie das so schnell schafft, selbst wenn man berücksichtigt, daß sie das Flugzeug nimmt. Ohne Zweifel wird es ihr gelingen, die Isländer, die Litauer und die Zionisten in Palästina zu eigenen Ausgaben anzustiften.« Islän-

426

disch? Litauisch? Hebräisch? Jiddisch? Mitchell mochte diese Beispiele weit hergeholt und die Vorstellung einer isländischen oder jiddischen Ausgabe drollig finden, aber das Scherzen sollte ihr bald vergehen. Im Laufe der Zeit erschien »Vom Winde verweht« in noch weit obskureren Sprachen.

Bis 1941 hatte Saunders mit zahllosen Verlagen verhandelt und mit einem knappen Dutzend ausländischer Druckereien Verträge abgeschlossen. Allerdings hatte sie nicht überall Glück. 1939 machte Mitchell die Entdeckung, daß ein japanischer Verlag eine nicht autorisierte Fassung herausgebracht hatte. Als der Übersetzer sie darauf aufmerksam machte, waren bereits 150 000 Exemplare verkauft. Die Japaner hatten zwar kein Urheberrechtsabkommen mit den USA geschlossen, aber Mitchell hetzte ihnen Saunders nichtsdestoweniger auf den Hals. Nicht, daß sie jemals auch nur einen Yen gesehen hätte, aber eines Tages traf bei ihr »mit schönen Grüßen vom Verlag ein sehr hübscher Seidenkimono und kurz darauf eine metergroße japanische Puppe in einem rotlackierten Glaskasten ein ... Ich war über diese Geschenke einigermaßen verblüfft.« Kurze Zeit später wurde ihr alles klar: »Sie wollten, daß ich ihnen für ihre Werbung ein Foto schicke, das mich Seite an Seite mit dieser japanischen Puppe zeigt. Ein dermaßen unverfrorenes Volk wird es weit bringen.« Mitchell hob die Porzellanpuppe als Erinnerung an diese Unverfrorenheit auf und taufte sie »Miss Oh So Solly«. Nach Pearl Harbour stellte sie sie dem Roten Kreuz für eine Versteigerung zur Verfügung, was sie für eine witzige und angemessene Lösung ihrer privaten japanischen Affäre hielt.

Die Japaner hielten sie über ihre Schandtaten immerhin auf dem laufenden, die Chinesen verloren kein Wort darüber. Durch puren Zufall erfuhr sie von einem Raubdruck in Mandarin. Aber Japan und China waren längst nicht die einzigen Sorgenkinder. Als nächstes mußte sie sich mit Bulgarien beschäftigen.

427

In meinen kühnsten Träumen habe ich mir nicht vorgestellt, daß die Bulgaren sich für mein Buch interessieren könnten, zumal sie angesichts der Kriegsgefahr andere Sorgen haben sollten. Aber vor einigen Monaten habe ich erfahren, daß bulgarische Raubdrucke im Umlauf sind. Ich vermute, daß sie die französische Fassung als Vorlage benutzt haben, und ich mag gar nicht daran denken, was dabei herausgekommen ist.

Saunders warf sich in die Schlacht und kam mit einem Vertrag aus Sofia zurück, gleichzeitig jedoch wandte sich der Verleger an Mitchell persönlich mit der Bitte, ihm die Zahlung von Tantiemen zu erlassen. »Dem Brief nach zu urteilen ist es in Bulgarien nicht üblich, daß ›große Autoren‹ von bulgarischen Verlagen Geld für Lizenzen verlangen.« Während Mitchell noch auf die Bulgaren schimpfte, machten die Esten bereits neue Schwierigkeiten. Gerüchteweise hörte sie von einer estischen Ausgabe, und Saunders wollte sich gerade des Falls annehmen, als die Russen in Estland einmarschierten. »Wir wissen nicht einmal, ob das Buch in Estland tatsächlich erschienen ist. Jetzt wird die Sache durch die Russen noch undurchsichtiger. Können wir gegenüber den Russen überhaupt irgendwelche Ansprüche geltend machen?« Im selben Brief erwähnt Mitchell weitere internationale Probleme. So hatte eine griechische Zeitung beispielsweise ihr Buch ungefragt als Fortsetzungsroman veröffentlicht. Saunders setzte sich mit dem griechischen Konsul in New York in Verbindung, und die Athener stellten den Abdruck ein, ohne jedoch Anstalten zu machen, die verlangten Tantiemen zu zahlen. Und so hielt es sich dran – kaum war ein Feuer ausgetreten, knisterte es anderswo schon wieder verdächtig. Die Griechen hatten gerade eingelenkt, da hörte Mitchell von einer kubanischen Zeitung, die den Roman ebenfalls in Fortsetzung abdruckte, und im nächsten Moment tauchte ein chilenischer Raubdruck auf.

Der Siegeszug des Buchs bis in die fernsten Gegenden der Erde war von einem Wildwuchs phantastischer Legenden über die Autorin begleitet, was Mitchell mit einem Schmunzeln zur Kenntnis nahm. So erzählten sich die Chinesen beispielsweise rührende Geschichten über ihr häusliches Glück. Auch ihre Begegnung mit Harold Latham, die seit jeher Anlaß für volkstümliche Spekulationen geboten hatte, erfuhr im Ausland eine märchenhafte Ausschmückung. »Harold«, schrieb sie ihrem alten Freund, »unsere Legende hat den Ozean überwunden und nimmt vor allem in französischen Zeitungen merkwürdige und phantastische Züge an.« Eine Version laute zum Beispiel,

daß ich Multiple Sklerose habe und das Buch nur mit allerletzter Kraft beenden konnte. Als es dann fertig war, war ich wie durch ein Wunder geheilt. Mein treuer Gatte und meine treue, alte, schwarze Bessie riefen daraufhin wie aus einem Munde: »Voilà, ein Meisterwerk!« Und bei Nacht und Nebel und ohne mein Wissen reiste mein Mann mit meinem Manuskript nach New York. In Null Komma nix fuhr dann eine große, schwarze Limousine vor dem prächtigen Haus vor, das mein Mann mir gekauft hatte, der ein schneidiger Gentleman entstieg, welcher zu meiner alten und treuen und schwarzen Bessie sagte: »Teilen Sie Madame die Ankunft von Monsieur Harold S. Latham mit, dem Vizepräsidenten des Macmillan-Verlags!« Dann zog er einen Vertrag aus der Hosentasche. Den nächsten Satz verstehe ich nicht ganz, aber es sieht so aus, daß ich daraufhin ohnmächtig wurde und es des beharrlichen Zuredens meines Mannes bedurfte, bis ich mich soweit gefaßt hatte, daß ich den Vertrag gehorsam unterschreiben konnte, woraufhin ich in die nächste Ohnmacht fiel.

Vor dem Krieg lachte sie über solche Geschichten, nach Kriegsausbruch verging ihr das Lachen. Die Kämpfe brachten fast überall Druck und Verkauf ihres Buchs zum Erliegen. Zum Entsetzen der Autorin fielen ihre Verleger reihenweise Säuberungen oder Militärschlägen zum Opfer oder wurden in Konzentrationslager verschleppt – wie ihr polnischer Verleger, der Jude war und von einem Tag auf den anderen spurlos verschwand. 1941 setzten die Nazis »Vom Winde verweht« in allen besetzten Ländern auf den Index verbotener Bücher. Damit konnten sie dem legalen Vertrieb einen Riegel vorschieben, nicht aber die illegale Herstellung und Verbreitung verhindern. Allerdings hatte Mitchell die Situation jetzt noch weniger unter Kontrolle als die Nazis.

Im Herbst 1944 kam ihr zu Ohren, daß ihr französischer Verleger Gaston Gallimard von der *Nouvelle Revue Française* mit den Deutschen kollaboriere. Sie wußte nicht, ob dieses Gerücht auf Wahrheit beruhte, aber sie fragte sich, ob ihre französischen Verträge dadurch berührt würden und was das für das Ansehen ihres Romans in der frankophonen Welt bedeutete. Die Niederlage der Deutschen offenbarte dann das ganze Chaos. »Die Kräfte der Hölle« hätten ihr nicht übler mitspielen können, schimpfte sie im November 1945. Zu allem Überfluß mußte sie sich nach Johns Schlaganfall einen Monat später nun auch noch ganz allein um ihre Geschäfte kümmern. »Das ist, als wenn man nach einem Deichbruch gegen die Fluten anschwimmen würde«, stöhnte sie. Die Probleme, denen sie gegenüberstand, waren unüberschaubar, und es brauchte die Geduld eines Hiob und den Spürsinn eines polyglotten Sherlock Holmes, sich in dem europäischen Chaos zurechtzufinden. Einige ihrer Verleger waren geflohen, einige waren in den Untergrund gegangen und hatten sich dem Widerstand angeschlossen, einige waren einfach verschwunden. Im letzteren Fall mußte sie die Rechtsnachfolger oder Erben ausfindig machen. Zuweilen wandten sich Verleger von sich aus an sie oder Macmillan oder die inzwischen in Ungnade gefallene Marion Saunders, aber mancher Brief dürfte der Desorganisa-

tion des internationalen Postwesens zum Opfer gefallen
sein.

Man kann sich kaum vorstellen, wie komplex und schwierig
jeder einzelne Fall war – nehmen wir nur das Beispiel
Deutschland. »Vom Winde verweht« hatte sich vor dem Krieg
in der Ausgabe, die beim H. Goverts-Verlag in Hamburg
erschienen war, großartig verkauft – die deutsche Auflage
dürfte eine Viertelmillion erreicht haben. Der Verkaufserfolg
in Deutschland war damit nur von dem der englischen Ausgabe übertroffen worden. Natürlich beschränkte sich der deutsche Markt nicht allein auf Deutschland – Österreich, die
Schweiz und fast ganz Osteuropa gehörten dazu. Kaum war
der Krieg vorbei, erhielt Mitchell einen Brief ihres deutschen
Verlegers Dr. Henry Goverts aus Liechtenstein, in dem er ihr
mitteilte, daß er am Leben sei, daß er ihre Tantiemenforderun-
gen anerkenne und die Bank nannte, die ihr Guthaben ver-
waltete. Nach internationalem Gesetz war der vor dem Krieg
mit ihm geschlossene Vertrag nach wie vor gültig, und Mitchell mochte Goverts, dessen Mutter Engländerin gewesen
war, ohnehin. Sein Geschäftsgebaren hatte die ganze Zeit über
nichts zu wünschen gelassen, und vermutlich war er ein Gegner Hitlers gewesen. »Allerdings«, bemerkte sie sarkastisch,
»will ja in Deutschland heute niemand mehr Nazi gewesen
sein, wie ich höre.«

So sehr Mitchell an der Lösung dieses Falls lag – ihr waren die
Hände gebunden. Amerikanische Bundesgesetze regelten den
Handel mit Deutschland bis zum Abschluß eines Friedensver-
trags. Die militärische wie die zivile Bürokratie hatte schier
unüberwindliche Hürden aufgebaut, und das Außenministe-
rium folgte anderen Vorschriften als die Verwaltung der Militärregierung. Überdies war ihr Verleger in Hamburg ansässig
gewesen, was in der britischen Besatzungszone lag, und Mitchell schauderte es bei dem Gedanken, sich auch noch mit der
englischen Bürokratie anlegen zu müssen. »Einmal heißt es,

man könne mir nur raten, mit einem ehemaligen Feind keine Geschäfte zu machen, solange es keinen Friedensvertrag gibt; dann wieder höre ich, daß außer finanziellen Transaktionen alles erlaubt sei«, erregte sie sich.

Zwei Jahre später, im Frühjahr 1947, war sie in der deutschen Angelegenheit noch keinen Schritt weiter gekommen – im Gegenteil, die Sache wurde immer komplizierter. Irgendwann bekam sie mit, daß die Militärregierung selbst die Absicht habe, ihr Buch in Deutschland herauszugeben, wobei sie es nicht einmal für nötig gehalten hatte, sie oder Goverts davon in Kenntnis zu setzen – ja, sie wußte nicht einmal, ob diese Neuauflage in deutscher oder englischer Sprache erscheinen sollte. Eine neue Übersetzung würde schon genug Probleme bereiten, aber die Vorstellung, in Berlin könnte eine englische Ausgabe gedruckt werden, empfand sie als Alptraum. Sie hatte keine Ahnung, wer die Rechte an einer englischen Ausgabe außerhalb Englands und der USA besitzen könnte – Macmillan-USA oder Macmillan-Großbritannien oder vielleicht sie selbst? Außerdem waren andere Schwierigkeiten absehbar. Die amerikanische Militärregierung betrachtete die Neuauflage ihres Romans als ein Mittel, den Deutschen demokratische Manieren beizubringen – sabotierte sie also die amerikanische Außenpolitik, wenn sie ihre Einwilligung verweigerte? Darüber hinaus hegte sie Zweifel am Sinn dieser Maßnahme. »Ich glaube, ›Vom Winde verweht‹ taugt nicht zur Umerziehung der Deutschen«, schrieb sie.

Wie mir mehrere Deutsche versichert haben, war einer der Gründe für den enormen Erfolg des Buchs in Deutschland vor dem Krieg der, daß es darin um die Niederlage einer Nation geht, die eine gerechte Sache verfolgt, und daß geschildert wird, wie dieses Volk sich aus eigener Kraft seinen Platz an der Sonne zurückerobert. Einige dieser Deutschen identifizierten sich so völlig mit den Konföderierten, daß mir die Haare zu

Berge standen. Möglicherweise reagieren stolze Völker, die eine Niederlage erlitten haben, überall auf der Welt gleich.

Die Aussicht auf eine von der amerikanischen Regierung genehmigte Ausgabe bereitete ihr also große Kopfschmerzen – sie tröstete sich jedoch damit, daß sie, wenn es tatsächlich hart auf hart gehen sollte, einen konföderierten Trumpf besaß: General Lucius Clay kam aus Georgia. Sie kannte den Kommandeur der amerikanischen Besatzungstruppe zwar nicht persönlich, stand aber in freundschaftlichem Verkehr mit seiner Familie in Atlanta. »Ich habe das Gefühl, daß mir General Clay, dessen Vaterhaus auf dem Weg lag, den Shermans Truppen genommen haben, und dessen Vorfahren den Krieg praktisch in ihrem Vorgarten hatten, sein Wohlwollen nicht versagen wird, wenn ich ihn bitten sollte, meine deutschen Rechte zu verteidigen.«

Eine Lösung dieses Falls erschien um so dringlicher, als mit jedem Tag die Gefahr von Raubdrucken wuchs. 1947 trafen fast täglich Briefe aus Deutschland, Österreich, der Schweiz und selbst aus Schweden ein, in denen Verlage um die deutschsprachigen Rechte nachsuchten. Aus Erfahrung wußte sie, was nun zu erwarten war. »Was Raubdrucke, nicht genehmigte Bühnenfassungen, den unautorisierten Abdruck von Auszügen usw. angeht, habe ich eine Art sechsten Sinn entwickelt«, schrieb sie im Frühjahr 1947.

Wenn ich in der Rechtefrage einer bestimmten Anzahl von Leuten gegenüber eine bestimmte Zeitlang unnachgiebig geblieben bin, dann steigt unweigerlich der Druck im Kessel, der Deckel fliegt weg und ich muß mich gegen Raubdrucke zur Wehr setzen. Ich bin in den letzten Monaten immer nervöser geworden, weil sich die deutschsprachigen Rechte ja nicht nur auf Deutschland selbst beziehen, sondern auf ganz Mitteleuropa, wo Deutsch beinahe die zweite Muttersprache ist.

Mit solchen Problemen schlug sie sich bis zu ihrem Lebensende herum, denn ihr Buch war nicht nur in Europa, sondern weltweit gefragt wie eh und je. Bereits 1936 war sie gegen einen chilenischen Raubdruck vorgegangen – nach dem Krieg bereitete ihr Chile erneut Ärger. 1948 trafen empörte Briefe ihres chilenischen Verlegers bei ihr ein, in denen er sich über die Einfuhr von Ausgaben erregte, die in Spanien gedruckt worden waren. Mitchell intervenierte – aber kaum war der spanisch-chilenische Konflikt beigelegt, entdeckte sie in der Besprechung eines neuen Macmillan-Buchs im *Time Magazine* einen Hinweis auf einen verstümmelten japanischen Raubdruck. Mitchell ging an die Decke. Erstens haßte sie schlechte Übersetzungen, und zweitens war sie gerade dabei, einen Vertrag mit einem japanischen Verlag auszuhandeln. Handelte es sich jetzt um denselben Raubdruck wie vor zehn Jahren oder einen Fall aus jüngster Zeit? Welche Vorlage hatte diesem verstümmelten Text zugrunde gelegen? Würde die autorisierte Übersetzung demnächst genauso stümperhaft ausfallen? Der Ärger nahm kein Ende.

Andererseits versetzte der anhaltende Erfolg ihres Buchs Mitchell immer wieder in Erstaunen. In Japan und China mußten Hunderttausende von Exemplaren zirkulieren, in England belief sich der Absatz bis Dezember 1948 auf 716 048 Bücher, im restlichen Europa waren bis dahin nachweislich 1 164 000 Exemplare verkauft worden. Die Absatzzahlen allein waren schon beeindruckend, aber die Mühe und Aufregung, die sich für Mitchell damit verband, war unvorstellbar. Welche abenteuerlichen Geschichten etwa verbanden sich mit den bescheidenen 4 665 Exemplaren, die auf das Konto Jugoslawiens gingen! Zunächst einmal hatten sich vier Verleger um die Rechte gestritten, und während sie sich untereinander bekriegten, behaupteten alle vier unisono, die Veröffentlichung liege im öffentlichen Interesse, weshalb sie keine Tantiemen zu zahlen gedachten. Mitchell verhandelte mit jedem einzeln und versuchte zwischen ihnen zu vermitteln und trachtete gleichzeitig, ihre eigenen Interessen zu wahren. Das rief diverse Behörden auf den Plan. »Ein lustiges Getümmel war das, an dem sich die Jugoslawen, die Botschaft der Vereinigten Staaten, das OWI [Office of War Information] in Belgrad und Rom und meine Person beteiligten«, schrieb sie später. Für die Korrespondenz mit Belgrad brauchte sie Übersetzer, was wiederum dazu führte, daß sie eine ganze Reihe von Leuten in Atlanta kennenlernte, die Serbokroatisch sprachen.

Nachdem der Vertrag geschlossen war, hörte sie nichts mehr aus Jugoslawien. Noch 1947 war ihr nicht klar, ob das Buch überhaupt in Druck gegangen war, und nach dem Sieg von Marschall Tito traute sie sich nicht mehr zu fragen – da die Kommunisten das Buch verboten hatten, fürchtete sie um die Sicherheit ihrer Kontaktleute. »Wenn das Projekt im Hinblick auf die russische Abneigung gegen mein Buch aufgegeben worden ist, will ich der Sache lieber nicht weiter nachgehen, aus Sorge, die Behörden könnten auf meinen Verleger aufmerksam werden und ihm Schwierigkeiten bereiten.« Inmitten all dieser Turbulenzen stellte sich heraus, daß ihr Verleger eine Frau war, was sie mit großer Genugtuung zur Kenntnis nahm. Das Buch wurde tatsächlich gedruckt, verkaufte sich auch nicht schlecht, und obwohl Mitchell nie nachfragte, übermittelte die Verlegerin von sich aus die Verkaufszahlen. All dies verbirgt sich hinter den 4 665 jugoslawischen Exemplaren.

Der weltweite Erfolg des Buchs hatte dieselben Gründe wie der auf dem amerikanischen Markt, und Leser überall auf der Welt brachten ihre Begeisterung auf dieselbe Weise zum Ausdruck wie die amerikanische Leserschaft – indem sie zum Beispiel ein Happy-End verlangten. Mit der internationalen Begeisterung war für Mitchell neue Aufregung verbunden.

All die verrückten Geschichten, die vor einigen Jahren in den Vereinigten Staaten abliefen, sind einfach nur in den Untergrund abgetaucht, um in Polen, Rumänien, Bulgarien, der Tschechoslowakei usw. erneut ans Tageslicht zu kommen. Ich erhalte laufend Briefe von Verlegern und Agenten, die den »Rest von ›Vom Winde verweht‹« anfordern oder nach dem »Ende von ›Vom Winde verweht‹« fragen ... Sie glauben mir nicht, wenn ich ihnen sage, das Buch hört da auf, wo es aufhört. Sodann ist mir zu Ohren gekommen, daß verschiedene Leute in Rumänien »Vom Winde verweht« auf die Bühne bringen wollen. Alle sind sie voller Enthusiasmus und Tatendrang. In einer Version soll der Held Abraham Lincoln heißen, in der zweiten Franklin Roosevelt und in der dritten, soviel ich weiß, Präsident Truman ...

Ähnliches passierte in Frankreich zwei Jahre später, wo »eine Zeitschrift als Werbegag einen Wettbewerb ausgeschrieben hat und Preise für die vier oder fünf ›besten Schlußkapitel von *Vom Winde verweht*‹ vergeben will.« Sie fuhr fort:

Manchmal entlockt es John und mir ein beklommenes Lachen, wenn wir sehen, daß Leser in völlig unterschiedlichen Ländern ganz gleich reagieren. Die Menschen scheinen nicht allzu verschieden voneinander zu sein. Jeder, der den glänzenden Einfall hat, ein »letztes Kapitel« zu schreiben, um zwei Liebende doch noch zusammenzubringen, hält sich für den einzigen Menschen auf der ganzen Welt, dem die fabelhafte Idee mit dem »letzten Kapitel« gekommen ist.

Was sie nicht weniger in Erstaunen versetzte, waren die verschiedenen politischen Interpretationen, die ihr Buch erfuhr. Mitchell selbst hatte hartnäckig, zuweilen vehement bestritten, daß ihr Roman eine verborgene politische oder ideologische Botschaft enthalte. Hier werde eine Geschichte erzählt, beteuerte sie, und weiter nichts. Allenfalls mochte sie zugeben, daß es in ihrem Buch im Grunde genommen ums Überleben geht und die Frage, wer in Krisenzeiten untergeht und was einen Menschen dazu befähigt, durchzuhalten und unbeschadet das neue Ufer zu erreichen. Davon ist sie im Prinzip nie abgewichen – unter dem Eindruck des Kriegs hat sie jedoch gelegentlich auch eine politische Dimension ihres Buchs in Betracht gezogen.

Während des Spanischen Bürgerkriegs, schrieb sie, »haben mir Amerikaner, die auf beiden Seiten der Front kämpften, geschrieben, daß sie sich des nachts am Lagerfeuer laut aus meinem Buch vorgelesen hätten, und in jedem der beiden feindlichen Lager habe man sich mit der gerechten Sache der Konföderierten identifiziert.« Europäische Kritiker, bemerkte sie in einem anderen Brief, hätten sich weniger mit der Erzählung oder der Liebesgeschichte befaßt und statt dessen stärker auf die »universalhistorische Bedeutung« des Romans hingewiesen. Und einem ihrer schärfsten Kritiker, Malcom Cowley, schrieb sie:

Jede Nation wendet die Geschichte vom Aufstieg und Untergang der Konföderation auf ihre eigene Vergangenheit an. Französische Kritiker denken an 1870, polnische an die Teilung ihres Landes, deutsche an 1918 und die schmachvolle Zeit, die auf die Niederlage folgte, und die Tschechen schöpfen sogar Hoffnung für ihre Zukunft daraus – ich habe Briefe erhalten, in denen es hieß, wenn es den Südstaaten gelungen sei, ihre Freiheit wiederzuerlangen, dann werde das auch der Tschechoslowakei gelingen.

Nach dem Krieg glaubte Mitchell selbst, eine politische Aussage in ihrem Werk erkennen zu können. Das eigentliche Thema des Buchs sei Freiheit, erklärte sie jetzt. Als sie hörte, daß Hitler die einzige Kopie von Selznicks Film, die es in Europa gab, beschlagnahmt hatte, fragte sie sich, was er bei der Privatvorführung wohl empfunden haben mochte – als Propagandafilm würde sich die Geschichte eines »besiegten Volkes, das seine Freiheit wiedererlangt«, jedenfalls kaum eignen. Sie wunderte sich deshalb auch nicht darüber, daß sich ihr Buch unter Widerstandskämpfern großer Beliebtheit erfreut hatte. Vor allem im polnischen Untergrund war »Vom Winde verweht« zur moralischen Aufrüstung eingesetzt worden; Ähnliches hatte sie aber auch aus Kreisen der französischen Résistance vernommen. »Es heißt, daß die Franzosen ›Vom Winde verweht‹ während der Zeit der deutschen Besetzung besonders gern gelesen hätten«, berichtete sie. Hoch erfreut reagierte sie auf den Brief eines Südstaatlers, der seinerzeit in Frankreich gelebt hatte: »Ich werde unablässig nach dem Buch und seiner Verfasserin Margaret Mitchell gefragt. Es ist hier heimlich gedruckt worden und im Untergrund von Hand zu Hand gegangen; mehrere Leute pflegten ein und dieselbe Ausgabe zu lesen.« Eine dieser zerschlissenen Ausgaben ist Mitchell später vermacht worden. »Die Vorstellung, daß sich Franzosen während der Besatzungszeit an der Lektüre meines Buchs erbaut haben, macht mich stolz und glücklich«, schrieb sie dem ursprünglichen Besitzer. Und 1948 notierte sie: »Zur Nazizeit galt ›Vom Winde verweht‹ als antifaschistisch, jetzt gilt es als antikommunistisch.«

Nachdem sie anfangs von einer politischen Dimension nichts hatte wissen wollen, gefiel ihr die Vorstellung in späteren Jahren immer besser. Das hing nicht zuletzt damit zusammen, daß Mitchell in den ideologischen Auseinandersetzungen der Nachkriegszeit selbst immer entschiedener Stellung bezog – nach dem Sieg über Nazideutschland wandelte sie sich zur glühenden Antikommunistin. Der Krieg, ihre Operationen, die Saunders-Affäre, der Tod ihres Vaters und Johns Schlaganfall waren nicht ohne Auswirkung auf ihren Charakter geblieben, und in den letzten fünf Jahren ihres Lebens grollte sie ebenso häufig, wie sie lächelte.

21. KAPITEL

Ein fremdes, dunkles Land

Ich vermute, Sie wissen nicht, daß mich große
oder reiche Leute noch nie eingeschüchtert haben
und daß ich noch nie einem Kampf aus dem Weg
gegangen bin. Ich bedauere, daß der sehr lang-
wierige Rechtsstreit, den ich in Holland durchge-
fochten habe, nie einer größeren Öffentlichkeit
bekannt geworden ist, oder die Art und Weise,
wie ich die alte Dame fertiggemacht habe, die mich
des Plagiats bezichtigte, oder wie ich Billy Rose
und verschiedene andere Leute durch die Mangel
gedreht habe, die mir schaden wollten oder es
zumindest versucht haben.

Margaret Mitchell an Harold Latham

Im September 1941, bei der Taufe der ersten
Atlanta, hatte sie in der schicken Khaki-Uniform einer Rot-
Kreuz-Mitarbeiterin ausgesprochen flott ausgesehen. Vorher,
auf dem Bahnhof, hatte sie unermüdlich gelächelt und
freundlich gewinkt. Drei Jahre später, während des Stapel-
laufs der zweiten *Atlanta*, konnte auch ein langer Nerzmantel
nicht verbergen, daß sie vierzig Pfund Übergewicht hatte. Und
auf einem Foto, das an diesem Tag entstand, lugt sie finster
hinter einem Rosenstrauß hervor, der fast so groß wie sie
selbst ist.

Sie hatte sich sehr verändert.

Aber die Veränderungen im Aussehen waren unerheblich

439

gegenüber dem Wandel, den ihr Verhalten in den vierziger Jahren durchmachte. In »Vom Winde verweht« beschreibt sie, wie Scarlett in Denken und Fühlen ihrem Vater zusehends ähnlicher wird, während sie ihre Mutter als Vorbild immer entschiedener ablehnt. Denselben Prozeß hat Margaret Mitchell in ihren letzten Lebensjahren durchgemacht. Mit fortschreitendem Alter und Verfall war Eugene Mitchell zunehmend konservativer, pedantischer, mißtrauischer, engstirniger und verbohrter geworden – bei seiner Tochter war es nicht anders. Nicht, daß sich ihre selbstlose Freundlichkeit und ihr Humor völlig verloren hätten, doch mit der Zeit legte sie immer häufiger eine ungewohnte, bisweilen niederträchtige Verbissenheit an den Tag, und ihr Charakter trieb giftige Blüten. In ihren mündlichen wie schriftlichen Äußerungen schlug sie zunehmend verbissene, dogmatische Töne an, und selbst ihr Witz wurde schal. Großherzig konnte sie nach wie vor sein, aber Verbitterung und Ressentiment gewannen allmählich die Oberhand. Zornausbrüche waren an der Tagesordnung, und wenn sie sich hintergangen fühlte, ließ sie sich von Wut und Rachsucht übermannen. »Ich war immer der Überzeugung, daß Leute, die nicht kämpfen, ihr trauriges Schicksal verdient haben«, erklärte sie. »Also werde ich nicht aufhören zu kämpfen.« Sie befaßte sich intensiv mit juristischen Fragen, und Prozesse zu führen wurde zu ihrem Lieblingssport.

Spätestens seit 1943 beherrschten Streit und Kampf ihr Leben. Weiß Gott, die Zeiten waren schwierig, und ihre Stimmung war entsprechend. Der lange Todeskampf ihres Vaters, ihre eigenen Gebrechen und Johns Schlaganfall, dies alles trug dazu bei, daß ihr die Welt immer enger erschien und ihr Horizont sich zusehends verdüsterte. Und Verbitterung war auch der Grund, weshalb sie sich immer stärker politisch engagierte.

Bislang hatte Mitchell kein besonderes Interesse an Politik

bewiesen – in diesem Punkt war sie ihrem Vater schon immer ähnlicher als ihrer Mutter gewesen. May Belle hatte gern im Rampenlicht gestanden; mit dem Sieg der Frauenrechtsbewegung allerdings war ihr die Hauptmotivation für ihr politisches Engagement abhanden gekommen. Eugene Mitchell aber hatte sich für die Hahnenkämpfe der Politiker nie erwärmen können. Öffentliche Ämter hatte er aus Pflichtgefühl und ohne jede Begeisterung übernommen, weil seine Familientradition und seine gesellschaftliche Stellung es verlangten, und wenn Eugene Mitchell überhaupt politische Sympathien besaß, so galten sie der Rechten. Es ist zwar richtig, daß er ein Gegner des Ku Klux Klans war, die Gewalttätigkeit des weißen Pöbels verabscheute und Schwarze im Einzelfall unterstützte, aber er wäre nie auf die Idee gekommen, sich für die Bürgerrechte der Schwarzen oder gar für Rassengleichheit einzusetzen. In seinen Erinnerungen beschreibt Stephens Mitchell seine Familie, die Schwester eingeschlossen, als »extrem reaktionär«. »Ich meine damit nicht konservativ«, erklärt er. »Wir sind nicht konservativ. Wir glauben an feste Prinzipien, die man unter keinen Umständen aufgeben darf. Das Böse ist zu allen Zeiten böse, bis zur Wiederkunft Jesu Christi. Und was in der Vergangenheit gut war, das bleibt auch für alle Zukunft gut.« Stephens Mitchell mag hier leicht übertreiben, aber Margaret Mitchells Reaktion auf die Politik des New Deal beweist, daß er nicht unrecht hatte.

1933 hatte Mitchell, nicht anders als der Rest ihrer Familie, den neuen Präsidenten Franklin D. Roosevelt als starke Führungspersönlichkeit begrüßt. Mitte der dreißiger Jahre schlug ihre Zustimmung jedoch in entschiedene Ablehnung um. Diese Ablehnung ging zunächst einmal von John Marsh aus, der als Chef der Werbeabteilung des größten monopolkapitalistischen Unternehmens von Georgia, der Elektrizitätsgesellschaft, der sozialorientierten Politik des New Deal naturgemäß wenig abgewinnen konnte. Seine Frau lehnt sich bald jedoch noch leidenschaftlicher dagegen auf. 1938, bei der Wahl zum Senat von Georgia, unterstützten John und Peggy Marsh den Demagogen Herman Talmadge sowohl gegen den amtierenden Gouverneur Walter George, einen konservativen Patrizier, als auch gegen den linksgerichteten Lawrence Camp.

Von ihren alten Freunden aus den Tagen beim *Journal* hatten wenige Verständnis für ihre politische Einstellung, von ihren neuen Freunden aus der Literaturszene niemand. »Ich schwieg zu Margarets giftigen Angriffen auf Roosevelt«, schrieb Clifford Dowdey später. Auch Mitchell hielt sich gegenüber ihren Freunden mit politischen Kommentaren zurück, erlaubte sich aber die eine oder andere spöttische Bemerkung im privaten Kreis. 1938 rezensierte sie den gesellschaftskritischen Roman ihrer Freundin Willie Ethridge über eine Textilstadt in Georgia und lachte hinterher: »Sie wollte in ihrem Buch beiden Seiten gerecht werden, das heißt, der alte, fiese Kapitalismus sollte sein Fett abbekommen. Wir wollten Willie nicht verletzen und haben es ihr deshalb nie gesagt, aber durch die Lektüre ihres Buchs sind patriarchalische Fabrikbesitzer in unserem Ansehen ungemein gestiegen.«

1938 konnte sie noch Witze reißen, später war es damit vorbei. Ihre Korrespondenz mit Dr. Henry C. Link zeigt, wie sich ihr Denken radikalisierte. Link war ein Exponent des konservativen Individualismus in den USA, und Mitchell hatte etliche seiner Bücher gelesen. 1941 lobte sie seine individualistische Philosophie in den höchsten Tönen. Er sei die Stimme in der Wüste, schrieb sie ihm, »denn in unseren Tagen findet man nur noch selten jemanden, der sich uneingeschränkt zur Verantwortung des Individuums bekennt und unmißverständlich klarstellt, daß jeder Mensch grundsätzlich über unbeschränkte Fähigkeiten verfügt.« – »Wie weit ist es mit der Welt gekommen, wenn ein Artikel wie der Ihre schon beinahe revolutionär wirkt«, schrieb sie kurz bevor die Vereinigten Staaten in den Krieg eintraten.

Ich bin alt genug, um mich an die Zeiten zu erinnern, in denen kleine Kinder angehalten wurden, »Invictus« auswendig zu lernen und daran zu glauben. Später wurde es unter den Intellektuellen Mode, dieses Gedicht und seine Botschaft in Grund und Boden zu verdammen und über Kiplings »If« Hohn und Spott auszugießen. Und heute leben wir in einer Zeit, in der von niemandem mehr erwartet wird, daß er sich zusammenreißt und sein Schicksal in die eigenen Hände nimmt – jetzt ist jeder nur noch ein hilfloses Opfer gesellschaftlicher Umstände, wie Sie es ausdrücken. Ich hoffe, noch miterleben zu dürfen, daß wir die Finsternis, die uns derzeit umfängt, hinter uns lassen.

Je länger der Krieg dauerte, desto schärfer wurde ihr Ton, desto mehr wuchs ihre Verachtung. Sie suchte jetzt regelrecht nach Gelegenheiten, sich mit Andersdenkenden anzulegen. Im Frühjahr 1944 wandte sie sich mit einer harschen Zurechtweisung an den durch und durch konservativen Senator Walter George. Die Nation, schimpfte sie, opfere ihr Blut und ihren Wohlstand, um europäische Tyrannen zu bekämpfen, dulde zur gleichen Zeit aber im eigenen Land totalitäre Zustände. »Der Rückzug von unseren demokratischen Idealen kann nicht ewig so weitergehen, irgendwann müssen wir innehalten und uns eingraben und diese Ideale mit Gewalt verteidigen«, redete sie ihm ins Gewissen. »Je später wir uns zum Kampf entschließen, desto erbitterter wird die Schlacht werden. Der beste Zeitpunkt, den Kampf aufzunehmen, ist jetzt.«
Der Vormarsch des Kommunismus im Ausland bestärkte sie in ihrer Haltung. Nach 1944 konzentrierte sie sich zunehmend auf die kommunistische Gefahr. Antikommunismus war für sie indes nicht bloß ein abstraktes Ideal, sondern eine ganz konkrete Bürgertugend, denn auch vor ihrer eigenen Haustür witterte sie Kommunismus. Vor allem die Rezeptionsge-

schichte ihres Buchs wirkte sich belebend auf ihre politischen Antipathien aus.

Die amerikanische Linke hatte ihr Buch vom ersten Tag an attackiert. Zu ihren Kritikern gehörten vor allem undogmatische Linke wie Heywood Broun und Malcom Cowley, der sich in seiner Rezension über ihren Roman ausgiebig lustig gemacht hatte, wobei er seine Ablehnung weniger auf literarische Mängel gründete als vielmehr auf voraussehbare gesellschaftliche Wirkungen. »Mitchell hat einen Mythos geschaffen«, behauptete er, der »teils falsch, teils albern« sei und »negative Auswirkungen auf die Gesellschaft in den Südstaaten haben wird«. Brouns Ablehnung beruhte auf ähnlichen Argumenten. »Stehe ich mit meiner Meinung wirklich ganz allein da, wenn ich glaube, daß dieses Buch eine Spur zu süßlich ist?« fragte er scheinheilig. »Wirtschaftlich befand sich der Süden auf einem Irrweg, das ist das Entscheidende – entscheidender als der Charme seiner Bewohner oder der Duft seiner Blumen.« Im Vergleich zu Cowleys oder Brouns eher salopper und leicht zynischer Kritik gingen kommunistische Rezensenten mit rechthaberischem Ernst ans Werk, argumentierten jedoch prinzipiell genauso. Sie unterstellten Mitchell eine romantische, nostalgische Grundhaltung und warfen ihr Realitätsverweigerung vor, weil sie es an Klassenbewußtsein und Respekt vor den fortschrittlichen gesellschaftlichen Kräften fehlen lasse.

In der kommunistischen Kritik spielten aber auch noch andere Aspekte eine Rolle. Etwa zur selben Zeit, als »Vom Winde verweht« erschien, hatte die Kommunistische Partei der USA die Rassenfrage zu ihrer ureigensten Sache gemacht, und sie warf Mitchell insbesondere eine romantische Verklärung der Sklaverei vor. Dieses Verdikt entsprach der offiziellen Parteilinie, Widerspruch wurde nicht geduldet, und als Howard Rushmore, ein Journalist des kommunistischen *Daily Worker*, sich weigerte, »Vom Winde verweht« zu verreißen, verlor er

444

seinen Job und wurde überdies aus der Partei ausgestoßen. Der linkslastige Amerikanische Schriftstellerkongreß bewies eine ähnliche Einstellung. Im selben Monat, als das Pulitzer-Komitee Mitchell als Preisträgerin nominierte, stimmte der Schriftstellerkongreß dafür, »The Big Money« von John Dos Passos auszuzeichnen, der damals eine radikal gesellschafts-kritische Haltung einnahm – die Abstimmung ergab 350 Stim-men für Dos Passos zu einer Stimme für Mitchell. Auch wäh-rend des Kriegs erneuerte die kommunistische Presse immer wieder ihre Angriffe auf Mitchell, und ihr Roman wurde für sie zum Inbegriff von Kapitalismus, angelsächsischem Rassis-mus und reaktionärer Südstaatenideologie. Keine Zeitschrift der USA beschäftigte sich zwischen 1936 und 1944 ausgiebi-ger mit Mitchells Buch und Selznicks Filmversion als die kom-munistischen Blätter *New Masses* und *Daily Worker*.

Die Autorin verfolgte sehr genau, was die Linke über sie dach-te und schrieb, und alles bestärkte sie in ihren eigenen ideolo-gischen Überzeugungen. 1948 schrieb sie George Brett, »die Kommunisten, die Linken, die Rosaroten und die Liberalen« hätten sie und ihr Werk von Anfang an verdammt, und »selbst nach zehn Jahren noch vergeht keine Woche, in der nicht ein Mr. David Platt im *Daily Worker* einen Artikel gegen ›Vom Win-de verweht‹ veröffentlicht«. Platt und den anderen zahlte sie ihre Feindschaft allerdings mit größtem Vergnügen heim.

Die Ablehnung, auf die ihr Buch in kommunistischen Län-dern traf, bestärkte sie in ihrem Glauben an die kommunisti-sche Gefahr und ihrer Furcht vor einer kommunistischen Ver-schwörung. So erklärte sie sich das Schicksal ihres Buchs in Jugoslawien mit einer Zusammenarbeit amerikanischer und europäischer Kommunisten. »Ich habe gerade neue Rezensio-nen aus Jugoslawien erhalten, wo meine bedrängte Verlegerin das Buch nach wie vor herausgibt«, notierte sie im Frühjahr 1948.

Diese Rezensionen sind natürlich aus kommunistisch kontrollierten Zeitungen, und sie unterscheiden sich kaum von den Kritiken im *Daily Worker*. Sie sind etwas plumper als die im *Daily Worker*, aber der Inhalt ist derselbe. Sie suggerieren, daß ich die Sklaverei in den USA wieder einführen will. Was das die Jugoslawen kümmert, verstehe ich zwar nicht – der schwarze Bevölkerungsanteil dort dürfte sich in Grenzen halten. Aber dort wie hier bei uns setzen die Kommunisten alles daran, die Südstaaten und ihre Menschen zu verunglimpfen, weil sie den Süden zu Recht für eine konservative Hochburg halten und weil sie wissen, daß wir dem Kommunismus standhafteren Widerstand entgegensetzen als die hochindustrialisierten Regionen des Nordens und des Mittleren Westens.

In Jugoslawien begnügte sich die staatlich gelenkte Presse damit, das Buch anzugreifen – in anderen kommunistischen Ländern brachte es »Vom Winde verweht« erst gar nicht bis in die Feuilletons. In der Sowjetunion war das Buch verboten, und mit dem Vormarsch der Roten Armee dehnte sich die Verbotszone nach Westen aus. In Ungarn kam es 1947 auf den Index. Jahrelang hatte der Verlag in Budapest ihr Ärger gemacht, aber die sowjetische Lösung ihres Problems verstimmte Mitchell noch mehr: »Als die Russen in Ungarn einmarschierten, wußte ich, daß ich ein Problem weniger hatte«, schrieb sie im Sommer 1947.

Jedesmal, wenn die Russen in einem Land einmarschieren, wo »Vom Winde verweht« verlegt wird, bange ich um das Leben meines Verlegers, so daß ich mich nicht einmal traue, ihm zu schreiben, aus Angst, ich könnte ihn in Schwierigkeiten bringen. Die Kommunisten hier in den USA und im Ausland haben »Vom Winde verweht« vom ersten Tag an bekämpft, und ich befürchte stets, der harmloseste Brief von

446

mir könnte einen sowjetischen Zensor dazu veranlassen, meinen Verleger zu liquidieren.

Sie schlug zurück. Ungeachtet der Tatsache, daß sie normalerweise ihr Urheberrecht mit allen Mitteln zu wahren trachtete, billigte sie aus politischen Gründen den Abdruck von »Vom Winde verweht« als Fortsetzungsroman in einer französischen Zeitung, von dem sich die Gaullisten einen Propagandaeffekt versprachen. »Eine ganze Reihe konservativer Politiker unterstützte das Gesuch mehrerer Zeitungsverlage, darunter André Maurois«, berichtete Mitchell und bat George Brett, seinerseits stockkonservativ, dieser Veröffentlichung ebenfalls zuzustimmen. Er zögerte, ließ sich dann aber von ihren politischen Argumenten überzeugen und unterschrieb sein Einverständnis mit dem Ausruf: »Tod dem Kommunismus!«

Es waren aber nicht nur ideologische Gründe, die sie dazu bewogen, gegen Kommunisten, Liberale und Linke Front zu machen; tieferliegende, private Beweggründe kamen hinzu. Ihre Welt war aus den Fugen geraten, und in ihrer Wut schnappte sie nach jedem, der ihr in die Quere kam. Oft bedurfte es nur eines Mißverständnisses, um sie in Rage zu bringen, und mit Vorliebe stürzte sie sich auf den armen George Brett. Im Herbst 1944 beispielsweise kam es wegen eines anderen Macmillan-Bestsellers, »Forever Amber« von Kathleen Winsor, zu einer wütenden Auseinandersetzung. Winsor war eine blutjunge Autorin, und ihr Roman lehnte sich vor allem in der Beschreibung der historischen Schauplätze eng an Mitchells Buch an. Die *New York Times Book Review* vom 8. Oktober machte darüber hinaus auf weitere Übereinstimmungen aufmerksam. Beide Bücher, hieß es da, ließen eine gewisse Nachlässigkeit gegenüber ihrem Stoff erkennen, als hätten »sie sich gewissermaßen von selbst geschrieben«. Mitchell hatte anfangs selbst dazu beigetragen, diesen Eindruck zu erwecken, kämpfte jedoch seit geraumer Zeit vehement

447

dagegen an. Ihr Zorn richtete sich indes nicht gegen den Rezensenten der *Book Review*, sondern gegen Macmillan. Sie entschied, daß es die Aufgabe des Verlags gewesen wäre, diese Rezension zu verhindern, und setzte umgehend einen geharnischten Brief an die Abteilung für Öffentlichkeitsarbeit bei Macmillan auf, weil diese skurrile Gerüchte über ihre Arbeitsweise in Umlauf gesetzt habe. Die entsetzte Abteilungsleiterin wies jede Schuld von sich und reichte Mitchells Schreiben an George Brett weiter. Der antwortete sofort, und obwohl auch er jede Verantwortung ablehnte, tat er ausführlich Abbitte und wies unter anderem darauf hin, daß er angeordnet habe, Mitchells Namen ausschließlich im Zusammenhang mit der Werbung für ihr eigenes Buch zu verwenden.

Mitchell zeigte sich unbeeindruckt und wechselte lediglich die Argumentation: Brett habe nicht den Eindruck zerstreuen können, daß man bei Macmillan offensichtlich der Ansicht sei, sie habe »nachlässig« gearbeitet. Nicht die Verwendung ihres Namens habe sie verärgert, sondern daß Macmillan sie als Trottel hingestellt habe,

> denn nur ein Trottel würde sich einfach so, ohne vorher nachzudenken, hinsetzen und losschreiben. Wenn es Miss Winsor nicht stört, ein Trottel zu sein, und Macmillan nichts dabei findet, sie als Trottel hinzustellen, so geht mich das nichts an ... Mein Brief an Miss Grinnell hat nichts enthalten, was man dahingehend verstehen könnte, daß ich wegen Miss Winsors Erfolg oder wegen des Vergleichs zwischen »Vom Winde verweht« und »Forever Amber« neidisch oder eifersüchtig oder verärgert sein könnte.

Bezeichnenderweise fügte sie hinzu, daß es ihr dabei weniger um ihre Rechte als vielmehr um die Verteidigung geheiligter Prinzipien gehe – junge Leute würden nämlich auf diese Weise dazu gebracht, Nachlässigkeit und Verantwortungslosigkeit für etwas Erstrebenswertes zu halten, und jeder Möchtegern-Autor in den USA würde sich in seinem Irrglauben bestätigt fühlen, Schreiben hätte mit Zauberei zu tun, und nicht, wie zum Beispiel in ihrem Fall, mit schweißtreibender Plackerei.

Bretts Brief enthielt an keiner Stelle einen Hinweis darauf, daß er Mitchells Talent und Arbeitseifer in Frage stellen könnte, und von Neid auf Winsors Erfolg war mit keinem Wort die Rede – Mitchells Interpretation war vollkommen willkürlich und fällt auf sie selbst zurück. Sie erlebte eine schreckliche Zeit, und zu allem Überfluß bestand nun auch noch die Gefahr, daß Winsors Helden ihre Scarlett im Verlag und in der amerikanischen Öffentlichkeit an Beliebtheit übertreffen könnten. Ihre Reaktion beweist, wie empfindlich sie inzwischen geworden war, wie sehr sie fürchtete, in den Hintergrund gedrängt zu werden, und wie mißgünstig sie mittlerweile sein konnte.

Als nächstes rollten die Marshs erneut den Fall Selznick auf, erhoben die alten Vorwürfe wegen der Rolle des Verlags bei den Vertragsverhandlungen und brachten ein weiteres Mal die ungeklärten Urheberrechtsfragen zur Sprache. Mitchell wollte ihr Urheberrecht jetzt im allerweitesten Sinn verstanden wissen und jede Bezugnahme auf Handlungselemente oder Romanfiguren in der Öffentlichkeit untersagen, solange keine ausdrückliche Genehmigung vorliege. Sie wollte auch keinen Unterschied mehr zwischen grobem Rechtsbruch, weniger schwerwiegenden Verstößen und Kavaliersdelikten machen, und überdies sollten diese Regeln auch noch weltweit Anwendung finden. Gleichgültig, ob Billy Rose in Las Vegas eine alberne Musical-Parodie ihres Romans auf die Bühne brachte, ein holländischer Verlag einen Raubdruck veröffentlichte, eine Frauenkooperative irgendwo im Hinterland von Georgia Mammy-Puppen für eine Wohltätigkeitsveranstaltung herstellte, ein Amateurtheater in Bukarest eine Bühnenversion probte oder eine französische Zeitung einen

Schlußkapitel-Wettbewerb ausschrieb – Mitchell war jetzt entschlossen, alles zu unterbinden. Mit Adleraugen durchforstete sie die Zeitungsmeldungen, die ihr Ausschnittdienst ihr lieferte, und suchte sie nach Hinweisen darauf ab, daß irgendwer irgendwo auf der Welt ihre Rechte verletzen könnte. Und jeder Verstoß zog die Androhung rechtlicher Schritte nach sich. Sie war ihrem Vater so ähnlich wie möglich geworden.

Bei den Prozessen, die sie anstrengte, schlug Mitchell nicht nur jeden gutgemeinten Rat in den Wind, sie ließ sich auch nicht von der Aussichtslosigkeit eines Prozesses, von hohen Prozeßkosten oder den Einflüsterungen des gesunden Menschenverstands beeindrucken. Obwohl sie ihre Prozeßwut teuer bezahlen mußte, schienen Rechtshändel eine belebende Wirkung auf sie zu haben. In ihren Augen belegten die enormen Ausgaben lediglich die Uneigennützigkeit ihres Kampfs, und die Qualen, die sie litt, waren der Preis für ihre kompromißlose Rechtschaffenheit. Einerseits beklagte sie sich unablässig über die Belastung, die für sie mit der Verteidigung ihrer Urheberrechte verbunden war, andererseits bereitete es ihr ungeheure Befriedigung, wenn jemand tatsächlich bestraft wurde. Einer dieser Fälle ist besonders aufschlußreich für ihre Haltung: der zehnjährige Rechtsstreit wegen Verletzung ihres Urheberrechts in Holland. Auslöser war ein Raubdruck, der bereits vor dem Krieg erschienen war, aber erst gegen Kriegsende entwickelte sich dieser Fall zum besten Beispiel dafür, daß sie unter keinen Umständen mehr bereit war, zu vergeben oder zu vergessen. Überdies belegt er, daß sie in zunehmendem Maße jeden als Gegner betrachtete, der anderer Meinung war als sie. Bis zum bitteren Ende der Affäre im Jahr 1947 hatte sie sich buchstäblich jeden Beteiligten zum Feind gemacht – ihren Verleger, dessen Rechtsanwälte, ihre holländischen Anwälte, ihren holländischen Verleger und das gesamte holländische Volk eingeschlossen.

Zwar garantierte die Vereinbarung von Bern einen internationalen Schutz des Urheberrechts, doch die Vereinigten Staaten waren diesem Abkommen nie beigetreten, und nur die gleichzeitige Veröffentlichung in Kanada, das zu den Unterzeichnerstaaten gehörte, bot einem amerikanischen Autor Urheberschutz. 1937 brachte der holländische Verlag Zuid-Hollandsche Uitgevers Mij (ZHUM) eine nichtautorisierte Fassung von Mitchells Roman heraus, wobei er sein Vorgehen mit dem formalen Argument rechtfertigte, die amerikanische Ausgabe sei vor der kanadischen erschienen. Kaum hatte Mitchell davon erfahren, zog sie vor Gericht. Sie war siegessicher, verlor den Prozeß jedoch, und im Herbst erschien die nichtautorisierte Ausgabe ganz legal auf dem holländischen Markt. Daraufhin griff sie zu ihrem dicksten Knüppel: »Ich bin normalerweise ein friedfertiger Mensch«, beteuerte sie, »aber das bringt mein Blut in Wallung. Ich bin entschlossen, die Sache in Holland bis vor das höchste Gericht zu bringen.« Was sie auch tat.

Sie bat die Anwälte von Macmillan um Hilfe, und auf den Rat von Cadwallader, Wickersham & Taft hin heuerte sie einen holländischen Anwalt an, Dr. J. A. Fruin. Vier Jahre lang quälte sich der Fall durch die holländischen Gerichte. Am 1. Mai 1940 besetzten die Deutschen Holland, aber auch das konnte den Prozeß nicht aufhalten. Schließlich entschied das Oberste Gericht in Den Haag am 14. Februar 1941 in den Hauptpunkten zu ihren Gunsten und verwies den Fall zurück an die unteren Instanzen. Nachdem man soweit gekommen war, machten Cadwallader, Wickersham & Taft einen Vorschlag zur Güte, der die Zahlung von 1 000 Dollar an Mitchell vorsah. Die Autorin willigte ein – nicht wegen des Geldes, betonte sie, sondern weil sie sich einen Abschreckungseffekt auf andere Raubdrucker davon verspreche. Bevor Fruin jedoch die Verhandlungen zum Abschluß bringen konnte, unterbrach der Angriff auf Pearl Harbour und der amerikanische Kriegseintritt jede weitere Kommunikation zwischen den amerikanischen und den holländischen Parteien.

Immerhin verhandelte Mitchells holländischer Anwalt weiterhin mit ZHUM, und im Sommer 1944 erreichte er eine außergerichtliche Einigung, die darauf hinauslief, daß der Verlag Mitchells Rechte und Ansprüche anerkannte. Damit war aus dem ehemaligen Raubdrucker nun Mitchells offizieller Verleger in Holland geworden. Darüber hinaus ließ sich der Verlag sogar auf eine wesentlich höhere Zahlung als die ursprünglich vorgesehenen 1 000 Dollar ein. Da jedoch die Gefahr bestand, daß das Geld von den deutschen Militärbehörden beschlagnahmt werden könnte, verzichtete man darauf, einen offiziellen Vertrag zu schließen. Die endgültige Regelung kam dann am 17. September 1945 zustande: ZHUM bot Mitchell eine Entschädigung für entgangene Tantiemen in Höhe von 28 000 Gulden und eine Aufwandsentschädigung von 500 Gulden an.

Als sie schließlich eine Kopie der Vereinbarung zwischen Fruin und ZHUM in Händen hielt, fand sie manches daran auszusetzen. »Demnach hindert sie doch gar nichts, das in Europa übliche billige, geleimte Taschenbuch herauszubringen und mir keinen Penny zu bezahlen«, protestierte sie. Man habe ihr ja noch nicht einmal gesagt, welche Bank ihr Geld verwalte. Und daß Fruin sein Honorar von diesem Geld bereits abgezogen hatte, versetzte sie erst recht in Wut. Man dürfe ihm unmöglich erlauben, schäumte sie, »einfach soviel von meinem Geld abzuzweigen, wie im richtig erscheint, um mir dann nach dieser Eigenmächtigkeit gnädig den Rest zu überweisen. Außerdem habe ich ihm vor dem Krieg einen üppigen Vorschuß bezahlt . . .«

Ausdrücke wie »das Geld, das sie mir schulden«, »eigenmächtig Geld abzweigen« und »mir keinen Penny zu zahlen« deuten bereits auf einen neuen Konflikt mit den Holländern hin. Schon früher war Mitchells Knauserigkeit in ihrem Freundeskreis immer für einen Scherz gut gewesen, doch jetzt nahm ihr Geiz obsessive Züge an. Hatte sie bisher beteuert, das internationale Urheberrecht durchsetzen zu wollen, so ist nach 1944 nur noch von Betrügern die Rede, die sie um ihr Geld bringen wollen. Und nun richtet sich ihr Zorn nicht mehr allein gegen Fruin, ZHUM und das ganze Hollandgeschäft, sondern auch gegen Cadwallader, Wickersham & Taft.

Einmal auf dem Kriegspfad, gierte sie nach ihren Skalps. Am 4. Oktober 1946 brach Stephens Mitchell in seiner Eigenschaft als ihr Rechtsbeistand die Beziehungen zu der New Yorker Kanzlei in aller Form ab und listete die Verfehlungen von Fruin und Cadwallader Punkt für Punkt in einem langen, bitterbösen Brief minutiös auf. Cadwallader antwortete zwar mit einer nüchtern gehaltenen Darlegung der Sachlage, konnte seine Empörung über Stephens Mitchells »wirklich skurrilen Brief« aber nur mühsam unterdrücken und erlaubte sich den Hinweis, daß man das Verhalten der Mitchells nur noch als Heuchelei bezeichnen könne, wenn sich jetzt herausstelle, daß es ihnen gar nicht ums Prinzip, sondern ums Geld gegangen sei.

Die Mitchell-Clique bekam ihre Skalps dennoch – zur tiefen Befriedigung von Margaret Mitchell. Es war wie damals, als sie den arroganten Dr. Dandy gegen ihren Hausarzt vertauschte – jetzt wurde der vertrauenswürdige Stephens gegen die noble Firma Cadwallader in Stellung gebracht. Und tatsächlich kam sie in kürzester Zeit an ihr Geld. Ende des Jahres 1948 faßte sie den Verlauf dieses Rechtsstreits noch einmal für George Brett zusammen: »Ich weiß, es ist nicht nett, das zu sagen, aber nachdem Cadwallader, Wickersham & Taft von der Bildfläche verschwunden waren, lief die holländische Angelegenheit wie geschmiert«, jubelte sie.

Mit dem Vertrag ging es voran, der ehemalige Raubdrucker war zu Konzessionen bereit, die Aufwandsentschädigung wurde bezahlt, und ich habe fast alle ausstehenden Tantiemen überwiesen bekommen. Natürlich ist das nicht ein Fünfzigstel von dem, was mich Anwälte und Prozeß gekostet haben, aber es ist ermutigend, wenn man das, was einem zusteht, auch bekommt.

So, wie sie die Holländer, ihre New Yorker Anwälte und ihren Verleger behandelt hatte, sprang sie in zunehmendem Maße mit aller Welt um. Ihr Ausschnittdienst versorgte sie mit allem, was in den USA oder sonstwo auf der Welt über sie, ihr Buch oder ihre Romanfiguren geschrieben wurde, und immer war etwas darunter, das ihrer Empörung neue Nahrung gab. 1945 zum Beispiel hatte der Verleger Bennett Cerf in der *Saturday Review* beiläufig ihre »Allergie gegen Rosen« erwähnt – ein Irrtum, der sie zu einem Rundumschlag gegen alle »Neo-Journalisten« inspirierte, »die mit der guten, alten Tradition, daß Autoren die Wahrheit schreiben und Zeitungen ausschließlich Fakten veröffentlichen, gebrochen haben.« Als Cerf Atlanta besuchte, lehnte sie strikt jede Begegnung mit ihm ab. »Ich wünsche, überall abwesend zu sein, wo Mr. Cerf anwesend ist. Einmal, weil ich mir einen professionellen Verächter der Südstaaten vom Hals halten will, und zum anderen, weil ich Vulgarität hasse.«
Nichts war belanglos genug, um ihrer Aufmerksamkeit zu entgehen. 1949 entdeckte Mitchell in der Juliausgabe von *Reader's Digest* eine skandalöse Bemerkung in einem dieser humoristischen Einsprengsel, die sich in jeder Ausgabe fanden. Der Autor glaubte herausgefunden zu haben, daß der kleine Beau erst vierzehn Monate nachdem sein Vater Ashley Wilkes in der Schlacht von Gettysburg gefallen war, zur Welt gekommen sei. Jedem Leser des Buchs mußte auffallen, daß das nicht stimmte, und diese Anekdote sagte manches über das Niveau von *Reader's Digest*, aber gewiß nichts über das von Margaret Mitchell aus – dennoch schoß sie sofort aus allen Rohren und bestand auf einem Widerruf sowie einer Entschuldigung. Bei *Reader's Digest* nahm man die Sache nicht weiter ernst – »Was

Margaret Mitchell treibt, übersteigt unser Fassungsvermögen«, mögen sich die Herausgeber mit Virginia Patterson gesagt haben. Mitchell war jedoch nicht bereit, die Sache auf sich beruhen zu lassen. »Sie scheinen partout einen Prozeß zu wollen«, keifte sie. Und dann spulte sie die alte, nur allzu vertraute Litanei ab:

In New York habe ich mir eine Bronchitis zugezogen, und ich bin sie bis jetzt nicht wieder losgeworden; die Japaner halten mich mit ihren Raubdrucken in Atem; ich habe den Fortsetzungsroman in Frankreich am Hals; die Kommunisten ziehen einen meiner besten Verleger aus dem Verkehr; mit Spanien muß ein Filmvertrag ausgehandelt werden; wir sind dabei, ein Haus zu kaufen, weil wir hier möglicherweise ausziehen müssen usw., usf. Und zu allem Überfluß passiert diese idiotische Sache mit *Reader's Digest,* an der ich völlig schuldlos bin, und jetzt weigern sie sich sogar, ihren Fehler wiedergutzumachen – also, die Arbeit und dieser Ärger machen mich wirklich krank.

Worum ging es ihr diesmal? Das geht aus der Entschuldigung hervor, die sie verlangte. »Die von uns veröffentlichte Anekdote könnte den Eindruck erwecken, daß Miss Mitchell nicht die nötige Sorgfalt im Hinblick auf die historischen Fakten ihres Romans bewiesen hat.« Also dasselbe Problem, das fünf Jahre zuvor bereits im Zusammenhang mit Winsors Roman »Forever Amber« aufgetaucht war. Ja, im Grunde hatte ein ähnlicher Impuls überhaupt erst dazu geführt, daß sie mit ihrem Manuskript im Frühling 1935 herausgerückt war. Jedenfalls war sie nicht bereit, den Vorwurf der Nachlässigkeit auf sich sitzen zu lassen, und deshalb fest entschlossen, gegen *Reader's Digest* genauso unerbittlich vorzugehen wie gegen die holländischen Raubdrucker. »Sie werden mir nicht ungeschoren davonkommen. Die Beleidigung, die sie mir zugefügt haben, ist so ungeheuerlich und so unentschuldbar, daß ich die Sache nicht auf sich beruhen lassen kann ... Sie scheinen gar nicht zu begreifen, was sie mir angetan haben, oder es ist ihnen gleichgültig. Sie benehmen sich tatsächlich wie ein Autofahrer, der einen unschuldigen Fußgänger über den Haufen fährt und dann Fahrerflucht begeht«, beendete sie diesen Brief vom 12. Juli 1949. Am 4. August veröffentlichte *Reader's Digest* die verlangte Entschuldigung und erklärte sich überdies dazu bereit, in der Septemberausgabe eine »Richtigstellung« vorzunehmen. Sie hatte noch sieben Tage Zeit, ihren letzten Triumph auszukosten.

Das Ende der Geschichte

Unsere Missetaten liegen vor Dir wie ein offenes
Buch, und unsere verborgenen Sünden müssen
vor Dir ans Licht kommen. Denn wenn Du zürnst,
ist es mit uns vorbei, und unsere Jahre müssen
enden wie die Geschichte eines Erzählers.

Lesung zum Totenbegräbnis, »The Book of Common Prayer« (1928)

In den bald fünfundsechzig Jahren seit der
ersten Veröffentlichung hat »Vom Winde verweht« immer
wieder die unterschiedlichsten Beurteilungen erfahren. Dasselbe gilt für die Person Margaret Mitchells. Während eine
internationale Leserschaft dem Buch bis heute die Treue
gehalten hat, fand die Kritik seit dem Zweiten Weltkrieg
immer mehr daran auszusetzen, wie Mitchell im Jahr 1947
selbst bemerkte. Sie schrieb diesen Stimmungsumschwung
dem wachsenden Einfluß des Kommunismus und der politischen Linken in den USA zu. In gewisser Weise hatte sie damit
recht, denn vor den neuen politischen Ideen, die sich damals
in den Vereinigten Staaten durchsetzten, konnte ihr Buch
tatsächlich nicht mehr bestehen, zumal sich auch das Bild von
der Geschichte des Südens in einem radikalen Umbruch
befand. Neue historische Erkenntnisse ließen Mitchells

457

Roman in einem zunehmend ungünstigen Licht erscheinen.

Von 1941 bis 1945 befand sich Amerika in einem heißen Krieg gegen Nationalsozialisten und Faschisten, danach trat das Land in den Kalten Krieg gegen den Kommunismus ein. Vor diesem Hintergrund bildete der konservative, um nicht zu sagen reaktionäre Süden mit seinen Rassenproblemen für die USA eine Belastung. James Loeb Junior, einer der Begründer der Vereinigung »Amerikaner für die Demokratie«, hatte 1945 auf den Widerspruch aufmerksam gemacht, daß »Amerika einerseits dafür kämpft, daß in Berlin Parkbänke mit der Aufschrift ›Jude‹ verschwinden, und es andererseits in Amerika selbst südlich der Mason-Dixie-Linie Autobusse gibt, deren Sitzbänke mit dem Schild ›Nur für Farbige‹ versehen sind.«

Wanderungsbewegungen innerhalb der USA verschärften das Problem. Die Kriegsindustrie lockte schwarze Arbeiter aus dem Süden in die großen Städte des Nordens, des Mittleren Westens und des Westens, und die Lokalpolitiker dieser Regionen stellten sich auf ihre neue Wählerschaft ein. Selbst im Süden führte der Krieg und die Heimkehr zahlreicher schwarzer Soldaten dazu, daß immer mehr schwarze Bürger ihre Freiheitsrechte einklagten. Überdies hatte der New Deal im ganzen Land Gleichheitsideale wiederbelebt, die in der amerikanischen Ideologie tief verwurzelt waren. Alle diese Kräfte wirkten sich zu Ungunsten regionaler Besonderheiten aus und arbeiteten einer Idealisierung des »südlichen Sonderwegs« entgegen.

Dort allerdings kam es zu einer heftigen Gegenreaktion. Paradoxerweise stärkte die Popularität von Franklin D. Roosevelt und die landesweite Zustimmung zu seinem New Deal die konservativen Kräfte sowohl auf regionaler als auch auf nationaler Ebene, und die Vorherrschaft der Demokratischen Partei in der Bundespolitik, das Ein-Parteien-System im Süden und die dominierende Rolle der Konservativen bei den Südstaaten-Demokraten trugen dazu bei, dem Süden im Kongreß großes Gewicht zu verschaffen. Dazu kam, daß alle Vertreter des Südens, gleichgültig, welchem Flügel der Partei sie angehörten, in der Rassenfrage einer Meinung waren. Und weil Politiker des Südens in vielen Ausschüssen des Kongresses Schlüsselpositionen innehatten, konnten sie die nationale Gesetzgebung in ihrem Sinne beeinflussen und mit legalen Mitteln einen Wandel in der Rassenpolitik verhindern.

Obwohl der Süden schon vor 1830, also vor dem Aufkommen einer starken Bewegung für die Abschaffung der Sklaverei, als eigensinnig und verstockt galt, kam er doch erst nach dem Zweiten Weltkrieg richtig in Verruf, als sich die einzelnen Südstaaten immer weiter von der Generallinie der amerikanischen Politik entfernten. Dieser Nord-Süd-Gegensatz verhärtete sich mit der Zeit, und in den Jahren zwischen 1945 und 1964 galt die Einstellung zum Süden buchstäblich als Indikator für den Patriotismus eines US-Bürgers und seine Zuverlässigkeit im Hinblick auf die Grundwerte der Nation.

Diese Entwicklungen blieben nicht ohne Auswirkung auf Margaret Mitchells Roman. Der ranzige Geruch, der allem anhaftete, was aus dem Süden kam, übertrug sich auch auf das herausragende Buch über den Süden, und der Film trug das Seine zu dem Mißverständnis bei, »Vom Winde verweht« sei eine romantische Beschwörung alter Pflanzerherrlichkeit. Nur wenigen Schriftstellern aus den Südstaaten – Lillian Smith etwa oder William Faulkner – widerfuhr eine vorurteilsfreie Beurteilung – entweder, weil sie, wie Lillian Smith, das Gesellschaftssystem der Südstaaten nicht minder heftig attackierten als Kritiker aus dem Norden und in ihren Werke mit Patriarchat und Rassismus gnadenlos ins Gericht gingen, oder weil sie sich, wie Faulkner, auf keine erkennbare Linie festlegen ließen. Außerdem hatte Faulkner mit Malcolm Cowley einen machtvollen Fürsprecher im Allerheiligsten des literarischen Establishments von New York. Im selben Maße,

459

wie diese Autoren an nationaler und internationaler Reputation gewannen, büßte Margaret Mitchell bei den Kritikern an Ansehen ein.

Doch nicht nur politische Entwicklungen beeinflußten die Rezeption von Mitchells Buch in den Jahrzehnten nach dem Zweiten Weltkrieg – auch der literarische Geschmack änderte sich radikal, und nachdem ihr Roman aus politischen Gründen in Verruf gekommen war, geriet er nun auch wegen seiner Machart unter Beschuß. Der Zusammenbruch der gesellschaftlichen und politischen Ordnung infolge des Ersten Weltkriegs und der Zerfall des traditionellen viktorianischen Weltbilds hatte unter den Kindern des Versailler Vertrags zu einer zynischen, pessimistischen, materialistischen und hedonistischen Lebenseinstellung geführt. Eine darwinistische Biologie und die Psychologie Freuds lieferten neue Vorbilder und Erklärungsmodelle für menschliches Verhalten. Diese Bewegung hatte in der Mitte der dreißiger Jahre den Großteil der amerikanischen Literaturkritiker erfaßt, und in den nächsten 25 Jahren dominierte diese Generation die Literaturszene der USA. Mitchells Roman konnten diese Leute nichts mehr abgewinnen.

Das neue, kritische Bewußtsein äußerte sich seit den frühen dreißiger Jahren darin, daß die Beurteilungskriterien für Literatur neu definiert wurden. Schriftsteller aus dem Süden wie Robert Penn Warren, Allen Tate, John Crowe Ransom und Caroline Gordon proklamierten eine Kunst, die nur sich selbst genügen mußte, betonten die Bedeutung formaler Aspekte gegenüber dem Inhalt, bestritten jeden politischen oder moralischen Wert von Literatur und mystifizierten den kreativen Akt bzw. die Kreativität als solche. »Vom Winde verweht« platzte mitten hinein in diese Revolution des literarischen Geschmacks. Kein Wunder, daß das Buch die Vertreter der literarischen Szene gegen sich hatte.

Selbst die Verteidiger von Mitchells Roman hatten ihr verschiedentlich sprachliche Entgleisungen, Gemeinplätze und stereotype Charakterzeichnungen sowie eine biedere, traditionelle Erzählstruktur vorgeworfen – allerdings nur, um wie Henry Steele Commanger die erzählerische Kraft des Buchs in um so höheren Tönen zu loben. In den Augen der neuen Formalisten versetzte dieses Lob dem Werk endgültig den Todesstoß. Mitchells bewußte Kunstlosigkeit, ihr Widerwille gegen stilistische Raffinessen und ihre künstlerische Selbstverleugnung mochten dem Roman selbst gutgetan haben, aber sie liefen der literarischen Entwicklung ihrer Zeit diametral entgegen.

Das Buch ist deshalb kaum je ernsthafter literaturwissenschaftlicher Untersuchungen gewürdigt worden – was zur Folge hatte, daß auch das Leben der Autorin selbst lange Zeit weitgehend unerforscht blieb. Biographen hätten allerdings in jedem Fall mit größten Schwierigkeiten zu kämpfen gehabt. Denn Stephens Mitchell war mindestens so geheimniskrämerisch, so stur und kratzbürstig wie seine Schwester, und er versuchte, alles zu hintertreiben, was ihrem Ruf schaden oder ihren Anspruch auf Privatleben verletzen konnte. Grundsätzlich skeptisch gegenüber Biographen, wer immer es sein mochte, versagte er allen, die sich für Mitchells Leben interessierten, seine Unterstützung; immerhin vermachte er ihr umfangreiches Archiv 1970 der Universität von Georgia. Im Gegensatz zu dem geringen wissenschaftlichen Interesse an ihr war die Neugier ihrer Leser auf alles, was mit ihrer Person zusammenhing, zwar zu allen Zeiten enorm, doch dieser Umstand schadete ihrem Ansehen in der akademischen Welt noch mehr. Denn einerseits bestätigten regelmäßige biographische Artikel in Zeitschriften wie *Reader's Digest* oder den Sonntagsbeilagen der Tageszeitungen die bestehenden Vorurteile gegen sie, und andererseits trugen diese Artikel nicht unerheblich dazu bei, daß immer mehr Falschmeldungen über sie in Umlauf kamen.

Das änderte sich Mitte der siebziger Jahre. Immer mehr Litera-
turwissenschaftler gingen nun dazu über, die Vorzüge und
Schwächen des Romans unabhängig von politischen oder literarischen Trends zu würdigen. Seit 1975 hat die Zahl der Stu-
dien, die sich mit »Vom Winde verweht« befassen, unaufhaltsam zugenommen. Eine einheitliche Meinung über das Buch
ist bis heute nicht zu erkennen, aber zumindest ist es als For-
schungsgegenstand inzwischen allgemein akzeptiert. Die
Wertschätzung des breiten Publikums hingegen hat niemals in
Zweifel gestanden, und so gesehen bildet »Vom Winde verweht« – und damit auch Margaret Mitchell – eine Klasse für
sich.

1986 wurde der 50. Jahrestag der Erstveröffentlichung mit
Radio- und Fernsehsendungen, zahllosen Zeitungsartikeln
und Sondermarken gefeiert – der Roman tauchte für zwei
Wochen sogar noch einmal in der Bestsellerliste der *New York
Times* auf. In ihrer Heimatstadt reagierte man eher irritiert.
Schon zu ihren Lebzeiten hatten viele Bewohner Atlantas mit
ihr wenig anzufangen gewußt – jetzt zitierte die Presse Bürgermeister Andrew Young mit den Worten, der Geburtstag von
»Vom Winde verweht« sei für die Schwarzen Amerikas kein
Grund zum Feiern – eine Ansicht, die von vielen in Atlanta
geteilt wurde. Nichtsdestoweniger wurden Gedenkveranstal-
tungen abgehalten – zum Teil von Leuten organisiert, die gar
nicht aus Atlanta kamen.

Während einer dieser Veranstaltungen wies der Redner darauf hin, daß sich hinter der damenhaften Fassade von Margaret Mitchell Verbitterung und Groll verborgen hätten. Bei der
öffentlichen Aussprache im Anschluß daran meldete sich eine
Frau zu Wort, die das bestätigte. Auf die Frage, wie sie das so
genau wissen könne, überlegte sie, lächelte schüchtern, senk-
te den Kopf, schaute dann wieder auf und antwortete schließlich: »Es könnte durchaus sein, daß Sie in diesem Augenblick
mit Margaret Mitchell sprechen. Ich habe gute Gründe zu

glauben, daß in meiner Haut Margaret Mitchell steckt.« Und dann erzählte sie, daß Mitchells Schreibmaschine sich in Gang gesetzt hätte, kaum daß sie eine Taste mit ihrem Finger berührt hätte, daß geheimnisvolle Blumen auf ihrem Grab aufgetaucht seien und dergleichen mehr – genug, um sie davon zu überzeugen, daß sie tatsächlich die Reinkarnation von Margaret Mitchell sei.

Am Abend des 11. August 1949 beschlossen John Marsh und seine Frau, ins Kino zu gehen. Das Arts Theatre zeigte »A Canterbury Tale«. Sie nahmen den Wagen und fuhren das kurze Stück durch den Ansley Park zur Peachtree Street. Die Marshs stellten den Wagen ab, stiegen aus und waren gerade dabei, die kaum befahrene Straße zu überqueren, als sie ein Auto sahen, das mit hoher Geschwindigkeit auf sie zuhielt – ihr alter Alptraum, der Fahrer, der die Kontrolle über seinen Wagen verloren hat, der Betrunkene am Steuer. Beide standen sie mitten auf der Straße; John rührte sich nicht, Margaret stürzte los. Übergewichtig und schlecht zu Fuß, wie sie war, kam sie nicht weit. Der Fahrer trat auf die Bremse, aber es war zu spät. Sie hatte sich dem herannahenden Taxi buchstäblich in den Weg geworfen.
Neugierige und Fotografen umringten sie. Sie haßte Schaulustige, doch diesmal unternahm sie nichts, um sie zu verjagen. Kurze Zeit später traf der Krankenwagen ein. Mit heulenden Sirenen wurde sie ins Grady Hospital gefahren. Der Arzt vom Dienst war niemand anders als der Sohn von Lethea Truman Lockridge, jener alten Freundin aus Debütantinnenzeiten, mit der zusammen sie sich der »großen Auktion« verweigert hatte. Der junge Dr. Lockridge diagnostizierte schwerste Verletzungen. Die Presse von Atlanta und Zeitungen in vielen Ländern der Erde berichteten anschließend, daß sie im Koma liege. Von überallher trafen Telegramme und Briefe ein, und das Telefon an der Rezeption des Grady Hospitals stand nicht

mehr still. Fünf Tage später, um die Mittagszeit des 16. August, erlag sie ihrer Gehirnverletzung.

Der Oakland-Friedhof beherbergte einen Großteil der Stadtbevölkerung. Seit seiner Eröffnung im Jahr 1854 waren hier die Honoratioren der Stadt beerdigt worden, und auch die Toten des Bürgerkriegs lagen hier, Soldaten der Konföderation wie Soldaten der Union, unter langen Reihen weißer Kreuze, sowie all jene, die Opfer der Belagerung und Eroberung der Stadt durch die Truppen General Shermans geworden waren. Mancher von ihnen wird das Tageslicht zum letzten Mal durch ein Fenster des großen Holzhauses von Annie Stephens auf dem Jackson Hill gesehen haben, das 1864 als Lazarett gedient hatte. In dem großen Feuer von 1917 war auch dieses Haus ein Opfer der Flammen geworden.

Das alles lag im August 1949 weit zurück. Schon zu der Zeit, als Atlanta die Premiere von »Vom Winde verweht« gefeiert hatte, waren nur noch vier Veteranen am Leben gewesen, und inzwischen war auch der letzte von ihnen gestorben. Übriggeblieben war der große, liegende Steinlöwe, der zum Gedächtnis an die Gefallenen der Konföderation 1905 auf dem Oakland-Friedhof errichtet worden war – Margaret und Stephens waren beide alt genug, sich an die Einweihungsfeierlichkeiten zu erinnern, und die Konturen dieses Tiers müssen ihr so vertraut gewesen sein wie ihre eigenen Gesichtszüge. Das Denkmal stand für die Größe der Konföderation, die sich jedem Schulkind ihrer Generation tief ins Bewußtsein eingegraben hatte.

Der Trauerzug passierte den Löwen und die weißen Kreuze und fuhr langsam durch die pompösen Zeugnisse großbürgerlicher Grabmalskunst aus dem 19. Jahrhundert: gewaltige Kreuze, zerbrochene Säulen, trauernde Engel und schlafende Lämmer, unterbrochen von Grabsteinen mit hebräischer Schrift und Davidsternen. Der Zug erreichte die Grabanlage der Stephens, hielt jedoch nicht an. Kurz vor seinem eigenen

Tod hatte der alte Eugene Mitchell die Reste seiner Frau aus dem Grab der verhaßten Schwiegereltern entfernen und in eine neue Grabstätte überführen lassen. Seit 1944 ruhten beide in einem gemeinsamen Grab, weit genug von dem der Stephens entfernt. Ganz in der Nähe hatten die Totengräber ein frisches Loch ausgehoben und die aufgehäufte Erde mit künstlichem Rasen bedeckt.

Als die Trauergäste ihre Autos verließen, empfing sie ein stickiger Sommertag. Die Gesellschaft versammelte sich um den Sarg, der an Tauen über der Grube hing, und Raimundo de Ovies, Dekan der Kathedrale von Atlanta, begann mit dem letzten Akt des Trauergottesdienstes, einer Lesung aus dem *Book of Common Prayer*. Mitchell hatte der Religion zwar nie etwas abgewinnen können, doch die kraftvollen Kadenzen der episkopalen Liturgie hatten sie zeitlebens angesprochen, vor allem die Begräbnispsalmen »Dixi, custodiam«, »Domine, refugium« und »De profundis«. Die Psalmen hatten es ihr allerdings samt und sonders angetan, und besonders der 103. war ihr ans Herz gewachsen:

Ein Mensch ist in seinem Leben wie Gras, er blüht wie eine Blume auf dem Felde;
wenn der Wind darüber geht, so ist sie nimmer da, und ihre Stätte kennt sie nicht mehr.
Die Gnade aber des Herrn währet von Ewigkeit zu Ewigkeit über die, so ihn fürchten, und seine Gerechtigkeit auf Kindeskind
bei denen, die seinen Bund halten und gedenken an seine Gebote, daß sie danach tun.

Nach der Beerdigung überließen die Familienmitglieder die Grabstätte den Schaulustigen; sie selbst begaben sich zurück in das Haus in der Peachtree Street. Hunderte kamen von der Straße, um ihr Grab zu besuchen, und ließen die eine oder

465

andere Blume aus dem Grabschmuck mitgehen. Die Friedhofswächter versuchten, sie zu verjagen, doch als Stephens davon erfuhr, beruhigte er sie: Sollen die Leute doch ihre handfeste Erinnerung an Margaret Mitchell haben.

Am Morgen des 5. Mai 1952 fand Bessie Jordan John Marsh tot in seinem Bett. Er war 56 Jahre alt geworden. Zwei Tage später begrub man ihn neben seiner Frau. Stephens Mitchell starb 1983 – er hatte fast so lange wie seine Großmutter Annie Stephens gelebt, die auch er inbrünstig gehaßt hatte.

Ein knappes Jahr vor ihrem Tod hatte Margaret Mitchell ein Testament aufgesetzt. Sie war seinerzeit im selben Alter wie ihre Mutter, als sie starb, und die Tochter muß das Gefühl gehabt haben, daß es Zeit sei, an den Tod zu denken – allerdings hatte sie der Gedanke ans Sterben immer beschäftigt. Kurze Zeit bevor der betrunkene Taxifahrer ihrem Leben ein Ende setzte, hatte Stephens versucht, sie in die Arme der Mutter Kirche zurückzuholen, doch sie hatte davon nichts wissen wollen. »Wenn Du einen Pakt mit dem Teufel geschlossen hast«, schrieb sie ihm,

dann hältst du dich besser an die Bedingungen. Ich habe vielleicht einen geschlossen, und wenn ich mein Wort gegeben und einen bestimmten Weg eingeschlagen habe, dann werde ich mich nicht heimlich davonstehlen, nur weil es vielleicht falsch gewesen ist, mich überhaupt darauf einzulassen. Sowas gehört sich nicht.

Sie sprach den Namen »Faust« nicht aus, aber er gehört hierhin. Sie hatte sich in einem Reich von Mythen und Mysterien eingesponnen, und für Millionen Menschen verband sich die Vorstellung von ihrem Werk und ihrem Leben mit ebensolchen Mythen und Mysterien. Bis heute hat sich daran nichts geändert.

ANHANG

Quellen- und Literaturnachweise

Die Zitate aus »Vom Winde verweht« sind der 1996 erschienenen Ausgabe (Claasen Verlag) entnommen, Übersetzung von Martin Behaim-Schwarzbach.
Der Autor Darden Asbury Pyron hat in der amerikanischen Originalausgabe einen umfangreichen Quellennachweis geführt. Aus Gründen der Lesbarkeit haben wir in dieser Ausgabe darauf verzichtet. Die Quellen werden daher im folgenden zusammengefaßt aufgeführt.

Persönliche Interviews:
Stephens Mitchell, Stephens Crockett, Sam Heyes, David Crockett, Harvey Smith, Courtenay Ross McFedyen, Courtenay McFedyen Leet, Elinor Hillyer von Hoffman, Julia Memminger Riley, Augusta Dearborn Edwards, Willie Snow Ethridge, Roland Zane, Edwin Granberry

Sammlungen und Archive:
»Margaret Mitchell Marsh Papers« und »Memoir« (Stephens Mitchell), Hargrett Rare Books and Manuscript Library, University of Georgia Libraries, Athens
History of Mitchell Ancestors, Georgia Department of Archives and History, Atlanta
Private papers of Elinor Hillyer von Hoffman
Courtenay Ross McFedyen, Private collection
Harvard University Archives, Harvard University, Cambridge, Mass.
Southern Historical Collection, Wilson Library, University of North Carolina, Chapel Hill, N. C.
North Carolina Department of Archives and History, Raleigh, N. C.
Marsh Zane Correspondence, held by Roland Zane, Washington D. C.

467

Zeitungen und Zeitschriften:

American Mercury, Atlanta Constitution, Atlanta Historical Bulletin, Atlanta Historical Journal, Atlanta Journal Magazine, Atlantic Monthly, Collier's, Courier-Journal Magazine, Georgia Book Review, Georgia Historical Quarterly, The Hartford Courant, London Times, Macon Telegraph and News, Manchester Guardian, The Nation, New Republic, New York Post, New York Sun, New York Times Book Review, New York World Telegram, Raleigh News and Observer, Reader's Digest, Scribner's Magazine

Bücher und sonstige Publikationen:

Numan V. Bartley: The Evolution of Southern Culture, Athens, 1988

George Brown: The Emergence of the New South, 1913–1945, Baton Rouge, 1967

W. J. Cash: The Mind of the South, New York, 1941

Edward L. Cashin: Thomas E. Watson and the Catholic Layman's, Association of Georgia, Fordham University, 1962

Hervey Cleckley: The Mask of Sanity: An Attempt to Clarify Some Issues About the So-Called Psychopathic Personality, St. Louis, 1941

Judith Crist: The Private Eye, the Cowboy and the Very Naked Girl: Movies from Cleo to Clyde, New York, 1968

Cyclopedia of Georgia, Atlanta, 1906

Finis Farr: Margaret Mitchell of Atlanta, New York, 1965

William Faulkner: Absalom! Absalom!, Vintage Books, 1972

Roland Flamini: Scarlett, Rhett, and a Cast of Thousands: The Filming of »Gone With the Wind«, New York, 1975

William Lloyd Fox: Dandy of Johns Hopkins, Baltimore, 1984

Sandra M. Gilbert, Susan Gubar: Madwoman in the Attic: The Woman Writer and the Nineteenth-Century Literary Imagination, New Haven, 1979

Dewey Grantham: Hoke Smith and the Politics of the New South, Baton Rouge, 1958

Richard B. Harwell (Hrsg.), Margaret Mitchell's »Gone With the Wind« – Letters, New York, 1976

Richard B. Harwell (Hrsg.), GWTW, The Screenplay by Sidney Howard, New York, 1981

Ben Hecht: Child of the Century, New York, 1954

E. Houghton, The Victorian Frame of Mind, 1830–1870, New Haven, 1957

Margaret Mitchell: Gone With the Wind, New York, 1936

Marie Conway Oemler: Slippy McGee, Sometimes Known as the Butterfly Man, New York, 1917

Marie Conway Oemler: A Woman Named Smith, New York, 1919

E. W. Paisley: Sanctuary, New York 1940

Jane Bonner Peacock (Hrsg.): Margaret Mitchell, Dynamo Going to Waste: Letters to Allen Edee, 1919–1921, Atlanta, 1985

Howard L. Preston: Automobile Age in Atlanta, Athens, 1979

Darden Asbury Pyron (Hrsg.): Recasting »Gone With the Wind« in American Culture, Gainesville, 1984

Ellen Bayuk Rosemann: The Invisible Presence: Virginia Woolf and the Mother – Daughter Relationship, Baton Rouge, 1986

Smith College Yearbook, 1919

Andrew Turnbull (Hrsg): The Letters of F. Scott Fitzgerald, New York, 1963

University of Kentucky Yearbook, 1916

Virginia Woolf: A Room of One's Own, New York, 1929.

Namenregister

Anmerkung: Bei den kursiv gedruckten Namen handelt es sich um Romanfiguren.

471

Sie ist einzigartig: Niemals hat eine Frau so direkt und mit derart durchschlagendem Erfolg in den Gang der Geschichte eingegriffen, und in keinem Fall hat der Auftritt eines Menschen auf der politischen Bühne so viele Rätsel aufgegeben. Ihr Werdegang ist atemberaubend: Eben noch Hütemädchen am äußersten Rand Frankreichs, geht sie zu dem jungen, schwachen König und bringt als politisches Genie in einem schon fast hundert Jahre dauernden Krieg die entscheidende Wendung. Mit 19 ist sie tot, verbrannt als Hexe.

»Spannend geschrieben, eine fesselnde Erzählung von filmischer Plastizität ... Reines Lesevergnügen.« Süddeutsche Zeitung

Leo Linder

»Ah, mein kleiner Herzog, du hast Angst?«
Jeanne d'Arc
20 Abbildungen
Originalausgabe

Econ | ULLSTEIN | List

Pina Bausch ist die wichtigste Tänzerin und Choreografin dieses Jahrhunderts. Ihr Tanztheater erlangte Weltgeltung, weit über Wuppertal hinaus.

Ihre revolutionären Inszenierungen haben das Publikum in höchstes Erstaunen versetzt: Sie lockte alle an – die begeisterten Fans, die skeptischen Kritiker und das entsetzte Establishment. Alle wollten ihr huldigen, auf ihre Art.

Das einstige Genie der Essener Folkwang-Schule hatte es geschafft: In zehn Jahren konnte sie alles niederreißen, was bis dato für das Tanztheater galt. Es gab kein Ensemble, das sich nicht an ihrer Kunst orientiert hätte. Sie definierte das Genre völlig neu. Und Grenzen zu überschreiten, das ist ihr großes Ziel – noch heute.

Jochen Schmidt

»Tanzen gegen die Angst«
Pina Bausch
22 Abbildungen
Originalausgabe

Econ | **ULLSTEIN** | List

Gala Dalí (1894-1982) ist die Muse der Musen. Ohne sie war der geniale Surrealist Salvador Dalí ein Nichts. Das wusste er – und sagte es auch. Sie war das zweite Ich eines Künstlers, für den Leben und Arbeit ohne ihre Liebe undenkbar waren. Als sie starb, schien auch er am Ende seines Lebens – und seiner Kunst.

»Sie hat mich in Trance versetzt und macht aus meinen Wahnideen mein Genie«, sagt Dalí selbst und empfindet es als großes Glück, von ihr beherrscht zu werden. Und sie nutzt egoistisch sein Talent, um auszudrücken, was sie will.

Die Liebe zwischen dem Künstler und der Muse ist geprägt von Unterwerfung und vollkommenem Ausgeliefertsein, aber auch von Hass und Zerstörung. Sie ist eine noch größere Exzentrikerin und Neurotikerin als er. Absolut narzistisch und diktatorisch, Tyrannin und Fee in einer Person. Sie ist Salvador Dalí.

Annette Seemann

»Ich bin alles!«
Gala Dalí
25 Abbildungen
Originalausgabe

Econ ǀ **Ullstein** ǀ List

Sie ist eine der bekanntesten zeitgenössischen Schriftstellerinnen – und eine der provozierendsten Feministinnen. Sie hat der Frauenbewegung eine neue Ausdrucksmöglichkeit gegeben – weil sie eine eigene Sprache der erotischen Leidenschaft gefunden hat. Diese gehört für Benoîte Groult genauso zur Emanzipation wie die politische, soziale und kulturelle Gleichstellung der Frauen.

Benoîte Groult sagt von sich selbst, dass sie erst ab Mitte vierzig ihr Leben in die Hand genommen hat. Erst spät fand sie zum Schreiben. Literatur ist für sie ein Aktionsmittel, denn »das Wort kann befreien«.

»Salz der Freiheit« ist ein mitreißendes Buch über ein unkonventionelles Leben: ein Leben der Liebe in allen Facetten dieses Gefühls und ein Leben gegen die Unterdrückung und für die Befreiung der Frau.

Florence Hervé

»Salz der Freiheit«
Benoîte Groult
25 Abbildungen
Originalausgabe

Mit zahlreichen Fotos aus dem Privatarchiv von Benoîte Groult.

Econ | Ullstein | List